인
간
은

동
물
이
다

인

간

은

DER

MENSCH

ALS TIER

왜 우리는

자연과

어긋나는가

동

물

이

다

마르쿠스

가브리엘 지음

전대호 옮김

일러두기
• 원서의 주는 미주로, 옮긴이주는 각주로 처리했다.
• 원서의 이탤릭체는 한국어판에서 고딕체로 표시했고 원서에서 볼드로 표시된 부분은
 한국어판에도 동일하게 적용했다.

이 책은 실로 꿰매어 제본하는 정통적인 사철 방식으로 만들어졌습니다.
사철 방식으로 제본된 책은 오랫동안 보관해도 손상되지 않습니다.

삶으로 논리를 무색하게 만드는

레오나 마야에게 바칩니다.

영리한 동물들은 벌써 알아채지,
해석된 세계 안에서 우리가 그리 편안히 지내는 건 아님을.
― 라이너 마리아 릴케

차례

들어가는 말

지금 인간은 복잡한 위기 시나리오 안에서 산다. 우리의 보금자리인 환경은 누가 보더라도 우리의 근대적* 삶꼴이 가하는 압력에 눌려 붕괴할 위험에 처해 있다. 자연과학과 기술의 도움으로 우리는 생존을 위한 조건을 한편으로 급속히 향상하면서 다른 한편으로 더 급속히 악화했다. 이 딜레마는 온갖 근대적 위기와 더불어 더욱 심화하고 있다.

우리 종의 생존을 위한 자원 문제를 자연과학과 기술로 통제하는 것을 핵심으로 하는 근대 문명 모형은 어느새 우리를 자기 절멸의 벼랑 끝으로 내몰았다. 자연과 사회를 지배하기 위한 우리의 수단들(원자력, 자동차, 비행기, 스마트폰, 인공지능, 무기 시스템, 인터넷 등)이 우리를 배신하고 있다. 인터넷과 인공지능, 소셜 네트워크를 우리에게 안겨 준 기술적 지식이, 가짜 뉴스와 정치적 선전, 음모

---

* 이 책에서 〈근대〉는 모두 modern의 번역어다. 관행에 따라 〈근대〉로 옮기지만, 때로는 〈현대〉로 옮기는 편이 더 적절할 수 있음을 밝혀 둔다.

론, 이데올로기가 들불처럼 번지기 위한 기반이기도 하다는 점은 그야말로 역설적이다. 또 자동차, 비행기, 화석연료에 의지한 삶꼴을 통해 우리는 한편으로 과거 어느 때보다 서로 잘 연결되어 있으며 공간적으로 멀리 떨어진 문화 및 사람과 교류할 수 있지만, 다른 한편으로 우리가 공유한 환경을 파괴하고 있다.

우리가 사는 후기 근대의 복잡한 위기 상황을 기존 해법의 양적 증가를 통해 극복하고자 하는 것은 망상이다.[1] 오히려 우리에게 필요한 것은 인간상과 자연상의 재정립이며, 그 재정립이야말로 이 책의 과제다. 출발점은 우리 인간은 동물이라는 통찰이다. 프랑스 철학자 코린 펠뤼숑은 여러 저서에서 이 통찰을 강조하면서 구체적으로 새로운 계몽을 촉구한다. 새로운 계몽의 중심에는 동물로서의 인간이 놓여 있다.[2]

어느새 모든 대륙의 많은 선도적 사상가[3]가 자신의 사명으로 받아들이는 새로운 계몽의 출발점은 **총괄적인** 자연der Natur이 아니라 **우리의** 자연(본성)unsere Natur이다. 정신적 생물로서의 우리 자신, 곧 온전한 (정신적 생물로서 자연과 정신의 복합체인) 인간을 다시 중심에 놓을 필요가 있다. 우리는 부당하게도, 세계는 통제와 예측이 가능한 구조물이라는 기계주의적 견해를 두둔하면서 온전한 인간으로부터 멀어졌다.

그렇다면 다음과 같은 오래된 질문을 새롭게 제기할 필요가 있다. 인간을 동물로 간주한다는 것은 과연 무엇을 의미할까?

이 질문은 대단히 중요하다. 왜냐하면 우리의 동물로서의 자화상은 현재와 미래의 사회정치적 운영 메커니즘에 본질적으로 기여할 수 있기 때문이다. 이를 감염병 대유행을 비롯한 자연 재난에서 쉽게 알아챌 수 있다. 질병과 (인간이 일으키는) 기후 변화는 원리적으로 예방 가능하며 기술을 통해 최대한 신속하게 제거해야 할 해악으로 여겨진다. 그러나 기후 변화는 말할 것도 없고 코로나19 대유행도 성공적으로 예방되지 않았다. 이 두 재난에 대한 지금까지의 대처는 거의 예외 없이 수습책이며 **선제적이지** 않다.

우리는 자신의 생태 보금자리를 기술적으로 통제하기는커녕 절대로 완전히 꿰뚫어 보지 못하는 동물로서 난관에 부닥쳤으며, 그 난관 앞에서 우리의 예측 모형들과 해법들은 모두 물거품으로 돌아간다. 따라서 우리가 처한 위기와 재난의 시대를 헤쳐 나가기 위한 지침을 자연과학과 기술과 정치의 조합만으로 얻어 내겠다는 망상에서 벗어나야 한다.

우리가 과학의 진보를 통해 (자연과학뿐 아니라 정신과학과 사회과학을 포함한 모든 과학이 마찬가지다) 항상 깨닫는 것은, 우리가 아는 바보다 모르는 바가 더 많다는 것이다. 앎의 경계는 날마다 이동하지만, 그 이동은 우리가 전지(全知)에 접근하는 것을 의미하지 않는다. 전지는 없다. 또한 복잡한 시스템 안에서 사는 인간의 생존 조건을 기술 만능주의적으로 관리할 수 있을 가능성도 합리적으로 따져 보면 없다. 삶을 울타리로 에워쌀 수는 없다. 다양한 변종 바이러스 대유행이 여실히 보여 주듯이 삶을 예측할 수도 없다. 우리는 늘 우리 자신의 삶꼴의 단면들만 안다. 인간이라는 동물을 기술로 극복할 수는 없다. 유명한 역사학자 유발 노아 하라리가 동명의 저서에서 미래의 인간으로 구상하는 호모 데우스Homo Deus는 도래하지 않을 것이다.

바로 이 사실을 일찍이 소크라테스도 잘 알았고, 훨씬 더 나중의 칼 폰 린네도 잘 알았다. 이들은 호모 사피엔스라는 우리 종의 명칭이 발생하는 데 중요하게 기여한 인물들이다. 우리는 우리 자신을 완전히 꿰뚫어 볼 수 없으므로, 우리가 의지하는 자기 모형들은 오류에 빠지기 쉽다. 린네는 자화상을 그리는 능력을 통해 인간을 정의한다. 린네는 저서 『자연 시스템System der Natur』에서 호모Homo를 영장류에 편입한다. 이로써 그는 명확하게 인간을 동물계에 집어넣고 사피엔티아sapientia, 곧 〈지혜에 이를 능력Weisheitsähigkeit〉이라는 특징을 〈호모〉에 덧붙여 인간의 명칭으로 삼는다. 지혜에 이를 능력은 우리의 가장 특별한 속성이라면서 말이다. 그런 식으로 인간은 자기를 알라는 촉구를 통해 정의된다. 『자연 시스템』에서 호모 항목 옆에 등장하는 간결한 문구 〈nosce te ipsum〉(너 자신을 알라)은 당연히 소크라테스를 연상시킨다. 이 문구는 델포이 신전의 신탁에서 유래했으며, 소크라테스는 그 신탁을 지혜sophia와 연결했다. 린네는 단지 그 신탁을 라틴어로 번역했을 따름이다. 철학자는 (철학을 뜻하는 독일어 Philosophie의 어원인 고대 그리스어 필로소피아philo-sophia를 번역한 결과일 수 있는) 〈지혜를 향한 사랑〉을 맹세한 사람이므로, 〈우리 인간은 누구인가〉라는 질문이 다뤄지는 곳이라면 어디에서든지 철학자가 필요하다.

철학의 핵심은 자기 인식Selbsterkenntnis이다. 우리의 자기 인식은 우리의 자유에 대한 통찰을 포함한다. 정신적 생물로서 우리는 자유롭다. 이로부터 자율의 가치, 곧 스스로 책임지는 행위의 가치가 도출된다. 지금 그 가치는 유럽의 중심에서조차 압력에 짓눌려 있지만 말이다. 자유, 평등, 연대 같은 가치들이 적절한 균형을 이루게 하고 이를 통해 **자유** 민주주의의 문제 해결 능력에 대한 신뢰를 회복하기 위해, 자유로운 정신적 생물로서의 인간을 다시 사회의 중심에 놓아야 한다. 이때 자유는 항상 또한 **사회적** 자유다. 왜냐하면 우리는 타인과 함께 하지 않으면 아무것도 할 수 없는 친사회성prosozial 생물이기 때문이다. 자유와 사회, 개인과 집단은 서로 모순되지 않는다. 인간은 혼자일 때 더 자유롭지 않다. 왜냐하면 우리가 인간으로서 관심을 기울이는 거의 모든 일을 우리는 타인 없이는 전혀 할 수 없기 때문이다. 자유는 우리가 함께 실현하는 무언가이지, 우리를 서로 맞서게 하는 무언가가 아니다.

당신과 나 사이에는 많은 공통점이 있다. 우리는 최소한 인간임이라는 속성을 공유하고 있으며, 따라서 다른 많은 것도 공유하고 있다. 우리는 바람, 희망, 두려움을 지녔으며 죽음을 면할 수 없는 유한한 생물로서 신체화되어 있다. **우리는 자연에 속한다.** 근대 물리학의 가르침에 따르면, 모든 물질적인 것을 지배하는 힘과 자연법칙이 있다. 우리가 물질적인 한에서, 동물로서 신체화되어 있는 한에서, 우리도 예외가 아니다. 더 나아가 근대 생물학과 의학은 우리 몸이 기본적인 수준에서 〈동물적이며〉[4] 다른 생물들과 많은 기본 구조를 공유함을 보여 주었다. 우리가 아는 모든 생물은 세포들로 이루어졌으며(또는 단세포 생물의 경우에는 개별 세포이며), 세포는 생화학적으로 또 물리학적으로 탐구할 수 있는 구성 요소들로 이루어졌다. 이런 주제를 다루는 학문 분야를 일컬어 오늘날 **생명과학**(의학, 생화학, 분자생물학, 생물정보학Bioinformatik, 유전학, 약학, 동물학, 영양학, 신경과학 등)이라고 하는데, 생명과학의 연구 대상은 생명의 과정과 구조이다.

근대가 진행되면서 물리학과 생명과학 외에 추가로 인간과 기타 생물들의 행동에 관한 지식이 축적되었다. 오늘날 그 지식은 심리학, 인지과학, 행동경제학, 사회생물학 등의 **행동과학**에서 생산된다. 이 분야들에서 드러나고 있듯이, 우리 인간은 (세포 수준부터 가족, 친구 집단, 심지어 사회 전체 수준까지 이르는) 다양한 수준에서 어느 정도 해독 가능하며entzifferbar 따라서 조종 가능하다. 우리가 매일 의식적으로 또 무의식적으로 내리는 무수한 판단 중 다수 (언제 아침을 먹을지, 누구와 만나기로 약속할지, 손을 얼마나 오래 씻을지, 좌측과 우측 중에 어느 쪽으로 보행할지, 누워서 잘지 엎드려서 잘지 등)는 그 판단들에서 다소 일반적인 패턴을 파악함으로써 과학적으로 설명할 수 있다.

이처럼 (철학에서 말하는) **삼인칭 관점**[5]에서 보면, 인간은 접근 가능하다zugänglich. 즉 인간은 자연과학과 사회과학이 탐구하는 온갖 대상 중 하나다. 이 책의 제목인 『인간은 동물이다』는 바로 이 차원의 인간을 언급한다.

하지만 이 차원이 전부는 아니다. 방금 언급한, 동물로서의 인간에 대한 근대적 자연과학, 생명과학 행동과학의 지식에도 불구하고, 우리는 우리 자신이 자연에 들어맞지 않고 어긋난다고 느낀다. **인간은 동물에 불과하지 않다.** 바로 이것이 이 책의 부제가 언급하는 바다.

우리는 자연 현상에 불과하지 않다. 이것은 우리가 자연 현상을 설명한다는 점으로부터 도출할 수 있는 결론이다. 자연 현상에 대한 설명은 비합리적이지 않으며, 따라서 우리 삶의 비합리적 측면에 대한 설명도 비합리적이지 않다.

최근에 이 결론을 제시한 유명한 인물로 인지과학자 스티븐 핑커가 있다. 그가 일깨우듯이, 우리의 조상도 사냥에 성공하고 먹을거리를 구하고 수천 년에 걸쳐 다른 인간 집단들과 안정적인 관계를 유지하며 공통의 환경을 일구기 위해 논리학과 수학과 비판적 사고를 활용했는데, 이것들은 합리적이다. 예나 지금이나 인간은 기본적으로 합리적이다. 물론 그렇다고 해서 인간이 오류를 범하지 않는다는 뜻은 아니다. 인간이 오류를 범한다는 사실은 근대의 행동 연구와 심리학 등이 획득한 지식이 보여 주는 바다. 그러나 그 지식을 근거로 〈우리는 유감스럽게도 합리적이지 않다〉라고 추론하는 것 — 당연히 이 추론 자체는 합리적일 텐데 — 은 옳지 않다.[6]

《우리 안의 동물》이 비합리적 충동, 본능, 과정, 힘에 의해 조종된다는 것을 우리가 근대에 발견했더라도, 이 발견이 우리의 실존 전체에 적용될 수는 없다. 만약에 적용된다면, 이 발견은 이 발견을 뒷받침하는 과학적 설명에도 적용될 테고, 따라서 그 과학적 설명 자체가 설득력을 잃을 터이다. 요컨대 한편으로 우리는 우리의 결정들이 인지적 왜곡(편향)과 〈잡음noise〉에, 그러니까 비합리적인 규칙들에 따라 발생하는 토대에 기반을 둔다는 사실을 안다. 그러나 다른 한편으로 이 앎, 이 자기 인식은 바로 그 인지적 왜곡에 휘둘리지 않는다. 만약에 휘둘린다면, 우리는 우리 합리성의 한계에 관한 합리적 정보를 방금처럼 제시할 수 없을 터이다. 이 앎은 도리어 객관적이다. 즉 과학적 방법을 통해 보증된 앎이며 삼인칭적이다. 간단히 말해서 객체이자 주체인 우리에 대한 객관적인 앎이 있다.

진화론, 심층심리학, 사회학, 행동 연구, 특히 행동경제학은 우리의 생각과 개인적, 집단적 행동이 우리가 완전히 통제할 수 없는 힘들과 법칙성들에 의해 대단히 많이 결정된다는 점을 실제로 보여 주었다. 노벨상을 받은 심리학자 대니얼 카너먼의 세계적 베스트셀러들 이래로 널리 알려져 있듯이, 우리는 우리 자신이 꽤 합리적이라고 믿고 싶어 하지만, 우리는 결코 그만큼 합리적이지 않다.[7] 우리의 충동, 바람, 내면의 정신적 상태는 항상 또한 자연 현상의 일부이며 따라서 우리가 좌우할 수 없는 원리들의 영향을 받는다. 요컨대 우리 자신의 한 부분, 곧 우리의《동물임Tiersein》은 그야말로 외부 — 자연법칙들, 진화, 사회 등 — 에 의해 조종되는 것처럼 보인다.

우리는 우리의 믿음을 반박하는 정보가 이미 있는데

도 그 믿음을 완고하게 고수하곤 하는데, 이를 확증 편향 confirmation bias이라고 부른다. 인지적 착각 혹은 왜곡의 목록은 길다. 또한 우리가 모두 알듯이, 우리는 관점을 가지고 사회적 실재와 자연적 실재를 바라보는데, 그 관점이 자동으로 옳은 것은 절대로 아니다(그렇기 때문에 우리는 그 관점을 끊임없이 수정한다). 그러나 우리는 타인들과 함께 우리 자신을 탐구함으로써 우리를 옥죄는 제약을 수정할 수 있다.

우리가 인지적 왜곡을 심리학을 통해, 사회과학을 통해, 또 일상적인 의사 결정 훈련을 통해 수정할 수 있다는 점에서 보듯이 인지적 왜곡은 자연적 필연이 아니다. 우리는 자유로우며 변함없이 자유로울 것이다. 우리가 항상 선택적으로만 지각하고 생각하기 때문에 착각할 수 있다는 사실은 이 사정을 눈곱만큼도 바꾸지 못한다.

〈인간은 누구 혹은 무엇인가〉라는 질문에 대한 최종적인 대답은 전혀 나오지 않았다. 우리는 우리 자신을 자연 현상으로 간주할 수 있는데, 이는 우리가 의식과 정신을 지닌 덕분이다. 그런데 오늘날 우리는 우리의 정신과 의식이 과연 무엇인지 알지 못한다. 삼인칭 관점, 곧 외부에서 우리를 보는 관점만 있는 것이 아니라 우리(예컨대 당신과 나)도 있다. 우리는 인간 게놈을 비롯한 생화학적 구조만 공유한 것이 아니라, 주체라는 점도, 바꿔 말해 그때그때 우리 각자의 **일인칭 관점(주관성)**을 채택한다는 점도 공유한다. 일인칭 관점은 우리의 느낌과 생각을 실재로서 포함할 뿐 아니라 실재를 포착하는 우리의 감각적 관점과 지각도 포함한다. 인간임이라는 수수께끼를 순전히 객관적으로, 바꿔 말해 순전히 삼인칭 관점에서 풀 수는 없다. 인간임을 외부에서 바라보는 관점을 채택해 삶의 의미를 가늠하거나 우리 삶이 전혀 무의미함을 깨닫는 것은 불가능하다.

심지어 가장 객관적인 자연과학자도, 이를테면 환자의 심장을 열고 수술하는 외과 의사도 그 수술을 바라보는 주관적 관점을 가진다. 당연한 말이지만, 그 외과 의사는 자신이 수술하는 심장을 자신의 눈으로 봐야 한다. 그러면서 침착하고 냉정하게 수술을 진행해야 하는데, 이를 위해서는 자신을 애써 다스릴 필요가 있다. 과학사학자 로레인 대스턴과 피터 갤리슨은 공동 저서 『객관성*Objectivity*』에서, 객관성의 역사란 과학자들의 이상적인 행동을 규정함으로써 자연 현상을 최대한 중립적으로 인식할 수 있게 만드는 과정이라는 것을 인상 깊게 보여 주었다.[8] 객관성에 들어맞는 주관성이 없다면, 객관성은 없다. 객관성은 우리가 추구하지만 영영 완전히 도달하지 못하는 이상이다.

이 책의 만만치 않은 과제는 인간 동물(동물로서의 인간)이라는 인터페이스를 실마리로 삼아 자연과 정신의 관계를 탐구하는 것이다. 동물로서의 인간에서 자연과 정신이 서로에게 손을 내민다. 인간의 자기 탐구를 일컬어 **인간학**Anthropologie이라고 한다. 우리가 동물로서의 우리 자신을 고찰하는 한에서는 **인간동물학**Anthrozoologie이라는 명칭도 쓰인다. 이하에서 동물로서의 인간을 다룰 때 나는 오늘날의 과학적 발견과 이 시대의 철학이 거둔 성과를 길잡이로 삼을 것이다.

인간은 단적으로 분야 초월적 주제다. 우리가 누구이고 누구이고자 하는지는 단 하나의 과학이나 단 하나의 과학 유형(예컨대 자연과학)의 관점에서 규정될 수 없다. 또한 우리가 가르치고 탐구하며 발전시키는 과학 분야들을 다 합쳐도 우리의 인간임을 완전히 밝혀낼 수 없다. 예술, 정치, 상식, 경제, 노동, 미디어, 우리의 인생 경험도 모두 인간의 활동으로서, 인간의 자기 인식의 형태들이다.

이를 배경에 깔고 이 책이 철학적 관점에서 겨냥하는 독자는, 인간임은 무엇이고 삶의 의미는 무엇이냐고, 또 짐작하건대 우리가 아는 모든 것을 아는 수준에 무한히 못 미친다는 점과 우리의 지식 사회를 어떻게 조화시킬 수 있느냐고, 묻는 모든 사람이다. 좋든 싫든, 21세기에 인류가 처한 복잡한 위기는 우리의 (예컨대 생태 위기에 관한) 지식뿐 아니라 우리의 무지와 무력함도 증언한다. 그러므로 우리는 생각을 바꾸고 우리의 행위를 이 세기의 새로운 상황에 맞춰야 하는데, 이를 위해서는 근대의 광적인 통제 욕망과 자연 파괴의 과거 및 현재 희생자들로부터 배움을 얻을 수 있어야 한다. 인간의 자기 인식과 합리성은 다양한 형태를 띨 수 있고, 우리는 그 다양한 형태로부터 배움을 얻을 수 있다. 이를 보여 주는 책으로 예컨대 타이슨 융카포타의 주목할 만한 저서 『샌드 토크*Sand Talk*』가 있다. 이 작품에서 (본인이 아팔레치 부족의 일원인) 저자는 오스트레일리아 토착민의 앎을 복잡성과 위기에 대처하는 방법의 역동적 모범으로 추천한다.[9]

그런데 인간은 단적으로 분야 초월적이며 우리 모두와 유관한 주제라는 주장은 정신과학Geisteswissenschaften의 관점에서 제기된다. 벌써 명칭이 전적으로 옳게 말해 주듯이, 정신과학의 주체이자 객체는 정신이다. 여기에서 내가 말하는 〈정신〉은 유령도 아니고 가버린 과거에 속한다거나 극복되었다고들 하는 어떤 형이상학적 혹은 종교적 생각의 잔재도 아니다. 오히려 일반적으로 정신이란, 나는 누구 혹은 무엇인가에 관한 견해에 비추어 자신의 삶을 꾸려 가는 능력이다. 우리가 정신적 생물이라는 것은 **신실존주의Neo-Existenzialismus**의 주요 주장이다.[10]

인간은 대표적인 동물이다. 동물임에 관한 우리의

앎은 우리의 자기 탐구에서 나온다. 우리가 수천 년
전부터《동물들》에 관심을 기울여 온 것은 무엇보다
도 인간과 동물이 어떤 관계인지가 불분명하기 때문
이다. 요컨대《동물들》에 대한 숙고는 항상 또한 우
리에 대한 숙고다. 우리가 우리 자신을 동물로 파악
하기 때문에, 우리는 동물임의 원형Prototyp(原型)이
다. 나는 이렇게 주장하고자 하는데, 동물 개념은《동
물들》에 관해서보다 인간에 관해서 더 많은 말을 해
준다. 수천 년 전부터 우리는 그릇된 방식으로 우리
와 동물들을 구별해 왔다.[11]

우리는 동물로서 자연의 일부이기 때문에 생명과 얽혀 있
다. 그러므로 우리의 행위를 고찰할 때는 항상 또한 생태
학적으로(곧 다른 생물들, 우리가 공유한 보금자리, 지구라
는 행성과 관련지어) 고찰해야 한다. 우리가 누구이고 누
구이고자 하는가를 알면 우리가 무엇을 해야 마땅하고 무
엇을 하지 말아야 마땅한지도 알 수 있다.[12] 인간의 자기 인
식에서 존재와 당위가 서로에게 손을 내민다.

　　오늘날 통용되는 인간상과 세계상은 명백히 지구적
인 한계에 봉착했다.〈성장의 한계〉가 있다는 것은 이미 널
리 알려진 바이며 심지어 경제 관료들과 선도적인 경제학
자들도 인정하는 바다. 일찍이 1972년에 로마 클럽은 인

류와 경제가 처한 상황을 보며 성장의 한계가 도래했다고
진단한 바 있다.[13]

인간적이며 도덕적인 진보와 분리된 자연과학적-
기술적 진보를 순전히 양적인 경제 성장의 동력으로
삼을 수 있다는 생각을 극복해야 한다. 이 그릇된 생
각이 인간의 자기 파괴를 유발한다. 이 그릇된 생각
은 교란된 자기 관계의 표현이다. 그 자기 관계를 꿰
뚫어 보고 극복할 필요가 있다.

우리는 개인으로서 또 사회로서 강한 가치 평가를 통해 우
리의 자기 관계를 개인적으로 또 집단적으로 표현한다. 어
느 사회에서나 좋은 삶의 비전vision이 유통된다. 이를 배경
에 깔고 이 책은 **삶의 의미**도 다룰 것이다. 인간은《동물》
이지만《동물》에 불과하지 않기 때문에 삶의 의미를 우리
의 개인적, 사회정치적 생존 계획으로 완전히 대체할 수는
없다. 삶은 생존 그 이상이다.

　　나는 개인적 삶꼴에 관한 자유주의적 다원주의가
21세기에도 유효하다고 보고 그 다원주의와 삶의 의미를
묻는 질문을 연결할 텐데, 오늘날의 철학이 이 연결에 도

움을 줄 것이다. 미국 철학자 수전 울프는 자유주의적 다원주의((모든 각자는 나름의 고유한 방식으로 행복해야 한다))를 삶 속에서 의미를 발견하려는 노력으로 간주하자고 제안했다. 삶 속의 의미Sinn im Leben는 각자에게 다를 수 있다. 그러나 그렇다고 자유주의적 다원주의에 기반을 둔, 우리 모두가 공유한 삶의 의미Sinn des Lebens가 있다는 것이 배제되는 것은 아니다. 독일 기본법은 그 의미를 인간은 존엄하다는 강한 신조로 표현한다. 이 신조는 계몽의 전통을 계승한다. 우리의 동물임과 삶과 삶의 의미에 대한 숙고는 정치적 귀결들을 가진다.

최근에 코린 펠뤼숑은 **생명 시대의** 새로운 계몽이라는 적절한 표현을 사용했는데, 그 새로운 계몽의 틀 안에서 우리는 삶의 의미란 우리의 도덕적 사명이라고 이해할 수 있다.[14] 이 이해는 현재 감지되는 사회적 각성과 맥이 통한다. 그 각성은 우리가 처한 복잡한 위기 상황을 극복하기 위해 인류의 새로운 연대를 실현하려는 열망과 결합되어 있다. 인간에게 도덕적 사명이 있다는 생각은 우리가 〈실재의 수호자custodian of reality〉[15]라는 융카포타의 생각과도 연결될 수 있다.

인류가 이 세기에 반드시 이뤄 내야 할 생태학적 전

환을 위해서는 사회적 변화의 규범적 설계가 필요하고 따라서 윤리학이 필요하다. 자연과학과 기술과학이 경제학과 더불어 근본적인 정치적 문제들을 해결하고 우리가 누구이고 누구이고자 하는가에 관한 진정한 규범적 결정의 부담으로부터 우리를 해방할 것이라는 그릇된 근대적 호언장담을 더는 신뢰할 수 없다.

———————————

인간의 자기 파악은 정치적 귀결을 가진다. 현재 감지되는, 많은 사회학자와 정치학자가 지목하는 민주주의 위기를 부르는 한 원인은 사람들이 원활한 자원 분배보다 더 많은 것을 정치에 요구하는 것에 있다. 위기가 닥치면 사람들이 별생각 없이 **소통**이라고 부르는 것이 대단히 중요해진다. 정치인들은 자기네 결정을 영리하게 알려 시민들을 안심시켜야 할 뿐 아니라 그 결정을 **정당화**해야 하고 그러면서 자신들이 내리는 가치 평가를 명시적으로 밝혀야 한다. 예컨대 아르탈 홍수* 피해자들은(아르탈은 나의 고향이기도 하다) 재난이 일어난 후에 정치적 결정이 잘 전달되는 것만 바란 것이 아니라 가치 판단에 기초한 대책 수립에 참여하는 것도 바랐다. 재난 구역의 재건은 생태학

* 2021년에 독일 서부 아르탈Ahrtal에서 발생한 대홍수.

적으로 지속 가능한 모형에 따라 이루어져야 했다.

근대 과학은 과학적 지식의 한계에 대한 자각도 포함한다. 우리가 많은 것을 모른다는 점을 우리는 안다. 우리는 복잡성, 불확실성, 무지를 감당해야 하며, 이는 우리가 처한 위기 상황의 한 면모다. 그 감당을 위해서는 **무지의 윤리학**이 필요하다.

이 책 전체를 관통하는 근본적인 생각은 이러하다. 우리는 우리의 동물임에 대한 자기 탐구를 통해 우리 안팎의 자연이 낯설기 그지없다는 점을 인정하는 법을 배울 수 있다. 우리는 더없이 낯선 자연을 지배할 수 없으며 또한 지배하지 말아야 한다. 우리는 절대로 자연을 완전히 해독하여 우리의 통제 아래 둘 수 없다. 우리 인간은 자연적 과정들에 의존하는데, 우리의 지식은 기술 만능주의적 지상 낙원을 건설할 수 있을 정도로 그 과정들을 구체적으로 꿰뚫어 보는 수준에 턱없이 못 미친다. 우리가 다른 행성(이를테면 화성)으로 이주하여 새롭게 출발할 수 있으리라는 상상을 비롯한 실없는 희망을 버려야 한다. 텔레비전 시리즈 「웨스트월드Westworld」에서처럼 망가지지 않는 플라스틱 몸에 우리의 의식을 소프트웨어의 형태로 업로드할 수 있으리라는, 더욱 터무니없는 환상도 마찬가지다. 코로나 대유행은 우리의 취약성과 사회적 복잡성을 누구나 실감할 수 있게 드러냈다.

그 복잡성과 취약성은 코로나 대유행 이전에도 이미 있었지만 그때는 말하자면 〈민중 관료주의적으로 demobürokratisch〉(니클라스 루만의 표현) 은폐되었다. 즉 우리는 그 취약성과 복잡성을 의식하지 못했는데, 이는 무엇보다도 우리의 보건 시스템이 대다수 사람이 느끼기에 다소 원활하게 작동했기 때문이다. 인간은, 부분적으로 인간 자신이 책임져야 할 생태학적 변화에 내맡겨져 있는 취약한 동물이라는 깨달음을 정치는 항상 되새겨야 한다. 우리는 동물일 뿐 아니라 도덕적 맥락에 대한 통찰력을 지닌 정신적 생물이다. 그러므로 인간은 인간학, 윤리학, 정치학이 서로 뗄 수 없게 얽히는 장소다.

새로운 계몽은 합당한 인간의 자화상을 얻기 위해 더 많은 과학들(특히 자연과학, 생명과학, 행동과학과 대등하게 정신과학과 사회과학)을 동원할 것을 요구하지만, 더 나아가 무지의 윤리학도 요구한다. 그 윤리학의 토대는, 우리가 사는 이 시대가 자연을 완전히 알고 지배하는 시대가 전혀 아니라는 사실을 인정하는 것이다. 이론의 여지 없이 감탄스러우며 부분적으로 바람직한 근대의 지식 및 기술의 진보에 현혹되어, 우리가 모르며 앞으로도 영영 모를 것이 무한정 많고 어쩌면 무한히 많다는 점을 망각하지 말아야 한다. 자연에 관한 우리의 앎이 아무리 크더라도, 우리의 무지는 더 크다(관찰 가능한 우주의 95퍼센트가 직접적인 실험을 통해 연구할 수 없는 암흑 물질과 암흑 에너지로 이루어졌다는 것이 명백히 밝혀진 이래로, 우리는 우리의 무지가 우리의 앎보다 더 크다는 것을 잘 안다). 실재는 우리의 앎 주장을 능가한다. 이것은 한낱 추측이 아니라 우리가 아는 바다. 요컨대 우리는 우리가 모르는 것이 많음을 실제로 안다.

곧 보겠지만, 소크라테스가 옳았다. 하지만 소크라테스가 남긴 격언은 우리가 아무것도 모른다는 것이 아니라, 우리 자신이 많은 것을 모른다는 점을 우리는 알아챌 수 있다는 것이다. 소크라테스의 지혜는 앎의 한 형태이지, 무지에 대한 회의주의적 찬양이 아니다. 동물로서의 인간은 자신의 무지를 의식할 수 있다. 소크라테스는 이를 지혜라고 불렀다. 그리고 칼 폰 린네는 소크라테스를 계승하여 인간이라는 종을 호모 사피엔스로 규정했다. 이때 사피엔스는 〈지혜로운〉을 뜻하는 것이 아니라 〈지혜에 이를 능력이 있는〉을 뜻한다. 정신적 생물로서 인간은 자화상을 그림으로써 자신과 비인간적 실재를 역사적으로 변화시킬 수 있는 철학적 동물이다. 그러니 우리의 인간임과 동물임을, 삶의 의미와 우리의 무지를 숙고하는 길에 함께 나서자!

1장
우리, 그리고 다른 동물들

〈어떻게 물질과 정신 사이의 연결이 가능한가〉라는
불가사의가 여전히 우리를 짓누른다.
우리는 모든 철학이 온갖 곳에서 맞닥뜨리는 뚜렷한
문제로서의 인간을 간과한다.
— 프리드리히 빌헬름 요제프 셸링

까마득한 과거부터 사람들은 〈나는 과연 누구 혹은 무엇인가〉라는 질문을 숙고해 왔다. 이 질문에 답하려면 우리를 타자와 구별해야 한다. 무언가를 정의하려면 그 무언가를 다른 무언가와 구별해야 하니까 말이다. 그리하여 가장 먼저 등장한 잘 알려진 인간의 정의 중 하나에 따르면, 우리는 이성과 언어를 갖춘 동물이다. 아리스토텔레스는 인간을 〈존 로곤 에콘zôon logon echon〉, 곧 로고스(언어, 이성)를 가진 생물로 정의했다. 합리적 동물을 뜻하는 라틴어 아니말 라티오날레animal rationale는 이 정의에서 유래했다.[1]

인간을 식별할 수 있게 해준다는 특징으로서의 언어와 합리성을 더 자세히 살펴보기에 앞서 유념해야 할 것은, 잘 알려진 가장 오래된 인간의 정의가, 바꿔 말해 가장 오래된 **인간학**이 이미 인간을 생물 혹은 동물로, 존zôon 혹은 아니말animal로 규정한다는 점이다. 아리스토텔레스 이전, 사람들이 자신을 신화적으로 의식하던 시기에도 인간은 동물계의 일원으로 분류되었다. 인간과 동물을 확실히 갈라놓는 성경의 인간상은 예외에 가깝다. 그 인간상에서는 오직 인간만이 신을 닮은 자로서 특별히 낙원에 거주한다. 인간은 동산의 거주자로서 자연의 일부로 간주되기는 하지만, 노아의 방주 이야기만 봐도 알 수 있듯이, 창조의 정점이며 더 나아가 동물들을 책임지는 존재다.

결론적으로 우리는 다음과 같은 첫째 주장을 확실히 내놓을 수 있다. 진화론의 지식과 진화론의 뒤를 이어 급격히 발전하며 분화하는 생명과학들(의학, 생화학, 분자생물학, 생물정보학, 유전학, 약학, 동물학, 영양학, 신경과학 등)의 지식보다 훨씬 더 앞선 시기에 벌써 인간은 생물 혹은 동물로 간주되었다. 인간이 자신을 동물로 정의하는 것은 인류의 정신사에서 일반적이고 평범한 경우다.

우리의 인간상은 지금까지 수천 년에 걸쳐 발전했는데, 그 발전은 주로 우리의 동물상이 변화하는 것을 통해 이루어졌다. 근대에 자연과학과 기술의 진보를 통해 우리는 자연사Naturgeschichte가 얼마나 복잡한지 깨달았다. 19세기에 무엇보다도 다윈주의 혁명의 여파 속에서, 생명의 다양한 형태들이, 따라서 동물 종들도 자연선택의 과정 속에 놓여 있다는 통찰이 널리 퍼졌다. 우리가 동물인 한에서, 우리는 삶의 다양한 층에서 환경에 적응하면서 또한 당연히 늘 환경을 조형한다. 우리가 속한 자연은 변함없는 그릇이 아니라, 우리가 우리의 생명 과정을 통해 변화시키는 무언가다. 또한 오늘날 우리가 알듯이, 우리가 적응한 이 자연은 이미 수십억 년 전부터 다른 생물들의 생명 과정에 의해 변형되어 왔다. 예컨대 수백만 년에 걸쳐 대기 중의 산소를 생산한 시아노박테리아에 의해서 말이다.

19세기에 획기적인 진화론과 더불어 널리 퍼진 또 하나의 견해는, 우리의 동물성, 곧 동물임은 우리에게 낯설며 우리를 무의식적으로 조종한다는 것이다. 당시에 새로 생겨난 과학들인 생물학, 심리학, 정신분석은 우리를 거울 앞에 세웠는데, 그 거울 속의 우리는 합리적 행위자이기만 한 것이 전혀 아니었다. 오히려 우리는 철저히 합리적으로 행동하는 자가 전혀 아닌 동물을 마주했다.

지난 두 세기 동안 생명과학이 획득한 감탄스러운 지식은 우리 자신을 생명 과정들의 꼭두각시로 간주할 수 있다는 결론으로 우리를 이끌었다. 그리하여 오늘날 만연한 믿음에 따르면, 우리의 유전자, 본능, 신경 회로, 혹은 생물학적으로 결정된 성격이 우리의 의사 결정을 조종한다. 예컨대 노벨상을 받은 저명한 신경과학자 에릭 캔들은 프로이트가 말한 무의식을 이제는 생명과학적 방법을 통해 진화의 유산으로 이해할 수 있다고 믿는다.[2] 그렇다면 우리는 프로이트의 짐작대로 우리의 정신적 삶의 〈주인〉이 아닌 것에[3] 그치지 않고 우리 몸 안의 이방인이다. 우리 몸은 우리의 의식적 경험을, 우리의 자아를 기껏해야 통제 센터로서 생산하는데, 이는 환경에 더 잘 적응하기 위해서다.

그러나 프로이트는 단지 외견상으로만 인간을 특별한 지위에서 몰아낸다는 점을 유념해야 한다. 그는 그 유명한 이드id(원어는 〈그것〉을 뜻하는 독일어 Es)만을《우리 안의 동물》과 동일시하고 인간에게는 이드 외에 추가로 복잡한 심리적 장치를 부여한다. 프로이트는 다윈과 마찬가지로 우리를 〈동물의 계열〉에 집어넣고 싶어 하지만,[4] 다른 동물들은 그가 초자아로 간주하는 것은 말할 것도 없고 자아라고 부르는 것도 결코 보유하지 않았다는 견해를 고수한다. 우리의 정신적 장치에 관한 프로이트의 견해는 우리 안의 동물(이드)과 우리의 합리성(자아와 초자아)을 갈라놓는 모형을 따른다. 그가 보기에 우리의 합리성은 우리의 동물임에 의해 끊임없이 교란된다. 그렇기 때문에 우리의 문명은 불만을 특징으로 가진다는 것이 그의 잘 알려진 추측이다.[5]

여기에서 나는 자연상, 신체상Körperbild, 동물상, 인간상의 역사를 본격적으로 다루지는 못하고 살짝 건드릴 수만 있는데, 그 역사에서 알 수 있듯이, 인간이 자신을 동물로 정의하는 것은 일반적이고 평범한 경우이지만, 다른 한편으로 인간상은 그때그때의 구체적인 동물 개념과 더불어 변화한다. 최근 들어 **동물 연구**Animal Studies나 **인간동물학**

Anthrozoologie이라는 명칭으로 널리 알려진 학제적 연구 분야는 바로 그 변화를 다룬다. 사람들이 〈동물〉이라는 단어를 듣고 무엇을 떠올리느냐에 따라 우리의 자화상, 곧 인간상도 변화하며, 이 변화는 윤리학적 귀결을 가진다. 예컨대 동물 개념이 충분히 폭넓게 이해되지 않아서 사람들이 동물 윤리의 필요성을 정당하게 강조하면서도 대체로 포유동물만 생각하고 곤충을 무시한다면, 식물이 아니며 운동 능력이 있는 모든 생물을(어쩌면 박테리아까지도) 윤리적으로 상대해야 할 동물로 간주할 때와는 전혀 다르게 행위할 것이다.

그렇기 때문에 〈인간은 동물이다〉라는 문장은 세심히 살펴보면 대단히 중요하다. 그리고 그 중요성이 1장의 주제다. 한편으로 인간이 〈생물〉 혹은 〈동물〉이라는 단어로 그때그때 무엇을 지칭하는지가 결정적으로 중요하다. 왜냐하면 인간은 그 지칭 방식대로 자기를 자연 현상에 편입시키기 때문이다. 다른 한편으로 어떤 추가 특징을 통해 인간이 자기를 (인간 자신이 아는 한에서 동물임, 곧 동물성을 인간과 공유한) 다른 생물들 혹은 동물들과 구별하는가도 최소한 그에 못지않게 중요하다.

논리-동물: 어떻게 인간이 동물로 되는가
논리학의 역사를 추진하는 결정적인 힘은 바로 인간의 **합**

리적동물로서의 자기 정의다. 이미 언급했듯이 아리스토텔레스는 인간을 로고스를 보유한 생물로 규정한다. 논리학이라는 개념은 로고스에서 유래했다.

논리학은 합리적인 생각 그 자체를 대상으로 삼는 철학의 기초 분야다. 논리학이 다루는 것은, 〈옳게(곧 합리적으로) 생각하기는 어떻게 이루어지는가(혹은 이루어져야 마땅한가)〉라는 질문이며, 논리학을 실행하는 방식은 생각하기를 생각하기다. 인간을 **로고스-동물**Logostier로 규정하는 아리스토텔레스의 정의에 담긴 요점은 우리가 **논리-동물**Logiktier이라는 것이다. 즉 로고스를 보유했다 함은 사물들과 자신을 다른 것과 명시적으로 구별할 능력이 있다는 것, 바꿔 말해 자신과 타자에 대한 앎을 획득할 능력이 있다는 것이다.

아리스토텔레스 이래 논리학의 가르침에 따르면, 모범적인 정의는 우선 정의할 대상이 속한 유(類)Gattung(고대 그리스어 genos, 라틴어 genus)를 제시하고 이어서 그 대상을 다른 종들(고대 그리스어 eidê, 라틴어 species)과 구분한다. 생물을 유(생물학 용어로는 〈속〉)와 종으로 분류하는 과학적 방법의 출처는 고대 그리스 논리학이다.

고대 그리스인 이래로 생명의 계통수는 최고 유와 관련지어지며, 최고 유는 신적인 생물들에 의해 대표된다. 인간은 그 생물들과 같아지기 위해 그 생물들을 모방해야 한다. 이런 전통 안에서 유와 종의 질서는 위계(位階)로 간주된다. 즉 위계에서 높은 위치에 있는 놈일수록 가치 서열의 정점에, 완성된 존재 혹은 좋음(善)에 더 가깝다고 여겨진다. 한마디 보태자면, 위계를 뜻하는 독일어 Hierarchie의 고대 그리스어 어원을 따져 이 단어를 직역하면 〈신성한 질서〉가 된다. 이런 생각은 특히 천사학Angelologie에서 유래했는데, 천사학이란 인간이 천사들과, 또한 궁극적으로는 모든 존재와 사유의 원천인 신과 어떤 관계인지에 관한 고대 후기와 중세의 논의다. 이 분야의 고전은 위(僞) 디오니시우스 아레오파기타라고 불리는 인물이 쓴 『천상의 위계에 관하여』다. 기원후 5세기나 6세기에 작성된 이 글은 천사들의 서열을 탐구한다. 위계라는 단어는 이 글의 (실제 정체가 밝혀지지 않은) 저자에 의해 만들어졌다. 따라서 위계는 항상 신학적 면모를 띤다. 여기에서 보듯이 인간은 수천 년 전부터 자기를 동물(혹은 다른 동물들)과 구별하여 정의해 왔을 뿐 아니라 항상 신적인 존재들과도 구별하여 정의해 왔다.

오늘날 사람들은 우리를 자연 현상의 계열에 속한 다소 평범한 요소로 간주하는 세속적 인간상이 널리 퍼진 것에 기대어 전통적인 인간상의 이 같은 신학적 면모를 대뜸 제쳐 두곤 하지만, 이는 부당한 처사다. 왜냐하면 우리 시대에도 대다수는 아니더라도 많은 사람이 우리는 동물계에서 특별한 지위를 차지한다고, 심지어 우리는 불멸의 영혼을 지녔거나 환생한다고, 요컨대 우리가 우리의 (어쩌면 언젠가는 오늘날의 생명과학의 언어로 완전히 서술될) 동물-신체와 동일한 것은 절대로 아니라고 믿기 때문이다.

생명계를 유와 종으로 분류하는 동물 개념은 그 역사적 기원을 고려할 때 전혀 가치중립적이지 않다. 오히려 그 개념은 애초부터 가치 평가를 포함하며, 그 가치 평가는 다양한 층에서 이루어진다. 그리하여 예컨대 한 종의 정상 사례들과 일탈 사례들이 구별되어, 인간의 개념, 사자의 개념, 비둘기의 개념 등은 정상 사례들과 동일시되고, 정상을 벗어난 사례들은 결함이 있다고 간주된다. 젠더 이론이나 **장애연구**는 이런 견해를 정당하게 비판한다.

고대 그리스 철학자들은 실재 서열의 근본 원리들이 그 원리들에 종속된 놈들보다 본질적으로 더 좋고 더 권능이 크다는 것을 기본적인 전제로 채택했다. 그리하여 예컨대 물, 불, 공기 같은 원소들은 기본적으로 존재 서열의 정점에 배치된 반면, 자연에서 발견되는 개별 사물은 우리보다 더 권능이 큰 근본적인 원소들의 심층적 구조의 표현으로 여겨졌다. 오늘날에도 이런 견해의 잔재를, 자연법칙이 마치 신적인 법칙처럼 일어날 수 있는 모든 일을 미리 지정한다는 생각에서 발견할 수 있다. 결국 그 무엇도, 그 누구도 중력을 벗어날 수 없다고 사람들은 말하곤 한다. 고대 그리스인들에게 원리Prinzip(고대 그리스어로, 아르케archê)는 시초Anfang뿐 아니라 제국Imperium도 의미했다. 생명 과학적 서열 개념은 권능에 대한 생각들과 전통적으로 밀접하게 얽혀 있다. 이 얽힘은 오늘날 우리의 생각에도 깊이 침투해 있어서, 예컨대 우리는 우리 자신을 진화의 최종 산물로 간주하면서, 우리가 어떻게 사는지에 자연 전체가 의존하기 때문에 우리의 위치는 여전히 부정적인 의미에서 진화의 정점이라고 여긴다.

한 종을 동일한 유 안의 다른 모든 종으로부터 구별해 주는 특징을 일반적으로 **종차**spezifische Differenz라고 한다. 이하에서 우리는 특정한 종차 하나에 특히 관심을 기울일 것이다. 그 종차는 **인간학적 차이**anthropologische Differenz, 즉 인간이 어떻게 또 어떤 점에서 다른 생물들과 구별되는가, 하는 것이다.[6]

1장의 출발점은 인간-동물의 기원에 관한 다음과 같은 견해다. 즉 인간은 특정한 방식으로 자기를 다른 생물들과 구별하기 시작함으로써, 바꿔 말해 〈자기를 정의하기 시작함으로써 동물이 되었다〉라는 견해다. 〈자기를 정의함

으로써 인간은 자기가 동물 플러스 무언가(예컨대 언어, 이성, 정신, 불멸의 영혼))라는 견해를 도입하고, 바로 이를 통해 인간이 될 뿐 아니라 자기가 보기에 특수한 동물이 된다. 요컨대 인간은 자기를 동물로 간주하기 때문에 동물이다. 위대한 실존주의 철학자 시몬 드 보부아르의 명언을 약간 변형하여 말하면, 인간은 동물로 태어나는 것이 아니라 동물로 된다고 해도 과언이 아니다.[7]

반면에 인간으로서의 우리는 그렇지 않다. 우리는 비로소 인간이 되어야 하는 것이 아니라 자궁 안에서 발달할 때 이미 인간이다. 왜냐하면 우리는 인간 특유의 DNA를 지녔기 때문이다. 그 DNA가 우선 자궁 안에서, 생후에는 더 큰 공동체들 안에서 진행되는 생물학적 발달을 가능케 한다. 수정란이 정확히 언제부터 인간이 되는지를 세포 구조나 임신 기간을 기준으로 확정할 수 있느냐 하는 것은 난해하고 윤리학적으로 중대한 질문이지만, 나는 여기에서 이 문제를 파고들지 않으려 한다. 아무튼 우리가 출생하기 여러 달 전에 이미 인간이라는 점만큼은 확실하다. 그러므로 인간임은 우리가 배울 수 있는, 따라서 배우지 못할 수도 있는 무언가가 아니다. 우리의 인간임은 양도할 수 없으며 상실할 수도 없다. 반면에 우리의 동물임, 곧 우리가 동물이라는 자기 파악은 역사적으로 우연적이다. 즉 다른 인간상들이 가능했고 지금도 가능하다.[8]

특별한 무언가

요컨대 인간은 동물로서 출생한 다음에, 혹은 자궁 안에서 동물로 발달한 다음에 사회적 훈련을 통해 문화적이며 정신적인 꼴을 갖춘 인간 사회의 일원이 되는 것이 아니다. 오히려 인간은 아무튼 생물이기만 하다면(인간은 자궁 안에서부터 생물인데) 이미 온전한 의미에서 인간이다. 인간은 생물학적 하드웨어로서 태어나고, 그다음에 교육을 통해 추가로 그 하드웨어에 문화적 소프트웨어가 설치되어야 하는 것이 아니다. 그렇기 때문에 인간 존엄도 오로지 인간임과 결부되어 있을 뿐, 어떤 추가 조건 — 이를테면 특정한 능력과 고차원적인 역량을 배워 익히는 것 — 과도 결부되어 있지 않다.

그러므로 아리스토텔레스의 생각과 달리, 인간은 이성과 (아리스토텔레스가 보기에 이성과 더불어 인간을 특징짓는) 정치적 조직화라는 고유한 특징을 통해 다른 동물과 구별되는 것이 아니다.[9] 우리를 다른 모든 동물과 명확히 구별해 주는 인간의 **정의항**, 곧 두드러진 특징을 확실히 댈 수 있다고 보는 다른 모든 전통적 인간관도 인간의 본질을 제대로 포착하지 못한다.

인간은 그 자체로 동물인 것이 아니라 자기 정의를

통해 동물이 된다. 〈우리는 누구 혹은 무엇인가〉라
는 질문에 대한 대답의 틀 안에서 인간은 자신의 한
부분인 동물성을 떼어낸다. 이 떼어내기가 원천이
되어 인간은 특별한 특징을 통해, 곧 고유한 종차를
통해 동물계 위로 우뚝 솟은 탁월한 존재라는 그릇
된 개념이 발생한다.

인간은 자기를 정의함으로써 다른 동물들과 자기를 구별
한다. 인간은 자기를 동물 플러스 무언가로 이해한다. 이
논리에 따르면, 우리를 특별하게 만드는 그 무언가가 다른
동물에게는 없어야 한다. 그렇지 않다면 우리는 우리 자신
과 동물들을 깔끔하게 갈라놓을 수 없을 테니까 말이다.

　　오늘날 많은 이들은 인간의 특별한 특징이 실은 없다
는 점이 이 정의의 문제라고 믿지만(실제로 그런 특징은
상당히 많다), 진짜 문제는 우리가 우리 자신 안에서 동물
임의 핵심을, 동물성의 개념을 확실히 발견한다는 점이다.
이 정의에 따르면, 우리는 그 동물성을 다른 동물들과 공
유하지만 그럼에도 특별한 무언가를 통해 다른 동물들과
구별되어야 한다.

　　그 특별한 무언가가 언어와 합리성이고 다른 동물들
은 **정의에 따라** 언어와 합리성이 없다면, 우리 자신의 동물

성에도 언어와 합리성이 없어야 한다. 이런 연유로 우리는 《우리 안의 동물》을 영혼의 비합리적인 부분으로 느낀다. 아리스토텔레스의 스승인 플라톤은 이 견해를 명시적으로 제시한다.

그러나 실제로 동물성은 인간의 자기 정의를 통해 정의된다. 우리는 우리 자신을 정의하면서 동물성을 우리가 지닌 특별한 무언가와 갈라놓는다. 따라서 이런 식으로 정의되는 동물성은 이미 결함의 표현이다. 왜냐하면 이런 동물성은 온전한 인간임이 아니기 때문이다. 요컨대 우리가 우리 자신, 곧 인간을 동물 플러스 무언가로 정의함으로써 얻는 동물 개념은 모든 동물이 예외 없이 속한 동물계가 인간의 특별한 특징을 통해 인간과 분리되어 있다는 견해를 낳는다. 이런 식으로 우리는 우리의 자기 정의의 한 부분인, 결함 있는 동물임을 다른 생물들에 투사한다. 인간이 아닌 동물을 동물-동물로 칭한다면, 인간-동물과 달리 동물-동물은 결함 있는 놈으로 정의된다. 동물-동물은 우리를 특징짓는 그 무언가를 가지고 있지 않다.

더 나아가 우리 자신의 동물성은 다음 단계에서 벌써 암묵적이거나 명시적인 가치 평가를 받는다. 인간을 특징짓고 정의하는 그 무언가는 수천 년 전부터 그저 우리가 가진 속성으로 간주되는 것이 아니라 특별한 가치의 원천으로 여겨진다. 그리고 이것은 전적으로 정당하다. 왜냐하면 우리 인간이 특별한 유형의 도덕적 반성에 도달할 능력을, 바꿔 말해 윤리학에 도달할 능력을 지녔다는 것은 옳기 때문이다.

일반적으로 **윤리학**이란, 〈우리 모두가 인간인 한에서 하거나 하지 말아야 마땅한 것은 무엇인가〉라는 질문을 다루는 철학의 분야라고 할 수 있다.[10]

우리는 우리 자신의 행위 기반을 통찰할 수 있고 우리가 인간으로서 어떠한지 정의할 수 있기 때문에 우리 자신을 바꿀 수도 있다. 우리가 인간으로서의 우리 자신을 어떻게 정의하는가는 우리가 누구인지 결정하는 한 요인이다. 따라서 인간학은 가치 인식의 결정적 원천이다. 물론 정의가 없더라도 우리는 인간이다. 따라서 우리의 인간 존엄은 모종의 정의나 인간상에 의존하지 않는다. 그러나 우리의 인간 존엄을 의심하거나 인간을 비인간화하는 인간상들이 있다. 그렇기 때문에 사람들이 자신과 기타 사물들 혹은 생물들 사이의 경계를 정확히 어떻게 긋는지 비판적으로 살펴보는 작업이 중요하다.

미국의 심리학자 배리 슈워츠는 『우리는 왜 일하는가』

라는 간략한 저서에서 그 중요성을 다음과 같이 일깨운다.

> 인간 본성에 관한 이론들은 유일무이하게 독특한 지위를 차지한다. 우주에 관한 우리의 이론이 우주를 변화시킬 것을 우려할 필요는 없다. 행성은 우리가 행성에 관하여 어떻게 생각하고 어떤 이론을 세우는지 신경 쓰지 않는다. 반면에 인간 본성에 관한 우리의 이론이 장기적으로 인간 본성을 변화시킬 수 있다고 우려하는 것은 전적으로 정당하다. [······] 인간 본성은 대체로 인간을 둘러싼 사회의 산물이기 때문에, 그런 변화의 가능성이 인간 본성에 내재한다.[11]

요컨대 우리 인간이 우리 자신과 기타 생물들에 대해 특별한 책임이 있다는 생각은 전적으로 옳다. 사자는 채식주의자가 되는 것을 고려하지 않고 침팬지는 여성주의의 정당한 요구에 제도적으로 부응함으로써 성평등을 이룩하려 애쓰지 않는 반면, 우리 인간은 그런 근본적인 수정을 실행할 능력이 있고 따라서 도덕적 진보를 이뤄 낼 능력이 있다. 그렇기 때문에 우리는 기후 변화와 환경 파괴를 유발하는 문제이기만 한 것이 아니라 우리 자신을 구원할 수 있는 유일한 해결책이다. 다른 생물은 자신의 이산화탄소 배출을 줄이거나 소비 욕망을 변화시키지 못할 것이다. 우리의 자연상, 동물상, 인간상을 수정하는 것은 우리 손에 달려 있는 우리의 임무다. 이를 명심해야만 우리는 고도로 산업화되고 전 지구적으로 연결된 기술적 근대에 되도록 이 행성의 모든 인간이 존엄한 삶을 살 수 있도록 다 함께 노력할 수 있다. 온갖 근대적 진보에도 불구하고 우리는 모든 인간이 존엄하게 사는 수준에서 한참 멀리 떨어져 있다. 더구나 많은 사람을 극도의 빈곤에서 해방시키는 그 근대적 진보가 또한 기후 변화, 환경 파괴, 대량 살상 무기를 만들어 내고 따라서 근대적 빈곤도 만들어 낸다는 점을 우리는 항상 유념해야 한다. 근대적 굶주림은 근대적 자연 과학적-기술적 진보와 지구적 공급망의 산물이기도 하다. 그 공급망은 지구적 상거래가 어떤 식으로든 자동으로 인류의 진보에 기여할 것이라는 신자유주의적 견해와 긴밀하게 맞물려 있다. 그러나 최근에 러시아가 우크라이나를 야만적으로 침공한 일이 또다시 보여 주듯이, 그 견해는 단적으로 틀렸다.

윤리학을 할 수 있는 우리의 능력은 우리를 다른 생물들보다 우월하게 만들지 못한다. 그 능력은 지구라는 행성에서의 지도자 지위나 권력자 지위에 대한 요구를 정당화하지 않는다. 그 능력은 우리가 서로

를, 그리고 우리의 보금자리, 곧 지구의 표면을 우리와 공유하는 다른 생물들을 책임 있게 상대해야 한다는 견해의 기반일 따름이다.

우리를 《다른 동물들》과 구별 짓는 인간학적 차이는 그 자체로 생물학적으로 주어진 것이 아니라 우리에 의해 설정된 것이다. 반면에 그런 차이를 설정하는 능력, 곧 자화상을 그리는 능력은 우리 인간에게 주어져 있다. 이 사정은 우리가 다른 생물들은 파악하지 못하는 객관적 가치들에 대한 인식의 원천이라는 점을 함축하지만, 이로부터 곧장 귀결되는 바는 우리가 다른 생물들에게 어떤 책임이 있는지를, 바꿔 말해 우리가 그 생물들을 어떻게 상대해야 하는지를, 우리가 인식할 수 있다는 것이다. 우리는 다르게 행동할 수 있으므로, 행동을 바꿔 다른 생물들을 보호해야 마땅하다. 동물 윤리는 우리가 도덕적 통찰의 능력을 지녔다는 사정으로부터 자동으로 도출된다. 또한 그 사정은 예컨대 모기를 우리 마음대로 죽여도 되느냐는(왜냐하면 모기가 우리를 공격하고 위험하니까) 질문을, 또는 2020년 가을 덴마크에서처럼 밍크가 코로나 바이러스에 감염되었고 (밍크가 아니라 인간에게서 유래한!) 새로운 변종 바이러스가 사람들을 위협한다는 이유로 밍크 수백만 마리

를 죽여도 되느냐는 질문을 우리가 스스로에게 던져야 한다는 것을 의미한다. 반면에 우리의 가축이나 인간의 친척인 영장류는 매우 우호적으로 상대해야 한다고 사람들은 말한다. 이처럼 우리의 일상적인 동물 윤리는 대체로 인간 중심적이다. 왜냐하면 우리는 일부《동물들》과는 공감하고 다른 동물들과는 공감하지 않기 때문이다. 이 사정은 어떤 투사 메커니즘이 작동함을 보여 주는데, 이하에서 나는 그 메커니즘을 비판할 것이다. 동물 윤리는 우리가 현재의 지배적인 동물 개념을 극복하거나 개혁하여 인간 중심주의를 극복할 때 비로소 체계적으로 진보할 수 있다. 우리는 동일한 규모에서(우리의 생활 터전인 중시적* 규모에서) 함께 사는 동물에게는 흔히 공감한다. 그러나 다른 한편으로 까마득한 세월을 통틀어 가장 큰 대량 멸종이 현재 인류의 책임으로 일어나고 있다. 이런 상황은 인간 중심주의의 작동을 보여 준다.

자연은 사파리가 아니다

인간은 자기 정의의 틀 안에 갇혀 다음을 간과하기 쉬운데, 인간과 비교할 때 다른 동물들은 본질적으로 다 똑같다고 할 만큼 공통점이 많다는 생각은 터무니없는 오류다. 우리는 자연적으로 조성된 사파리 안에서 살고 있지 않다.

* 미시적과 거시적의 중간을 뜻한다.

그런 사파리 안에서라면 우리는 다소 안전한 관람객의 입장에서 이렇게 물을 수 있을 터이다. 우리는 정확히 어떻게 동물계에 속하면서도 동물계 위로 우뚝 솟아 있을까?

다윈주의 혁명은 동물 종들의 발생을 원리에 따라 설명할 수 있게 해주었고, 그 혁명의 뒤를 이어 주로 미생물학의 성취 덕분에 생명과학이 발생했지만, 놀랍게도 이런 발전은 인간의 자기 정의에 등장하는 동물의 막연한 통일성을 명료화하는 데 기여한 바가 거의 없다. 오늘날 인간은 동물이라고 주장하는 사람의 대다수는 우리가 유인원에서 유래했다는 뜻을, 혹은 더 정확히 아는 사람이라면, 인간 영장류와 비인간 영장류의 조상들이 진화적으로 가까운 친척이었다는 뜻을 그 주장에 담는다. 이런 주장에 따르면, 우리는 진화 계통수의 어느 가지에 있고, 그 계통수 전체는 생명의 근원 형태들로 환원된다. 그 근원 형태들로부터 유전형과 표현형의 변이를 통해 알려진 모든 동물 종이 나왔고, 오늘날 우리는 그 변이를 매우 정밀하게 연구할 수 있다.

그러나 동물로서의 인간에 관한 이 같은 견해는 우리의 본질을 말해 주는, 자연과학적으로 잘 입증된 통찰이 아니다. 왜냐하면 대리석에 대한 지질학적 탐구로 미켈란젤로의 다비드상을 설명할 수 없는 것과 마찬가지로 동물성에 대한 진화생물학적 탐구로 인간을 설명할 수는 없기 때문이다. 후자의 탐구가 성공적으로 설명해 주는 것은 우리가 인간으로 식별하는 유기체 내 다양한 세포 시스템들의 인과적 상호작용에 관한 세부 사항이다. 세포 수준의 생명 과정들이 없다면 인간은 없을 것이다. 하지만 이로부터 우리가 그 생명 과정들과 동일하며 따라서 우리는 복잡한 세포 더미라는 결론은 나오지 않는다.

우리의 동물성, 곧 동물임은 수많은 과정에 기반을 두며, 우리는 그 과정들 덕분에 살고 생존한다. 그 생화학적, 물리적 과정들은 인간의 외부에서도 일어난다. 그런데 우리는 끊임없이 우리 자신을 정의해야 하고 그 결과로 동물이므로, 그 과정들은 우리의 전부가 아니다. 동물임과 자연과학적으로 알아챌 수 있는 방식의 살아 있음은 서로 다르다. 또한 우리의 인간임을 그 과정들과 떼어 놓고 우리의 동물성과 떼어 놓으려 하는 (이를테면 우리를 길을 잃고 인간의 신체 안에 들어온 불멸의 영혼과 동일시하는) 인간상도 당연히 그릇되었다.

따라서 이런 질문이 제기된다. 우리를 동물로 간주하는 인

간상과 인간에 관한 우리의 생물학적 지식은 서로 어떤 관계일까? 후자는 결코 완결되지 않았으며 완결될 수도 없다. 왜냐하면 우리를 인간-동물로 만드는 생물학적 시스템을 완전히 인식할 수는 없기 때문이다. 예컨대 인간의 신경계(대표적으로 우리의 정신적 과정들과 밀접하게 관련되어 있는 이른바 뇌)만 해도 우리가 역동적 발달을 예측하거나 심지어 통제할 수 있을 정도로 그 기능 방식을 정확히 꿰뚫어 보기를 언젠가 진지하게 바랄 수 있기에는 너무 복잡하고 역동적이다.[12]

당연한 말이지만, 인간은 자기를 동물로 간주하는 자기 정의를 통해 동물로 **된다**는 주장은 진화론이나 분자생물학 연구, 또는 의학 연구가 오류에 **빠져** 있다는 뜻이 아니다. 오히려 그 주장에 담긴 뜻은, 우리가 생명과학을 통해 연구하는 생명의 기본 과정들은 우리의 전부가 아니라는 것이다. 인간은 (다른 생물들과 마찬가지로) 항상, 특별히 복잡하게 조직된 세포 더미 그 이상이다. 우리를 세포적 과정들로 환원하는 방식으로 우리의 인간임과 동물임을 이해하는 사고방식은, 우리가 정신적 생물이어서 생물학적으로 측정 가능한 우리의 유기적 구조와 완전히 동일시될 수는 없다는 점을 도외시할 때만 발생한다.

아리스토텔레스는 〈인간은 인간을 낳는다〉[13]는 사실을 통해 인간이 가진 동물성의 본질을 정의할 수 있다고 생각했다. 인간과 사자는 교배될 수 없다. 왜냐하면 인간과 사자는 생물학적 공통 후손을 유성 생식으로 낳을 수 없기 때문이다. 반면에 인간과 인간은 유성 생식으로 공통후손을 낳을 수 있다. 아리스토텔레스가 보기에 한 종 내부에서 동물성의 본질은 번식 능력이며, 번식 능력만을 기준으로 삼으면 우리는 다른 동물과 구별되지 않는다. 누구나 알듯이, 사자와 기린도 (적어도 현재까지는) 교배될 수 없다. 이 같은 견해는 오늘날에도 종을 정의하기 위한 기준으로 널리 채택된다(〈종 = 유전적으로 격리된 번식 단위〉[14]).

하지만 벌써 이 대목에서 아리스토텔레스가 곤경에 처하고, 고대 이래로 진화생물학적으로 눈부시게 발전한 근대의 인간과학들이 곤경에 처한다. 왜냐하면 모든 인간이 새끼를 낳을 수 있는(혹은 낳을 의지가 있는) 것은 아니기 때문이다. 인간의 사례들을 둘러보면, 아이는 일정한 나이에 도달할 때까지 새끼를 낳을 수 없고, 많은 성인도 번식 능력이 없다. 따라서 우리의 동물성, 곧 우리의 종 소속을 우리가 번식 능력을 지녔다는 것을 통해 정의할 수 있다는 믿음은 틀렸다. 또한 이런 정의가 다른 생물들에도 적용된다고 믿는 것 역시 그릇되었다. 어린 인간은 번식 능력이 없으며, 다른 많은 어린 생물도 마찬가지다. 더 나아가 모든 성숙한 개체가 번식할 의지나 능력을 지닌 것은 아니라는 진술은 다른 생물들에 대해서도 타당하다.

자기 재생산, 곧 자기와 유사한 생물을 낳기에 관한 이론의 틀 안에서 우리가 종을 정의해야 한다는 아리스토텔레스의 견해는 오늘날에도 영향력을 발휘한다. 생물들의 일반적 기원을 다루는 **계통학**Gegealogie은 자연과학적으로 감탄스럽게 입증된 **유전학**Genetik으로 발전했고, 유전학 덕분에 우리는 유기체들의 설계도를 상세히 안다.

그런데 이를 유념해야 하는데, 다윈은 **종 분화 문제**, 곧 어떻게 종이 형성되는가 하는 문제를 구체적으로 해결할 수 없었다. 왜냐하면 미국 철학자 대니얼 데닛이 지적하듯이, 다윈은 〈유전학을 전혀 몰랐기〉 때문이다.[15] 두 개의 생물을 상호 교배할 수 없으면(바꿔 말해 두 개의 생물이 유성 생식을 통해 공통 후손을 낳을 수 없으면) 그 생물들은 서로 다른 두 개의 종이라는 기준은 〈경계선이 불분명하다〉고 데닛은 논평한다.[16] **번식적 격리라는 기준**은 종 분화 문제를 해결하기에 확실히 불충분하다. 그럼에도 그레고어 멘델의 대물림 연구가 (유전자의 존재를 마침내 입증한) 현대 유전학과 결합한 이래 오늘날까지도 그 기준은 **신(新)다윈주의**(다윈주의 플러스 유전학)의 본질적 요소로 간주된다. 신다윈주의는 유전학적으로 연구할 수 있는 대물림 계통들을 다윈의 자연선택 개념과 결합한다는 점에서 명칭에 걸맞게 실제로 새로우며 오늘날 생명과학에서 주류를 이룬다.[17] 하지만 다른 한편으로 신다윈주의는 논쟁거리다. 왜냐하면 신다윈주의는 이미 극복된 이기적 유전자 개념과 짝을 이룰 때가 많기 때문이다. 이기적 유전자 개념이란 우리는 단지 자신의 유전자를 다음 세대로 전달하는 것만을 원하는 개별 싸움꾼들이라는 견해다. 이에 맞서 의학자 겸 신경과학자인 요아힘 바우어가 최근에 제시한 논증에 따르면, 어쩌면 유전자 수준에서 벌써 공감이 거론될 수 있다.[18]

유전학과 오늘날의 이른바 생명과학은 전적으로 옳은 연구 결과들을 제공하고 따라서 사실 인식들(팩트들)을 제공하지만, 〈어떻게 하면 우리가 우리 자신을 동물로 합리적으로 정의할 수 있는가〉라는 수수께끼는 아직 풀지 못한다. 왜냐하면 통상적인 동물 개념에는 규범의 성격이 내재하기 때문이다. 무슨 말이냐면, 동물은 자기를 조직하고 재생산하는 생물이며 종들로 분류되고 한 종의 개체들은 함께 후손을 낳을 수 있다는 외견상 **중립적인 생각**이 실은 암묵적이거나 심지어 명시적으로 **규범적인 이상**이다. 이 생각에 따르면, 우리의 동물성을 판정하는 기준은 우리의 번식 능력이다. 그렇다면 번식할 수 없는 놈은 동물도 아니고 인간도 아니거나, 개별 사례에서는 결함 있는 동물이나 인간일 터이다.

이 대목에서 **젠더 이론**의 핵심 주장을 상기할 필요가 있다. 그 주장에 따르면, 인간은 번식 능력을 지닌 특정 종의 동물이라는 인간의 자기 파악은 직접적으로나 간접적으로 인간 사회 조직화의 규범적 이상을 표현한다.[19] 인간은 번식 능력을 지닌 동물이라는 견해로부터 일각에서 매우 큰 사회적 영향력을 발휘하는 이데올로기들과 번식에 관한 사회적 규칙이 발생했다. 그 규칙은 우리 인간이 동물로서 성공하는 방식을 지정한다. 인간은 동물이라는 정의, 그리고 동물임의 핵심은 번식 능력이라는 정의는 오늘날에도 이데올로기들과 인간의 성(性)에 관한 터무니없는 견해들의 원천이다. 한 예로 피임에 관한 근본주의적-종교적 토론을 생각해 보라.

피임이 도덕적 문제로 느껴질 수 있는 것은 오로지 번식할 능력과 의지가 인간-동물의 정의에 들어 있기 때문에 가능한 일이다. 그 느낌의 발생은 다음과 같은 **투사 구조**의 한 사례다. 먼저 인간이 자신의 동물성을 확인하고 자신이 다른 동물들과 공유한 특징을 조사한다. 이로부터 한낱 동물(무릇 동물)의 개념이 발생한다. 다음 단계에서 그 동물임이 다시 인간 자신에게 적용되고, 결국 그 동물임이 문화와 문명을 통해 길들여지거나, 인간 자신이 그 동물임과 규

범적으로 동일시된다(이를테면 피임 수단을 거부하
거나 우리 종의 번식 능력을 번식의 당위성으로 격상
하는 방식으로).

자기 과대평가로서의 인류세

근대에 생물학이 생명과학으로 발전한 결과로 오늘날 인
간은 특정한 연구 결과들에 비추어 자신을 동물계에 편입
한다. 늦어도 다윈 이래로, 우리가 동물로 분류되는 다른
모든 생물과 동일한 의미에서 동물이라는 것은 많은 사람
에게 확고한 사실로 통한다.[20] 인간은 다른 종들과 동등한
한 종이며, 다른 모든 생물과 마찬가지로 자연과학적으로,
특히 분자생물학적으로 연구할 수 있는 원리들에 따라 발
생했다. 이는 전적으로 옳은 진술이다.

　　그럼에도 인간은 다른 모든 동물과 구별되는데, 동물
학적이거나 유전학적인 방식으로만, 바꿔 말해 인간은 오
직 다른 인간과 짝을 지어야 후손을 낳을 수 있다는 점에
서만 구별되는 것이 아니다(거듭 말하지만, 어차피 이 특
징을 통한 구별은 일부 개별 인간에게 타당하지 않다). 인
간은 우리가 아는 다른 생물 중 어떤 놈도 할 수 없는 행동
을 많이 한다. 우리는 해변에서 휴가를 즐기기 위해 비행
기로 여행하고, 포도를 재배하고, 자연과학과 정신과학을

연구하고, 널찍한 사무실에서 일하고, 소비 욕망을 채우기 위해 사람들을 착취하고, 소설을 쓰고, 트랜스젠더의 권리와 페미니즘을 옹호하고, 총선을 실시하고, 컴퓨터를 프로그래밍하고, 외국어를 배우고, 이 책을 읽는다.

인간은 그야말로 무한히 많은 방식으로 다른 생물들과 다르다. 또한 다른 생물들도 서로 다르다. 박테리아, 버섯, 기린, 돌고래, 박쥐, 나무 등을 간단히 하나의 균질적인 동식물계 안에 집어넣을 길은 결코 없다. 박테리아와 박쥐는 인간과 풀밭이 다른 만큼 다르게 행동하고 다른 능력들을 발휘한다. 박테리아는 심해 열수공 근처에 살면서 산소를 생산할 수 있다. 박쥐는 우리와 전혀 다른 방식으로 실재를 지각한다. 우리의 지능과 문제 해결 능력은 우리의 환경에 맞춰져 있다. 하지만 이로부터 우리의 환경이 어떤 절대적 규범이라는 결론을 도출해서는 안 된다. 지의류는 살아 있으며 폭넓게 분포하는데, 그런 지의류도 박테리아와 마찬가지로 《식물, 동물, 인간》 삼분법에 들어맞지 않는다. 생명계에서 중대한 역할을 하지만 엄밀히 따지면 생명계에 속하지 않는 것처럼 보이는 바이러스는 더 말할 것도 없다.

그러므로 우리는 이런저런 생물이 동물에 **불과하다는** 견해, 바꿔 말해 오로지 자신의 생존이나 자기 종의 생존에만 관심이 있는, 본능에 의해 조종되는 자연 현상일 뿐이라는 견해를 의문시할 필요가 있다. 따라서 인간이 절대로 동물에 **불과**하지 않다는 것은, 우리의 유기체는 분자유전학적 설계에 따라 발달하며 그 설계는 몇몇 다른 생물의 분자유전학적 설계와 상당히 유사하다는 것과 마찬가지로 근대 진화생물학의 지식이다.

인간이 동물계에 속함에도 불구하고 다른 동물들과 구별된다면 과연 〈무엇을 통해 구별되는가〉라는 질문을 둘러싼 논쟁은 전혀 완결되지 않았다. 오히려 인간과 기타 동물들의 차이를 밝혀내는 일은 다름 아니라 찰스 다윈 본인에게도 특별히 중요했다. 다윈은 종의 발생에 관해 그가 새로 얻은 통찰을 그대로 고수하면서 그 차이를 밝혀내려 했다. 《인간의 유래》를 논하는 저서의 4장에서 다윈은 〈인간과 동물들의 정신적 능력〉을 상세히 다루는데, 그 장의 첫머리는 아래와 같다.

인간과 동물들 사이의 모든 차이 가운데 가장 탁월하게 중요한 것은 도덕감 혹은 양심이라고 주장하는 저자들의 견해를 나는 전적으로 지지한다. 도덕감은 [……] 〈너는 이러저러하게 해야 마땅하다!〉라는 의미심장하고 간결하지만 강제적인 문구로 요약된다. 도덕감은 인간의 모든 속성 가운데 가장 고귀하다. 도덕감은 인간이 타인을 위해 망설임 없이 목숨을 걸도록, 혹은 신중한 숙고 끝에 단지 깊은 정의감이나 의무감으로 모종의 대의를 위해 자기를 희생하도록 만든다.[21]

다윈은 이 대목에 이어 곧바로 칸트의 『실천이성비판』에 나오는 한 구절을 인용한다.[22] 이로써 약간 놀랍게도 그는 명시적으로 칸트주의 전통을 계승한다. 그 전통은 인간을 정언명령을 수용할 능력을 가진 도덕적 생물로 간주한다. 정언명령이 말하는 바는, 항상 우리의 행위가 모두에게 유효한 절대적 규칙, 곧 법칙이 될 수 있도록 행위해야 마땅하다는 것이다. 칸트는 이 명령을 다양하게 표현하는데, 그 표현들이 귀착하는 결론은 도덕적으로 선한 행위는 보편적으로 타당해야 한다는 것, 바꿔 말해 개인의 개별적 이해관계로부터 독립적이어야 한다는 것이다. 요컨대 도덕은 이타심을 훨씬 능가한다. 왜냐하면 우리는 이타심을 품고도 여전히 이해관계에 얽매여 있을 수 있기 때문이다. 반면에 칸트가 보기에 도덕은 우리가 우리 자신의 이해관계를 완전히 벗어나 객관적으로 옳은 일을 할 것을 요구한다.

다윈은 도덕적 규범이라고 할 만한 것들, 곧 무조건적 당위의 초보적 형태들이 다른 동물들에도 있다고 보면서도 인간을 동물들로부터 명백히 떼어 놓는다. 그의 주장에 따르면, 예컨대 개는 〈양심과 매우 유사한 것〉[23]을 지녔고, 일반적으로 〈이른바 도덕감은 원래 사회적 본능에서 갈라져 나왔다〉.[24] 더 나아가 다윈은 〈야만인〉에 대한 당대의 인종주의적 판단을 공유한다. 그 판단은 다윈의 저술 전체에서 일관되게 등장한다. 그는 〈야만인〉을 부분적으로만 인간으로 간주한다. 그리하여 야만인은 어떤 의미에서 동물보다 더 나쁜 처지에 놓이는데, 이것은 따로 다뤄야 할 사안이다.

아무튼 진화론의 창시자인 다윈조차도 인간은 동물계에 잘 들어맞지 않는다고 본다는 사정에서 최소한 다음을 알 수 있다. 즉 단순히 다윈과 진화론에 의지하면 우리의 인간상과 동물상 사이의 관계가 해명되는 것이 아님을 저 사정은 보여 준다. 오늘날의 통념대로 다윈이 우리를 명확히 동물계 안에 집어넣었는가 하면, 전혀 그렇지 않다.

더구나 복잡성 연구자 디르크 브로크만이 강조하듯이, 다윈의 동물 개념과 식물 개념은 〈자연의 작은 부분에만〉[25] 타당한 관찰 내용에 기반을 두는 데, 이것 때문에 문제는 더 어려워진다.

다윈의 논증은 〈대형〉 동물과 식물에서 관찰되는 현상에 의지한다. 다윈은 미생물의 세계 전체를 끝내 보지 못했다. 미생물(박테리아와 고세균Archeen)의 종 다양성이 모든 동식물의 종 다양성보다 10만 배쯤 크다는 점을 고려하면, 다윈의 이론은 비주류 생물들에 기반을 둔다고 할 수 있다.[26]

결론적으로 인간이 동물이라는 것은 오늘날 전적으로 자명한 지식이며 누구나 아는 상식에 속한다. 하지만 다른 한편으로 이 외견상의 자명성은 생명과학 연구를 통해 암묵적이거나 명시적으로 의문시된다. 그 연구는 더 정확한 관찰을 통해 동물 개념을 해체한다.

우리가 동물이라는 인식은, 인간을 지구의 상태에 특별히 중요한 영향을 미치는 요인으로, 혹은 계통수의 정점으로 보는 견해에 의해 벌써 다시 제한된다. 예컨대 노벨상을 받은 화학자 파울 크뤼천에게서 유래한 〈인류세〉 담론이 지금 기후 위기의 시대에 모두의 입에 오르내린다. **인류세**인 지금 인간은 결정적인 지질학적 요인이 되었다고들 한다. 이를 특히 오래전부터 대다수 사람이 감지해온, 인간으로 인한 기후 변화에서 알 수 있다고 말이다.

수천 년 전부터 인간의 활동으로 인해 멸종이 일어나고 있다. 즉 생물 다양성이 감소하고 있으며, 따라서 생명 진화의 과정들이 다양한 층에서 변화하고 있다. 우리 삶의 터전이 심하게 망가지는 것은 우리 자신 때문이라는 주장은 당연히 전적으로 옳다. 우리는 우리의 생활 방식, 교통, 산업, 그리고 안타깝게도 끔찍한 전쟁을 통해 인간으로 인한 기후 변화를 날마다 재촉한다. 흔히 우리는 이 사실을 알아채지 못한다. 예컨대 기후 변화에 관한 다큐멘터리를 스트리밍 서비스로 보는 사람은 내연기관 자동차로 6~7킬로미터를 달리는 사람만큼 많은 이산화탄소를 30분 동안 배출한다(적어도 몇몇 계산에 따르면 그러하다).[27] 링크를 클릭할 때마다, 〈좋아요〉를 누를 때마다, 인터넷을 검색할 때마다 우리는 지구 온난화에 기여한다. 오늘날 인류는 수많은 서버 덕분에 인터넷을 통해 전 지구적으로 연결되어 있는데, 그 서버들의 엄청난 에너지 사용이 지구 온난화를 부추긴다는 점은 더 말할 필요도 없다.

가장 발달했다고들 하는 종이 스스로 자기를 멸종시키는 중이며 심지어 이를 알고 있다는 사실은 쓰라린 아이러니다. 하지만 이 대목에서 진화론이 주는 교훈은 어떤 종도 계통수의 정점이 아니라는 것이다. 왜냐하면 진화의 흐름은 선이 아니라, 우리가 전혀 통제하지 못하는 다양한 과정들의 복잡한 얽힘이기 때문이다. 그렇기 때문에 우리가 인류세에 살고 있다고 믿는 것 자체가 인간의 자기 과대평가다. 지구라는 행성의 입장에서 인간은 중요하지 않다. 우리가 인류세에 사는지, 어떤지에 대해 이 행성이 관심을 가질 리 없다. 이른바 자연은 다양한 생물 가운데 어떤 종들이 있는지에 전혀 아랑곳하지 않는다. 엄밀히 말하면, 〈자연은 우리의 사정에 아랑곳하지 않는다〉거나 〈자연은 우리에게 관심이 없기 때문에 무자비하다〉라는 표현이 이미 인간 중심적이고 그릇되었다. 왜냐하면 자연은 무언가에 무관심하지도 않고 관심을 두지도 않기 때문이다. 인간으로 인한 기후 변화는 인간과 다른 많은 생물에게 문제이지만 자연 파괴가 아니며 생명 종말의 시작은 더더욱 아니다. 우리는 자연을 파괴할 수 없다. 우리는 생명 역사의 시작도 아니고 끝도 아니다.

이런 연유로 인류세 개념은 공식적인 지구과학 지식에 아직 진입하지 못했다. 인류세는 인기 있는 개념이긴 하지만 지질학적으로 인정받는 개념은 전혀 아니다. 프랑스의 포스트모던 지식 사회학자 브뤼노 라투르는 여기에서도 태만함을 본다. 지구에 대한 이해가 시대에 뒤처졌음을 이 태만함에서 알 수 있다면서 말이다.[28]

〈인류세〉라는 표현은 인간이 지질학적 핵심 지위를 차지한다는 견해와 결부되어 있는데, 이 견해는 인간의 지위가 예외적이라는 생각의 노선을 여전히 따른다. 지구 전체뿐 아니라 모든 생물을 위험에 빠뜨릴 능력을 우리 자신에게 귀속함으로써 우리는 우리 자신을 터무니없이 과대평가하고, 생물권 안에서 우리가 여전히 창조의 정점이라는 견해를 품는다. 인간에 의해 촉발된 지구 온난화는 이미 수십 년 전부터 합리적으로 의심할 길 없는 사실이다. 그러나 이 사실이 거꾸로 뒤집힌 이야기를 위한 기반으로 오용되어서는 안 된다. 인간은 창조의 정점도 아니고 창조의 파괴자도 아니다. 물론 우리가 우리 자신과 많은 생물의 삶의 터전을 심하게 위협하거나 완전히 파괴하고 있으며 무수한 종의 대량 멸종에 전적으로 책임이 있다는 사실을 반박하려는 것은 당연히 아니다.

인류세 개념에 못지않게 널리 퍼져 있는 통념은, 종들의 진화 사슬은 궁극적으로 단 하나이며 현재 그 사슬의 끝에 인간이 있다는 것이다. 그러나 단일한 진화 계통선은 없다. 대신에 줄기에서 갈라져 나온 가지들과 변이들이 풍부하게 있으며, 그것들 전체가 따르는 상위의 원리는 없는 듯하다. 현재 우리 앞에 놓인 수많은 생물의 진화 경로들을 생물학적 관점에서 비교하고 평가할 길은 기껏해야 생물이 얼마나 성공적인지, 즉 얼마나 강인한지를 기준으로 삼는 길밖에 없다. 그 기준에 따라 생물들을 평가하면, 인간은 특별히 성공적인 생물이 확실히 아니다. 현존하는 많은 생물, 예컨대 박테리아, 버섯, 식물은 짐작하건대 인간이 멸종한 뒤에도 오랫동안 존속할 것이다. 무언가 혹은 누군가를 창조의 정점이나 진화의 첨단으로 간주해야 한다면, 가장 적합한 후보자는 우리가 통상적으로 동물로 분류하는 생물 가운데 어떤 놈이 아니라 미생물학적 생물들이다.

　아무튼 인간이 존재하는 시대가 우리가 느끼기에 중요한 만큼 생물학적으로도 중요한지는 아직 판명되지 않은 것이 확실하다. 그럼에도 곧 보겠지만 인간은 중심에, 정신적 삶의 중심에 있다. 우리의 정신적인 자기규정 능력과 자기 정의 능력은 예외적인 현상이다. 그렇기 때문에 우리는 삶(생명)의 의미를 묻는 질문을 새롭게 제기해야 하고 그 질문에 오로지 혹은 주로 생명과학적으로 답하려 하지 말아야 한다. 이 문제는 2장에서 다룰 것이다.

연결망: 식물, 박쥐, 균류

인간은 한편으로 생물학적 의미에서 동물이며 다른 한편으로 지구를 위해 (긍정적이거나 부정적인 의미에서) 특별히 중요하다는 그릇된 견해를 제거하기 위해 간단한 사고실험을 할 수 있다. 간단히 이런 질문을 던져 보자. 지구를 관찰하는 외계의 지적 문명은 지구의 어떤 생물과 접촉하려 할까? 외계의 존재들이 우연하게도 우리 인간과 유사한 모습이라는 (대다수 과학 허구는 퍽 순박하게 그렇다고 상상하지만) 전제를 배제하면, 그들은 우리 주위의 생물들을 면밀히 분석한 끝에 동물보다 식물과 소통해야 한다는 생각에 도달할 만하다. 왜냐하면 지구 전체의 생물량에서 식물이 차지하는 비중은 상당한 규모이며, 우리가 대체로 의식하지 못하는 많은 층에서 식물은 생명 과정의 진정한 창조자이기 때문이다. 이 문제는 철학과 생물학에서 점점 더 중요하게 다뤄지고 있다.[29] 외계 존재들은 어쩌면 박테리아나 균류와 소통할 것이다. 왜냐하면 박테리아와 균류는 심해와 성층권까지 어디에나 있고 생명의 자연사에 본질적으로 기여하기 때문이다.

우리가 비(非)동물 생명의 관점을 채택하면, 우리는 긍정적이거나 부정적인 의미에서 진화의 정점이라는 인간적 오만이 상대화된다. 우리가 지구에서 발견하는 다양한 생물은 연결망을 이루고, 그 연결망 안에는 생물학적 위계가 없다. 단지 생명이 우글거린다는 것이 생명의 진실이다. 이미 1970년대에 철학자 질 들뢰즈와 정신분석가 펠릭스 가타리는 이 진실에 착안하여 계통수가 아니라 **뿌리줄기**Rhizome, 곧 땅속 연결망을 출발점으로 삼아 생명의 진화를 서술했다.[30] 생명은 번성하면서 연결망들을 형성하는데, 그 연결망들은, 신경과학자들이 더 정밀하게 탐구할수록 더 복잡하게 나타나는 인간의 신경계만큼 복잡할 수 있다.

생물들은 연결망을 이룬다. 여담이지만 이것은 철학에서 최소한 플라톤의 유명한 이데아론만큼이나 오래된 통찰이다. 대화편『소피스테스』에서 플라톤은, 가상, 오류, 비존재를 과연 〈어떻게 생각할 수 있고 어떻게 철학을 통해 극복할 수 있는가〉라는 문제를 다루는데, 그 작품에서 그는 우리의 생각 구조물들Gedankengebilde이 [우리의 생각 구조물을 가리키기 위해 플라톤은 〈이데아ίδέα(에이도스εἶδος)〉라는, 후대에 큰 영향을 미친 단어를 고안했다] 쉼플로케συμπλοκή, 곧 생동하는 연결망을 이룬다고 주장한다. 이 주장은 플라톤을 인터넷의 선구자로 간주할 수 있게 해줄 뿐 아니라, 생명ζωή은 야생Wildwuchs이며 그 야생에서 형태(형상)들이 싹튼다는 것을 플라톤이 알아챘음을 보여 준다.[31]

그 연결망 안에서 인간은 중요한 지위를 차지한다. 왜냐하면 우리 인간은 그 연결망이 자기 인식에 도달하는 장소인 생물이기 때문이다. 우리가 자연을 앎으로써, 자연이 자연 자신을 안다. 인간은 우리가 지금까지 아는 생물 가운데 유일하게 자연 혹은 우주가 자기 자신을 인식하는 장소다.

진화론만으로는 전혀 극복되지 않은 인간의 자기 과대평가를 의문시하는 또 다른 쉬운 방법은 다른 감각 기관 혹은 더 정교하게 적응한 감각 기관을 가진 생물의 관점을 채택해 보는 것이다. 돌고래나 박쥐나 쥐의 관점에서 보면 인간은 퍽 가련한 생물이다. 인간은 날 수도 없고 능숙하게 헤엄치지도 못하며 초음파를 감지함으로써 소통하지도 못할뿐더러 안정적인 공동체를 이루지도 못하고 후각도 형편없으니까 말이다. 우리의 가축들, 특히 개와 고양이가 우리에게 연민을 느껴 막대기를 물어다 주고 밤에 돌아다니며 모험하다가 사냥한 생쥐를 종종 가져다주는 것이 아닌지 누가 알겠는가. 다른 생물들은 우리가 기술을 통해 우리의 감각을 보완해야 비로소 접근할 수 있는 실재를 매개물로 삼아 사냥감이나 동종 개체의 위치를 알아낸다. 그들이 그들 자신과 우리를 비교한다면, 인간이 빠진 자기 현혹과 자기 과대평가에 그들도 빠질 만하다. 심지어 그들은 **종주의적**speziesistisch **선입견**마저 품고서, 자기네 종이 고유한 특징(예컨대 새의 경우에는 특별히 뛰어난 시각, 박쥐의 경우에는 초음파를 느끼는 감각) 덕분에 몹시 제한된 능력을 보유한 인간보다 훨씬 우월하다고 믿을 만하다. 더구나 인간은 자신의 환경을 오염시키고 파괴하면서도 자신의 지능이 특별히 높다고 착각할 만큼 어리석으므로, 그들은 자신들의 믿음이 지당하다고 느낄 만하다.

　진화론에 따라 재구성할 수 있는 종들의 발생에서 얻을 수 있는 진정으로 근본적인 통찰은 자연이 위계적으로 조직되어 있지 않다는 것이어야 마땅하다. 시간적으로 인간의 존재보다 앞선 생물들은 어떤 의미에서도 인간과 같은 계통선 상에 있지 않다. 그 생물들이 다소 우연한 진화 과정을 거쳐 인간이라는 정점에 도달한다는 생각은 옳지 않다. 다채로운 생명의 나라 안에서 우리는 천체물리학적으로 서술 가능한 우주의 구조 안에서와 마찬가지로 주변적인 현상이다. 우리가 우리 은하 안에서 차지하는 위치는 무수한 은하 중 어느 하나 안의 어느 한 점일 따름이다. 우리가 보기에 그 점이 특별한 것은 단지 그 점이 우리의 위치이기 때문이다. 정확히 말하면, 우리가 주변적인 현상이라는 것도 과장이다. 왜냐하면 중심과 주변의 개념은 우주나 진화에 유의미하게 적용될 수 없기 때문이다. 따라서 우리가 변방의 행성에 사는 지엽적인 동물이라는 견해는 우주 안에서 우리의 실제 위치에 대해서보다 우리 자신에 대해서 더 많은 말을 해준다. 이 사정을 2장에서 다룰 것이다.

모든 종을 아우르는 계통수가 있으며 그 계통수는 매우 단순한 생물들에서 출발해 어느 정도 한눈에 굽어볼 수 있게 가지들을 뻗는다는 통념은, 지구의 모든 규모에서 단지 생명이 우글거릴 따름이라는 근대 생명과학의 근본적 통찰을 은폐한다. 생물학적으로 보면, 생물들은 위계질서를 따르지 않는다. 목표를 향한 진화는 없다. 더구나 우리는 모든 종을 발견한 것이 전혀 아니며, 우리가 발견한 생물들이 진화적으로 정확히 어떻게 연결되어 있는지 이해하는 수준에 까마득히 못 미친다. 바로 이것이 근대 생명과학의 중요한 깨달음이다. 근대 생명과학은 개별 사항에 대한 앎을 점점 더 늘리고 있긴 하지만, 전체로서의 생명에 대한 통찰에 도달할 수는 없음을 스스로 깨달아야 한다.

엄밀히 말하면, 인간 각각은 온갖 생물이 우글거리는 동물원과 같다. 그 생물들은 공생 관계로 우리 유기체와 융합해 있다. 즉 우리와 함께 살면서 그들의 생존에 이로운 혜택을 받는다. 만약에 이 함께 살기, 곧 공생이 없다면 우리는 없을 터이다. 한 인간의 마이크로바이옴microbiome, 곧 인체에 사는 바이러스, 박테리아, 균류 전체의 세포 개수는 마이크로바이옴을 제외한 인체의 세포 개수보다 훨씬 더 많다. 인간은 다른 생물들과 결합해야만 생존할 수 있다.

이처럼 우리는 일상에서 명확히 드러나는 정도보다 훨씬 더 근본적으로 자연의 일부다. 하지만 일상에서 우리는 정신적 생물로서 우리 자신의 신체성Körperlichkeit을 길들이려 애쓴다. 이 길들이기를 위한 방편으로 우리는 수많은 문화적 층을 (의복부터 여러 형태의 예술까지, 가족 같은 조직된 소집단부터 국가까지) 건설한다. 그 층들 덕분에 우리는 우리 안팎의 자연을 외견상 우리로부터 떼어 놓고

통제한다.[32]

연속, 불연속, 혹은 모종의 방식으로 양쪽 모두?

대다수 사람은 동물과 인간이 한줄기에서 갈라져 나왔다는 진화생물학의 이야기를 받아들이지만, 많은 이는 여전히 자신은 동물이 전혀 아니라고, 자신의 이성이나 지성, 정신, 기타 인간을 특징짓는 특별한 능력 때문에 실은 동물계에 아예 속하지 않는다고 믿는다. 특히 (몇천 년 전에 비로소 신이 우주를 모든 생물과 함께 창조했다고 믿는) 창조론자들은 진화론 전체를 부당하게 비판하면서, 인간은 유인원으로부터 혹은 인간 및 기타 영장류의 공통 조상으로부터 유래했다는, 실제로 과도하게 단순화된 견해에 등을 돌린다. 하지만 생명의 설계도들에서 신이 품은 의도의 흔적을 발견하고자 하는 이들과 모든 생물은 진화 메커니즘을 통해 완전히 설명할 수 있는 우연한 돌연변이들이라고 믿는 이들의 싸움과 별개로, 〈우리가 정확히 어떻게 자연에 들어맞는가〉라는 질문은 최종적으로 대답되지 않았다. 우리의 정신적 능력들을 진화생물학 혹은 진화심리학의 언어로 유의미하게 설명할 수 없음을 통찰하기 위해서 반드시 창조론자가 될 필요는 없다.[33] 진화론이 인간에 대한 완전한 앎을 제공하지 못한다는 점을 통찰하기 위해서는, 자연과학과 마찬가지로 정신과학과 사회과학도, 또한 우리의 자기 인식도 인간에 대한 설명을 제공한다는 점을 인정하는 것으로 충분하다.

인간-동물 관계에 대한 오늘날까지의 생각은 대체로 두 갈래의 전통으로 나뉜다. 한 갈래를 대표하는 것은 연속성 주장, 다른 갈래를 대표하는 것은 불연속성 주장이다.

연속성 주장에 따르면, 인간은 첫째, 다른 모든 동물이 동물인 것과 똑같은 의미에서 동물이며, 둘째, 인간을 다른 동물들로부터 원리적으로 떼어 놓는다고들 하는 모든 특징(도덕, 언어, 문화, 자기의식, 직립보행 등)은 동물계의 다른 곳에서도 단지 다른 형태로 관찰된다. 따라서 인간과 기타 동물 종들이 아무튼 구별된다면 원리적으로 구별되는 것이 아니라 정도 차이로 구별된다. 반면에 **불연속성 주장**에 따르면, 인간은 일련의 특징(언어, 이성, 수준 높은 도덕, 과학, 기술 등)을 통해 다른 동물들과 원리적으로 구별된다.

불연속성 주장은 인간을 동물계에 집어넣기는 하지만 인간의 특별한, 대개 지능적이라고 규정되는 능력들을 근거

로 인간에게 동물성을 초월한 고유의 나라를 열어 준다. 그렇다면 이런 질문이 제기된다. 우리가 지닌 상위의 정신적 능력들은 우리의 동물성과 어떻게 연결될까? 불연속성을 주장하는 이론가는 이 질문에 쉽게 대답할 수 없으며, 곧 보겠지만, 연속성을 주장하는 이론가도 마찬가지다.

연속성 이론가들이 널리 퍼뜨린 진단에 따르면, 인간은 동물과 근본적으로 구별되는 특별한 존재라는 불연속성 이론가들의 견해는 우리가 다른 생물들을 멸종시키고 《환경》 전반을 파괴하는 끔찍한 경향을 나타내는 본질적 이유다. 이런 관점에서 사람들은, 종교를 믿기 때문에 자신의 동물임에 만족하지 않으려 하는 이들을 흔히 비난한다. 일신교는 인간이 창조의 정점이라는 견해를 주입하여 다른 동물들에게 끔찍한 피해를 준다면서 말이다.[34] 하지만 인류가 산업화 이후보다 종교에 기반을 둔 사회를 이뤘던 오랜 기간에 자연을 훨씬 더 지속 가능한 방식으로, 심지어 존중하는 방식으로 대했음을 생각할 때, 이 비난은 적잖이 엉뚱하다. 산업화는 유례없이 급격한 속도로 진행되어 어느새 200여 년 만에 우리를 파국적인 기후 위기에 빠뜨렸는데, 그런 산업화가 시작된 때와 동시에 종교적 세계상은 중요성을 잃고 기술 만능주의적 세계상으로 대체되었다. 한없는 성장의 환상에 기반을 둔 경제 시스템과 맞물린 그 근대적 세계상은 모든 종교를 합친 것보다 더 많은 해를 끼쳤다(물론 모든 종교 — 언뜻 평화를 사랑하는 듯한 불교와 힌두교를 비롯한 — 도 폭력과 그릇된 믿음을 낳았다는 점을 부정하는 것은 아니다).

아무튼 일신교도들이 자기네를 창조의 정점으로 간주한 것 때문에 산업화가 진행된 것은 결코 아니다. 오히려 산업화는 자연과학적–기술적 진보가 〈우주 안에서 인간의 지위〉를 묻는 질문과 분리됨을 통해 추진되었다. 〈우주 안에서 인간의 지위〉는 철학자 막스 셸러의 표현이다.[35] 인간과 동물과 신의 관계에 대한 일신교적 견해들은 산업화의 원인도 아니고, 우리가 근대에 함께 살기의 지속성 위기에 빠진 원인도 아니다. 비판을 가해야 한다면 오히려 오늘날 영향력이 막강한 **자연주의**와 **과학주의**Szientismus 의 연속성 이론에 기반을 둔 세계상, 인간상, 자연상을 비판해야 한다. 이것들에 따르면, 인간을 하나의 자연 현상으로, 곧 다양한 복잡도의 하위 시스템들을[기본 입자들부터 강체(剛體)Festkörper들을 거쳐 은하들과 우주 전체까지] 아우른 거대한 물질적–에너지적 시스템의 한 요소로 간주함으로써, 세계 혹은 실재 전체를 모조리 설명하고 통제할 수 있다. 부를 생산하기 위해 사회를 순전히 경제적으로 제어해야 한다는 행동학적 경영관과 방금 언급한 자연주의와 과학주의의 견해를 결합하면 근대적인 자기 파괴의 공식이 나온다.

세계와 인간을 기계나 (더 최근에는) 컴퓨터에 빗대는 비유는 편파적인 실재 왜곡에 불과할 뿐 아니라,[36] 우리의 인간 개념, 자연 개념, 생명 개념, 환경 개념이 의미를 상실하는 데 기여한다. 이 의미 상실은, 지금 이 시점까지도 산업 국가들이 자기네 삶꼴을 근본적으로 숙고하고 자연과학적-기술적 진보를 마침내 인간적인(따라서 또한 도덕적인) 진보와 다시 연결하는 일에 적극적으로 나서지 못하는 이유 중 하나다. 다른 많은 이들과 함께 경제학자 데니스 스노워와 카타리나 리마 데 미란다도 그 재연결을 추구한다. 이들은 경제적 행위의 사회적, 환경적 귀결을 평가할 수 있게 해주는 (이미 문제가 많다고 지적된 지표인 국내총생산 외에) 다른 지표들을 개발했다.[37] 또한 앞에서 언급한 바 있는 타이슨 융카포타는 오스트레일리아에서 학생 및 대학교생과 함께, 우리의 통화(通貨) 시스템의 문제를 개선하기 위해 토착민의 지식을 어떻게 활용할 수 있을지 연구한다. 진보란 오로지 자연과학적 개별 지식을 축적하여 기술적으로 유용하게 만드는 것이라고 여기는 사람은 인류 역사의 윤리적-철학적 차원을 간과하는 것이다. 우리가 누구인지 알려면 당연히 과학적 안목과 사실 지식을 최대한 많이 갖출 필요가 있지만, 우리가 누구이고자 하고 누구여야 마땅한지는 그 안목과 지식에서 결코 완전무결하게 도출되지 않는다. 자연 그 자체는 가치의 원천이 아니다. 자연은 우리가 무엇을 해야 마땅한지 말해 주지 않는다. 물론 자연을 연구함으로써 우리의 기본적인 친사회적 행동에 (또한 이타적인 행동에) 관한 지식을 얻을 수 있지만, 그 지식으로 윤리를 정당화할 수도 없고 그 지식에서 윤리를 도출할 수도 없다.

이어질 논의에서 나는, 인간은 동물이며 따라서 아무 문제 없이 매끄럽게 자연 현상의 계열에 속한다는 견해에 맞서 반론을 제기할 것이다. 오늘날 우리가 《동물》로 간주하는 다른 모든 비인간 생물이 동물인 것과 똑같은 의미에서 인간도 동물이라는 견해는, 우리가 자연을 상대로 근대적인 지배 및 통제의 태도를 취하게 된 원인 중 하나다. 그리고 그 태도는 우리를 자기 파괴의 벼랑 끝으로 이끌었다.

거울 앞 주먹질

극(劇)적으로 표현하면, 내가 주장하는 바는 동물 및 동물성 개념이 실은 인간이 투사한 영상이 맺히는 영사막이라는 것이다. 우리는 동물에 대한 인간적인 너무나 인간적인 견해를 기반으로 통일된 동물계에 관한 생각들을 지어낸다. 그 견해는 대체로 인간이 자신의《동물성》과 맺는 껄끄러운 관계의 간접적 표현이다.

투사 주장에 따르면, 인간은 자화상을 그리는데, 그 자화상에서 동물임은 결핍이다. 왜냐하면 동물임은 인간의 특별함을 통해 보완되어야 하기 때문이다. 그리하여 인간이 품는 견해에 따르면, 다른 동물들은 그 특별함이 결여된 인간, 그러니까 결함 있는 존재다. 하지만 이로써 사람들은 다른 생물들의 특수함을 보지 못하게 되고 인간의 보금자리, 곧 우리의 환경을 자연 그 자체와 동일시하게 된다.

이 같은 투사의 이면에 숨어 있는 것은 우리가 자연에서 발견하는 생물이 엄청나게 다양하고 너무나 낯설다는 의식이다. 우리는 그 생물 중 다수를 동물이라는 문제 있는 개념 아래 포섭하여 결함 있는 존재로 규정함으로써 말하자면 더 친숙하고 이해할 만하게 만든다. 그리하여 비로소 다음과 같은 질문이 등장한다. 우리 자신은 이 동물계에 어떻게 들어맞을까? 이 질문은 우리를 그릇된 길로 이끈다. 왜냐하면 통일성을 띤다고들 하는 그 동물계 자체가

우리의 인간적 투사로부터 독립적으로는 전혀 존재하지 않기 때문이다. 저 질문에 연연하는 한에서, (다른) 동물들을 상대하고 그들과 우리가 공유한 환경, 곧 자연을 상대하는 우리의 활동은 일종의 **거울앞 주먹질**이다.

당연한 말이지만, 무수한 생물이 있다. 우리는 그 모든 생물의 분류를 완료한 수준에 한참 못 미친다. 우리는 지구의 생명 나라가 얼마나 다채로운지를 어느 정도 정확히 추정할 수 있을 따름이다. 우리가 아직 모르는 생물이 많다. 왜냐하면 우리의 측정 장치로 접근하기 어려운 생물이 많기 때문이다. 이토록 다양한 생물은 간단히 식물, 동물, 인간으로 분류되지 않는다. 왜냐하면 인간이 아닌 동물들도 서로 원리적으로 다르기 때문이다. 동물 개념이 동물들을 내적 구별이 없는 집단으로 만들고 인간을 모종의 특징이나 특징들을 통해 그 집단으로부터 구별하는 한에서, 동물 개념은 동물들도 서로 원리적으로 다르다는 점을 간과한다.

동물들을 보는 우리의 시각에서 전형적으로 나타나는 특징은 항상 인간과의 차이나 유사성에 초점을 맞춘다는 것이다. 침팬지는 우리와 가깝고, 보노보는 더 가깝다. 우리는 포유동물에게 — 그들을 소시지로 가공할 때를 빼면 — 공감하고, 양서동물에게 덜 공감하며, 대다수 동물 보호 활동가마저도 양심의 거리낌 없이 곤충을 죽인다.

2021년 2월 스위스에서는 인간이 아닌 영장류의 권리를 인정할 것인가를 놓고 국민투표가 치러졌는데, 그 국민투표가 부결로 일단락된 후 스위스 라디오 텔레비전(SRF)은 영장류 기본권 운동은 〈흥미로운 철학적 질문이지만, 그 이상은 아니다〉[38]라는 그야말로 냉소적인 논평을 냈다. 우리 인간이 다른 생물들에게 끼치는 엄청난 폐해를 생각할 때, 이 논평은 윤리적 우려를 자아낼 만큼 낮은 반성 수준을 보여 준다. 우리가 다른 생물에게 가하는 많은 행위(공장식 축산부터 극도로 잔인한 동물 실험까지, 또는 우리를 위험으로부터 보호하기 위해 어떤 윤리 위원회의 심의도 거치지 않고 예컨대 밍크를 대량으로 죽이는 행위까지)는 확실히 윤리적으로 정당화될 수 없다. 우리가 다른 생물들을 근본적으로 악하게 다룬다는 점은 불편한 사실이며, 우리의 잔인한 범죄를 〈흥미로운 철학적 질문〉으로 과소평가함으로써 그 사실을 미화해서는 안 된다. 실제로 인간은 여전히 만물의 척도인 양 행동한다. 이미 수천 년 전에 그리스 사상가 크세노파네스와 프로타고라스는 그런 인간의 행동을 비판한 바 있다.

하지만 우리는 동물 윤리가 우리에게 정확히 무엇을 요구하는지 모른다. 물론 가장 명백한 사례를 꼽자면, 현재의 산업화된 공장식 축산은 도덕적으로 배척되어야 한다는 점, 더 나아가 근본적으로 악하다는 점은 당연히 아주 잘 알지만 말이다.

무좀균을 상대로 한 윤리를 옹호하는 사람은 아무도 없다는 점을 유의하라. 우리는 양심의 거리낌 없이 적절한 약을 써서 무좀균을 퇴치한다. 왜냐하면 우리의 동물 윤리는 (윤리적으로 볼 때 절대적으로 배척해야 할 오늘날의 공장식 축산 앞에서 그 윤리가 아무리 중요하더라도) 우리의 동물로서의 자화상과 충분히 닮은 생물에만 적용되기 때문이다. 이런 식으로 우리는 말하자면 동물들을 우리 자신의 동물성을 모사한 그림들로 만든다. 확실히 이 행동은 일신교의 신학적 유산도 반영한다. 실제로 노아는 박테리아와 균류, 그리고 단성 생식 능력을 지닌 생물들을 방주에 싣지 않았다. 거듭 말하지만, 이것은 동물 윤리에 맞선 반론이 아니라 오히려 이제까지 우리가 옹호해 온 동물 윤리에서도 인간적인 너무나 인간적인 투사의 영향이 나타난다는 지적이다.

다양한 동물 종이 있다는 견해를 우리가 품을 때, 이 견해의 바탕에 깔린 생각은, 〈동물〉이라는 유가 있으며 다양한 동물은 종차에 의해 서로 구별된다는 것이다. 그러나 무언가가 언제 동물인지 판정하는 기준은 없다. 존재하는 모든 동물이 공유한 특징이 있다면 우리가 모든 동물에서 우선 그들의 일반적인 동물성을 알아채고 그다음에 그들을 개별 종으로 분류할 수 있을 테지만, 그런 특징은 없다.

오늘날 동물학이 동물을 식물도 아니고 균류도 아닌 (그리고 고유한 물질대사를 통해 정의되는) 다세포 생물로 간주한다면, 단세포 생물은 동물계에서 배제된다. 물론 (동물학에서 통상적으로 **동물계**animalia에 속한 생물들 혹은 **후생동물들**Metazoa이라고 불리는) 동물들을, 다른 유기체를 먹으며 운동 능력이 있고 배아일 때 어떤 특정한 방식으로 발달하는 등의 특징을 가진 다세포 유기체들로 간주할 수도 있을 것이다. 〈자연적인 집단들과 분류군들(자연의 산물로서의 분류군들과 인간의 구성물이라는 의미의 분류군들)을 어떻게 과학적으로 구별할 것인가〉라는 질문을 다루는 동물학 지침서들이 그런 특징들을 제시한다. 거기에서 다음을 알 수 있는데, 〈단세포《동물들》을 포함한《동물들》과《식물들》을 나누는 분류법〉은 그런 〈체계적 관계〉를 반영하지 않으며, 따라서 인간의 구성물이다. 〈반면에 모든 진핵생물이 단계통군monophyletisches Taxon이라고 전제하면, 다세포 동물(=후생동물)도 단계통군이다.〉[39] 오늘날 동물학에서 쓰이는 전문 용어를 쉽게 풀어 다시 말하면, 모든 다세포 동물은 단일한 공통 조상으로부터 진화했다는 것이다.

다른 한편으로 우리는 아직 발견되지 않은 생물이 아마도 무수히 많음을 안다. 그리고 우리가 생물을 분류하는 방법은 현대 분자생물학 기법을 써서(즉 주로 유전학적으로) 생물들 사이의 관련성을 확인할 수 있는 범위 안에서 과학적으로 가장 잘 보증되어 있다. 하지만 이 모든 것은 일차적으로 우리가 생물을 분류할 때 무엇에 관심을 기울이는지를 반영하며, 존재하는 모든 생물이 정말 객관적으로 식물, 균류, 다세포 동물만으로 분류된다는 것을 입증하는 수준에 턱없이 못 미친다. 모든 다세포 생물이 단일한 공통 조상으로부터 진화했다는 가설은 현재 확실한 진실로 여겨지지만 당연히 오류로 밝혀질 수 있는 과학적 가설이다.

동물학을 비롯한 생명과학들은 당연히 온갖 것을 발견할 수 있다. 생명과학들의 분석을 통해 우리는 복잡한 시스템인 인체 안에서 상호작용하는 수많은 인과적 시스템들(순환계, 소화계 등)을 발견한다. 더 나아가 우리가 아는 모든 생물은 생태계의 부분이며, 그 생태계는 다양한 수준의 복잡성을 띤 유기체들로 이루어져 있다. 생명과학이 발전할수록, 유기체에서 발견되는 수많은 하위 시스템의 상호작용을 설명하는 우리의 능력은 더 향상된다. 또한 우리는 박테리아부터 코끼리까지, 조류(藻類)부터 보노보까지, 수많은 생물이 있음을 당연히 안다.

(대체로 지난 150년에 걸쳐 종합된) 근대 생물학의 미시생물학적 지식 덕분에 우리는 오늘날 생물을, 생화학의 (따라서 또한 물리학의) 언어로 서술할 수 있는 과정들을

통해 자신이 환경 속으로 해체되는 것에(즉 엔트로피 증가에) 저항하는 복잡한 시스템으로 간주할 수 있다.[40] 따라서 생명을(따라서 생물을) 관찰 가능한 (복잡한 유기체들의 특징인, 세포 분열을 통한 성장을 포함한) 자기 보존 및 재생산 과정을 통해 이해하고 물질대사와 환경과의 정보 교환 같은 추가 기준들을 생명의 조건으로 정의하는 것을 쉽게 생각해 볼 수 있다.

그러나 모든 근대 생물학 교과서가 고백하듯이, 우리는 〈생명〉의 정의를 보유하고 있지 않으며 단지 생명의 〈속성들을 열거한 실용적 목록〉만 가지고 있다. 그 목록은 물질대사, 낮은 엔트로피, 성장, 번식, 정보 교환 등을 포함한다. 하지만 이 속성들은 〈살아 있지 않은 시스템들에서도 발견된다〉.[41] 예컨대 연소 과정, 결정(結晶), 컴퓨터 바이러스, 스마트폰 카메라를 비롯한 기술적 시스템들에서 말이다.[42]

생명이란 과연 무엇인지 정의하려 하면, 우리는 금세 무지의 장벽에 부딪힌다. 예컨대 〈바이러스는 살아 있는가〉라는 질문에 대답하기는 쉽지 않다. 〈어떻게 살아 있지 않은 물질로부터 살아 있는 시스템이 진화했는가〉라는 질문도 마찬가지다. 길었던 코로나 대유행 기간에 나는 많은 생명과학 전문가와 대화했다. 그들 모두의 설명에 따르면, 바이러스를 생명계에서 배제하는 판단은 기껏해야 바이러스는 오직 숙주 안에서만 번식할 수 있다는 점을 자의적인 배제의 기준으로 삼는 것을 통해 설득력을 얻는다. 하지만 그 기준의 채택은 바이러스가 살아 있지 않다는 것의 증명이 아니라 단지 특정한 생명관을 고수하는 것일 따름이다. 아무튼 바이러스는 진화생물학적으로, 또한 생명과학적으로 연구될 수 있으므로(바이러스 연구에 관한 바이러스학적 논쟁과 유행병학적 논쟁이 미디어에 거의 매일 등장한다), 몇몇 저명한 바이러스학자와 면역학자가 나와 대화하면서 수긍한 대로, 바이러스를 생명계의 일원으로 간주하는 것은 자명한 판단인 듯하다.

앞서 언급한 대로, 살아 있는 시스템을 판별하는 기준으로 열거되는 것들이 첫눈에 보기에 생물이 아닌 듯하며 유기물질로 이루어진 것은 확실히 아닌 대상에 의해서도 충족되지 않느냐는 의문을 제기할 만하다면, 왜 우리가 살아 있다고 여기는 시스템은 살아 있다고 간주되고, 동일한 기준들을 충족하지만 우리가 살아 있는 대상으로 분류하기를 꺼리는 시스템(예컨대 결정이나 심지어 암석)은 살아 있지 않다고 간주되는 것일까? 우리에게 〈생명〉의 정의는 없고 생명의 특징들을 열거한 목록만 있다면, 이 질문에 대답할 길은 없다. 그렇다면 우리는 생명이 무엇인지 결국 전혀 모른다는 의심을 품게 된다.

생명의 시뮬레이션들, 대표적으로 컴퓨터 게임인 **생**

명 게임 Game of Life을 생각해 보자. 이 게임은 수학자 존 호턴 콘웨이가 1970년대에 개발했다. 게임의 토대는 세포 자동자cellular automaton에 관한 이론이다. 생명 게임에 등장하는 세포 자동자들은 특정한 수학적 패턴과 게임 규칙을 따르는데, 그 결과로 플레이어는 눈앞에서 단순한 형태로부터 살아 있는 패턴이 발생하는 것 같은 인상을 받는다.[43] 그렇기 때문에 예컨대 매사추세츠 공과대학교에서 연구하는 물리학자 맥스 테그마크를 비롯한 일부 과학자들은 생명이 본질적으로 유기물질과 연결되어 있는 것이 아니라 자기 복제 패턴과(즉 세포 분열 등을 통해 유사한 패턴을 반복하는 것과) 연결되어 있다고 믿는다. 그렇다면 별똥별 같은 비유기적 자연 현상과 식물 및 동물 사이의 명백한 듯한 경계가 더 높은 추상 수준에서 말소된다.[44] 그리하여 테그마크는 이렇게 묻는다. 우리가 프로그램할 수 있는 인공 생명artificial life 시스템은 살아 있을까? 질문을 달리 표현하면, 특정한 형태의 (유기)물질이 생명을 위해 과연 필수적일까?

　　나는 다른 글에서, 생명은 본질적으로 수백만 년에 걸쳐 발생해야 하며 적절한 물질적 토대를(예컨대 폭발한 별에서 유래한, 탄소를 비롯한 분자들을) 필요로 한다는 점을 논증한 바 있는데, 이를 유념할 필요가 있다.[45] 하지만 간단히 생명과학의 성과들과 생명의 특징 목록을 제시하

는 것으로 방금 언급한 근본적인 질문에 명확히 답할 수는
없다. 오로지 자연과학적이며 생명과학적인 방식만으로,
〈생명이란 무엇인가〉라는 질문에 대답할 수는 없다. 이것
은 생명철학에서 다시 논의의 중심에 놓이게 된 깨달음이
다.[46] 이미 오래전부터 생명과학은 실재는 살아 있지 않은
대상, 식물, 동물로 나뉜다는 견해를 더는 채택하지 않는
다. 우리는 우리의 인간적 관점에서 이 구분을 고수하다가
삶의 어느 순간에 실재가 그렇게 단순하지 않음을 경험하
면서 화들짝 놀란다.

자기를 동물로 이해한다는 것은 과연 무슨 뜻일까?

인간을 동물과 구별해서 이해하고 그다음에 인간과 동물
의 차이가 정확히 무엇이고 얼마나 큰지 판단하는 것은 애
당초 오류다. 오히려 우리는 우리 자신이 동물이라는, 첫
눈에 보기에 자명한 사실을 기초로 삼아서, 그렇다 하더
라도 우리가 단지 동물에 **불과**한 것은 전혀 아니라는 점을
우선 이해해야 한다. 엄밀히 말하면, 우리가 발견하는 생
물 가운데 단지 동물에 **불과**한 놈은 단 하나도 없다. 오히
려 모든 생물 각각은 다른 모든 생물 각각과 구별된다. 물
론 우리는 생명과학적 관점에서 생물 개체들이 공유한 패
턴을 알아채고 이를테면 일반적인 번식의 개연성과 방식
을 서술할 수 있지만, 이로부터 어떤 기준 목록을 도출하

여 예컨대 인간은 오직 인간과 짝을 지어야만 후손을 낳을 수 있기 때문에 인간이라고 단언할 수는 없다(이미 언급했듯이, 아리스토텔레스는 동종 개체들끼리 짝을 지어야만 후손을 낳을 수 있다는 점을, 종을 구별하는 기준으로 삼았다). 인간, 당나귀, 돌고래가 동물인 것은 양성 생식으로 번식하기 때문이 아니다. 모든 동물이 양성 생식으로 번식하는 것도 아니고(진딧물을 비롯한 일부 동물은 단성 생식으로 번식한다), 단일하다고 여겨지는 동물 종의 모든 개체가 번식의 능력이나 의지를 가지고 있는 것도 아니다. 벌을 생각해 보라. 벌떼 중에 소수의 개체만 양성 생식으로 집단의 번식을 담당한다.

그런데 인간이 동물이라면, 혹은 심지어 **대표적인** 동물이라면, 인간은 특정한 유형의 동물이라는 우리의 자기 규정에서 주목해야 할 핵심은 우리의 동물성과 (명백히 우리를 다른 생물들과 사뭇 다르게 만드는) 인간성의 연결이다. 그렇다면 인간과 기타 동물들 사이의 차이는 인간임과 동물임의 차이로 간주되기를 그친다. 그리하여 우리는 다른 동물들을 특별한 인간-동물과 구별되는 **한낱** (예컨대 본능에 따라 행동하는) 동물로 이해하지 않게 되고, 다른 동물들은 한낱 동물임이라는 굴레에서 해방된다. 따라서 우리가 동물이라고 부르는 생물은 물질대사 능력과 본능은 보유했지만 지성과 언어는 보유하지 않은 결함 있는 인간이 더는 아니다. 이로써 이른바 비(非)인간 동물들은 우리의 동물로서의 자화상과의 너무 밀접한 관련에서 풀려나 고유한 권리를 인정받을 수 있게 된다.

결론적으로 연속성 주장과 불연속성 주장 모두의 바탕에 깔린 질문(인간과 동물은 정도 차이로 구별될까, 아니면 원리적으로 구별될까?)은 잘못된 것으로 밝혀진다. 왜냐하면 그 질문은, 동물들이라는 **통일된** 집단이 있고 인간은 그 집단에 속하든지 아니면 속하지 않든지 둘 중 하나라고 전제하기 때문이다.

동물학은 자연 현상을 꼼꼼히 관찰하고 생명과학적 방법과 지식을 활용함으로써 후생동물들(다수의 세포로 이루어졌으며 복잡하고 살아 있는 시스템들)을 체계적으로 분류해 놓았다. 하지만 이 사실은 동물계가 있으며 인간은 거기에 속하거나 속하지 않는다는 것을 의미하지 않는다. 근대 생명과학 지식 덕분에 오늘날 동물학적 분류법은 동물이라는 개념에 더는 의존하지 않는다. 대신에 그 분류법은 조직Gewebe의 형태들을 기초적인 세포생물학적 수준에서 패턴들로 분류할 수 있다. 자연 현상들을 살아 있는 것과 살아 있지 않은 것으로 분류하는 작업은 동물 개념

을 필요로 하지 않는다.

당연히 인간은 유기적 수준에서 많은 속성을 다른 생물들과 공유하지만, 역시 유기적 수준에서 고유의 다양한 능력들을 통해 다른 많은 생물과 구별된다. 하지만 이로부터 고전적 의미의 정의는 도출되지 않는다. 더 나아가 우리는 수많은 측면에서 특수하기(즉 다른 생물들과 다르기) 때문에, 인간을 다른 생물들과 구별되게 만드는 단 하나의 유별난 특징이나 소수의 특징들을 찾으려 하는 것은 이치에 맞지 않는다고 봐야 마땅하다. 우리 행성에서 오직 인간만 학문으로서의 수학을 하고, 영화를 찍고, 수영복을 사고, 페미니즘 운동을 하거나 동물 보호를 지지한다는 것을, 본격적인 과학 연구를 하지 않더라도 확인할 수 있다. 마찬가지로 고양이와 박쥐는 우리가 할 수 없는 것들을 한다.

우리가 동물이라는 점이 실은 자명한 것과 마찬가지로, 우리가 인간과 구별해서 〈동물들〉이라고 간주하고 칭하는 다른 생물들과 우리 사이에 (프랑스 철학자 자크 데리다의 말마따나) 〈심연〉이 가로놓여 있다는 점도 실은 명백하다.[47]

그런데 인간이 자신을 동물로 간주하고 이 동물임을

다른 생물들에 투사함을 통해 동물 개념이 발생한다면, 인간은 모범적인 동물이라고까지, 바꿔 말해 인간은 우리가 다른 동물들을 어떻게 생각하는지 보여 주는 모범이라고까지 주장할 수 있다.

이를 **첫 번째 인간학적 주요 주장**이라고 부르자. 우리의 동물 개념은 항상 인간을 고려하면서 구상되며, 동물계를 탐구할 때 우리는 인간을 출발점으로 삼는다. 따라서 우리는 우리가 느끼기에 동물적인 것을 의식적 혹은 무의식적으로 우리 안의 자연에서 끌어내 다소 무비판적으로 다른 생물들에 투사한다. 그러므로 관건은, 〈인간과 동물은 어떤 관계일까〉라는 질문이 아니라, 〈인간은 동물로서의 자신을 어떻게 규정할까〉라는 질문이다. 이처럼 인간은 뒤틀린 거울을 설치하고, 그 거울에 나타나는 다른 생물들과 인간 자신을 옳게 알아보지 못한다.

따라서 연속성 주장과 불연속성 주장은 비록 궁극적으로 잘못된 질문에 기반을 두지만 양쪽 다 부분적으로 옳다. 우리가 살아 있는 한에서, 다른 생물들과 우리 사이에 실

제로 연속성이 성립한다. 이 연속성을 근대 생명과학의 적절한 기법으로 과거 어느 때보다 더 잘 탐구할 수 있다. 오늘날 우리는 동물로서의 인간에 관해 20세기 이전의 인류 전체보다 더 많이 안다. 이것은 대단한 성취다. 하지만 바로 이 대단한 과학적 성취가 불연속성 주장을 뒷받침하는 직접적인 증거다. 왜냐하면 동물로서의 인간을 다루고 인간이 모든 알려진 생물과 공유한 생명의 구성 요소들을 다루는 자연과학 이론을 개발할 능력과 의욕을 오로지 인간만이 지녔기 때문이다.

알려진 동물들 가운데 유일하게 인간만이 자기를 다른 동물들과 비교하는 일에, 또한 그러면서도 자기를 그들로부터 근본적으로 구별하는 일에 눈에 띄게 관심을 기울인다. 바꿔 말해 인간은 자기 성찰에서 출발하여 동물 개념을 구상한 다음에 그 개념을 다른 생물들에 덮어씌우는 동물이다. 그리하여 다른 생물들은 결함 있는 존재들로 나타난다. 왜냐하면 그들은 인간(즉 동물)과 비슷한데 무언가가 빠져 있기 때문이다. 그 무언가는 우리가 인간의 특별한 지위를 주장할 때 근거로 지목하는 그 무엇이다.[48]

이로써 우리는 **두 번째 인간학적 주요 주장**에 도달했다. 그 주장에 따르면, 인간은 동물이 아니고자 하는 동물이다.[49] 인간은 한편으로 자신의《동물성》을 확인하며, 다른 한편으로 그 동물성을 떨쳐내면서, 다른 동물들과 자기를 구별할 때 근거로 삼는 자신의 부분과 자기를 동일시하려 애쓴다.

이런 맥락 안에서 생물량biomass 개념이 중요한 역할을 한다. 무슨 말이냐면, 인간의 관점에서 볼 때 다른 동물들은 융합하여 일종의 생물량을, 또는 분화되지 않은 거대한 동물 덩어리를 이룬다. 그러나 생물을 인간과 기타 동물들로 구분하는 것은 궁극적으로 터무니없다. 또한 이를 유념해야 하는데, 인간을 이른바 동물계에 당연한 듯이 집어넣는 것 역시 마찬가지로 터무니없다. 다양한 (오늘날까지도 일부만 알려져 있는) 세포적 패턴들과 기초적 생명 형태들이 존재하며 우리 행성은 그것들로 북적일 따름이라는 점은 사실이지만, 나무처럼 가지가 갈라진 계통선들로 이루어진 동물계는 존재하지 않는다. 그런 동물계는 궁극적으로 고대의 상상인데, 우리는 오늘날까지도 그 상상을 완전히 떨쳐 내지 못했다.

우리가 인간을 비인간 동물과 구별해야 하는 이유는, 인간과 마찬가지로 인간 바깥에서 발견되는 수많은 유기체와 생물도 — 박테리아부터 하루살이를 거쳐 소형 애완

견까지도 ── 한낱 동물로(곧, 본능에 의해 조종되는 진화의 산물로) 치부되어서는 안 된다는 깨달음과 짝을 이뤄야 마땅하다. 엄밀히 말하면, 어떤 동물도 동물에 **불과**하지 않다. 왜냐하면 동물임을 생각하기 자체가 우리 자신의 분열된 자기 관계를 그릇되게 추상화하여 투사하기이기 때문이다.

인간이 모범적인 동물(곧, 우리가 동물 개념을 도출할 때 원천으로 삼는 생물)인 한에서, 우리가 두루뭉술한 동물 개념을 모범으로 삼아 우리 자신을 파악하고 결국 왜곡된 자화상을 (실은 우리에게 더없이 낯선) 다른 동물들에 투사함으로써 어떤 불균형과 문제와 병증이 발생할 빌미를 제공하는지를, 우리 자신을 대상으로 삼아 연구할 수 있다.

약간 역설적으로 표현하자면, 따라서 다음과 같은 **세 번째 인간학적 주요 주장**을 과감히 시도할 수 있다. 인간은 우리가 익히 아는 유일한 동물이다.

우리의 인간임을 동물계 안에 위치시켜야 한다는 견해 대신에 나는 정반대의 견해를, 즉 동물계를 우리 안에서, 우

리의 생물학적 구조와 생각과 자화상 안에서 발견해야 한다는 견해를 옹호하고자 한다. 이 책에서 수행할 인간학적 자기 탐구의 목표는 우선 다른《동물들》의 낯섦을 깨닫는 것이며, 이어서 우리의 동물성 때문에 우리 자신도 우리에게 낯설다는 점을 2장과 3장에서 통찰하는 것이다.

자연은《저 바깥에만》,《야생에만》있는 것이 아니라 우리 안에도 있다. 자연은 과학과 기술로 설명하고 틀어 쥐어야 할《이물질》이 아니다. 오히려 우리 안팎의 자연은 본질적으로 우리가 항상 불충분하고 불완전하게 알 수밖에 없는 무언가다. 우리가 우리의 동물성에서 비롯된 현상들로 꼽는 우리의 욕망, 느낌, 취약성, 필멸성 등은 인간 본질의 핵심에 닿아 있다. 이 사정은 더없이 낯선 자연의 그야말로 무한한 권능이 우리의 능력을 압도한다는 사실 앞에서 취해야 마땅한 겸허한 태도의 원천이어야 할 것이다. 물론 우리 안팎의 낯선 자연을 부분적으로 이해하고 통제하는 우리의 능력은 정말 대단하지만, 그 이해와 통제는 우리를 창조의 주인으로 만드는 것이 아니라 결국 우리의 파악 능력을 항상 능가하는 복잡한 사건들의 참여자로 만든다.

왜 우리는 양면 존재가 아닌가

동전의 뒷면인 이성으로 시선을 돌려도 위 사정은 달라지지 않는다. 괴테의 『파우스트』 중 「천상의 서곡」에서 메피스토펠레스는 신과 대화하면서 이렇게 단언한다.

> 세계의 작은 신은 늘 똑같아요.
> 첫째 날과 똑같이 기발하지요.
> 만약에 당신이 천상의 빛의 광채를 주지 않았다면,
> 그 신은 좀 더 잘 살았을 거예요.
> 그 신은 그 빛을 이성이라 부르며 사용하지요.
> 단지 어떤 동물보다 더 동물적이기 위해서.[50]

비록 전적으로 진지하게 하는 말은 아니지만, 메피스토펠레스는 이 말로 심오한 통찰을 표현한다. 그 통찰에 따르면, 인간은 동물성 외에 추가로 이성을 동물과 구별되는 종차로서 지녔다는 견해가 자동으로 우리를 자연보다 높게 격상하는 것은 전혀 아니다. 이로써 메피스토펠레스는 양생(兩生) 이론Amphibientheorie을 기각한다. 양생 이론은 내가 고안한 용어다.

(불연속성 주장의 한 버전인) **양생 이론**에 따르면, 인간은 두 개의 삶꼴을 지녔다(그리스어 amphi-bios는 이중의 삶을 뜻한다). 즉 한편으로 우리는 다른 모든

동물과 마찬가지로 동물이다. 다른 한편으로 우리는 더 높은 이성의 삶을 산다.

___

고대 그리스로 거슬러 오르는 이 이론은 고대 그리스어에서 삶(생명)을 가리키는 단어가 적어도 두 개 있었다는 사실과 맥이 통한다. 그 단어들은 **비오스**bios와 **조에**zoê인데, 아리스토텔레스는 당대에 이 두 단어의 구분에 기대어 자신의 사상을 펼칠 수 있었다. 그 구분에 관한 문헌학적, 철학적 연구 결과는 엄밀히 따지면 복잡하지만,[51] 그럼에도 일반적으로 이렇게 단언할 수 있는데, 심지어 아리스토텔레스가 만물이 지향하는 부동의 원동자로 여긴 가장 높은 신마저도 생물zôon이다. 물론 이 어법의 취지는 신을 동물로 간주하는 것이 아니라 오히려 우리 삶(생명)의 한 측면, 곧 우리를 실제로 혹은 추측하건대 신성함과 접촉하게 만드는 측면을 부각하는 것이다. 메피스토펠레스는 그 신성함을 — 고의로 양면성을 집어넣어 — 〈천상의 빛의 광채〉* 라고 칭한다. 메피스토펠레스가 보기에 인간은 결국 동물에 불과하다. 그렇기 때문에 그는 파우스트 박사와 내기를 한다. 내기의 목적은 심지어 순수한 학자의 정신도 세속적

___

* Schein des Himmelslichts. 〈광채〉에 해당하는 Schein은 〈가상(假像)〉을 뜻할 수도 있다.

욕망에 휘둘린다는 것을 신에게 맞서 증명하는 것이다.

이야기가 1만 행 넘게 진행된 후 『파우스트』 2부의 끝에 이르면, 천상의 것과 인간적 - 역사적인 것이 서로 얽혀 있음이 명백히 드러나고, 결국 메피스토펠레스는 내기에서 진다. 그러나 결정적인 한 논점에서는 메피스토펠레스의 견해가 옳다. 즉 인간의 이성 사용은 우리의 동물성을, 말하자면 덮어쓰지 못하고 다만 변화시킨다.

철학적 인간학은, 〈인간은 누구 혹은 무엇인가〉라는 질문을 다룬다. 이 같은 인간학의 주요 질문에 대한 구체적인 대답 각각은 한 인간상을 제공한다. 일반적으로 **인간상**은 인간의 자기규정, 곧 인간임이란 무엇인가에 대한 구체적 견해다.

양생 이론은 하나의 인간상, 곧 인간임에 대한 하나의 견해로서 큰 영향력을 발휘해 왔다. 많은 전통에서 이 인간상이 등장한다. 하지만 이 인간상이 특히 뚜렷하게 표현되는 것은 플라톤과 아리스토텔레스의 철학에서다. 이들은 각각 약간 다른 곳에 강조점을 두면서 세 가지 유형의 살아 있음 또는 영혼 있음을 구별한다.

플라톤의 철학에서 가장 낮은 위치에는 욕망하기 능력to epithymêtikon이 놓인다. 이 욕망은 우리 삶에서 기초적인 쾌락 추구와 불쾌 회피로 표현된다. 욕망하기 능력은 대표적으로 영양 섭취와 번식과 결부되어 있다. 이 능력에 대한 숙고가 수천 년에 걸쳐 무의식 이론으로 발전했으며, 오늘날의 형태로는, 우리가 다른 동물들과 공유한 원초적인 동물적 충동들에 대한 연구로 발전했다.

중간 지위를 차지하는 것은 〈튀모에이데스thymoeides〉다. 플라톤은 이 명칭으로 충동적인 흥분과 격노를 가리킨다. 튀모에이데스는 오늘날 전형적으로 소셜 네트워크와 온라인 미디어가 이용하는, 우리의 삶과 생각과 느낌의 차원이다. 인간 동물의 이 중간층은 오래 머뭇거리지 않고 한 견해에서 다음 견해로 옮겨 가기 때문에 조작과 이데올로기와 선전에 취약하다.

마지막으로 인간 삶의 정점은 욕망과 충동의 동물적 실행을 능가한다. 플라톤은 《로기스티콘logistikon》, 곧 우리 자신의 이성적 부분을 거론한다. 고대 사람들은 플라톤의 뒤를 이어 수천 년 동안 〈인간의 이성적 부분은 불멸하는가〉라는 질문을 붙들고 씨름했는데, 우리는 이 주제를 섣불리 제쳐 두지 말아야 한다. 왜냐하면 플라톤부터 모제스 멘델스존의 근대적 계몽사상과 그 너머에 이르기까지, 영혼의 불멸성에 관한 진지한 철학적 숙고가 이어져왔기 때문이다.[52] 하지만 이것은 별개의 사안이며, 우리는 다른 곳에서 이 사안을 다룰 것이다(224면 이하 참조).

중요한 것은 플라톤과 그의 제자 아리스토텔레스가, 또한 그 뒤를 이은 수천 년의 유럽 정신사(史)가 양생 이론을 옹호했다는 점이다.[53] 이 이론에 따르면, 인간은 한편으로 다른 모든 동물과 마찬가지로 동물이지만 다른 한편으로 특별한 동물이다. 인간의 특별한 특징, 곧 인간의 종차 혹은 인간학적 차이는 인간을 부분적으로 동물계 위로 격상하여 신적인 차원과 연결한다. 그리하여 인간은 최소 두 개의 삶을, 곧 동물의 삶과 신과 유사한 존재의 삶을 산다. 그렇다면 우리는 그 존재의 불멸성에 관한 개별 사항들을 놓고 논의를 이어 갈 수 있다. 이 같은 양생 이론은 훗날의 인간학과 동물철학에서 양생에 맞선 반론을 촉발했다.

양생에 맞선 반론 Einwand der zwei Leben에 따르면, 인간은 두 개의 삶, 곧 동물 종 호모 사피엔스에 속한 개체의 삶과, 자신의 신체와 완전히 동일할 때가 절대로 없는 생각하는 인격체의 삶을 한꺼번에 살 수 없다.[54]

양생 이론이 반드시 종교적으로, 심지어 일신교적으로 채

색되어야 하는 것은 아니다. 양생 이론이 유럽 정신사에만 있는 것도 전혀 아니다. 고대 이집트나 힌두교, 불교에서처럼 인간이 다시 태어나거나 다른 존재 영역으로 상승할 수 있다는 믿음이 등장하는 모든 곳에서 양생 이론적 생각의 흔적이 발견된다.

아니모: 왜 동물원은 없는가

우리 세기의 몇몇 동물철학 및 인간학 노선은 양생 이론을 의문시한다. 이와 관련하여 프랑스 철학자 자크 데리다의 동물철학을 일단 가장 중요하게 꼽을 만하다. 이 철학은 이제껏 독일에서는 너무 등한시된 프랑스 철학자 엘리자베트 드 퐁트네의 방대한 저작들과 여러모로 연결된다.[55]

후기 저서 『동물, 그러니까 나인 동물』(2010)에서 데리다는 동물 개념이 〈동물〉이라고 불리는 다양한 생물을 극단적으로 왜곡한다는 생각을 제시한다. 〈동물〉 개념 아래에 모든 것이 뭉뚱그려지기 때문에, 데리다가 키메라라고 부르는 혼란이 불가피하게 발생한다. 여기에서 키메라는 일반적으로 환상의 이름이지만 다른 한편으로 그리스 신화를 연상시킨다. 그 신화에서 키마이라chimaira는 여러 동물을 합쳐 놓은 괴물이며 불을 먹는다. 까마득한 과거에 헤시오도스와 호메로스가 쓴 서사시들에서 키마이라가 언급된다. 키마이라는 사자, 염소, 용을 융합한 산물로서 역사를 통틀어 가장 유명한 혼성 괴물이다.

데리다는 동물 개념이야말로 그런 합성 괴물을, 다채로운 동물계를 가리킨다고 강조한다. 하지만 실제로 동물계는 수많은 생물로 이루어져 있어서 우리가 애써 짜놓은 분류의 틀을 결국 벗어난다면서 말이다.

> 아니모*를 보라. 죽음을 면할 수 없는 놈들의 환원 불가능한, 생동하는 다양성은 종도 아니고 유도 아니고 개체도 아니다. 또한 이중 클론이나 혼성 단어, 일종의 잡종 괴물, 벨레로폰**에게 살해되기를 기다리는 키메라도 아니다.[56]

데리다는 동물 개념이 〈특정 동물들의 동물성 [animalité de certains animaux]〉[57]을 표현한다는 점을, 궁극적으로 우리 자신의 동물성을 실은 우리에게 더없이 낯설고 앞으로도 그러할 동물계에 투사한 결과라는 점을 알아챘다. 하지만 그는 다윈 이래로 우리가 우리 자신을 동물계에 편입하는 법을 배웠다는 생각으로 나아가려 하지 않는다. 정반대로 그에게 관건은 〈균질성과 연속성이 아니라 차이에, 차이들

---

* animot. 아니모는 동물계의 환원 불가능한 다양성을 강조하면서 〈동물들〉을 단수로 가리키기 위해 데리다가 고안한 단어다.

** 그리스 신화 속 영웅.

에, 이질성에, 심연이 가로놓인 단절에 [……] 주의를 기울이는 것〉[58]에 기초하여 동물들의 근본적 이질성을 강조하는 것이다. 〈요컨대 나는 **자기**를 인간이라고 부르는 놈과 **그놈**이 동물이라고 부르는 놈 사이에 어떤 균질적인 연속성이 있다고 믿은 적이 한 번도 없다.〉[59]

20세기 유전학은 오늘날 가용한 기술적 가능성들을 보유하지 못했기 때문에 우리의 동물계 분류는 당시까지도 주로 표현형을 기준으로 이루어졌다. 아무튼 그 분류와 상관없이 — 이것이 **데리다의 동물철학적 통찰**인데 — 우리의 혼란스러운 동물 개념에 대응하는 놈은 없다.

데리다는 일련의 말놀이를 통해 이 생각을 심화한다. 우리 논의에서 가장 중요한 것은 **아니모**다. 프랑스어에서 이 단어의 발음은 동물을 뜻하는 animal의 복수형 animaux와 같다. 이 단어는 ani와 mot로 이루어져 있는데, mot는 〈단어〉를 뜻하는 프랑스어다. 데리다의 animot는 그의 **언어적 전환**linguistische Wende의 기본 발상을 반영한다. 그 전환의 취지에 따르면, 철학의 방법은 우리가 실재를 어떤 식

으로든 이해할 수 있게 만들 때 수단으로 삼는 언어를(따라서 기호를) 분석하는 것이다. 이런 틀 안에서 데리다는, 인간이 자기를 이성적이며 언어를 가진 생물로 규정함으로써 다른 생물들과 구별하고 그 생물들을 키메라로, 곧 〈생물량〉이라는 미심쩍은 개념에서 정점에 이르는 생명 덩어리로 융합하는 것은 우연이 아님을 깨달았다.

우리가 마주치는 생물들을 마치 동물원에서처럼 우리의 재량과 범주에 따라 우리 안에 가둔다는 견해를 **동물원 이론**Zootheorie이라고 부르자. 융합된 생물량을 다시 다양한 《동물들》로 만드는 동물학적 분류도 그런 가두기의 하나다. 동물원은 우리가 동물원을 설립하는 것으로부터 독립적으로 존재하지 않는다. 그리고 역사학의 어엿한 분야 하나는 근대 과학 혁명과 계몽의 여파 속에서 동물원들이 어떻게 등장했는지를 다룬다. 동물원을 설립한 목적은 인간의 도시 안에 성공적인 자연 정복의 증거를 누구나 볼 수 있게 설치하는 것이었다.

그러나 그것은 섣부른 짓이었다. 우리는 동물들을 우리 안에 가둘 수 없다. 왜냐하면 오늘날 우리가 아는 다양한 생물은 단지 〈저 바깥에〉, 〈야생에〉 있는 것이 전혀 아니기 때문이다. 다양한 생물이 우리 신체에도 거주하며 우리 주변과 우리 내부에서 항상 발견된다. 인간은 바이러스, 균류, 박테리아가 가끔 침입하는 안전 구역 안에서 살고 있지 않다. 오히려 모든 곳에 미생물과 작은 생물이 있으며, 그놈들이 없으면 우리는 생존할 수 없다. 인간은 수많은 공생 관계를 맺고 살아간다. 우리의 삶은 우리가 다른 생물들과 얽혀 있으며 또한 숨 쉴 때마다 거의 예외 없이 그 생물들을 죽인다는 것을 전제한다.

동물주의, 「프레스티지」, 『아노말리』

몇 해 전부터 철학계에서 〈동물주의Animalismus〉라는 용어가 양생 이론에 맞선 주장의 명칭으로 통용되고 있다.[60] 2016년에 동물주의를 다루는 선도적인 논문집을 출판한 스티븐 블래티와 폴 스노든의 개념 규정에 따르면, 우리는 이렇게 말할 수 있다.

동물주의란 우리 각각이 특정 종의 동물과 동일하다는 주장이다. 〈그 종의 명칭은 호모 사피엔스다. 더 일상적인 언어로 말하면, 우리 각각은 인간 동물이라는 주장이 동물주의다. 이 주장이 옳다면, 우리는 이렇게 말할 수 있다. 동일한 장소에 한 동물과 우리 중 하나가 함께 있으며 이 둘은 실제로 동일한 놈이다.〉[61]

요컨대 양생 이론과 달리 동물주의는 우리가 철저히 동물이라고, 따라서 인간 동물과 비인간 동물 사이에 종차는 있지만 우리의 동물적 측면과 비동물적 측면 사이에 차이는 없다고 주장한다. 그렇다면 인간은 철두철미하게 동물이다.

일부 독자는 동물주의가 너무나 자명해서 다른 입장을 진지하게 옹호하는 것이 어떻게 가능할지 상상하기 어려울 정도라고 느낄 것이다. 첫눈에 보기에 다윈 이후 근대 생물학의 가장 초보적인 지식만 기초로 삼아도 동물주의를 정당화할 수 있을 법하다. 인간도 진화의 한 부분이라면, 인간은 당연히 동물이지, 아니면 뭐겠어? 그러나 동물주의 비판자들이 보여 주듯이, 사정은 결코 간단하지 않다. 미국 철학자 에릭 올슨은 (본인도 동물주의의 한 버전을 옹호하긴 하지만) 이 문제의 복잡성을 아래와 같이 설명한다.

우리는 과연 무엇일까? 이 질문에 대한 답을 탐구하기 위해, 우리는 동물이라는 견해를 출발점으로 삼자. 우리는 생물학적 유기체들, 영장 동물 종 호모 사피엔스의 구성원들이라는 견해를 말이다. 이 견해는 즉각적인 호응을 끌어낸다. 우리는 동물인 듯하다. 당신이 먹거나 자거나 말할 때, 인간 동물 하나가 먹거나 자거나 말한다. 당신이 거울을 들여다볼 때, 거울 속에서 동물 하나가 당신을 마주 본다. 대다수의 평범한 사람은 우리가 동물이라고 여긴다. [……] 그러나 실상은 그리 간단치 않다. [……] 우리가 동물이라는 인상은 우리가 동물과 밀접하게 연결되어 있는 — 이를테면 우리가 동물 신체를 가진 — 것에서 유래할 뿐, 우리가 정말로 동물인 것에서 유래하지 않을 수도 있다. 권위자들은 우리가 동물이라는 주장에 압도적으로 반발한다. 플라톤과 아우구스티누스부터 데카르트, 라이프니츠, 로크, 버클리, 흄, 칸트까지(아리스토텔레스와 그의 추종자들은 중요한 예외다) 서양 철학사의 거의 모든 위대한 인물이 그 주장을 반박했다. 우리가 동물이라는 견해는 비(非)서양 철학에서도 전혀 인기가 없으며, 오늘날 인격체의 동일성을 연구하는 학자의 과반수는 우리가 동물이라는 것을 명시적으로 반박하거나 우리의 동물임과 양립할 수 없는 주장을 내놓는다.[62]

오늘날의 동물주의 비판의 중요한 예로 2017년에 작고한 영국 철학자 데릭 파핏이 써서 방금 언급한 동물주의 논문집에 실은 논문을 살펴보자. 파핏은 인격체의 동일성에 관한 사고실험들을 통해 전문 분야 바깥에서도 명성을 얻었다. 그 사고실험들을 설명하기 위해「스타트렉」이나 크리스토퍼 놀런의 걸작「프레스티지」(2006) 같은 영화를 예로 들 수 있다.[63] 데릭 파핏의 동물주의 비판의 출발점은 이런 질문이다. 모든 면에서 질적으로 구별 불가능한 내 유기체의 정확한 복제본이 우주의 다른 곳에서 생겨난다면, 그 복제본은 나와 동일할까? 정확히 이런 사례가「프레스티지」에서 등장한다. 놀런이 감독한 그 영화에서 앤지어라는 마술사는 (데이비드 보위가 연기한) 니콜라 테슬라의 장치를 사용하는 마술을 개발한다. 그 마술은 어떤 사람이 물탱크 속에 빠져 고통스럽게 익사하는 동안, 그 사람의 정확한 복제본이 제작되어 원본이 죽은 후 원본으로서 행동하며 명성을 얻는 것이다. 복제본은 원본과 외적으로뿐 아니라 내적으로도 구별 불가능하다. 복제본은 자신이 복제본인지 아니면 원본인지 모른다. 왜냐하면 복제본은 원본이 죽는 그 순간에 원본의 모든 내면적, 정신적 상태들을 갖춘 상태로 생겨나기 때문이다. 파핏은 여러 저술에서 이른바 순간이동기를 언급하면서 이 마술을 숙고한다. 순간이동기에 탄 사람은 우주의 어느 곳에서든지 새로 생겨날 수 있는데, 그 대가는 순간이동기에 탄 원본이 소멸하는 것이다.

에르베 르 텔리에도 소설『아노말리 *The Anomaly*』에서 똑같은 생각을 펼친다. 이 책에서는 동일한 에어프랑스 항공기가 동일한 승객들을 태우고 3개월 간격으로 두 번 뉴욕에 착륙한다. 그리하여 승객들 각각은 이중화되고 소설이 진행되면서 자기 자신과 마주친다. 소설은 역설적인 쌍둥이들이 마주치는 에피소드 몇 개를 묘사하는데, 대체 〈어떻게 이중화가 일어났는가〉라는 질문은 대답되지 않은 채로 놔둔다. 그런데 유감스럽게도 소설은 이른바 시뮬레이션 가설을 옹호한다. 나는 철학자 닉 보스트롬에게서 유래한 이 가설을 다른 글에서 다룬(그리고 반박한) 바 있다.[64] 시뮬레이션 가설에 따르면, 많은 사람이 믿는 대로 우리가 피와 살로 된 생물들일 개연성보다, 지능이 훨씬 더 발달한 미래 문명이 제작한 컴퓨터 시뮬레이션 속의 인물들일 개연성이 더 높다.

이 가설은 우리의 참된 동일성에 대한 질문을 제기한다. 혹시 우리는 시뮬레이션 속의 심들*에 불과할까? 우리는 동물일까? 혹시 우리는 우리의 의식 흐름과 동일해서, 우리가 주로 탄소로 이루어진 신체에 깃들어 있는지 아니면 실리콘칩에 저장되어 있는지는 어쩌면 부차적인 문제일까?

영화와 문학에서 흥미진진하게 등장하는 이 단순한

* Sims. 시뮬레이션 속의 인물들.

사고실험들은 **인격체의 시간적 동일성 문제**를 더없이 생생하게 보여 준다. 그 문제는, 내가 예컨대 25년 전의 나와 동일한지, 동일하다면 어떤 측면에서 그러한지 간단히 말할 수 없다는 것이다. 내 신체의 모든 세포가 다른 세포로 대체된다면(이런 대체는 많은 체세포에서, 또 피부를 비롯한 장기에서 실제로 평생 여러 번 일어난다), 그 결과인 동물은 나와 동일할까?

동물주의는 이 질문에 긍정으로 답하며, 생애의 다양한 기간에 걸친 나의 인격체의 연속성은, 곧 나의 자기Selbst는 생물학적이라고 주장한다. 따라서 동물주의자는 **생물학적 연속성**을 거론한다. 이와 구별되는 또 다른 접근법은 시간상에서 인격체의 동일성은 **심리적 연속성**에 의해 확보된다고 본다. 이 접근법을 옹호하는 대표적인 철학자는 파핏이다. 이 접근법에 따르면, 나는 25년 전의 나와 동일한데, 왜냐하면 나의 현재의 자기와 25년 전의 자기 사이에 정신적 연결이 있기 때문이다. 이 입장은 영국 철학자 존 로크의 생각과 일치한다. 로크는 인격체를 이렇게 이해한다.

　자기를 자기로, 또 여러 시간과 장소에서 동일한 생각

하는 자로 파악할 수 있는, 지성과 이성을 가진, 생각하는 합리적인 자.[65]

당신이 생물학적 연속성도, 심리적 연속성도 믿지 않는다 하더라도, 당신은 전자나 후자를 옹호하는 입장에서 중대한 오류를 쉽사리 찾아낼 수 없을 것이다. 실제로 우리가 우리 자신을 동물과 동일하지 않은 무언가로 간주할 수 있는 근거는, 인격체는 이미 죽었다고 우리가 확신할 수 있는 시점에도 인간의 동물적이며 외적으로 보이는 껍데기는 살아 있는 상황을 우리가 상상할 수 있다는 점에 있다. 파핏은 격렬한 논쟁을 일으킨 교통사고 피해자 낸시 크루잔의 사례를 상기시킨다. 크루잔의 뇌줄기는 여러 해 동안 정상으로 작동하여 그녀의 신체를 살아 있는 상태로 보존했지만, 결국 그녀의 대뇌는 죽었고 따라서 그녀는 (짐작하기에) 인격체이기를 그쳤다는 판정이 내려졌다. 이 판정을 근거로 미국 연방 대법원은 1990년에 크루잔의 껍데기를 위한 인위적 영양 공급을 중단시킬 권리가 그녀의 부모에게 있다고 판결했다. 파핏은 윤리적으로 까다로운 이 사례를 다음과 같이 논평한다.

크루잔의 대뇌가 죽었을 때, 그녀의 부모는 인격체 크루잔이 그녀의 신체를 떠났다고 확신했다. 하지만 그

인간 동물은 박동하는 심장과 호흡하는 폐를 가진 채
로 계속 존속했고, 결국 영양 공급 튜브가 제거되었다.
그러자 심장이 멈췄고, 그 동물은 평화롭게 떠났다.[66]

이 생각의 바탕에는 상당히 엉성한 이원주의적 동물 정의
가 깔려 있다. 달마시안 개가 뇌사 상태에서 인공호흡으로
연명한다고 상상해 보자. 개에게는 애당초 인격체성이 없
다고 전제할 경우, 심리적 연속성을 옹호하는 논리에 따르
면, 그 개는 여전히 달마시안 개이며 그 개의 껍데기에 불
과하지 않을 것이다. 그러나 그 개는 의식을 영원히 상실
했다는 점에서 그 개의 껍데기에 불과하다고 느껴지기도
한다. 실제로 의식을 가진 동물은 많다. 만일 파핏이 말하
는 심리적 연속성이 의식의 연속성이라면, 파핏은 암묵적
으로 의식이 있는 동물과 의식이 없는 동물만 구별하는 셈
이다. 그렇다면 〈인간은 어느 정도까지 동물인가〉라는 물
음은 여전히 미해결로 남는다.

　　동물주의의 유효 범위에 관한 논쟁에서 결정적인 역
할을 하는 또 다른 사고실험은, 당신의 대뇌를 다른 사람
의 신체에 이식하여 얻은 결과물은 과연 〈당신 자신일까〉
라는 질문을 중심으로 삼는다(〈이런 이식이 가능할까〉라
는 의심을 정당하게 품을 수 있다. 아직까지는 임상적으로
불가능하다). 파핏의 대답은, 당신이 어느 날 다른 사람의

신체 안에서 깨어난다면, 당신은 여전히 당신 자신이라는 것이다. 그러므로 인간은 한 동물 전체와는 절대로 동일하지 않으며 기껏해야 한 동물의 일부(대뇌)와 동일하다고 파핏은 결론짓는다. 그러나 다른 한편으로 파핏은, 만약에 당신이 자발적으로 여기에서 소멸하고 다른 위치에서 당신 자신의 정확한 신체적, 심리적 복제본으로서 생겨난다면, 그 다른 위치의 당신도 여전히 당신 자신일 가능성을 완전히 배제할 수 없다고 본다. 하지만 이 생각도 인간의 삶꼴에 대한 자기 인식으로 이어지지 못한다. 왜냐하면 달마시안 개의 뇌 이식과 완벽한 복제본을 두고도 동일한 질문을 제기할 수 있을 터이기 때문이다.

파핏은 상충하는 이론들을 세 갈래로 구별하는데, 그 구별은 방금 지적한 그의 결함에도 불구하고 진지하게 고찰할 필요가 있다. 그 갈래들은 **비(非)물질주의**, **로크주의**, **동물주의**다.

이 이론 갈래들에 따르면, 다양한 시간 간격(과 사회적 역할)에 걸친 우리 인격체의 동일성은, 우리가 생각하는 비물질적 실체라는 점에 있거나(**비물질주의**), 우리가 우리 자신을, 자기를 자기로 알아채는 동일한 인격체로 간주한다는 점에 있거나(**로크주의**),

우리가 엔트로피 증가에, 곧 물리적 우주 안에 있는
구조들의 해체 경향에 저항하는 동일한 유기체라는
점에 있다(**동물주의**).

우리 논의의 맥락에서는 이 입장들을 갈라놓는 좁은 의미
의 철학적 다툼과 더불어 또 다른 점이 중요하다. 동물주
의자와 그 맞수들은 다 같이 동일한 동물관을 채택하고 당
연시한다. 동물주의자는, 우리가 우리 자신을 다소 순조롭
게 동물계에 집어넣을 수 있음을 근대 생물학이 가르쳐 주
었다고 여긴다. 반면에 반(反)동물주의자는 우리가 특정
종의 동물에(따라서 자연과학적 연구의 대상에) 불과한 것
이 아니라 이에 더해 정신적 능력을 보유한 인격체라고 믿
는다. 이때 **인격체**는 로크 이래로 무엇보다도 먼저 법적
인 개념으로 이해된다. 즉 인격체란 이성을 보유했기에 특
정한 권리와 의무를 지닌 자기다.[67] 인격체는 사회적, 도덕
적 관계를 통해 정의되며, 동물이 유기체로서 환경의 압력
에 맞서 자기를 보존하기 위해 의지하는 물질적-에너지적
자기 보존 과정들로 환원되지 않는다. 물론 인간뿐 아니라
다른 생물들도 권리를 지녔다. 이는 법치 국가의 성취이
며, 이 성취 덕분에 우리는 최소한 불필요하고 도덕적으로
배척해야 할 잔혹 행위를 다른 생물들을 상대로 하는 것을

법적으로 막을 수 있다. 하지만 이 같은 이른바 동물권으로부터 동물의 의무를 도출하여 돌고래나 고릴라에게 젠더 평등을 위해 애쓸 것을 촉구하기는 어렵다.

인간은 동물이고, 동물은 기계다?

동물주의자와 반동물주의자가 공유한 전제는, 〈동물〉은 생명과학의 연구 대상이라는 것이다. 그런데 생명과학은 정당한 방법론적 이유에서 기계주의Mechanismus라는 특정한 사고방식을 따를 수밖에 없다. 그리고 이 사고방식은, 우리가 인간으로서의 우리 자신을 세포들로 이루어진 복잡한 자동 기계와 동일시하려 할 때, 한계에 봉착한다. 사고방식으로서 기계주의의 핵심은, 특정한 방식으로 배열되고 연결된 요소들(예컨대 세포들)로 이루어진 시스템을 부분들 간의 (최대한 단순하게 파악된) 상호작용에 기초하여 이해하는 것에 있다. 기계주의는 인간 동물 전체와 같은 살아 있는 복잡한 시스템을 다수의 부분 시스템으로 해체하고, 이어서 그 부분 시스템들도 가장 작은 세부까지 분석한다. 목적은 이런 식으로 전체 시스템의 기능 방식을 간접적으로 이해하고 제어하는 것이다.

기계주의적 사고방식 덕분에 우리는 근대 의학을 발전시켰고 최근에는 다양한 코로나 바이러스 백신을 놀랄 만큼 신속하게 개발했다. 당신이 의사에게 진료를 받는다면, 주로 기계주의적인 의학을 배운 의사에게 받는 편이 확실히 더 낫다. 그런 의사는 환자를 우선 부분 시스템들로 분해한다. 이어서 그 부분 시스템 각각을 최신 지식을 갖춘 전문의가 담당한다. 이런 관점에서 보면, 방법으로서의 기계주의에 반발할 이유가 없다. 하지만 그렇다고 기계주의가 합리적이거나 심지어 옳은 인간상이라는 뜻은 아니다. 다만 기계주의적 사고가 중요한 자연과학적 방법들과 모형들을 산출한다는 뜻이다.

기계주의와 대립하는 것은 **총체주의**Holismus다. 총체주의는 생물은 궁극적으로 오직 전체로서만 유기체라고 정당하게 주장한다. 나의 심장은 시스템들의 부분으로서 박동하고, 그 시스템들이 함께 작동할 때 비로소 나는 인간으로서 (바라건대 오랫동안 건강하게) 살아갈 수 있다. 요컨대 총체주의는 유기체의 부분 시스템들을 그것들이 전체 안에서 담당하는 기능을 중심으로 이해하며, 이때 전체는 설명의 논리에서 부분들보다 앞선다. 총체주의적 시스템적 사고는 다름 아니라 바로 생명과학에서 최근 들어 무시할 수 없는 역할을 하고 있다. 예컨대 옥스퍼드 대학교에서 가르치는 저명한 영국 생리학자 데니스 노블의 추천할 만한 저서인 『생명의 음악』과 『생명의 선율에 맞춰 춤춰라』에서 그 역할을 볼 수 있다.[68]

실상을 말하면, 오늘날 우리는 인간이라는 생물학적 전체 시스템을 겨우 몇몇 부분만 이해한다. 그리고 이는 일련의 이유 때문이다. 인간 전체는 단적으로 너무 복잡해서 기계주의적으로 완전히 설명할 수 없다. 이 맥락에서 복잡성이 의미하는 최소한의 사정은, 주어진 전체를 부분 시스템들로 분해해야만 설명하고 이해할 수 있는데 이 분해로 인해 전체 시스템의 본질적 속성들이 없어지거나 변화한다는 것이다. 복잡한 시스템을 우리가 더 잘 이해하는 부분들로 분해한다고 해서 완전히 이해할 수 있는 것은 아니다. 왜냐하면 이 분해가 시스템의 본질적 속성들을 변화시키기 때문이다. 복잡한 시스템들은 예측 불가능하다. 그것들의 행동은 우리가 그것들을 결코 완전히 제어할 수 없게 만든다.[69]

구체적인 예로 우리가 겪은 일상의 현실인 코로나 대유행을 들 수 있다. 그 재난은 복잡성 현상을 극적으로 또렷하게 보여 주었다. 우리는 사회의 부분 시스템들을 마비시키는(예컨대 학교들을 폐쇄하는), 유행병학적으로 권장할 만한 조치로 사회적 접촉을 어느 정도 줄였지만, 바로 그렇게 함으로써 다른 곳에서 사회적 접촉이 늘어나게 만들었다. 사람들은 작은 집단을 이뤄 사적 공간 안으로 움츠러들었다. 완벽한 격리는 애당초 불가능했고 특히 아이들에게는 전혀 바람직하지 않았다. 그리하여 봉쇄의 회색

지대에서 경찰력으로 통제할 수 없는 방식으로 바이러스가 확산했고, 그 결과로 대유행은 약화된 상태로 지속되었다. 이처럼 〈대유행〉이라는 복잡한 시스템을 최대한 작은 단위들로 — 개별 감염 사례들이나 심지어 개별 바이러스들로 — 분해하면, 불가피하게 그 시스템은 통제할 수 없는 방식으로 변화한다. 왜냐하면 사회적 반응도 대유행 시스템의 일부이기 때문이다.

요컨대 대유행 억제 조치는 역설적으로 새로운 감염 가능성을 낳는다. 물론 그 가능성도 또 다른 접촉 제한을 통해 억제할 수 있기는 하지만, 결국 한계선에 이르기 마련이며, 적어도 자유 민주주의 체제에서는 (다행스럽게도!) 그 한계선을 더는 변경할 수 없는 때가 도래한다. 왜냐하면 기본적인 인권이 심각하게 침해되는 상황은 막아야 하기 때문이다.

대유행 극복을 위한 기본권 제한은 상당히 단호했지만, 그런 제한으로도 대유행을 신속하게 종식할 수 없었으며, 더 나아가 그런 제한은 〈사회〉라는 최대로 복잡한 시스템의 다른 곳에서 예측 불가능한 부수적인 피해와 후속 피해를 일으켰다.

코로나 바이러스 자체도 인간 유기체의 복잡성 덕분에 번성한다. 그 바이러스는 인간 유기체의 많은 부분 시스템들로 확산하여 그것들의 상호작용과 균형을 교란하며, 그 결과로 일부 경우에는 위험한 중증 감염증을 일으킨다. 숙주가 죽으면 코로나 바이러스는 생존 기반을 잃으므로, 중증 감염증의 발생은 바이러스에게 이롭지 않은데도 말이다.

근대에 기계주의가 지나치게 강조되면서 특히 르네 데카르트 이래로 동물은 기계라는, 바꿔 말해 많은 부분들로 이루어진 시스템이며 그 부분들의 행동이 전체 시스템과 동일하다는 견해가 등장했다. 데카르트의 명시적인 서술에 따르면, 동물은 기관들의 집합체다. 인간은 〈통찰에 기초하여〉 행위하는 반면, 동물은 〈단지 기관들이 설치되어 있는 결과로〉 행위한다고 데카르트는 본다.[70] 데카르트에 따르면, 우리는 이성과 언어를 모든 경우에 적용할 수 있는 〈만능 도구Universalinstrument〉로서 보유한 반면,

> 동물은 제각각 특수한 행위를 담당하는 기관들이 별도로 설치될 필요가 있다는 점에서 우리와 동물은 본질적으로 다르다. 따라서 우리가 이성에 의해 삶의 온갖 상황에서 다양하게 행위하는 것처럼 동물이 행위하기에 충분할 만큼 다양한 기관들이 단일한 기계 안에 있을 개연성은 희박하다.[71]

데카르트는 동물을 기관들의 집합체로, 그가 기계로 간주

하는 유기체로 환원한다. 그 유기체의 부분들은 제각각 특정한 작용을 한다. 이런 연유로 사람들은 이 맥락에서 환원주의도 거론한다. **환원주의**란 기본적으로 전체를 부분들로 환원하는 사고방식이라고 할 수 있다. 예컨대 사람의 행동을, 그의 뉴런 활동 패턴을 신경과학적으로 연구함으로써 완전히 설명하고자 하는 과학자는 한 인격체의 다양한 시간 간격에 걸친 동일성을 조직된 세포 더미(곧 인간 동물)의 생물학적 연속성으로 환원하는 사람과 똑같이 환원주의적으로 생각하는 것이다.

데카르트의 뒤를 이어 18세기에 쥘리앵 오프루아 드 라메트리 ─ 그는 불온한 주장을 편다는 이유로 박해당하다가 철학자이기도 했던 프리드리히 대왕이 있는 포츠담으로 피신했다 ─ 는 인간임에 쇠지렛대를 들이댔다. 「인간 기계L'Homme-Machine」라는 논쟁적인 글에서 그는 인간을 비롯한 모든 동물은 영혼 없는 기계라고 명확하게 주장했다.[72] 그가 출발점으로 삼은 전제는 온 우주가 단 하나의 거대한 기계에 불과하며 그 기계를 부분들의 상호작용을 통해 완전히 설명할 수 있다는 것이었다. 그러므로 인간도 동물로서 그 기계 시스템 안에 완벽하게 편입되어 있다고 라메트리는 주장했다. 그가 보기에 존재하는 모든 것은 기계적이다. 즉 개별 부분들의 상호작용에 기초하여 설명할 수 있었다. 그러므로 동물들도, 따라서 인간도 예외일 수 없었다.

이처럼 라메트리는 인간에 관한 오류 하나를 실재 전체에 우악스럽게 투사하는 관행의 범인이자 주요 증인이다. 그의 오류는 그 자신의 동물성을 작은 부분들로 된 톱니바퀴 장치로 간주하는 것에 있다. 그가 거울 속에서 보는 그 자신은 실은 톱니바퀴 장치다. 이어서 그는 이 왜곡된 자화상을 다른 동물들에게로 전이하고, 마침내 과감히 도약하여 실재 전체를 하나의 기계로 간주한다. 기계주의가 범하는, 따라서 통상적인 환원주의도 범하는 가장 중대한 오류 중 하나는 두 가지 전부Gesamtheit를 혼동하는 것이다. 첫째 전부는 **총합**Summe, 둘째 전부는 **전체**Ganzheit다. 부당하게도 잊힌 생물학자이자 생명철학자이며 중요한 총체주의 옹호자인 한스 드리슈는 이 혼동을 특히 명확하게 알아챘다.[73] 한낱 총합은 전부를 이루지만 전체를 이루지 못한다. 드리슈는 이렇게 말한다.

물론 총합 유형의 전부인 자연 대상도, 그 대상의 부분들 사이에 (어쩌면 실질적으로 입증할 수 없는) 상호 끌어당김 관계가 성립하는 한에서, 모종의 통일성을 항상 보유할 것이다. 즉〈작용 통일성Wirkungseinheit〉이 있을 것이다.[74]

이 인용문에서 드리슈가 약간 복잡하게 표현하는 바는, 자연과학적으로 관찰 가능한 우주 안의 과정 및 대상은 멀리 떨어져 있을 수도 있는 다른 과정 및 대상과 항상 상호작용한다는 생각이다. 그 과정들과 대상들이 동일한 물리적 장에 속한다는 점 때문에 벌써 그 생각은 옳다. 나의 책상과 커피 잔은 상호작용한다(지금 책상 위에 커피 잔이 놓여 있다). 그럼에도 이 두 대상은 단지 총합만 이룬다. 왜냐하면 이것들이 여전히 존속하는 상태에서 이것들의 작용 통일성을 없앨 수 있기 때문이다. 반면에 생물에서는 사정이 다르다. 내가 개구리를 두 토막으로 자르면(이런 짓은 제발 하지 마라!), 개구리는 개구리이기를 그친다. 따라서 개구리는 총합 유형의 세포 더미가 아니라 유기체다.

자연을 총합 유형으로 간주할 겨우, 임의의 것과 다른 것 사이에 모종의 인과관계가 성립하기만 하면, 양자는 연결되어 있다. 그렇다면 자연 안에서 신기한 구조적 연결들이 발견된다. 이 관점에서 보면, 나의 코는 에펠탑과 더불어 전부를 이룬다. 왜냐하면 양자는 (이를테면 내가 코를 에펠탑에 갖다 댈 경우-) 인과적으로 연결되어 있기 때문이다. 또 두 사람이 악수하거나 입 맞출 때, 그들은 마찬가지의 인과적 총합을 이룬다. 하지만 이 경우에 두 사람이 완전히 융합하지는 않는다.

완전한 융합을 다루려면 한낱 총합 유형의 가산(加

算)적 전부 개념 외에 다른 전부 개념이 필요하다. 드리슈는 후자를 전체라고 칭한다. 전체는,

> 관찰자에게 한낱 총합 개념이 아닌 다른 개념을 강요하는 전부다. 잠정적으로 아무렇게나 예들을 열거하면, 테이블, 개구리, 악보, 의지의 내용Willensinhalt, 의미구조물Sinngebilde이 전체다.[75]

총합과 전체의 차이를 설득력 있게 보여 주는 예로 드리슈는 한낱 단어 총합인 〈왜냐하면 불구하고 개 함께 그 없이〉와 문장인 〈그리스는 위대한 사상가를 많이 배출했다〉의 차이를 든다. 전자의 단어열은 부분들의 총합으로서 아무튼 질서를 띠긴 했지만 의미가 없다. 반면에 후자의 단어열은 의미가 있고 따라서 부분들을 하나의 전체로 융합하는 통일성을 띤다. 명백히 그 전체는 부분들의 한낱 총합과 동일하지 않다. 입 맞추는 두 사람과 우연히 버스 안에서 나란히 앉은 두 사람의 차이를 예로 들 수도 있다. 전자는 입맞춤이 지속되는 동안 하나의 의미 통일체로 융합하는 반면, 후자는 융합하지 않는다.

드리슈의 주장에 따르면, 유기체는 본질적으로 〈전체 인과성Ganzheitskausalität〉[76]을 기초로 삼아 이해해야 한다. 드리슈는 이 견해를 생기론Vitalismus으로 표현했다. 생기론은

많은 이의 비난을 받지만, 대다수 사람은 생기론에 관한 저술을 읽어 본 적조차 없다. 이 사상 전통은 오늘날의 자연철학과 환경 철학에서 예컨대 미국의 정치학자 제인 베넷에 의해 다시 생기를 얻는 중이다.[77]

생기론이란, 우리가 유기체로 분류하는 생물은 부분들의 총합 그 이상인 전체라는 총체주의적 주장이다. 이때 그 전체는 구조적인 인과관계를 결정적으로 좌우한다. 바꿔 말해 유기체의 부분들의 행동을 전체의 구조에 기초하여, 따라서 부분들의 기능에 기초하여 설명하는 것이 거꾸로 설명하는 것보다 더 낫다.

많은 사람이 아무런 증거 없이, 또 드리슈나 (드리슈와 동시대에 활동했으며 노벨 문학상을 받은) 유명한 생기론 철학자 앙리 베르그송의 위대한 생기론적 시도들에 대한 역사적 고찰 없이 주장하는 대로, 생기론이 시대에 뒤처졌거나 심지어 자연과학적으로 반박되었는가 하면, 전혀 그렇지 않다.[78] 오늘날의 물리학, 생물학, 정보학(컴퓨터과학), 과학철학, 형이상학에서 사람들은 〈하향식 인과 작용topdown causation〉을 거론한다. 특히 우주론자 겸 수학자인 조지 프랜시스 레이너 엘리스는 살아 있지 않은 순수한 물리학적 시스템에서도 하향식 인과 작용이 일어난다고 주장한다.[79] 이런 동향은 진정한 생기론의 부활이다. 진정한 생기론은 신비로운 생명력이 존재한다고 상정하지 않으며, 오히려 살아 있는 시스템을 전체로서 이해해야 한다고 지적한다. 살아 있는 전체 안에서는 부분들과 전체가 상호작용하는데, 부분들의 메커니즘을 분석하는 것만으로는 그 상호작용을 이해할 수 없다.

당대에 드리슈와 이른바 빈 학단의 몇몇 환원주의적 철학자들이 격렬히 벌인 싸움이 기계주의와 환원주의의 승리로 판가름 났는가 하면, 전혀 그렇지 않다. 오히려 오늘날의 생명과학은 우리의 영양 섭취가 분자생물학적 수준에서 일으키는 효과를 잘 안다. 그 효과가 의미하는 바는, 우리가 전체로서 하는 일이 우리의 유전자에 영향을 미친다는 것이다.[80] 이처럼 전체가 부분들에 가하는 작용이 엄연히 있으며, 바로 이것이 생기론이 주장하는 바의 전부다. 아무튼 동물 안에서 일어나는 기초적이며 미시적인 과정들에 대한 오늘날의 지식을 근거로 동물은 부분들의 총합일 따름이라고 결론짓는다면, 터무니없는 과장일 터이다. 그것은 단적으로 틀린 추론이다.

요컨대 데카르트와 그를 계승한 라메트리가 거의 자명하다고 여기는 기계주의는 정작 다뤄야 할 대상 영역인 생명계를 놓친다. 오프루아 드 라메트리는 동물은 기계라는 주장을 인간에 적용했는데, 이 적용은 1장의 중심에 놓인 다음과 같은 패턴을 일관되게 따른다는 점에서 흥미롭다. 우선 인간이 자신의 자기 이해를 경계선을 그음으로써 명확히 하기 위해 기계주의적 동물 개념을 낯선 생물들에 투사하고, 이어서 이 왜곡된 동물성과 인간 자신을 동일시한다. 바꿔 말해 동물이 기계로 간주되고, 이어서 우리가 동물로 파악되어, 결국 우리도 기계가 된다. 그런데 기계주의가 그토록 성공적이었던 것은, 자연을 한눈에 굽어볼 수 있고 지배할 수 있다는 환상이 기계주의를 먹여 살리는 덕분이다.

우리를 비롯한 동물들? 코스가드의 가치

하버드 대학교에서 가르치는 실천 철학자 크리스틴 코스가드는 최근에 동물 윤리의 정초를 시도하는 저서를 출판하여 많은 주목을 받았는데, 그 책은 우리의 동물 개념, 인간 개념, 자연 개념이 서로 어떻게 얽혀 있는지 보여 준다.[81] 코스가드는 인간을, 과학과 윤리학을 할 수 있으며 그렇기 때문에 모든 동물을 동등하게 대하는 관점을 채택할 수 있는 그런 동물로 이해한다. 요컨대 그녀는 우리의 수준 높은 인식 능력으로부터 (그녀가 우리의 동료 피조물들 fellow creatures 이라고 부르는) 비인간 동물들에 대한 도덕적 의무를 도출하려 한다.

그런데 그녀의 접근법은 측면이 무방비로 열려 있어서 그 부분을 보완할 필요가 있다. 이 결함은 코스가드가 인간은 다른 동물들과 얽혀 있다는 자신의 통찰을 충분히 관철하지 못하는 것에서 유래한다. 인간을 동물로 규정하려는 그녀의 시도는 동물에 대한 그녀의 신뢰가 너무 약한 것 때문에 실패로 돌아간다(이것은 우리가 이미 잘 아는 전형적 패턴이다). 그녀는 동물을 말하자면 결함 있는 놈으로, 본질적으로 인간적인 무언가를(과학과 윤리학을) 결여한 인간으로 간주한다. 이것은 프랑스 철학자 코린 펠뤼숑이 말하는 〈결핍 동물학privative Zoologie〉[82]의 한 버전이다.

결핍 동물학(결핍에 해당하는 독일어 privativ의 어원은 라틴어 privare = 빼앗다)이란 비인간 동물과 우리 자신을 동일한 의미에서 동물로 간주하면서도, 우리를 다른 동물로부터 구별되게 만드는 무언가(과학, 이성, 도덕, 언어, 수학 등)가 다른 동물에게는 없기 때문에, 다른 동물에게 결함이 있다고 보는 이론이다.

코스가드가 출발점으로 삼는 것은 생물들(코스가드의 표현으로는 피조물들)의 〈상대적 중요성을 결정하는 절대적 위계는 없다〉[83]는 주장이다. 그렇다면 인간은 사자보다 가치가 더 크지 않다. 하지만 그녀는 곧바로 이 주장을 약간 제한한다. 〈더 정확히 말하면 이러하다. 그런 판단을 내리기 위해 채택할 수 있는 관점이 **거의** 없다.〉[84]

코스가드는 인간이 다른 피조물들보다 더(또는 덜) 가치 있지 않다는 명제를, 생물이 알아챌 수 있는 모든 가치는(따라서 행위의 의미나 심지어 삶 전체의 의미도) 그 생물이 그 가치를 느끼는 것에 의존한다는 명제로부터 도출한다. 요컨대 흔한 말대로 가치는 주관적이라는, 혹은 그녀의 표현으로는 〈말뚝에 매여 있다tethered〉는 뜻이다. 내가 개인적으로 맥주보다 포도주를 더 좋아하는 것은 나라는 말뚝에 매여 있는 가치 때문이다. 나는 나의 선호를 근거로 포도주에 가치를, 바꿔 말해 내 삶 속에서의 의미를 부여한다. 다른 사람이나 다른 생물들의 삶 속에서는 포도주가 그 의미를 가질 필요가 없다.

그런데 우리의 환경은 우리가 생물로서 우리의 환경을 생태 보금자리로 변형함을 통해 조형된다. 우리는 그저 자연 속에 있기만 하지 않고 우리가 있는 장소를 다양한 층에서 변화시킨다. 중요한 예를 들면, 우리는 호흡을 통해, 또 안타깝게도 자동차, 화력 발전소 등을 통해 훨씬 더 많이 대기에 영향을 끼침으로써 환경을 조형한다. 한편 코스가드는 우리의 모든 가치 판단을 투사로 간주한다. 그 투사를 제외하면 한낱 물질성을 띤 사물들만 남는다. 우리는 우리 삶의 주관적 관점에서 그런 사물들에 가치를 부여한다. 그것들이 그 자체로 가지지 않은 가치를 말이다.

의자와 책상은 가구를 필요로 하거나 사용하는 피조물의 관점에서 볼 때만 존재한다. 그 관점이 없다면, 이러저러하게 생긴 목제 사물들은 어쩌면 여전히 있을 테지만 가구는 없을 터이다. 우리가 물고기처럼 유선형이고 대기 속을 헤엄쳐 다닌다면, 우리의 세계 안에는 의자와 책상이 없을 터이다. 이와 마찬가지로 가치는, 사물들을 평가하는(평가하는 태도나 가치와 연계된 태도로 사물들을 대하는) 특정 피조물 종의 관점에서 볼 때만 존재한다.[85]

이처럼 코스가드는 모든 생물이 고유의 특수한 가치관을 지녔으며, 한 종의 개체들도 저마다 개별적으로 가치를 판단한다고 믿는다. 하지만 자연 자체는 어떤 가치도 지니지 않았다는 것이 코스가드의 견해다. 생물들이 저마다 고유한 관점에서 자연을 평가할 때 비로소 자연에 가치가 부여된다. 코스가드가 보기에 가치는 생물들의 평가를 통해 세계 안에 진입한다. 이로써 그녀는 아래와 같은 동물의 정의도 확보한다.

> 동물은 — 적어도 내가 여기에서 사용하는 동물 개념에 따르면 — 살아 있는 유기체의 특수한 유형이다. 동물은 자신의 감각을 통해 최소한 부분적으로 자신의 환경을 의식하고 이 의식에 비추어 행위하는 유기체다. 동물은 〈무엇을 위해 좋음〉과 〈무엇을 위해 나쁨〉이라는 기능적 의미에서 자기를 위해 좋은 것을 얻고 나쁜 것을 피하기 위해 자신의 표상들Vorstellungen을 길잡이로 삼는다. 이런 식으로 표상 시스템이 제구실을 할 수 있으려면, 당연히 그 시스템은 내가 〈가치 연계성〉이라 부르고자 하는 것을 띠어야 한다.[86]

이런 생각들을 보면, 코스가드는 일관되게 인간을 모든 생물과 동일한 지위에 놓는 듯하다. 그렇다면 인간은 다른 모든 동물과 다름없는 동물일 터이며, 코스가드가 보기에 이것이 의미하는 바는, 인간은 자신의 관점에서 실재를 평가하고 자신의 이익을 추구하고 무엇보다도 먼저 자신의 생존을 확보하는 생물이라는 것이다.

코스가드는 윤리학자로서 (외견상) 칸트적인 관점을 옹호하는 것으로 유명한데, 만약에 도덕적으로 생각하고 행위하는 우리의 능력이 핵심적이며 그 능력은 다른 피조물들의 한낱 상대적인 가치 부여를 능가한다는 생각이 들어설 공간을 그녀가 어떻게든 마련하지 못한다면, 그녀는 칸트적인 관점의 옹호자가 아닐 터이다. 코스가드는 오직 인간만이 〈과학과 윤리학〉[87]을 할 능력이 있다고 믿는다. 왜냐하면 오직 우리만이 〈자연 세계에 대한 경이로운 앎에 도달할 능력을 지녔기〉[88] 때문이다.

> 자연 세계는 우리 자신의 이해관계로부터 완전히 독립적으로 실존한다. 그 세계는 기계적으로 작동하는 힘들의 작품이며, 그 힘들은 우리와 기타 동물들의 사정에 구애받지 않는다. 자연 세계에서는 우리나 타인들, 동물들, 또는 무릇 생명을 위해 좋은 일이 벌어진다는 보장이 전혀 없다.[89]

코스가드는 하필이면 이런 근대적 허무주의의 관점에서 일반적으로는 윤리를 도출하고 특수하게는 동물 윤리를 도출하고자 한다. 이 접근법 역시 세계상, 인간상, 동물상이 서로 얽혀 인간상을 이룬다는 것을 보여 준다는 점에서 흥미롭다.

근대적 허무주의moderne Nihilismus란 자연 그 자체는 가치, 의미, 의의를 전혀 지니지 않았다는 주장이다. 자연 그 자체는 우리와 우리의 욕구에 아랑곳하지 않으며 그저 물질적-에너지적 전체 구조일 따름이다. 그 전체 구조 안에서 언젠가 생물들이 발생했고, 그것들이 자기네 환경을 평가한다. 이 평가가 모든 가치의 기원이라고 근대적 허무주의는 주장한다.

코스가드는 바로 이런 허무주의를, 우리 자신의 이기적 이해관계를 도외시하는 우리의 능력과 연결하고 또 우리가 개체로서 또는 집단으로서 소중히 여기는 것이 그 자체로는 객관적 가치를 지니지 않았음을 깨닫는 우리의 능력과 연결하면서, 윤리학의 기반으로 삼는다. 그리하여 다른 사람들과 생물들의 가치 부여에 대한 인정이 들어설 공간과, 다른 사람들과 생물들이 〈세계 안에서 **우리**가 사용하도록〉[90] 존재하는 것이 아니라는 깨달음이 들어설 공간이 마련된다.

동물철학적 고찰에 의지하여 코스가드는 — 칸트의 정언명령과 유사하게 — 모든 관련자의 관점에서 볼 때 무엇이 옳으냐고 자문할 수 있는 생물만이 윤리적 질문들에 답할 수 있다고 간주한다.

윤리적 질문들은 ─ 이 대목에서는 코스가드에게 동의할 수 있는데 ─ 우리가 단적으로, 즉 오로지 인간이라는 이유로 하거나 하지 말아야 마땅한 바를 다룬다. 윤리적 질문들을 제기하고 답하는 능력은 다른 놈들의 이익을 위해 자신의 이익을 도외시할 능력을 전제한다.

이 대목에서 코스가드는 칸트적 전통에서 볼 때 친숙한 행마를 시작한다. 무슨 말이냐면, 난해한 칸트 연구를 하지 않아도 이해할 수 있는 다음과 같은 숙고를 펼친다. 우리가 우리의 이해 관심에 들어맞는 무언가를 소중히 여기는 한에서, 우리는 항상 형식적 속성 하나를, 즉 우리와 마찬가지로 무언가 ─ 자손들, 먹을거리의 원천, 성생활 등 ─ 에 이해 관심을 가진 다른 모든 생물과 공유한다. 무언가에 이해 관심을 가진 모든 놈은 자기다. 바꿔 말해 그런 모든 놈은 자기와 자기가 아닌 놈으로 이루어진 구조 안에 자기를 위치시킨다. 누군가임, 곧 당신 자신임은 당신이 당신의 삶을 한편으로는 자기의 실현으로 경험하고 다른

한편으로는 낯선 사건으로 경험하는 것을 전제한다. 더 간단히 말하면, 누군가임이란 나와 나 아닌 놈을 구별할 수 있음이다. 코스가드는 전통적인 철학적 언어를 써서 이를 자기의식Selbstbewusstsein이라고 칭한다.[91]

하지만 왜 누군가가 선과 악을 구별할 수 있고, 따라서 〈누구나 해야 마땅한 것과 하지 말아야 마땅한 것을 구별할 수 있는가〉라는 질문의 답이 나오려면 아직 한참 멀었다. 그렇기 때문에 자기를 자기의식을 가진 가치 원천으로 파악할 수 있는 생물은 그 자체로 목적이라는 반성적reflexiv 추가 성분이 필요하다. 코스가드의 칸트 독해에서 이 생각을 정당화하는 근거는, 우리가 우리 자신을 가치 원천으로(이 가치 원천이 없다면, 인간 존엄과 같은 절대적 무조건적 가치들은 없을 텐데) 파악할 수 있기 때문에 우리 인간에게 존엄이 귀속하고 따라서 무조건적이며 절대적인 가치가 귀속한다는 것이다.

코스가드에 따르면, 우리는 자기의식을 가진 가치 원천으로서의 구조를 띠며, 이 구조를 통해 평가할-수-있음Wertenkönnen이라는 절대적 가치를 창출한다. 이처럼 우리는 우리의 실존 덕분에, 마치 뮌히하우젠 남작이 스스로 자신의 머리채를 끌어당겨 늪에서 나오듯이, 그 자체로는 도덕을 갖추지 않은 동물성으로부터 윤리학을 끌어낸다. 여기에서 코스가드는, 생물들이 상대적 가치를 설정한다는(예컨대 배가 고파서 치즈를 소중히 여긴다는) 사실로부터, 그러나 가치 원천만큼은 상대적이지 않은 무조건적 가치를 띤다는 것이 도출된다고 여긴다.

이 행마는 구멍투성이다. 특히 이 행마는 정당화하기 어려운 두 개의 결론에 이르는데, 그 결론들을 명명하는 작업은 우리에게 유익하다.

첫째, 코스가드의 구상은 첨예한 반실재론으로 치닫는다. 그녀는 그 반실재론을 아래 인용문에서 제시하는데, 이 인용문은 반실재론 개념을 더할 나위 없이 잘 보여준다.

코스가드의 첨예한 반실재론scharfer Anti-Realism:〈도덕적 기준이란 우리 모두가 준수되기를 바랄 수 있는 행동 표준일 따름이다. 어떤 행동이 도덕적으로 옳기 때문에 모두가 그 행동에 찬성할 수 있는 것이 아니다. 오히려 모두가 어떤 행동에 찬성할 수 있기 때문에 그 행동이 도덕적으로 옳은 것이다.〉[92]

실재론은 우리의 인정으로부터 독립적으로 존립하는, 우리가 알아챌 수 있는 객관적 가치가 있다는 견해인 반면,

반실재론은 단지 우리가 가치를 인정하기 때문에 가치가 존립한다고 주장한다.

　　반실재론은 몇 가지 약점을 지녔다. 무엇보다도 반실재론은 구체적인 행위와 결정을 어떻게 평가하고 정당화해야 할지 말해 주지 못한다. 코로나 대유행 기간에 우리의 일상에서 중요한 역할을 한 수많은 윤리학적 문제를 생각해 보라. 유행 지표가 일정한 값에 이르면 초등학생이 의무적으로 마스크를 착용하는 것, 또는 밤 10시 이후에 외출을 금지하는 것, 심지어 의료 자원이 빠듯할 경우 치료할 환자를 선별하는 것에 누구나 찬성할 수 있을까? 구체적 행위 상황에서 발생하는 복잡한 윤리학적 문제를 모두의 합의로 해결하기는 거의 불가능하다. 따라서 구체적인 사례에서 모두가 찬성할 수 있는 행동이 있다는 견해는, 도덕적 가치는 구성적이라는, 바꿔 말해 개념적으로 합의에 의존한다는 생각의 연장선상에 놓여 있다. 이 생각은, 우리가 도덕적으로 합의에 이르고 동일한 도덕적 사실을(예컨대 우리가 사람을 죽이면 안 된다는 것을) 자명하다고 인정하는 경우가 많다는 옳고 중요한 관찰 결과를 과장한다. 윤리학적 문제에 관한 합의가 가능하다는 것으로부터 윤리학은 결국 합의라는 것, 따라서 윤리학적 토론에서 다룰 객관적 가치는 없다는 것은 당연히 도출되지 않는다.

또한 윤리학이 (어려운 질문들 앞에서는 절대로 실재하지 않는) 〈이상적인 합의에 근거를 둘 수 있는가〉라는 문제와 별개로, 코스가드의 의도와 정반대로 그녀의 첨예한 반실재론 버전은 근거 없는 인간 중심적 입장으로 귀착한다. 만약에 생물 다양성의 급격한 감소가 인간에게 이롭다면, 그럼에도 우리가 생물 다양성을 급감시키지 말아야 하는 이유를 코스가드는 어떻게 댈 수 있을까? 우리가 더 건강하고 더 행복하게 더 오래 살기 위해 몇몇 동물 종을 멸종시켜야 한다면, 모든 인간이 그렇게 하기로 합의했다고 해도 그 행위가 정당화되지는 않을 터이다. 벌과 말벌을 모두 죽이면, 일부 사람들의 죽음을 막을 수 있을 터이다. 그러나 이로부터, (나를 포함한) 알레르기 환자들을 보호하는 것에 모든 인간이 찬성할 경우 벌과 말벌을 멸종시키는 것이 도덕적으로 옳다는 결론은 도출되지 않는다. 벌과 말벌이 나를 비롯한 많은 사람에게 대단히 위험하더라도, 인간 생명을 보호하기 위해 벌과 말벌을 멸종시키는 것은 도덕적 오류라고, 심지어 그야말로 악한 짓이라고 나는 판단한다. 설령 사람들을 보호하기 위해 벌과 말벌을 없애야 한다는 것에 모두 — 알레르기 환자들과 비환자들 — 가 동의 하더라도, 그 곤충 종들을 학살하는 것은 여전히 도덕적 오류다.

물론 코스가드도 대꾸할 수 있다. 그녀는 우리가 모

두의 이익은 무엇일지 물을 때 다른 생물들의 관점도 함께 고려해야 한다고 여긴다. 그러나 코스가드의 관점에서 동물들은(우리가 공유한 환경은 말할 것도 없고) 유일한 절대적 가치 원천인 우리로부터 독립적이지 않은 방식으로 윤리적 고려의 대상이 된다. 요컨대 동물들은 〈사물들의 의회〉(프랑스 포스트모던 사회학자 브뤼노 라투르의 표현)[93]에 발언권자로 초대받지 못한다.

이 모든 것은 코스가드가 선택한 출발점이 낳는 결과다. 인간을, 특유의 수준 높은 통찰을 통해 다른 모든 동물과 구별되며 생존에 얽매인 투박한 이해 관심을 지녔을 뿐 아니라 합의를 통해 보편적으로 공유 가능한 도덕적 가치들을 산출하는 창조의 정점으로 간주함으로 인해, 다른 생물들은 **동료 피조물들**이 된다.

이처럼 이번에도 인간의 관점에서 다른 동물들이 결함 있는 놈들로, 곧 인간 특유의 과학과 윤리학을 갖추지 못한 비인간 동물들로 파악된다는 점에서, 코스가드는 동물들을 격하하는 것이며, 명백히 이는 결핍 동물학(130면 참조)의 한 사례다. 그리하여 우리 인간은 마찬가지로 친사회적인 다른 생물들로부터 도덕적 질문에 관한 교훈을 〈어느 정도까지 얻을 수 있을까〉라는 질문은 아예 제기조차 되지 않는다. 오히려 동물계는 순전한 자연 상태로, 참된 도덕적 통찰 능력이 없는 행위자들의 무자비한 이해 관심만 유효한 자연 상태로 간주된다.

하지만 몇몇 다른 동물이 선과 악을 판별할 능력이 없다는 것을 코스가드는 어떻게 그리 확신할 수 있을까? 물론 우리 인간은 무엇을 하거나 하지 말아야 마땅한지에 관한 토론을 우리의 언어로 하고, 따라서 우리가 아는 다른 생물들에서 아무튼 현재까지는 발견되지 않은 방식으로 (고래들, 벌들, 숲들이 자기들끼리 무엇을 상의하는지 아무도 모르지 않는가!) 우리 행위의 이유를 표현하고 소통할 수 있다. 그러나 〈동물들의 침묵〉(프랑스 동물철학자 엘리자베트 드 퐁트네의 표현)으로부터 동물들이 도덕적 판단을 내릴 능력이 없다는 결론이 반드시 도출되는 것은 아니다.[94]

앨리스 크레리:『윤리학 내부에』

바로 이 대목에서 내가 보기에 획기적인 한 접근법의 도움을 받을 수 있다. 그 접근법은 뉴욕에서 활동하는 철학자 앨리스 크레리에게서 유래했다. 저서『윤리학 내부에 *Inside Ethics*』에서 그녀는 윤리학적 사고는 〈외부로부터는from outside〉 원리적으로 성취될 수 없음을 보여 준다.[95] 무슨 말이냐면, 우리는 구체적인 행위 상황을 타인들 및 비인간 생물들과 늘 공유하는데, 그런 상황에서 무엇을 해야 마땅한지는, 관점으로부터 대체로 자유로운 경험적 탐구의 관점에서 실재를 고찰하는 것만을 통해서는 절대로 알아낼 수 없다는 것이다.

누군가에게 앞발을 밟혀 고통으로 낑낑거리는 개를 보는 사람은 그 누군가가 개에게 하지 말아야 할 나쁜 짓을 했다고 단언하기 위해 연구할 필요가 없다. 재미로 개의 앞발을 밟는 사람은 도덕적 오류를 범하는 것이며 악의 범주에 속하는 행동을 하는 것이다. 또한 비너 슈니첼을 만들어 먹는 것도 필시 인간 부모에게서 자식을 빼앗아 잡아 먹는 것과 마찬가지로 도덕적 악행일 것이다. 왜냐하면 송아지도 부모가 있고, 부모에게는 자식이 다른 종의 먹이가 되지 않는 것이 중요하기 때문이다.

물론 이 논증의 전제는, 인간 부모가 자식과 분리될 때 느끼는, 상상할 수 없을 만큼 끔찍한 고통이(이 대목에서 나는 한 명의 아버지로서, 자식과 그 보호자들에게 일상적으로 가해지는 악행들을 떠올리고 싶지 않다) 다른 생물들에서도 유사한 형태로 발생한다는 것이다. 내가 최근에 어느 농장을 방문하여 알게 되었듯이, 발정이 났거나 공격 행동을 하는 수소는 자기 자식과 다른 수소의 자식을 전혀 구별하지 못할 때가 많다. 이 사정은 사람들이 송아지를 부모에게서 떼어 놓는 것을 정당화하는 근거 중 하나다. 하지만 이 사정이 송아지를 잡아 먹는 것을 정당화하느냐 하면, 당연히 전혀 그렇지 않다. 이 사정은 다만, 우리의 친족 관계와 사회적 범주가 우리가 직관적으로 쉽게 우리 자신과 동일시하는 다른 많은 생물의 친족 관계 및 사회적 범주들보다 훨씬 더 복잡하고 특히 윤리학적으로 진지함을 시사할 따름이다. 나중에 보겠지만, 인간과 나머지 생물들은 다양한 방식으로 근본적으로 다르다는 점을 당연히 인정해야 한다. 그렇기 때문에 전통적으로 동물 개념은 우리에게 더없이 낯선 삶꼴의 개념이기도 하다. 이런 연유로 많은 문화와 종교는 낯선 상대를, 말하자면 조심스럽게 대하기 위해 동물을 신격화해왔다.

우리는 실재를 도덕적으로 유의미한 것으로서 경험한다. 즉 우리는 이런저런 행동을 하거나 하지 말아야 한다고 단박에 느낀다. 마찬가지로 규범적으로 판단하는 다른 생물들, 즉 환경을 유쾌한 상황과 그렇지 않은 상황으로 구분하는 다른 생물들은 윤리학의 바깥에 놓인, 내재적 가치를 띠지 않은 순수한 자연 현상이라고 믿을 근거를 우리는 가지고 있지 않다. 오히려 정반대로 오늘날 우리가 생명에 관해 보유한 모든 지식은 다른 생물들도 가치를 경험한다는 견해, 곧 (예컨대 미적인 이유에서 특정한 풍경을 다른 풍경보다 더 좋아하는 것으로 표출되는) 가치관을 지녔다는 견해에 힘을 실어 준다. 다만 그놈들은 그 가치관을 글로 적거나 다른 방식으로 전승하고 도덕적 진보에 발맞춰 변경할 수 없을 따름이다.

개나 벌, 문어, 박쥐로 사는 것이 정확히 어떤 느낌이 건 간에, 우리의 모든 지식이 시사하는 바는, 이 생물들에게도 실재는 단지 익명의 과정에 불과하지 않고 가치 있는 무언가로 느껴진다는 것이다. 인간적 영역 바깥에서 (또한 미생물학적 수준에서 벌써) 확인되는 명백히 친사회적인 행동은 가치 인식의 증거로 간주될 수 있다. 물론 이로부터 예컨대 벌들이 명시적인 윤리학을 보유했고 그것을 기반으로 심지어 국가를 건설한다는 결론이 도출되는 것은 아니지만, 벌들이 실재의 가치를 파악한다는 결론은 필시 도출될 것이다. 이는 벌을 비롯한 다른 생물들이 수나 양에 관한 수학 이론을 개발하지는 못하지만 풀밭에 꽃이 많은지 아니면 적은지를 알아채는 것만큼은 틀림없는 것과 마찬가지다.

따라서 크레리는 근대적 허무주의를, 즉 〈실재하는 세계의 물질적 구조 자체는 도덕적 가치와 무관하다는, 엄청나게 만연한 세계관〉[96]을 옳게 배척한다. 근대적 허무주의에 따르면 인간과 비인간 생물들은 물체들로서 가치와 무관한 실재 층에 속해 있으며, 그런 한에서 우리는 대체로 ─ 다른 생물들은 거의 전적으로 ─ 윤리학의 바깥에 위치한다. 그러므로 대관절 왜 우리가 도덕적으로 옳게 행동해야 마땅한지 대답할 필요가 있다. 앞서 보았듯이 코스가드에 따르면, 우리 자신을 가치 원천으로 파악하는 우리의 반성 능력이 그 대답의 핵심일 텐데, 이렇게 대답하면, 오로지 우리의 합리적, 반성적, 자기의식적 판단만이 참된 가치 원천이라는 결론이 곧장 도출된다. 요컨대 코스가드는 인간을 동물적 측면과 합리적 측면으로 나누는 고대의 근원적인 갈라놓기를 계승한다. 그리고 그 근원적인 갈라놓기가 다른 생물들을 한낱 동물로 간주하게 만든다.

인간학적 이원주의란 인간은 두 성분으로, 곧 동물적이며 비이성적인 부분과 특유하게 인간적이며 대개 가치가 더 높다고 여겨지는 부분으로 이루어졌다는 주장이다. 이 주장이 지닌 주요 문제는 그 비이성적인 부분이 가치와 무관하거나 심지어 가치가 낮다고, 한낱《우리 안의 동물》이라고 오해될 때 불거진다.

크레리는 실재 그 자체는 가치와 무관하다는 견해와 애당초 결별함으로써 인간학적 이원주의를 피한다. 우리 자신이 실은 가치와 무관한, 윤리적으로 중립인 자연 공간 안에 있는데 말하자면 정신적으로, 가치관을 통해 그 공간을 채색한다는 전제를 우리가 일상에서 채택하는 경우는 전

혀 없다는 사실은 위 견해를 반박한다. 자연 그 자체는 가치와 무관하며 기껏해야 무자비해서 우리의 사정에 눈곱만큼도 구애받지 않는다는 그 견해는, 자세히 살펴보면 드러나듯이, 그 자체로 하나의 가치 평가, 곧 가치를 따지면서 실재를 파악하는 한 방식이다.

크레리는 근대적 허무주의 대신에 나름의 실재관을 채택하는데, 그 실재관에 따르면, 우리는 복잡한 논증을 통해 비로소 허무주의에 맞서 우리를 방어할 필요가 없다. 왜냐하면 우리는 항상 이미 〈윤리학 내부에inside ethics〉, 즉 다른 생물들을 함께 고려하는 가치 판단의 범위 안에 까마득한 과거 이래로 늘 실존하기 때문이다.

세계는 객관적인 도덕적 가치를 지닌 놈들로, 곧 인간들과 동물들로 가득 차 있다. 그러므로 우리가 도덕적 판단에 대한 우리의 자연스러운 이해를 진지하게 받아들이고 그 판단을 도덕적 가치 앞에서의 책무에 대한 적절한 현실적 평가로 간주하는 것은 옳다.[97]

크레리는 올바른 지점을 공격한다. 일반적으로 윤리가 관건이고 특수하게 동물 윤리가 관건이라면, 검증대에 올라야 하는 것은 인간과 동물과 자연과 실재에 대한 이해다. 급격히 내달리는 근대 자본주의 안에서 우리가 명백히 지속 불가능한 자기 절멸의 길을 걷는 이유 중 하나는 우리가 우리 자신을 그릇되게 파악하는 것에 있다. 그 그릇된 파악에서 인간은 일차적으로 구경꾼이요, 자연과 분리된 실재의 일부다. 이 잘못된 자화상 때문에 우리는 우리의 활동과 이른바 환경 사이에서 일어나는 무수한 상호작용을 보지 못한다. 이른바 환경은 우리를 둘러싸고 있는 것이 아니라 우리 안으로 스며들어 있다는 점을 유의해야 한다. 환경은 우리 주위가 아니라 우리 안에 있다(수많은 유기체가 우리를 거처로 삼는다는 점, 혹은 우리 자신도 물리적 장들의 일부라는 점만 생각해도 충분히 납득할 수 있을 것이다). 예컨대 자연 보호가 너무 미약하다고 온라인에서 개탄할 때, 우리는 모르는 사이에 자연에 개입하는 것이다. 왜냐하면 각각의 클릭, 각각의 구글 검색, 각각의 게시물 올리기, 각각의 좋아요, 각각의 뉴스, 각각의 화상 회의가 데이터를 생산하고 사용하는데, 데이터는 엄청난 에너지를 소비하는 거대한 데이터 센터를 필요로 하기 때문이다. 이런 의미에서 오늘날 우리의 디지털 생활세계는 유감스럽게도 영화 「매트릭스」 시리즈의 최신판 「매트릭스: 리저렉션The Matrix Resurrections」에 나오는 매트릭스와 실제로 닮았다. 사람들은 말 그대로 디스토피아적 미래의 기계 공간 안에 둥지를 틀었다. 그 공간 안에서 사람들의 정신적 삶은 주로 디지털 방식으로 이루어진다. 그러면서 사람들은 이런저런 작은 식물을 키우려 애쓴다.

주관성과 객관성: 자연 안에서 우리는 이방인이 아니다

오늘날 만연한 통념에 따르면, **통일적이며 유일무이한** 과학
은 사실들을 객관적으로 밝혀내는 작업의 모범이며, 우리
는 그런 과학이 밝혀낸 사실들에 맞게 사회를 운영해야 한
다. 예컨대《크베어뎅커》*와 가짜 뉴스에 맞서 과학의 정
치적 역할을 강화해야 한다는 요구가 현재 제기되고 있는
데, 이는 방금 언급한 통념에 부합하는 요구다. 그러나 모
든 것을 포괄하는 통일된 과학 같은 것은 없고 서로 사뭇
다른 개별 과학 분과들만 있다. 그 분과들은 다양하게 세
분된 방법으로 앎에 도달한다. 이 사정을 생태학의 창시자
(이자 환경 개념의 고안자) 야코프 요한 폰 윅스퀼의 말로
표현하면 이러하다.

> 오늘날〈과학〉이라는 단어는 우스꽝스러운 페티시즘
> 의 대상이다. 그렇기 때문에 과학이란 지금 살아 있는
> 연구자들이 가진 견해들의 총합이라는 점을 지적해
> 두는 것이 적절할 성싶다.[98]

* Querdenker. 코로나 방역 조치에 반대하는 사람들을 가리키는 독일의
신조어.

물론 우리가 과학적 방법들 덕분에 알아낼 수 있고 주어진 시점에 합리적으로 반박할 수 없는 사실들 혹은 팩트들이 없다는 뜻은 아니다. 우리가 대처하고 극복해야 하는 복잡한 위기 현상들도 마찬가지다. 인간이 초래한, 객관적으로 확인 가능한 기후 변화가 당연히 있다. 그 기후 변화는 우리의 자연과학적-기술적 문명과 맞물려 있다. 그 문명은 엄청난 에너지 소비를 통해 우리를 화석연료 시대로 몰아넣었다. 우리가 이 사실을 아는 것은 다양한 자연과학 분과 덕분이다. 하지만 그 분과들이 없다면, 인간이 초래한, 지금 같은 파국적 규모의 기후 변화도 아예 없을 터이다. 근대 물리학, 화학, 지질학이 없다면, 화석연료, 엔진, 핵무기, 생물 무기는 없을 터이다. 과학과 기술의 결정적 기여로 발생한 문제들을 과학과 기술만으로 해결할 수 있다고 믿는 것은 순박한 오류다. 우리는 이 오류에서 시급히 벗어나야 한다.

수많은 (응용물리학부터 생물학까지의) 과학 분과가 기후 변화의 효과와 귀결을 자연과학적 방법들로 연구한다. 그 분과들은 더 지속 가능한 이동 수단을 개발하려는 노력에 당연히 동원되어야 한다. 그러나 자연과학적, 역사학적, 정치학적, 문화학적kulturwissenschaftlich 방법과 연구가 없다면, 우리는 기후라는 주제를 제대로 다룰 수 없다. 한 예로 어떤 사회 형태와 어떤 지속 가능성 형태가 양립

가능한지 탐구하려면, 이를테면 인도나 중국을 복잡한 역사적, 사회적 구조로 간주하며 연구해야 한다. 인류의 이산화탄소 배출을 줄여야 한다는, 합리적으로 반박할 수 없는 사실에 의지하는 것만으로는 충분하지 않다. 아울러 인간 삶의 역사적, 문화적, 사회적, 종교적 차원을 돌아보아야 하는데, 이 차원들을 자연과학의 방법으로 유의미하게 탐구할 수는 없다. 간단히 요약하자. 다양한 과학이 있으며, 공통적으로 과학들은 역사적으로 발달한 객관적 방법을 써서 앎 주장을 제기하고 성과를 낸다. 즉 앎에 도달한다. 하지만 오로지 과학들의 기여만으로 기후 위기가 극복되지는 않을 것이다. 왜냐하면 과학의 방법으로 만들어 낼 수 없는 새로운 실천들과 사회적으로 조직된 삶과 경험의 형태들도 기후 위기를 극복하는 데 필요하기 때문이다. 예컨대 이제는 우리 인근의 온갖 곳에서 좋은 포도주가 생산되고 있는데도 왜 우리는 사방천지에서 포도주를 수입해야 할까? 우리는 매번 글로벌 상품을 탐내는 대신에 지역의 산물을 소중히 여기는 법을 다시 배워야 한다. 이것은 과학적인 문제가 아니라, 미감(味感)의 문제, 욕망과 광고 등이 얽힌 문제다.

우리가 처한 복잡한 위기 상황에서 과학은 방향 설정을 위한 기준으로서 매력적으로 느껴지고, 그런 과학을 지원해야 한다는 요구가 제기되지만, 그 요구는 지금 사람들이 경제학, 과학, 기술로 해결하고자 하는 바로 그 문제들의 발생 원인이, 프랑스 혁명이 일어나고 채 몇십 년도 지나지 않아 자연과학적-기술적 진보와 도덕적, 인간적 진보가 분리된 것에 있다는 점을 간과한다.[99] 그 분리 과정에서, 객관성에 도달한다는 것은 실재를 수학적 모형의 형태로 서술하여 그 모형의 틀 안에서 예측하고 통제할 수 있게 만드는 것이라는 인식론적으로 또 과학철학적으로 근거 없는 견해가 널리 퍼졌다. 바로 이 도구적 자연관이 자연과학과 기술의 근대적 결합을 가능케 했고, 그 결합의 산물들이 우리 행성을 황폐화했다. 많은 찬사를 받은 당당한 단수형의 과학(**유일무이한** 과학die Wissenschaft)은 인류를 구원하고 우리 모두가 옳은 삶을 살 길을 알려 주기는커녕 근대적인 에너지 및 소비 사회를 가능케 했고, 지금 우리는 더 많은 과학을 써서 그 사회를 어떻게든 다시 통제하려 애쓰고 있다.

우리의 위기를 해결하기 위해 더 많은 과학과 기술이 필요하다는 생각의 배후에는 수많은 오류가 있으며, 특히 객관성에 관한 오류가 있다. 앨리스 크레리 등이 그 오류를 명확히 지적했다. 도구적 자연관을 채택하면, 객관적인 것이란 우리의 주관적 경험 없이, 바꿔 말해 우리 각자의 개인적 관점 없이 성립하는 것이다.

객관성에 대한 이 같은 견해를 **형이상학적 과학주의**metaphysischer Szientismus라고 칭할 수 있다. 형이상학적 과학주의에 따르면, 객관성의 본질은, 우리가 우리 자신의 주관성을 떨쳐 내고 조사와 측정 데이터와 수학적 모형의 형태로 세계상을 구성할 수 있다는 것, 그리고 그 세계상은 실재를 그 자체인 대로 파악한다는 것에 있다.

형이상학적 과학주의는 근대가 진행되면서 비로소 선도적인 견해로서 세력을 얻었다. 로레인 대스턴과 피터 갤리슨은 공동 저서 『객관성』에서 그 과정을 보여 주었다.[100] 형이상학적 과학주의는 자명하지 않으며, 오히려 우리 인간의 인식 능력에 관한 편견이다.

우리의 인식 능력은 우리가 주관성을(따라서 가치판단을) 떨쳐 내고 그 자체로 가치중립적인 실재를 객관적으로 인식하는 것에 존립하지 않고, 오히려 한 사람의 관점에서 실재가 어떠한지 인식하는 것에 존립한다. 이때 우리의 관점은 실재를 위조하지 않는다. 오히려 우리의 관점은 본질적으로 실재에 속한다. 무슨 말이냐면, 오로지 우리가 실재의 한 부분이기 때문에, 우리는 실재를 인식할 수 있다.

───────────

일각에서 들리는 얘기에 따르면, 방금 비판한 객관성에 관한 그릇된 견해를 20세기에 양자물리학이 위태롭게 만들었다고 한다. 양자물리학이 관찰자의 역할을 발견함으로써, 혹은 오해를 덜 유발하는 방식으로 표현하면, 물리학적으로 파악할 수 있는 모든 물리적 시스템이 우리의 개입으로 인한 영향을 무시할 수 없을 정도로 받는다는 점을 발견함으로써 말이다. 이 견해에 따르면, 이미 100여 년 전에 양자물리학이 인간의 관점을 물리학적으로 파악했다고 한다. 그러나 이 견해는 엄밀히 따지면 옳지 않다. 바꿔 말해 이 견해는 양자물리학에 대한 몇몇 해석에서 비로소 나오는 것이지, 양자물리학의 정확하고 감탄스러운 수학적 지식에서 나오는 것이 아니다. 양자물리학은 (다행스럽게도!) 근대 물리학의 인식 원리들, 곧 앎의 기준들과 전혀 결별하지 않는다. 오히려 양자물리학은 획기적이고 선구적인 수학적-물리학적 성과들에 힘입어 발생했으며, 그 성과들은 우리로부터 독립적인 우주의 작동 방식에 관한 우리의 파악에 영향을 미쳤다. 그러나 양자물리학은 주관적 관점이나 의식을 파악할 수 없다. 이것들은 애당초 양자물리학이 다루는 대상이 아니다.

물리학의 과제는, 우리의 경험에 의해 채색되지 않은, 오히려 우리의 개인적 이해 관심과 관점에 구애받지 않는 수학적 변수들에 의해 구조화된 실재를 연구하는 것이며, 바로 그렇기 때문에 우리는 경험하는 정신적 생물로서 실재에 전적으로 속해 있는 것은 아니라는 그릇된 견해가 근대에 등장할 수 있었다. 생각을 측정할 수는 없으므로, 뇌파 측정이 대신 등장했고, 생각은 뇌파와 동일하다는 그릇된 믿음이 더불어 등장했다. 인간은 근대 자연과학의 성과를 통해 점점 더 우주 안의 이방인이 되었다.

이에 맞서 앨리스 크레리는 우리가 실재를, 가치를 매길 수 있는 것으로서 경험한다고 옳게 지적한다. 이로써 그녀는 현상학이라는 철학적 전통에 가담하는데, 현상학은 위대한 수학자 겸 철학자 에드문트 후설에 의해 결정적으로 발전했으며 오늘날까지도 20세기 철학에서 가장 영향력이 큰 흐름으로 꼽힌다. 단순화해서 말하면,

현상학은 실재가 우리에게 나타나는 방식을 탐구한다. 이때 현상학은 우리가 실재를 경험하는 방식이나 우리의 주관성을 일단 도외시하지 않으려 하며, 오히려 인간으로부터 독립적인 (그럼에도 그 안에서 우리가 등장하는) 실재에 관한 질문은 무의미하다고 여긴다.

우리 삶의 터전인 실재들은 항상 우리의 함께-있음 Mitanwesenheit에 의해 조형되어 있다.[101] 그렇기 때문에 주관성과 객관성은 서로를 배제하는 것이 아니라 통합되어 우리 인간의 관점을 이룬다. 주관성과 객관성은 서로 얽혀 정신을 이룬다. 우리가 경험하는 실재는 항상 또한 우리를 포함한다.

바로 그렇기 때문에 우리는 실재를 분해할 수 있고, 많은 사실들은, 우리가 그것들에 전혀 관심을 두지 않았더라도, 모든 중요한 면모를 기준으로 판단할 때, 우리가 그것들을 이러저러한 모습으로 발견한다면 실제로 이러저러할 터임을 분석적으로 확언할 수 있다. 예컨대 엄청나게 많은 은하가 있다는 것은 우리의 천문학이 생산한 바가 아니라 우리가 과학적으로 발견한 바다. 우리로부터 완전히 독립적인 사실이 당연히 무한히 많다. 하지만 형이상학적 과학주의의 주장과 달리, 이로부터 객관성과 실재가 우리로부터 독립적이라는 것이 객관성과 실재의 정의에 속한다는 결론은 전혀 도출되지 않는다.

이런 연유로 오늘날의 철학에서 신(新)실재론이 등장했는데, 우리 논의의 맥락 안에서 신실재론의 핵심 생각을 다음과 같이 요약할 수 있다.

신실재론은 우리의 실재 경험이, 또 정신 혹은 주관성이, 우리가 정당하게 우리로부터 독립적이라고 간주하는 놈들과 동등하게 실재에 속한다는 것을 출발점으로 삼는다. 그렇다면 객관성은 우리가 주관성을 도외시하는 것에 존립하지 않는다.[102]

신실재론을 받아들이면, **새로운 도덕적 실재론**에 이르는 길이 열린다. 새로운 도덕적 실재론의 핵심은, 우리의 도덕적 판단의 기반인 가치 경험은 환상이 아니라 하나의 인식 형태이며, 그 인식 형태 덕분에 우리는 인류에게 절실히 필요한 규범적 지침들에 접근할 수 있다는 통찰이다. 새로운 도덕적 실재론은, 우리는 유일무이한 과학을 오직 엄연

한 사실들과 관련해서만 참조하면서 우리가 사회로서 또 개인들로서 무엇을 해야 마땅한지 알아내야 한다는 그릇된 견해에 빠지지 않는다. 우리가 온도 측정값으로 표현하는, 안타깝게도 상당히 현실적인 미래 시나리오들에서 다루는 기후 변화에 관한 엄연한 사실들 그 자체는, 우리의 개인적, 집단적 생활 방식을 바꾸려면 어떤 도덕적 태도가 필요하고 어떤 인간관, 자연관, 생명관이 필요한지에 관해서 우리에게 아무것도 가르쳐 주지 않는다. 기술적 해법만 가지고 지속 가능성을 확보할 수는 없다. 오히려 지속 가능성은, 우리가 과연 어떻게 살고자 하는지, 우리가 어떤 삶을 의미 있다고 여기는지와 깊은 관련이 있다.

자연과학이, 지난 몇 세기 동안 개발한 감탄스러운 방법의 틀 안에서 이미 오래전부터 더는 합리적으로 반박할 수 없을 만큼 확고하게 발견한 바는 즉각적인 규범적 귀결을 가지지 않으며, 따라서 우리가 무엇을 해야 마땅한지 알려 주지 않는다. 왜냐하면 자연과학의 대상은 일단 가치와 무관하기 때문이다. 바꿔 말해 자연과학은 도덕과 무관한 사실들의 구조를 연구한다.

다시 한번 크레리를 인용해서 말하면, 그러므로 관건은 〈객관적인 것들의 나라를《확장》하여 도덕적으로 중요한 사안들도 포함하도록 만들기〉다.[103]

우리가 과학의 선도(先導) 아래 단결해야unite behind the science 한다는 요구는 터무니없다. 그런 단결은 기술 지상주의 체제, 군부 독재 체제, 그리고 이제 많은 이들이 단적인 폐해로 여기는 자동차 산업도 실천한다. 물론 자연과학은 이미 오래전부터 우리를 괴롭히는 기후 변화에 인간이 위험천만하게 기여하고 있음을 명확히 보여 주었다(독일에서는 늦어도 2021년 여름 홍수 재난으로 모두가 기후 변화를 실감하게 되었다). 그러나 이로부터 우리가 과연 기후 변화를 막아야 하는지, 막아야 한다면 어떻게 막을 것인지는 도출되지 않는다. 인류가 지구에서 다른 생물들과 공생하며 존엄한 삶을 꾸려 가는 것을 가능케 하는 새로운 삶 꼴을 추구하기 위해 우리의 사회 및 경제 시스템을 근본적으로 재고해야 한다는 (옳은!) 가치 판단은 자연과학적으로 알려진 사실들에서 도출되지 않는다.

기후 변화에 관해 밝혀진 자연과학적 사실들은 수십 년 전부터 익히 잘 알려져 있지만, 우리는 이제껏 더 지속 가능하고 평화로우며 궁극적으로 더 영적인 삶을 영위하기 위해 우리의 생활 방식을 적절히 변화시키지 않았다. 그런 삶에서는 자기 인식과 지혜 추구가 결국 폐품이

될 상품을 단기적으로 소비하는 것보다 더 중요할 텐데 말이다.

가치들은 엄연히 실재의 일부이며, 환원 불가능한, 곧 가치중립적인 층으로 대체할 수 없는 의미장들을 이룬다 (의미장은 내가 고안한 용어다). 우주를 색, 모양, 냄새, 소리, 초음파 등으로만 경험하지 않고 또한 가치를 느끼며 경험하는 생물들은 가치의 의미장을 포착할 수 있다. 그런 생물들은 존재, 사건, 행위를 선한 것으로, 또는 악한 것으로, 또는 중립적인 것으로 경험한다. 이때 가치는 색과 냄새가 환상이 아닌 것과 마찬가지로 환상이 아니다. 물론 우리 자신이 실재 안에 있음을 고려해야만 가치를 이해할 수 있지만 말이다.

생명 시대의 새로운 계몽

오늘날 인간이 처한 복잡한 위기 앞에서 얼마 전부터 새로운 계몽Neue Aufklärung을 촉구하는 목소리가 울려 퍼지고 있다. 코린 펠뤼숑은 이렇게 힘주어 말한다.

새로운 계몽은 적극적인 내용을 가져야 하며, 21세기의 난관들을 고려하는 인간학과 존재론을 토대로 삼아 해방의 프로젝트를 제시해야 한다. 그 난관들은 정치적이며 생태학적인 동시에 우리와 기타 인간 및 비

인간 생물들의 공생과 관련이 있다.[104]

다양한 전통들을 계승하여 다양한 대륙에서 전 세계적으로 전개되는 이 새로운 계몽은 세 가지 전제에 기반을 둔다. 그 전제들은 도덕적 실재론, 보편주의, 인본주의다.[105]

도덕적 실재론이란 우리가 인간인 한에서 무엇을 하거나 하지 말아야 마땅한지에 관한 객관적으로 옳은 믿음들이 있다는 견해다. **보편주의**란 우리가 도덕적 이유에서 무엇을 하거나 하지 말아야 마땅한지가 모든 인간에게 유효하다는, 즉 문화를 초월하며, 저마다 다른 맥락 안에 있는 모든 인간에 의해 인식될 수 있다는 생각이다. **인본주의**는 우리가 무엇을 하거나 하지 말아야 마땅한가에 관한 숙고로서의 윤리학은 인간 유래적이지만(즉 인간의 삶꼴에서 유래하지만) 인간 중심적이지는 않다고(오로지 인간에만 초점을 맞추지는 않는다고) 말한다.

우리 시대의 난제들—대표적으로 오늘날 우리가 기후 위기라고 부르는 현상—앞에서 새로운 계몽은 우리가 복잡한 문제들에 대한 윤리학적 해법을 찾아야 한다고 확신한다.

우리가 자연과학적-기술적 연구로 얻는 자연에 관한 지식은 옳다. 그 지식은 사실들에 초점을 맞추며, 우리가 실험과 이론의 형태로 지정하는 조건들 아래에서 자연이 어떻게 행동하는지 알려준다. 자연을 대하는 이 같은 자연과학적-기술적 태도 덕분에 우리는 소비와 성장을 경제적 성공의 유일한 지표로 삼는 우리의 통념이 지구적 한계에 봉착했고 인류가 스스로 멸망할 위험을 초래했음을 안다.[106]

이에 대해서는 이론의 여지가 없다. 특정한 편미분방정식이 어떤 해를 갖는지, 어떤 이산화탄소 방출이 얼마나 빨리 임계점에 도달할 것인지, 또는 신경세포들의 구조가 어떠한지는 사실에 관한 문제다. 그러나 사실들은 규범적 — 예컨대 윤리적, 정치적, 사회적, 경제적, 종교적, 미학적 — 관점에서 다양하게 평가될 수 있다.

그렇기 때문에 새로운 계몽은, 우리가 〈과학의 선도 아래behind the science〉 단결하거나 심지어 과학을 위해 행진함으로써march for science 21세기의 복잡한 위기 상황을 극복할 수 있다는 환원주의적 생각을 거부한다. 물론 사실에 관한 과학적 지식을 부정하는 사람이 많다는 점은 확실히 위험천만하다. 그 원인은 (가짜 뉴스, 소셜 네트워크, 기타 온갖 타락한 미디어부터 수많은 복잡한 사회문화적, 심리적 요인까지) 다양하다. 그러나 만연한 **부정주의** Denialismus(영어 deny = 부정하다, 반박하다) 증후군, 곧 확고한 사실에 대한 부정의 이 같은 원인들은 자연과학적-기술적으로 해소될 수 없고 오직 사회적, 심리학적으로만 해소될 수 있다.

영어 science에 들어 있는 과학 개념의 편파성에 대한 나의 비판은, 자연과학 지식이 거짓이라거나 규범적 질문 앞에서 중요하지 않다는 그릇된 견해와 전혀 연결되지 않는다. 하지만 핵 발전이나 디지털화를 둘러싼 기술윤리학적 논쟁에서 알 수 있듯이, 자연과학 지식은 규범적 관점에서 다양하게 평가되고 활용될 수 있다. 자연과학적-기술적 진보가 규범적 질문들로부터 분리된 채로 진행된다면, 허구적인 단수형 과학의 선도 아래 단결하는 것은 무의미하다. 다시 한번 펠뤼숑을 인용할 필요가 있다. 이 대목에서 그녀는 막스 호르크하이머와 테오도어 아도르노의 고전적인 계몽 비판을 적절히 계승한다.[107]

과학의 발전은 지구적 진보의 충분조건이며 그 진보는 도덕적 영역과 정치적 영역에서도 표출될 것이라고 믿는다면, 그것은 순박한 믿음이다. 계몽주의는 객관화하는 사고가 이성을 탈선시킬 위험이 있다는 점을 예견하지 못했다. 그 탈선은 과학이 경제에 의해 기술과학으로 타락한 결과로 발생한 과학의 도구화로, 또 과학이 생활 세계와의 접촉을 상실한 결과로 발생한 과학의 탈인간화로 표출되었다.[108]

펠뤼숑은 복잡성을 생각하자고 제안하는데, 복잡성을 생각하기는 우리의 생명 과정들이 환경 안에 통합되어 있다는 결론으로 귀착한다는 점에서 본질적으로 생태학적인 생각하기다. 그 통합으로 인해 우리는 부상을 당할 수 있고 죽음을 면할 수 없지만, 또한 동물로서의 우리에 관한 사실들을 도덕적 진보를 위해 활용할 수 있다.

도덕적 사실들이 있다. 바꿔 말해, 윤리학적으로 중요한 질문들에 대한 대답은 진실이거나 거짓일 수 있다. 예컨대 〈나는 내 눈앞에서 수영장에 빠진 어린아이를 익사하지 않게 건져 내야 마땅할까?〉라는 질문의 정답은 명백히 〈그렇다〉이다. 이 정답(〈나는 [……] 건져 내야 마땅하다〉)은 도덕적 사실이다. 도덕적 사실의 또 다른 예로 당신이 이 문장을 읽는 동안에도 자행되고 있는 온갖 전쟁 범죄가 악하다는 것을 들 수 있다. 이를테면 병원에 대한 포격은 명백히 악하다.

요컨대 우리가 무조건 하거나 하지 말아야 마땅한(선하거나 악한) 것이 실제로 있다. 또 회색 지대가 있고, 회색

지대에서 우리는 방향을 모색한다. 우리는 우리 시대의 모든 중요한 윤리학적 질문에 대답할 수 있는 수준에 턱없이 못 미친다. 우리가 위기 상황에 처한 이유 중 하나는 다름 아니라 우리 사회가 규범적 질문을 규범적 질문으로 취급하지 않는다는 점, 오히려 우리를 근대적 곤경에 몰아넣은 오류를 더 높은 수준에서 반복한다는 점에 있다. 기술과학적 진보가 윤리학적 숙고와 분리되고 따라서 인간으로서의 우리 자신에 대한 철학적 숙고와 분리됨으로 인해 비로소 우리의 임박한 자기 절멸의 기반이 마련되었다.

더 많은 과학과 기술만으로는 문제를 해결할 수 없을 것이며 기껏해야 옮겨 놓을 수 있을 것이다. 이를 디지털화가 보여 준다. 디지털화는 한편으로 이산화탄소 감축에 (그리 대단치 않게) 기여한다. 화상 회의 덕분에 항공 여행이 줄어들고, 문서 인쇄량이 감소하고, 최신 고성능 컴퓨터 덕분에 우리는 최대한 정확히 이해해야 할 기후학적 사정들에 관한 지식을 축적한다. 그러나 다른 한편으로 점점 더 큰 서버들이 데이터를 처리하고 저장하는 과정에서 위험한 폐기물과 이산화탄소가 생산된다. 그 자체로는 환영할 만한 근대 정보학의 진보가 만약에 없었다면, 가짜 뉴스와 기타 유언비어를 생산하는 시스템들 — 특히 소셜 미디어 — 도 없었을 터이다. 일반적으로 근대적인 지식 사회 덕분에 역설적으로 지식의 과잉 생산이 발생하고, 그 결과로 자연과학적 사실 지식 전체를 한눈에 굽어보기가 불가능해진다. 하지만 통일된 과학이 있으며 우리의 규범적 문제들을 해결하기 위해서는 그 **유일무이한** 과학의 말을 충분히 잘 경청하기만 하면 된다는 생각을 품는 것도 근대적인 지식 사회 덕분에 불가능해진다.

과학주의란 언젠가는 전지(全知)에 도달할 단 하나의 과학이 있으며, 그 과학은 실험과 합리적 이론과 전문 지식을 통해 사회경제적으로 득세하고 결국 인류를 모든 해악 — 모든 질병, 죽음, 정치적 불안정 — 으로부터 해방할 것이라는 그릇된 견해다.

새로운 계몽은 도덕적이며 인간적인 진보의 이름으로 과학주의에 맞서되 과학적 지식을 부정하는 오류를 범하지 않는다. 정반대로 새로운 계몽의 프로젝트는 분과와 분야를 초월한 대규모 협력에 기반을 둔다. 다양한 과학들이 (당연히 정신과학과 사회과학도 자연과학과 기술과학과 마찬가지로 동등한 지위와 의미에서 과학이다) 사회의 다른 부분 시스템들 — 이를테면 경제, 정치, 시민사회 — 과 함께 21세기의 지식수준에 최대한 부합하는 인간상을 만

들기 위해 노력해야 한다.

이를 위해 우리의 욕망 구조를 바꾸고 인간과 자연과 동물성의 관계를 보는 우리의 시각을 바꾸는 것도 필요하다. 펠뤼숑은 그 관계를 〈도식le schème〉이라고 부른다.[109] 그녀는 도식을 우리 인간의 삶꼴을 생산하고 재생산하는 방식들의 매트릭스로 규정한다. 그 매트릭스는 사회경제적으로 조직된다. 오늘날 우리의 과학주의적인 매트릭스의 약점은, 우리가 봉착한 위기 앞에서 그 매트릭스에 따라 오로지 기술 지상주의적 해법만 모색된다는 점에 있다. 그 위기를 낳은 정신적, 실존적, 심리사회적 요인이 연구되고 실천을 통해 변화되어야 할 텐데, 그런 작업은 이루어지지 않는다. 우리가 우리 자신 및 타인과 맺은 관계는 원만하지 않다. 왜냐하면 우리가 그릇된 목표들을 품고 있기 때문이다. 아니, 더 정확히 말하면 우리가 사실상 사회적으로 공유된 목표를 전혀 품고 있지 않으며 선(善)의 비전 Vision des Guten을 가지고 있지 않기 때문이다.

칸트의 네 가지 질문: 문답(問答)으로서의 인간

인간은 자기 자신을 규정하는 생물이다. 기본적으로 이 자기규정은, 우리가 개인으로서뿐 아니라 집단으로서도 우리의 삶을, 우리는 누구이며 누구이고자 하는가에 관한 견해에 비추어 꾸려 간다는 것을 의미한다. 우리의 동물성은 이 자기규정의 일부다. 왜냐하면 우리는 그저 동물에 불과한 것이 아니라 추가로 무언가 다른 놈(이성적인 놈, 말할 줄 아는 놈 등)이기 때문이다. 우리가 우리 삶의 진정한 의미를 묻고 우리 각자의 구체적 결정을 통해, 또 사회적 조건을 조성함으로써 그 물음에 답하는 것은 우리 인간의 본질에 속한다. 요컨대 사람들이 역사적 자기규정의 특정 시점에 어떻게 사는지는 그들이 그들 자신을 어떻게 보는지에 의존한다. 이런 의미에서 사람들은, 〈인간은 누구 혹은 무엇인가〉라는 질문에 대한 대답들이다.

그런데 우리의 자기규정은 단지 느낌들만을 기반으로 이루어지는 것이 아니라 사실들의 공간 안에서 이루어진다. 우리가 탈사실적postfaktisch 시대에 산다는 것은 전혀 사실이 아니다. 독일 총리를 지낸 앙겔라 메르켈은 2016년에 탈사실적 시대를 이렇게 정의한 바 있다. 〈아마도 탈사실적 시대란 사람들이 더는 사실들에 관심이 없고 오로지 느낌들만 따른다는 뜻인 듯하다.〉[110] 지금은 탈사실적 시대가 아니기 때문에 우리의 자기규정은 오류 가능하다. 즉 우리는 우리 자신에 관한 진실들을 파악할 수도 있고 놓칠 수도 있다. 요컨대 자기규정은 오류가 발생할 수 없는 프로젝트가 아니다. 더 나아가 사람들은 본질적으로 사회적이다. 즉 우리는 서로를 관찰하고 일깨우며 수정한다. 이는 이런 식으로 사회를 유지하기 위해서다. 사회 안에는 다양한 자기규정 프로젝트가 있지만, 그 모든 프로젝트가 옳고 적절한 것은 전혀 아니다.

간단하지만 중대한 예를 통해 이 생각을 생생히 입증할 수 있다. 그 예는 영혼에 관한 자기규정이다. 우리는 불멸의 영혼을 지녔거나 지니지 않았거나 둘 중 하나일 것이다. 사실들과 상관없이, 어떤 이는 자신이 불멸의 영혼을 지녔다고 믿고, 다른 이는 그렇지 않다고 믿는다. 그렇다면 인류의 일부는 자신에 관해 착각하고 있는 것이 분명하다. 물론 유감스럽게도 방금 언급한 양편 중 어느 편이 옳은지는 불분명하지만 말이다. 우리의 인간상들은 오류를 범할 수 있기 때문에, 우리가 다 함께 인간으로서의 자화상을 만들어 가는 것이 결정적으로 중요하다. 그리고 이 공동 작업이 전제하는 바는 사람들의 인간으로서의 자기규정들이 아무도 한눈에 굽어볼 수 없을 만큼 엄청나게 다양하다는 것이다.

새로운 계몽은 세계시민적 프로젝트다. 따라서 새로운 계몽은 문화 초월적 상호 이해 없이는 작동할 수 없다. 새로운 계몽이 자부하는 보편주의는, 〈어떻게 하면 다양한 전통과 다양한 집단, 개인이 자신을 보편적인 인간으로 이해할까〉라는 질문을 제기할 때만 실현될 수 있다. 이때 전제되는 것은 우리가 인간상, 자연상, 동물상의 문화적 차이를 연구하고 조정함으로써, 〈인간이란 무엇인가〉라는 철학의 핵심 질문에 최대한 복잡한 대답이 존재하게 만드는 것이다.

　이 대목에서 이마누엘 칸트를 상기하지 않을 수 없다. 칸트는 18세기의 계몽에 결정적으로 (또한 결코 긍정적인 것만은 아닌 방식으로) 기여했을 뿐 아니라 오늘날 많은 사람이 계몽과 거의 동일시하는 철학자다.[111] 칸트는 이전과 이후에 사회적으로 영향력을 발휘한 거의 모든 철학자와 마찬가지로 이성을 다루는 이론 철학과 실천 철학을 담은 학술적인 글만 쓴 것이 아니다. 더 나아가 그는 사회적 참여를 실천하며 대중을 향해 발언했다. 철학의 성과와 질문을 전문가 집단 바깥의 시험대에 올리는 것이 철학의 과제인 한에서, 칸트는 철학의 〈세계 개념Weltbegriff〉을 언급한다. 그는 그 개념이 〈세계시민적〉이라고 여긴다. 왜냐하면 인간 그 자체, 곧 모든 인간이 관건이기 때문이다. 유감스럽게도 때때로 심각한 칸트 본인의 인종주의적 선입견 및 오류에 기초한 생각과 달리, 인간 그 자체는 닫힌 문화들로, 심지어 〈인종들〉로 세분될 수 없다.[112] 칸트의 유명한 주요 저서가 아닌 한 논리학 강의록에는 다음과 같은 주목할 만한 대목이 들어 있다.

　이런 세계시민적 의미를 띤 철학의 영역은 아래 질문들로 요약될 수 있다.

1) 나는 무엇을 알 수 있을까?

2) 나는 무엇을 해야 마땅할까?

3) 나는 무엇을 희망해도 좋을까?

4) 인간이란 무엇일까?

첫째 질문은 형이상학이 대답하고, 둘째 질문은 도덕이, 셋째 질문은 종교가, 넷째 질문은 인간학이 대답한다. 하지만 기본적으로 이 모든 질문은 인간학에 속한다고 할 수 있다. 왜냐하면 처음 세 질문은 마지막 질문으로 귀착하기 때문이다.[113]

우리가 개인으로서의 혹은 인간으로서의 우리 자신에게 어떤 인지 능력과 기타 능력들을 귀속시키는지는 우리가 인간으로서의 우리를 어떻게 그린 자화상을 선호하는가에 달려 있다. 따라서 인간상은 우리가 가진 능력들의 향후 발달에 영향을 미친다. 우리의 능력들은 이미 최종적으로 주어져 있지 않다. 인간이 무엇을 할 수 있는지, 우리는 모른다.

인간은 자기규정 능력을 지녔기 때문에 많은 것을 할 수 있으며 특히 자연을 파괴할 수 있는, 열려 있고 자유로운 생물이라는 생각에 칸트가 최초로 도달한 것은 물론 아니다. 고대 그리스 시인 소포클레스의 비극「안티고네」에 등장하는 유명한 합창에 벌써 아래와 같은 대목이 나온다.

대단한 놈이 많지만

인간보다 더 대단한 놈은 없네.

이놈은 겨울 남방의 폭풍 속

회색 바다 위로도 항해하고

온 방향에서 덮쳐 오는 파도를 뚫고 나아가며

매년 말로 쟁기를 끌며 땅에 고랑을 만들어

신들 중 최고인 땅을,

무궁무진한 땅을 착취하네.

인간은 경솔한 새 떼를

함정에 빠뜨려 포획하고

야생 동물들과

짠 바다의 자식들을

코가 촘촘한 그물로 휘감아 잡네.

너무나 영리한 인간이여.

자유롭게 돌아다니는, 온 산을 쏘다니는

야생 동물들을 꾀와 기술로 제압하고,

긴 갈기 휘날리는 말을 목덜미에 멍에를 씌워

통제하고, 지칠 줄 모르는 들소도 그렇게 하네.

또한 언어와 바람처럼 빠른 생각과

도시를 건설할 의욕을 인간은 스스로 터득했고,

야외의 차디찬 서리와 혹독한 빗줄기를 피하는
법을
두루 통달했네. 통달하지 못한 것 없이
미래로 나아가네. 오직 죽음 앞에서만
달아나지 못할 것이네.
하지만 과거에 치유할 수 없던 질병들에서
벗어나는 법은 이미 고안했네.
희망을 능가하는 솜씨로서의 기술을 발명하는
재능을 소유하고
인간은 때로는 악을 향해, 때로는 선을 향해 걸어
가네.[114]

우리 인간은 선과 악을 행할 능력을 지녔다. 그 능력이 우리를 우리 자신과 기타 생물들에게 위험한 놈으로 만든다. 우리는 다른 생물들과 함께 살기 때문에, 또한 우리는 대표적인 동물이기 때문에, 모든 윤리학은 동물 윤리를 동반해야 한다. 만약에 우리가 동물이 아니라 신체 없는 유령이나 천사라면(천사가 신체를 가졌는지에 대해서 신학자들은 의견이 엇갈린다), 동물 윤리와 자연 윤리는 우리에게 필요하지 않을 터이다.

그렇기 때문에 인간의 자기 이해를 우리의 인간상에 포함된 우리 자신의 동물성과 관련지어 연구하는 일이 중요하다. 우리가 우리 자신의 욕구들을 유보하는 것을 통해 동물 및 환경 보호를 정당화할 수는 없다.

오늘날 일각에서 인기를 누리는 **생태 중심주의**는 환경이야말로 인간이 긴급히 행동에 나서야 하는 진정한 이유라고, 심지어 우리 사회가 완전히 바뀌어야 하는 이유라고 주장하지만, 이것은 그릇된 견해다. 왜냐하면 환경도 자연도 독자적으로는 윤리학의 지침일 수 없기 때문이다. 우리가 인간으로서 할 수 있기 때문에 해야 마땅한 행동이 무엇인지를 환경이나 자연이 혼자서 알려 줄 수는 없다.

그러므로 오늘날 널리 퍼진 탈인본주의Posthumanismus와 초인본주의Transhumanismus에서 말하는 인간의 주변화나 심지어 극복도 동물 보호와 환경 보호의 윤리학적 정당화를 위해 필요하지 않다. 인간 없는 윤리학은 생각할 수조차 없다. 이 두 가지 반윤리학적 경향의 윤곽을 기본적으로 다음과 같이 설명할 수 있다.

탈인본주의에 따르면, 인간과 자연 사이의 모든 차이는 인간을 환경으로부터 떼어 내 직접적이거나 간접적인 방식으로 창조의 정점으로 간주하는 낡은 사고방식에서 유래했으며 결국 해소되었다.

그런 식으로 인간에게 특권적인 지위를 부여하는 낡은 사고방식을 밀어내고 예컨대 대표적으로 프랑스 사회학자 브뤼노 라투르가 옹호하는, **가이아**Gaia에 관한 견해가 들어선다. 그 견해에 따르면 우리는 자연을 행위자들의 복잡한 연결망으로 이해해야 한다. 행위자들은 다 함께 살아 있는 연결망을 이루고, 그 연결망 안에서 우리는 중심 사건이 아니라 기껏해야 마디점들Knotenpunkte이다.[115]

한편 **초인본주의**는, 아마도 기술을 통해 창출될 더 높은 수준의 삶꼴을 위해 인간을 극복해야 한다는 생각과 연결되어 있다.

이 견해는 곧 도래할 초지능을, 혹은 아무튼 우리에 의해 창조되어 우리를 밀어내고 지구에서 으뜸 지위를 차지할 인공지능을 거론하는 과학 허구와 즐겨 결합한다.

　새로운 계몽의 인본주의는 바로 이런 반계몽적 자기 제거 프로젝트들에 맞선다. 그 인본주의는 계몽적 전통들과 연결되어 있으며, 그 전통들의 중심에는 인간 존엄 사상이 있다. 이 사상은 칸트에 의해 강조되었지만 당연히 칸트보다 훨씬 더 먼저 — 예컨대 르네상스 시대에 — 지구의 다른 곳들에서도 마치 자연적으로 발생하듯이 등장했다. 그렇게 그 사상이 발생한 시기는 유럽이 생겨난 시기보다 훨씬 더 전이었다. 우리 인간은 특별한 정신적 생물이기 때문에 인간 존엄을 파악하고 그것이 우리 행위의 지침임을 깨닫는다. 정신적 생물인 인간은 다른 인간들과 생물들에 대한 자신의 책임을 의식할 수 있다. 그러나 이로부터 생물 다양성을 감소시키거나 심지어 지구 전체를 황폐화할 권리가 우리에게 있다는 결론은 도출되지 않는다. 정반대로 모든 인본주의는 근대적 환경 윤리의 주요 사상을 받아들이고 실천한다. 그 사상을 제시한 대표적인 철학자는 한스 요나스다. 그는 생명 윤리의 선구자로서 주요 저서 『책임의 원칙』에서 그 사상을 제시했다.[116]

―――――――――――

　우리는 도덕적 통찰의 능력이 있을 뿐 아니라 다른

생물들보다 기술적으로 우월하므로 다른 생물들에 대한 도덕적 책임이 있다. 자세히 보면 이 생각은 특별히 《근대적》이지 않으며(힌두교나 불교의 동물 윤리를 생각해 보라) 오히려 더없이 인간적이다.

동물이 아니고자 하는 동물로서의 인간

이미 명확해졌을 테지만, 인간이 동물이라는 것은 오늘날 진화생물학 덕분에 확언할 수 있는 명백한 사실이 아니다. 왜냐하면 인간은 동물이라는 주장은 많은 이론 및 견해와 연결되어 있고, 그 이론 및 견해의 일부는 배척되어야 하기 때문이다. 특히 인간은 동물**일 뿐이라는** 견해는 틀렸다.

구체적으로 풀어서 말하면, 특정한 동물 신체 혹은 유기체가 한 위치에 있다는 것이 인간이 존재한다는 것과 동일하지도 않고 이것의 전부도 아니다. 내가 거울 속에서 보는 생물은 나의 자기 전체가 아니라 나의 — 의심할 바 없이 상당히 중요한 — 일부다. 나인 놈은 (이 점에서 나는 당신과 구별되지 않는데) 생각들을 생각하는 놈, 특정한 관점을 채택하는 놈이다. 이 관점은 당연히 다양한 느낌과 체험을 포함한다. 생각들을 생각하는 놈은 냉철한 미스터 스포크*나 순전히 합리적인 생각 기계가 아니라 본질적으

* Spock. 영화 「스타트렉」의 등장인물.

로 생물이다. 그러나 우리의 생각과 삶은 물리적으로 또는 의학적으로 측정 가능한 우리 신체와 연결되어 있는 것이 아니라 전통적으로 〈정신〉이라고 불리는 것과 연결되어 있다.

일반적으로 **정신**이란 나는 누구 혹은 무엇인가에 관한 견해에 비추어 삶을 꾸려 가는 능력이다. 이때 내가 나를 옳게, 곧 정신으로서 파악하는지, 아니면 그릇되게 내가 아닌 무언가와 동일시하는지는 정신이라는 능력의 현존을 위해 중요하지 않다.[117]

그런데 정신은 전체라고 할 수 있다. 이 전체는 부분들을 지녔으며, 그 부분 하나는 우리의 개념적 혹은 지적 능력이다. 정신적 생물로서 우리는 지적이며, 주의력을 갖췄고, 의식이 있고, 이성적이고, 합리적이고, 그밖에 많은 능력을 보유한 덕분에 우리 삶의 터전인 실재를 인식하고 이해하고 설명할 수 있다. 우리는 정신의 관점에서 우리의 개별 능력들을 배열하고 평가하고 관리하는데, 바로 이것이 우리 문화의 본질이다. 이런 식으로 우리의 능력들이 우리의 자화상에서 중요하게 등장하며, 우리의 자화상

은 인간 정신이 사회적이라는 점을 통해 본질적으로 조형된다.

이 같은 정신은 인간을 《동물들》과 다르게 만드는 종차가 아니라는 점을 유의하라. 왜냐하면 인간과 동물들을 비교하는 것 자체가 배척해야 할 오류이기 때문이다. 우선 제각각 단지 동물이고 그다음에 추가로 다른 무언가인, 그런 동물들 따위는 없다. 그러므로 〈인간〉이라는 생물의 정신성이 〈우리를 동물계 안에 편입하는가 아니면 동물계 위로 격상하는가〉라는 물음은 범주 오류다.

범주 오류란 한 의미 영역 안에서 등장하지 않는 대상을 그 의미 영역 안으로 옮겨 놓는 오류다. 구체적인 예를 들면 정신, 의식, 영혼(같은 명칭들로 불리는 우리 삶의 차원)의 존재를 우주 안에서 직접, 자연과학의 통상적인 방법으로 입증하려는 것은 범주 오류다. 그렇게 정신의 존재를 입증할 수는 없다. 그러나 그렇다고 정신을 실재와 동떨어진 저편으로 추방하여 어떻게 정신이 우주 안에 인과적 흔적을 남기는지 설명할 수 없게 된다면, 그것은 또 하나의 범주 오류일 터이다.

이 같은 약간 추상적인 생각을 다음과 같이 풀어낼 수 있다. 왜 물리학적으로 또는 생화학적으로 측정 가능한 특정한 자연 현상이 특정한 장소에서 발생하는지 설명하는 작업은 흔히 이른바 행위에 대한 설명을 포함한다. 바꿔 말해 그 작업은, 〈왜 누군가가 무언가를 했는가(예컨대 채소경단을 먹었는가)〉라는 질문에 답하는 일을 포함한다. 이때 행위 설명을 위해 언급되는 것(그 누군가의 신념인 채식주의)은 자연 현상들의 계열이 발생하기 위한 원인 전체의 한 부분이다. 우리가 정신적 생물로서 개입된 일부 자연 현상(예컨대 행위들의 복합체인 독일 연방 의원 선거가 우주의 인과적 구조에 남기는 뚜렷한 흔적들)은 정신적인 자기규정 행위를 도외시하면 제대로 설명할 길이 결코 없다.[118] 채소 경단의 소화와 같은 기타 과정들은 그 채소 경단을 먹은 사람이 어떤 의도를 품었는가와 대체로 상관없이 진행된다. 따라서 정신은 자연의 일부이기만 한 것이 아니라는 전제로부터 우리가 신체 없는 주체들이며 불멸의 영혼들이라는 결론이 도출되는 것은 아니다. 또한 우리의 정신성으로부터, 우리는 필연적으로 신체화되어 있으며 심지어 우리의 유기체와 동일하다는 결론이 도출되는 것도 아니다.

우리의 자화상은 좁은 의미의 정신적 능력들뿐 아니라 우리가 동물임에 귀속시키는 우리 삶의 차원들도 당연히 포함한다. 예컨대 근대 생명과학의 지식 덕분에, 익명으로 진행되는 생물학적 과정들도, 따라서 우리의 신체도 우리의 정신에 포함된다. 요컨대 정신의 관점에서 보면 신체가 정신 안에 있는 것이지, 오늘날 많은 사람이 과학적으로 입증되었다고 간주하기까지 하는 통념대로, 거꾸로 정신이 신체 안에 있는 것이 아니다. 일반적으로 정신은 인간의 자화상 제작 능력의 발휘로 표출된다. 인간상들은 우리가 누구인가에 본질적으로 기여한다.

언뜻 보면 틀림없이 이상하게 느껴질 이 같은 주장을 더 잘 이해하기 위해 잠깐 **부분론**Mereologie을 살펴보기로 하자.[119] 부분론이란 전체와 그 부분들에 관한 논의다. 논리적으로 따지면, 전체와 부분들 사이의 관계는 부분들인 물체들이 배열되어 전체 대형을 이루는 것에 국한되지 않는다. 〈2+2=4〉라는 생각도 부분들(예컨대 이 생각 안에서 등장하는 수들)을 가졌지만, 그렇다고 이 생각(이나 이 생각 안에서 등장하는 수들)이 물체성을 띤 것은 아니다. 나폴레옹은 유럽사의 부분이지만, 그렇다고 나폴레옹이 당대에 물체였던 것은 아니다.

부분론적 관점에서 보면, 물체성을 띤 무언가를 물체성을 띠지 않은 무언가의 부분으로 간주하는 것에 아무런 문제가 없다. 지금 취리히에(나는 지금 이 문장을 취리히에서 타이핑하는 중이다) 이슬비가 온다는 나의 생각은 물체성을 띠지 않은 무언가다. 하지만 이 생각 안에서 물체인 취리히도 등장하고 이슬비도 등장한다. 물론 몽블랑산 같은 물체가 과연 생각의 부분인지, 오히려 그 물체의 언어적 혹은 신경학적 대리자Stellvertreter가 생각의 부분인 것이 아닌지를 놓고 언어 철학은 상당히 오래전부터 논쟁을 벌여 왔다. 그러나 우리가 취리히, 이슬비, 몽블랑산을 직접 생각할 수는 없으며 대신에 그런 사물의 언어적, 신경학적, 혹은 기타 유형의 그림으로 만족해야 한다는 견해는 터무니없는 귀결들로 이어진다. 만일 내가 이슬비의 신경학적인 그림이나 기타 유형의 그림(재현Repräsentation)을 가질 때만 이슬비를 생각할 수 있다면, 나는 이슬비가 있다는 것을 대체 어떻게 알까? 내가 이슬비 그 자체와 나의 재현을 비교하려 하면, 나는 단지 한 재현을 다른 재현과 비교하게 될 것이다. 논리학자 겸 수학자 겸 철학자 고틀로프 프레게는 「생각. 논리적 탐구」라는 유명한 논문에서 이를 아래와 같이 지적한다.

한 그림이 쾰른 대성당을 묘사한다는 것을 내가 모르면, 나는 그 그림의 진실성을 판정하기 위해 그 그림을 무엇과 비교해야 할지 모른다. 일치도 일치하는 것들이 합동일 때만, 즉 다른 점이 전혀 없는 것들일 때만 완전할 수 있다. 한 지폐의 진실성을 검사하려면 그 지폐를 진짜 지폐와 맞춰 보면 된다고들 한다. 그러나 금덩이와 20마르크 지폐를 맞춰 보는 것은 우스꽝스러운 짓일 터이다. 표상을 사물과 맞춰 보는 일은 사물도 표상일 때만 가능할 터이다.[120]

아무튼 부분론적 관점에서 보면, 물체성을 띤 실재가 물체성을 띠지 않은 생각의 부분일 수 있다는 견해에 아무런 문제도 없다. 엄밀히 따지면, 수학화된 근대 자연과학(특히 물리학)의 괄목할 만한 성공의 역사는 도리어 그 견해를 두둔한다. 자연을 적어도 부분적으로는 수학적 모형을 통해 파악하는 것이, 또 예컨대 이론 물리학의 틀 안에서 순수한 수학적 연구를 통해 자연에 대한 새로운 앎에 도달하는 것이 대체 왜 가능한지를 진짜로 아는 사람은 아무도 없다. 노벨 물리학상을 받은 유진 위그너는 수학이 그야말로 비합리적인 효율성을 지녔다고까지 말한다.[121] 이 수수께끼의 답이 무엇이건 간에 확실한 점은 우리가 논리적-수학적 능력 덕분에 우주를 괄목할 만큼 광범위하게 연구할 수 있으며 수학의 언어 덕분에 우리의 지평선 너머 무한히 먼 곳을 정신적으로 바라볼 수 있다는 것이다.[122]

요컨대 물체성을 띤 실재가 부분론적으로 볼 때 물체성을 띠지 않은 전체의 부분일 수 있다는 견해에 반발할 근거가 일반적으로 확실하지 않다면, 이 견해를 정신과 자연의 관계에 적용하지 말아야 할 이유가 있겠는가.

그리고 바로 여기에 우리의 동물성을 올바로 인식하기 위한 열쇠가 있다. 정신적 생물로서 우리의 신체는 다양한 방식으로 우리 정신의 일부, 곧 우리 자화상의 일부다. 우리가 누구나 신체 도식을, 곧 우리 자신의 신체가 어떤 모습인지 그린 그림을 보유하고 있다는 것이 잘 알려져 있다는 점을 고려할 때, 위 사정은 심리학, 정신분석, 신경과학, 인지과학이 당연히 잘 아는 바다. 신체 도식 덕분에 우리는 우리의 신체를 늘 특정한 방식으로 감각하고, 우리가 타인들에게 어떻게 보일지, 우리 목소리가 어떻게 들릴지 등을 상상한다. 그런데 이 자화상은 오류를 범하고 왜곡되는 경향이 매우 높다. 이는 거울이나 사진으로 자신을 보거나 자신의 목소리를 듣는 경험을 통해 누구나 익히 아는 바다.

우리 신체 자체라기보다 우리 신체의 그림에 가까운 신체 도식에서 한걸음 더 나아가 우리의 신체 자체도 우리 정신의 일부라고 말할 수 있다. 이 같은 포함 관계는 우리가 우리 신체를 돌보며 의식적으로 가꿀 수도 있고 그냥 내버려둘 수도 있다는 점에서 드러난다. 인간의 신체는 단지 정신이 속한 환경의 한 부분에 불과하지 않다. 오히려 루트비히 비트겐슈타인의 말마따나 인간의 신체는 〈인간의 영혼을 가장 잘 보여 주는 그림〉이다.[123]

어떤 이들은, 우리의 유기체는 몇백만 년의 진화에 의해 조형되었으며 따라서 여전히 심층적인 자극-반응 패턴과 공포, 공격성, 애착, 만족 등의 기초적인 감정을 나타내기 때문에, 우리 신체는 말하자면 우리 안에 있는 어두운 면모라고 주장하지만, 이것은 오류다. 우리 유기체에서 뇌줄기를 비롯한 진화적으로 오래된 층들이나 우리의 장내에 서식하는 마이크로바이옴이 말하자면 동물적 본능처럼 우리를 조종하고 우리는 천신만고 끝에야 문명화되고 반쯤 합리적인 방식으로 그 본능을 통제할 수 있다는 생각은 실상과 다르다. 오히려 정신적 생물로서 우리는 우리 신체를 우리 것으로, 우리 정신의 일부로 만든다(결국엔 우리 신체가 늦어도 질병과 죽음을 통해 주도권을 넘겨받아 정신을 완전한 소실에 이를 만큼 흐려 놓겠지만). 정신적 신체상을 통해 신체를 우리 것으로 만드는 작업은 우리가 정확히 알지 못하는 신체의 차원들에도 영향을 미친다. 또한 우리 신체에서 일어나는 많은 과정은 스스로-짓기 방식으로autopoietisch, 곧 부분 시스템들의 자기 조직화를 통해 진행되는데, 우리는 그 부분 시스템들에 의식적으로 개입할 수 없다(뇌줄기나 장내 박테리아들을 생각해 보라).

신체가 정신의 부분이라는 것에서 우리가 불멸의 영혼을 가졌다는 결론이 도출되느냐 하면, 전혀 그렇지 않다. 우리가 불멸의 영혼을 가졌다는 믿음은 오히려 〈정신이란 무엇인가〉라는 질문을 받고 내놓을 수 있는 한 대답이다. 하지만 우리가 정신적 생물이라는 것에서 우리가 우리 신체의 죽음 뒤에도 존속한다는 결론은 도출되지 않는다. 신체의 죽음이 삶의 종말인지 여부를 우리는 전혀 모른다.

2장
삶과 생존의 의미

인간의 참된 목적은 존재하기가 아니라 살기다. 나는
나의 삶을 연장하려는 노력으로 나에게 주어진 나날을
허비하지 않을 것이다. 나는 끝내 타오를 것이다.
— 잭 런던

생물학 혼자서는 삶의 의미에 관해 아무것도 말해 줄 수 없으며, 이것은 생물학의 결함이 아니다. 왜냐하면 생물학은 인간의 삶과 생존에서 모종의 특별한 지위, 의미, 가치, 또는 특별한 존엄을 알아챌 수 있게 해주는 개념들을 애당초 보유하고 있지 않기 때문이다.

생물학적으로 보면, 우리는 단지 생명이 채택한 수많은 형태 중 하나를 구현할 따름이다. 더 나아가 혹시 지구 바깥에서도 지구에서 일어난 것과 유사한 생물의 진화가 일어났는지, 어쩌면 생명 자체가 (생명이 아무튼 통일적인 현상이라면) 자연의 국지적 예외 현상인지 여부를 아는 사람은 오늘날 아무도 없다.

이미 언급했듯이, 반드시 따라야 할 생명의 정의는 현재까지도 없다. 다만 생명을 알아채기 위한 단서의 구실을 하는 다소 확실한 기준들이 있을 뿐인데, 그 기준들은 대개 생명의 근본적 구성 요소는 세포라는 전제를 토대로 삼는다. 그러나 벌써 이 전제가 대뜸 옳지는 않다. 왜냐하면 많은 유형의 세포는 부분 시스템들(예컨대 세포소기관들)로 이루어졌는데, 그 부분 시스템들이 살아 있는지 여부가 논쟁거리이기 때문이다.

우리의 현재가 인간이 주인공인 지질 시대, 곧 인류세라는 견해는 부적절하다. 왜냐하면 자연 현상 전체에서 우리는 전혀 핵심적이지 않기 때문이다. 물론 인간이 유발한 지구 온난화로 인해 현재 우리에게 닥친, 합리적으로 의심할 여지가 없는 자기 멸종의 위험은 우리가 자연 현상 전체에서 핵심적이라는 착각을 유도하지만 말이다. 생물로서의 인간은 생물학적으로 볼 때 예외 현상이 아니다. 그러나 2장에서 보겠지만, 그렇다고 반대로 우리가 가련하게도 별이 남긴 먼지에 불과하거나, 염세주의적이며 대개 악의적인 철학자 아르투어 쇼펜하우어의 견해대로 우리가 지구의 〈곰팡이 더께〉[1]에 불과한 것도 아니다. 오로지 생물학적 변수들만을 토대로 삼아 인간의 삶의 의미를 논하는 것은 오류, 범주 오류다.

1장에서 우리는, 〈인간은 어느 정도까지 동물인가〉라는 질문을 다뤘다. 그때 드러났듯이, 동물 개념은 은밀한 인간 중심적 투사를 포함하고 있다. 그 개념은 동물들이 실제로 어떠한지보다 우리 인간이 우리 자신과 기타 《동물들》을 (심지어 동물들 전체를) 어떻게 구별하는지에 관하여 더 많은 것을 알려 준다.

이와 관련해 내가 제안한 바는, 우리 자신을 동물로 간주하는 우리의 전통적 자기규정을 다룰 때는 생명과학을 더 많이 참조해야 한다는 것, 그리고 동물이라는 단일한 범주 아래 무수한 생물을 유의미하게 포섭할 길은 없음을 인정해야 한다는 것이었다. 생명은 무수한 미생물종을 비롯해서 아마도 10억 종 이상의 생물을 아우를 만큼 광범위하다. 그토록 복잡한 생명을 식물, 동물, 인간 같은 단순한 범주들로 분류하는 것은 어림없이 부질없는 짓이다.[2]

이제 2장에서 우리는 삶의 의미를 다룰 것이다. 삶의 의미를 묻는 질문은 우리가 취약하고 죽음을 면할 수 없다는 점과 밀접한 관련이 있다. 우리가 인간을 동물로 간주하는지, 간주한다면 어떻게 그리하는지는 삶에 대한 우리의 평가와 뗄 수 없게 얽혀 있다. 삶의 의미를 묻는 것은 과연 유의미할까? 혹시 우리는 형이상학을 배척하는 냉정한 태도로, 삶(생명)이란 우리 지구에서 〈곰팡이 더께〉처럼 발생한 형태들의 다소 우연적인 연쇄일 따름이라는 견해를 받아들여야 할까?

여기에서도 관건은 삶의 의미를 묻는 질문과 벌거벗은 생존에 대한 우리의 견해 사이의 관계다. 곧 드러나겠지만, 이런 질문은 더없이 정치적이다. 왜냐하면 삶과 생존의 의미에 관한 질문들은 공동체에 관한 우리의 견해와 관련이 있기 때문이다. 21세기 정치의 중심에 생명정치 Biopolitik가 있다는 점은 코로나 대유행 이래로 누구나 깨달은 바일 것이다.[3]

삶의 의미는 순수한 유기적 생존 그 이상이다. 생존은 무의미해질 수 있다. 그리고 삶의 의미를 되찾기가 항상 가능한 것은 아니다. 삶은 비극이 될 수 있으며, 끔찍한 일을 겪는 무수한 사람이 실제로 그런 비극을 살아간다. 자연적인 죽음과 우리에게서 생명을 앗아가는 우연한 사고 외에도 무수한 사람이 겪는 사회경제적 불행이 있다. 그렇게 때로는 자연적으로, 때로는 우연적으로, 때로는 사회적으로 발생하는 비극적 불행은 어떤 더 깊은 의미를 가지고 있지 않다. 그런 불행은 고통스러운 방식으로 무의미하다.

반대로 우리 인간은 자신의 활동을 통해 우리의 삶이 타자들의 삶과 함께 번창하는 데 기여할 때 자신의 삶이 만족스럽고 유의미하다고 느낀다. 비극이 발생할 개연성을 낮추는 일, 최대한 많은 사람이 존엄하게 살고 죽을 수 있게 만드는 일, 사회적 정의의 원리를 통해 되도록 만인이 타인들에게 해를 끼치지 않으면서 자신의 삶에서 의미를 발견할 수 있게 해주는 사회를 이룩하기 위해 함께 노력하는 일 — 우리는 이 모든 일을 유의미하다고 느낀다.

자유주의적 다원주의의 근본이념

이제까지의 논의를 배경에 깔고 이하에서 나는, 삶의 의미는 좋은 삶이며, 좋은 삶이란 우리가 인간적이며 도덕적인 진보를 함께 일궈 가는 것이라는 생각을 펼칠 것이다. 우리의 덧없는 삶의 목표이자 의미는 사회적 자유를 위한 공간Spielräume을 마련하여 모든 인간 각각이 삶의 의미(그 의미가 각각의 개인에게 무엇이건 간에)를 발견할 수 있게 해주는 것이다. 바로 이것이 **자유주의적 다원주의liberaler Pluralismus의 근본이념**이다. 여기에서 자유는 개인주의적 개념이 아니다. 즉 여기에서 자유는 우리 인간을 서로 구별하거나 심지어 우리의 이해 관심을 서로 맞세우는 개념이 아니라 오히려 우리를 연결하는 무언가다. 따라서 자유주의적 다원주의를, 전략적으로 느슨하게 타인들과 협력하면서 타인들이 선호하는 바에 맞서 자기가 선호하는 바를 관철하는 것에서 개인의 자유를 보는, 고삐 풀린 신자유주의와 혼동하지 말아야 한다. 신자유주의적 통념과 정반대로, 우리 인간은 서로 밀접하게 얽혀 있어서, 우리의 자유 행사가 사회와 전혀 무관한 경우는 절대로 없다.

따라서 자유주의적 다원주의는 윤리학적 토대를 지녔다. 자유주의적 다원주의의 의미는, 현재 대세이지만 지구적으로 보면 도덕적으로 배척해야 하는, 근대 사회의 노동 분업을 정당화하는 것에 있지 않다. 그 노동 분업 시스템 안에서 이루어지는 부와 자원의 분배는 너무 많은 사람이 부유한 산업 국가들의 소비 욕망 아래에서 직간접으로 고통받게 만든다. 좋은 삶은, 되도록 만인이 자신의 삶을 누릴 수 있도록 노력하는 것을 전제한다. 우리는 타인들의 고통을 느낀다. 왜냐하면 우리 인간은 서로 얽혀 있기 때문이다. 이것은 우리가 접하는 감염병 대유행이나 전쟁이 설령 우리가 직접 겪는 것이 아니라 하더라도 트라우마를 일으키는 이유 중 하나다.

내가 주장하려는 바는 이것인데, 개인이 삶 속에서 의미를 발견할 자유는 본질적으로 사회적이다. 따지고 보면, 우리가 즐겨 하는 것의 대다수를 우리는 타인들과 함께 한다. 테니스를 칠 자유, 누군가와 키스할 자유, 포도주를 마시거나 채식주의 요리책을 읽을 자유를 누군가가 보유하려면 반드시 타인들이 도덕과 유관한 어떤 역할을 해주어야 한다. 테니스에서는 부정행위가 없어야 마땅하고, 키스는 받아들이는 사람에게만 해야 마땅하고, 포도주 마시기는 운전 중에 하지 말아야 마땅하고, 선동과 외국인 혐오와 반유대주의를 퍼뜨리는 아틸라 힐트만*의 미디어 채널로 인세 수입이 들어가게 만드는 채식주의 요리책은 사지 말아야 마땅하다.

* Attila Hildmann. 유명 채식주의 요리책 저자, 유튜버, 방송인.

인간의 자유는 항상 사회적 자유다. 사회에서 물러나 타인과의 접촉을 최대한 줄일 자유조차도 사회적으로 규제된다. 왜냐하면 예컨대 산속 동굴 안의 은둔자를 방해하거나 기꺼이 홀로 사는 사람을 강제로 결혼시키는 부적절한 행동을 타인들이 하지 말아야만 그 자유를 행사할 수 있으니까 말이다.

1장에서 보았듯이, 인간은 동물에 불과하지 않다. 오히려 우리는 여러 능력 가운데 특히 수준 높은 도덕과 명시적인 윤리학적 깨달음에 이를 능력을 갖춘 정신적 생물이다. 황소를 설득하여 근친 교배는 그의 가족 구조에 해롭다는 것을 확신시킬 수는 없겠지만, 사람은 충분히 설득할 수 있다. 가엾은 가젤을 보호하기 위해 사자를 채식주의자로 만들 수도 없고, 침팬지에게 여성주의를 신념으로 심어 줄 수도 없을 것이다. 그러나 우리는 인간으로서 함께 도덕적 진보를 이뤄 낼 것을 서로에게 기대한다. 물론 도덕적 진보가 무엇이냐에 관해 다양한 인간 집단이 다양한 견해를 가지고 있는 것은 사실이다. 이런저런 대목에서 서로 양립할 수 없는 다수의 도덕적 가치관이 있다. 그러나 이 모든 것에도 불구하고 오로지 인간만이 명시적인 윤리학적 가치 판단을 제시하고 그 판단을 오류 및 수정 가능한 인식 주장으로 격상할 능력을 지녔다.

이것은 동물 및 환경 윤리에 대한 반론이 아니라 그 윤리를 옹호하는 논증이다. 우리의 도덕적 인식 능력 때문에 우리는 다른 생물들과 우리가 공유한 환경에 대해 책임이 있다. 반면에 돼지, 뱀, 숲, 버섯, 박테리아는 그런 책임이 없다. 동종 개체들과 협력하고, 닫혀 있다고 여겨지는 종의 경계 너머의 이종 개체들과도 공생의 형태로 협력하는 생물들의 친사회적 행동과 인간의 윤리 사이에는 범주적 차이가 존재한다. 인간의 윤리는 역사적으로 복잡한 진보와 퇴보의 과정을 거친다. 그 과정은 언어적 요인, 제도적 요인, 문화적 요인에 의해 일어나며 생명과학의 언어로는 유의미하게 모사할 수 없다.

인간은 말하자면 정신과 자연의 인터페이스에 실존한다. 우리는 그 양쪽을 익히 알뿐더러, 우리가 그 양쪽을 완전히 알지는 못한다는 것도(우리가 정신과 자연의 관계를 정확히 파악할 수 없다는 점은 말할 것도 없고) 안다. 의식이란 무엇인지, 또 우리의 정신적 삶의 어떤 면모들이 궁극적으로 뇌파나 뉴런 활동과 동일한지, 우리는 모른다.[4] 우리가 삶의 의미를 완전히 파악하여 지침 및 생활 규칙의 목록으로서 사회의 기반으로 삼을 수 있게 되는 날은 영영 오지 않는다는 것은 삶의 의미의 한 부분이다. 이런

면에서 자유주의적 다원주의는 세속적이다. 즉 삶의 의미에 대한 특정한 종교적, 세계관적 견해들 앞에서 정치적으로 최대한 중립적이다. 하지만 그렇다고 자유주의적 다원주의가 무신론을 옹호하는 것은 아니다. 삶에 관한 우리의 견해(바꿔 말해, 우리의 생명관)는 절대로 완전히 비형이상학적이고 따라서 단지 세속적이기만 하지 않다. 왜냐하면 우리를 동물로 간주하는 자화상이 벌써 가치 설정에 기반을 두기 때문이다. 그 가치 설정은 우리가 우리 자신에 관해 생명과학적으로 아는 바를 훌쩍 벗어난다. 따라서 서로 적대하는 생물학주의와 창조론은 둘 다 자유주의적 다원주의 내부에 극단적 사례로서 존재하는 형이상학적 입장이다.

생물학주의Biologismus란 온갖 사회적, 정치적, 문화적, 제도적 특징을 띤 인간적 삶의 의미를(따라서 또한 우리의 사회적 자유를), 우리는 동물이며 그 동물의 삶꼴은 생물학적으로 완전히 규명될 수 있다는 것으로 환원할 수 있다는 주장이다. 이 견해는 정반대 견해인 창조론과 마찬가지로 세계관의 성격을 띤다(따라서 틀렸다). **창조론**에 따르면, 모든 생명 과정들은 신에 의해 직접 유발되고 조종되므로, 생물

학은 근본적으로 틀린 전제에 기반을 둔다.

하지만 자유주의적 다원주의도 겸손하고 형이상학적으로 세속적인 입장이 전혀 아니다. 비록 자유주의적 다원주의는 때때로 매우 겸손하고 형이상학적으로 세속적인 것처럼 굴지만 말이다. 무슨 말이냐면, 우리는 모든 각자가 자기 삶의 의미를 스스로 규정한다는 것을 그냥 대뜸 받아들일 수 없다. 자기규정은 역사적으로 계몽에서 유래한 요구다. 계몽은 어떤 형이상학적 세계관이 궁극적으로 옳으냐와 상관없이 우리가 우리의 자기규정을, 자율을 실행할 수 있다는 견해를 옹호한다. 하지만 그러면서 계몽은 바로 이같은 자기규정에 관한 견해 역시 진실 주장에 기반을 둔다는 점을 간과한다. 반면에 자유주의적 다원주의는 한 가지 윤리적 주장 혹은 요구를 명시적으로 제기한다. 그것은 타인들의 자기규정이 우리의 마음에 들지 않더라도 그 자기규정을 정당한 것으로 인정하라는 요구다. 이런 점에서 자유주의적 다원주의는 딱히 겸손하지 않다. 물론 자유주의적 다원주의는 내가 보기에 전적으로 옳은 윤리적 토대를 지녔지만 말이다.

　마찬가지로 자유주의적 다원주의가 완전히 세속적인 것도 아니다. 왜냐하면 이 입장은 인간의 자기규정, 곧 자율이 어떻게 작동하는가에 관한 형이상학적 견해에 기반을 두기 때문이다. 스탠퍼드 대학교에서 가르치는 유명한 정치학자 프랜시스 후쿠야마는 최근에 자유주의를 다루는 획기적인 저서에서 이 사정을 설득력 있게 설명했다.[5] 그의 논증에 따르면, 〈우리의 자율이 어떻게 실재와 들어맞는가〉라는 질문의 답을 오로지 자연과학적-기술적으로 알아낼 수는 없다. 왜냐하면 너무 많은 질문(예컨대 의식은 무엇인가, 자유 의지와 자연법칙이 어떻게 양립할 수 있는가 등)이 미해결로 남아 있기 때문이다. 그럼에도 우리는 우리의 자율을 고수하고 자유주의적 다원주의를 하나의 가치 설정으로서 옹호할 수 있다. 왜냐하면 자유주의적 다원주의의 기반은 인간이 존엄하다는 개념이며, 따라서 모든 개인 각각이 무한한 가치를 지녔다는 개념이기 때문이다.

자유주의적 민주주의(자유 민주주의)의 기반을 이루는 자유주의적 견해들은 — 예컨대 캐나다 철학자 찰스 테일러가 여러 저서에서 강조했듯이[6] — 여러 종교적 전통의 유산이다. 이런 점에서 자유주의적 다원주의는 형이상학이 들어설 공간을, 곧 우리 논의의 맥락에서는, 실재의 어떤 영역들이 경험적으로 탐구될 수 없고 오직 사변적 개념들을 통해서만 파악될 수 있는가에 관한 구체적 견해가 들어설 공간을 허용한다.

계몽의 과정은 도덕적으로 양면적이다. 왜냐하면 그 과정은 한편으로 도덕적 진보를 가능케 했지만, 다른 한편으로 근대 초기 계몽의 유럽 중심주의적 문제점을 비판한 학자들이 지적했듯이, 식민지 착취 구조, 여성 혐오(여성의 참정권은 근대의 뒤늦은 발명품이다), 명시적이거나 암묵적인 인종주의와 결합된 형태로 시작되었다. 그러나 이 현상들이 계몽의 이념에 내재하는 것은 아니다. 더구나 이 현상들은 근대 유럽의 계몽 이전에, 또 그 계몽과 전혀 상관없이 훨씬 더 심한 형태로 발생했고 지금도 발생한다. 하지만 계몽은 추가 계몽을 필요로 한다. 계몽의 과정은 종결되지 않았으며 절대로 종결될 수 없다. 왜냐하면 인류는 계속 다시 새로운 난관에 봉착하고 우리는 그 난관에 도덕적으로 옳거나 그르게, 바꿔 말해 선과 악에 걸친 스펙트럼상의 어떤 위치에 해당하는 방식으로 대처할 수 있기 때문이다.[7]

자유주의적 다원주의가 기반으로 삼는, 삶의 의미에 관한 견해는 사회적 자유에 정치적 형태를 부여하는 것을 가능케 한다. 사회적 자유의 목표는 최대한 많은 삶의 구상을 허용하고 더 나아가 지원하는 것이다. 타인들이 삶의 의미를 실현할 능력에 해를 끼치지 않는 한에서 누구나 고유한 방식으로 삶의 의미를 추구할 수 있어야 마땅하다. 자유주의적 다원주의는 도덕적 진보의 촉진이라는 윤리적 목표를 지닌 사회적 자유가 실현될 공간을 창출한다.

따라서 다양한 삶의 구상들이 균형을 이룰 필요가
있는데, 프랑스 혁명으로 거슬러 올라가는 근대의
구호, 자유/평등/박애가 표현하는 바가 바로 그 균형
이다. 우리는 구체적인 행위와 결정의 상황에서 이
구호가 가리키는 가치 이상을 항상 다시 새롭게 실
현해야 한다.

이를 위한 전제는 한편으로 우리가 가치 판단을 한다는
것, 즉 우리가 누구이며 누구이고자 하는가를 결정한다는
것이다. 다른 한편으로, 우리의 가치 판단은 수정 가능하
며 오류를 범하기 쉽다. 왜냐하면 우리가 우리 자신과 타
인들을, 그리고 모두가 속한 자연을 충분히 알아서 모든
복잡한 상황에서 오류 없이 판단하는 것은 절대로 불가능
하기 때문이다.

물론 참이며 그런 의미에서 오류가 없는 판단은 얼마
든지 많다. 예컨대 지금 나는 내가 이 문장을 샌프란시스
코에서 프랑크푸르트로 가는 비행기 안에서 쓴다고 판단
한다. 이 판단은 참이다. 또 나는 내가 내 앞의 화면을 본다

고, 내가 이 문장을 1분 안에 완성할 것이라고, 내가 손가락 열 개를 가졌다고 판단한다. 우리가 실재를 몽땅 놓치는 일은 절대로 없으며, 따라서 우리는 실재를 있는 그대로 인식할 능력을 지녔다. 그러나 복잡한 상황에서는 우리가 그 상황 전체와 그 상황의 역동적 전개를 확실히 알려면 너무 많은 판단이 필요하다. 그렇기 때문에 우리의 인지 경험은 늘 잡음이 많고 지저분하며 예상할 수 없는 방식으로 오류를 범하기 쉽다. 대니얼 카너먼, 올리비에 시보니, 캐스 선스타인의 공동 저서 『노이즈』는 이 사정을 많은 예증을 통해 보여 주었다.[8]

하지만 이런 복잡성을 객관적으로 타당한 가치 판단의 존재를 부정하기 위한 핑계로 삼아서는 안 된다. 정반대로 복잡한 윤리적 문제들은 우리를 까다로운 결정 상황으로 몰아넣는 객관적으로 타당한 가치들이 있음을 보여 준다. 누구나 언젠가는 직면하는 복잡한 윤리적 문제들은 대체로 명백히 옳은 공통의 가치 판단들이 있음을 전제한다. 그 가치 판단들은 복잡한 문제들을 다루기 위한 기반이다. 유감스럽게도 너무나 현실적인 예를 들면, 러시아군이 유치원, 극장, 병원 등의 민간 시설을 폭격하여 전혀 무고하며 전쟁에 가담하지 않은 사람들을 무자비하게 학살하는 것은 도덕적으로 배척해야 하며 심지어 악하다는 것은 간단하면서도 참인 가치 판단이다. 더 복잡한 질문은 이것이다. 개인이자 결정권자인 우리는 그 끔찍한 우크라이나 침공을 끝내기 위해 무엇을 해야 할까? 앞으로 몇 주 동안 예컨대 독일 총리나 외무 장관은 이런 복잡하고 까다로운 질문들을 던지고 행위와 전략과 발언 등으로 대답할 것이며, 그 대답은 가치 판단들을 반영할 것이다. 그리고 그 가치 판단들은 기반이 탄탄할 것이다. 왜냐하면 그 판단들은 이 전쟁을 그냥 방치해서는 안 된다는 옳은 가치 판단을 출발점으로 삼을 것이기 때문이다. 하지만 이로써, 우크라이나 상공에 비행 금지 구역을 설정하거나 심지어 〈직접 참전해야 마땅한가〉라는 질문의 답이 나온 것은 아직 전혀 아니다. 전략적으로뿐 아니라 윤리학적으로도 복잡한 에너지 거래 유예에 관한 질문의 답은 더 말할 것도 없다. 이 질문은 화석 에너지 수급에 관한 기후 정치적 문제 상황과도 관련이 있다.

삶 자체가 복잡하다. 그러므로 삶의 의미는 단순한 사안이 아니라는 점에 놀라지 말아야 할 것이다.

생명의 역사

삶 혹은 생명의 개념은 길고 복잡하게 얽힌 역사를 지녔다. 그 개념은 심지어 여러 역사를 지니기까지 했다. 아프리카, 인도, 중국에서, 또 서양의 발달한 문화들에서 사람들은 예나 지금이나 천차만별의 방식으로 삶을 숙고한다.

예컨대 많은 문화에서는 거의 모든 것이 살아 있다고 여겨진다. 앞서 언급한 오스트레일리아 토착민 사상가 타이슨 융카포타의 저서 『샌드 토크』에서 보듯이, 심지어 돌들과 천체들도 살아 있다고 여겨질 수 있다. 세포들로 이루어진 놈만 살아 있다는 견해는 인류 역사에서 아주 늦은 시기에 비로소 등장했다. 우리는 세포가 있다는 것을 몇백 년 전에야 알았으니까 말이다. 그런데 생명은 오로지 세포의 속성이거나 세포들로 이루어진 시스템의 속성이라는 견해는 현재까지도 제대로 정당화되지 않았다. 이 견해는 근대의 교리Dogma다. 작고한 움베르토 마투라나는 내가 2018년 초에 칠레의 산티아고를 방문했을 때 나에게 이 사실을 일러 주었다. 세포의 살아 있음을 **스스로-짓기**Autopoiese(자기 생산 및 보존) 개념과 연결한 것으로 유명한 그 생물학자 겸 철학자는 생애 막바지에 사랑의 생물학을 집중적으로 연구했다.[9] 내가 지금도 생생히 기억하듯이, 나는 그의 집에 머물며 어느 방에서 그를 기다리고 있었는데, 그는 방에 들어서자마자, 결국 우주 전체가 살아 있으며 세포의 스스로-짓기 구조를 생명의 결정적 필요조건으로 간주한 것은 오류임을 깨달았다고 말했다. 우리가 생명을 어떻게 이해해야 할 것인가와 관련해 결정적인 것은 오히려 시스템들 사이의 연결이며, 따라서 여러 생물 사이의 소중한 연결인 사랑이라고 그는 덧붙였다.

하지만 생명의 개념뿐 아니라 생명 자체도 긴 역사를 지녔다. 우리는 생명의 정확한 시작을 알지 못한다.[10] 다만, 우리 우주 안에서 언젠가 살아 있지 않은 물질적-에너지적 시스템들로부터 우리가 살아 있다고 간주하는 시스템들이 어떻게 발생했는가에 관한 다소 정당화된 추측들이 있을 따름이다. 우리가 어떤 시스템들을 살아 있다고 간주하느냐에 따라서, 어쩌면 생명의 발생에 관한 위 질문 자체가 잘못되었을지도 모른다. 만약에 돌이나 은하가 살아 있다고 간주하는 토착민들이 옳다면, 언젠가 우리 행성에서 생명이 발생했다는 것은 틀린 견해일 터이다.

　　아무튼 생명의 구성 요소들의 역사는 적어도 탄소의 형성까지 거슬러 올라간다. 탄소가 없다면, 우리가 익히 아는 지구상의 생명 형태는 없을 터이다. 그런데 탄소의 형성 과정은 물리학적 수수께끼이며, 이 수수께끼는 특히 이른바 〈호일 상태Hoyle state〉를 계산하는 문제와 관련이 있다. 호일 상태는 프레드 호일 경의 이름을 따서 명명되었는데, 호일 경은 〈빅뱅〉이라는 용어의 창시자이기도 하다. 호일 상태란 다음과 같다.

　　탄소 원자핵이 많은 에너지를 보유한 상태이며, 한쪽 계곡에서 반대쪽 계곡으로 넘어가는 고갯길과도 같다. 이때 한쪽 계곡은 헬륨 원자핵 세 개, 반대쪽 계곡은 훨씬 더 큰 탄소 원자핵 한 개다. [……] 따라서 이 유형의 탄소 원자핵이 없었다면, 아마 생명도 불가능했을 터이다.[11]

이 상태의 구조를 정확히 탐구하는 과정에서 심지어 나의 본 대학교 동료 울프게 마이스너나 노벨상 수상자 스티븐 와인버그처럼 형이상학을 경계하는 물리학자들도 약한 인류 원리anthropisches Prinzip를 물리학 연구에 도입하는 것을 진지하게 고려하게 되었다.[12] 인류 원리에 따르면, 인간은 우주에 관한 앎이, 혹은 우주의 속성들이 이러저러하기 위한 본질적 조건이다. 바꿔 말해 우리는 우주적 우연이 아니다.

약한 인류 원리가 주장하는 바는, 물리학자들이 우주 안에서 얻는 측정값은, 탄소에 기반을 둔 생물들이 그 값을 얻는다는 사실에 의존한다는 것이다. 우주의 근본 구조는 우리가 우주 안에 있다는 사실을 반영한다. 왜냐하면 그렇지 않다면 우리는 존재하지 않을 터이기 때문이다. 따라서 우주는 우리에게 철저히 낯선 장소일 수 없다. 오히려 우주의 근본 구조가 인식 능력을 갖추고 물리학을 연구하는 생물들을

발생시킨 한에서, 우리가 우주를 인식하고 연구할
수 있다는 것은 지극히 당연한 일이다.

물리학자 배로와 티플러는 이 약한 인류 원리가 이론의 여
지 없이 옳다고 주장하는데, 그 주장의 취지는, 우리가 관
찰할 수 있는 우주가 이러저러하게 행동하는 것은 우리가
그런 우주를 인식할 수 있기 때문이라는 것이다. 우주가
다르게 행동한다면, 우리는 없을 터이다. 그리고 우리를
있게 한 우주의 행동은 복잡한 조건 아래에서 탄소가 형성
된 것을 포함한다. 인식 능력을 지녔지만 탄소에 기반을
두지 않은 생물들이 있다면, 짐작하건대 그들은 우주의 행
동을 다르게 이해할 터이다.[13]

하지만 이로써, 〈인식 능력을 갖춘 생명이 우주를 위
해 중요한지에 관한 모종의 결론을, 탄소 기반 생명의 존
재를 위해 필수적인 물질이 발생하기 위한 복잡한 물리학
적 전제들로부터 도출할 수 있는가〉라는 질문에 대한 답
이 나온 것은 당연히 아니다. 뿐만 아니라 〈우주는 필연적
으로 진화하여 인간 같은 인식하는 생물에서 자기 인식에
도달하도록 되어 있다고 주장하는 **강한 인류 원리**를 받아
들일 수 있는가〉라는 질문도 여전히 열려 있다. 우리는 이
질문에 아마도 대답할 수 없는데, 왜냐하면 우리는 다른

우주들을 모르며 따라서 모든 우주에서 인식하는 생명이 발생할 수 있는지 모르기 때문이다. 인식하는 생명이 발생하지 않는 우주들이 있다면, 그런 생명의 존재는 필연적이지 않을 터이다.

어떤 조건 아래에서 〈생명이 진화하는가〉라는 문제는 또 다른 수수께끼다. 현재 우리는 생명의 발생사를 서술하기에 충분할 만큼의 자연과학 지식을 보유하고 있지 않다. 내가 이런 사정들을 언급하는 것은 단지 우리의 신체화된 실존의 물리학적, 생물학적 기반에 관해서는 우리가 모르는 바가 많다는 사실을 보여 주기 위해서다.

게다가 한편으로 생명의 개념도 역사가 있고 다른 한편으로 생명 그 자체도 역사가 있다는 점 때문에 우리의 논의는 자연과학적으로 재구성할 수 있는 생명의 발생에 관한 논의보다 더 복잡해진다. 즉 우리가 생명의 개념을 어떻게 규정하느냐에 따라 우리가 탐색하고 발견할 생명의 시작이 달라진다.

이 정도로도 생명 앞에서 인식론적으로 겸손해지기에 충분하지 않다는 듯이, 생명 현상과 관련한 또 하나의 문제는, 다른 행성이나 심지어 행성이 아닌 곳에 생명이 있는지 여부를 우리가 아예 모른다는 점이다. 우주 전체에서 유효한 것으로 현재 알려진 보편적 자연법칙들이 유사한 조건 아래에서(예컨대 모든 거주 가능한 행성에서) 항상 생명을 발생시키는지 우리는 모른다.

요컨대 생명 그 자체뿐 아니라 생명의 개념도 우리
를 오늘날 해결되지 않은 무수한 문제에 직면하게
한다. 하지만 이로부터 나오는 결론은, 생명 그 자체
가 수수께끼나 신비라는 것이 아니라, 다만 우리가
생명과 생명의 역사에 관해 모르는 바가 무수히 많
다는 것이다. 우리는 우리가 생명에 관해 어떤 것들
을 모르는지 전부 알지도 못한다. 우리는 다만 우리
의 지식이 부족함을 의식할 따름이다. 그러므로 생
명 앞에서는 인식론적 겸손함과 윤리학적 겸허함이
반드시 필요하다. 명백히 생명은 중대한 가치 원천
이기에 더욱 그러하다.

생명의 이념

생명은 여러모로 복잡한 주제이며 우리는 생명에 관해 많
은 것을 모르지만, 적어도 생명에 관한 중요한 이야기 하
나를 살펴보는 일은 생명의 의미를 다루는 이 2장의 논의
를 위해 유익하다. 그 이야기는 자연과학을 연구하겠다는
생각과 밀접한 관련이 있으며, 이 생각은 우리가 아는 한

에서 고대 그리스인들로 거슬러 올라간다. 그들은 물리학과 수학뿐 아니라 과학으로서의 생물학도 발명했다. 왜냐하면 그들은 관찰되는 다양한 자연 현상들이 서로 어떻게 관련되어 있는지 알고자 했기 때문이다.

고대 그리스인들이 도달한 의문의 여지 없이 천재적인 생각에 따르면, 자연 현상들은 특정한 패턴들을 따르며, 그 패턴들 덕분에 우리는 자연적 과정들에서 규칙성을 발견할 수 있고, 그 규칙성은 논리적-수학적으로 파악될 수 있다. 오늘날 모든 자연과학도에게 익숙한 이 같은 생각은 당대에 상당히 근본적인 혁신이었다.[14]

우리 논의에서 중요한 것은 그리스인들이 일반적 패턴(예컨대 코끼리와 다른 말의 대략적인 모습) 곧 유가 개별 사례들에서 반복되는 것이 핵심인 자연 현상을 생명으로 간주했다는 점이다. 그리스어에서 유를 뜻하는 단어는 〈되어 감Werden〉을 뜻하는 단어 genesis와 관련이 있다. 유란 자연적 과정이 진행될 때 버텨 내는 놈, 변화 속에서 똑같이 유지되는 패턴이다.

그런데 실제로 존재하는 것은 유가 아니라 개체들뿐이며, 개체들이 유 개념에 포함된 바를 공유한다. 이를 오늘날의 관점에서 예컨대 분자유전학적으로(**유전학**Genetik이라는 단어에 유를 뜻하는 genos가 들어 있는 것은 우연이 아니다) 확인할 수 있다. 즉 세포 구조에서 공통의 패턴(유

패턴)을 탐색하면, 가령 영장류를 함께 묶을 수 있다. 더 나아가 현재 우리는 영장류 가운데 현존하는 대형 유인원을 네 개의 유로, 곧 고릴라, 인간, 오랑우탄, 침팬지로 분류한다.

이 유들은 동일한 과Familie에 속하는데, 이것은 유전학적 증거에 따른 판단이다. 구체적으로 말하면, 한 유에 속한 모든 개체 각각에서 특정한 유전학적 패턴을 알아볼 수 있으며, 그 패턴 덕분에 우리는 그 개체를 그 유에 배정할 수 있다.

그리스인들의 원래 생각에 따르면, 종Arten(그리스어 eidê, 라틴어 species)들은 유 내부의 하위 단위다. 한 종의 사례들은 유사한 모습을 띤다. 실제로 종을 뜻하는 그리스어 eidos나 라틴어 species는 모습Aussehen으로 번역될 수도 있다. 모든 인간은 모든 인간과 모습이 닮았고, 모든 침팬지는 모든 침팬지와 모습이 닮았다. 이런 점에서 종 개념은 오늘날 표현형이라고 불리는 것과, 즉 생물이 겉으로 나타나는 방식과 관련이 있다. 종들은 서로 유사한 생물들의 집합(유)을 또 한 번 세분한다. 종은 더 섬세한 분류 단위다.

당연한 말이지만, 개별적인 동물학적 분류는 까다롭다. 그 분류는 생명과학적 전문 분야들의 과제인데, 그 분야들에서 과학자들은 그때그때의 방법론적 연구 수준을 감안할 때 어떤 분류가 적절할지 숙고한다. 하지만 우리 논의에서 관건은 좁은 의미의 생물학적 주장을 제기하는 것이 아니다. 그것은 다른 사람들이 맡아야 할 과제다. 오히려 중요한 과제는, 생명의 개념은 우리가 생명과학적 방법으로, 예컨대 분자유전학적 방법으로 알 수 있는 바에 국한되지 않는다는 점을 이해하는 것이다.

생명이 단지 생명과학의 주제이거나 심지어 생물학의 주제인가 하면, 전혀 그렇지 않다. 그리고 바로 이것이 일찍이 고대 그리스인들이 통찰한 바이기도 하다. 그 통찰은 우리를 **생명의 이념**Idee des Lebens으로 이끈다. 이 문구는 자그마치 게오르크 빌헬름 헤겔의 표현*인데, 헤겔은 오늘날의 생명철학 논의에서 얼마 전부터 다시 중심에 서 있다.[15] 헤겔은 생명이 우리 신체의 속성일 뿐 아니라 우리 정신의 속성이기도 하다고 주장했다.

『논리의 학』(나는 이 작품을 붙들고 기꺼이 10년을 보낼 사람에게만 이 작품을 권할 수 있다)의 〈생명Das Leben〉 장에서 헤겔은 그리스인들을 언급한다. 거기에서 결정적인 것은, 우리가 유기적 시스템들뿐 아니라 전혀 다른 현상들도 〈살아 있다〉고 파악한다는, 헤겔의 깨달음이다. 실제로 그리스인들은 생명의 개념을 논할 때 생각하기 과정을 생명의 모범으로 다루기까지 했다.

* 헤겔의 주저『논리의 학』2권의 3부에서 생명을 다루는 1장의 첫 문구가 바로 〈Idee des Lebens〉다.

그리스어에서 생명은 비오스bios(생물학Biologie의 어원) 혹은 조에zoê(동물학Zoologie의 어원)다. 생물은 조아zôa인데, 이 단어는 조에에서 유래했다. 내가 이 설명을 하는 것은 박식함을 자랑하기 위해서가 아니다. 중요한 것은 아리스토텔레스가 생명을 〈이성의 실현energeia nou〉[16]으로 간주했다는 점이다. 즉 아리스토텔레스는 생명을 일차적으로 혹은 오로지, 탄소에 기반을 둔 유기적 물질로서 존재하는 기초적인 생명 형태들(이를테면 세포들)이 환경의 엔트로피 증가 압력에 맞서(간단히 말하면, 자신의 구조적 패턴이 해체되는 것에 맞서) 존속하기 위해 거치는 과정으로 이해하지 않았다.

이 같은 아리스토텔레스의 생각을 철저히 음미해야 한다. 따라서 다시 한번 더 세밀한 단계들을 거치기로 하자. **유기화학**은 탄소에 기반을 둔 화학적 결합을 탐구한다. 그런 결합들은 우리가 아는 모든 생물에서 등장한다. 우리가 아는 모든 생물은 근본적인 수준에서(모범적인 경우에 세포들의 수준에서) 자기와 환경을 구별한다. 여기에서 **환경**은 생물학자 겸 철학자 야코프 요한 폰 윅스퀼이 고안한 명칭인데, 그는 1909년에 저서 『동물들의 환경과 내부 세계Umwelt und Innenwelt der Tiere』에서 환경 개념을 고안하여 생태학의 선구자가 되었다. 2021년 11월에 스페인 카세레스에서 신경과학의 철학적 기반을 주제로 열린 어느 학회에서 영국의 동물학자 겸 신경과학자 매슈 코브는 나의 질문에 답하면서, 개별 세포 각각이, 따라서 개별 신경세포 각각이 환경을 가지며, 그 환경은 그 신경세포와 연결된 신경세포들을 당연히 포함한다고 단언했다.[17] 그렇다면 **단하나의** 환경이 있다는 생각은 옳지 않다. 환경 개념은 상대적이다. 그 개념이 가리키는 바는 한 생물에게 중요한 사건들과 구조들이지, 만물이 그 안에 있는 거대한 장소(자연, 우주, 코스모스) 따위가 아니다.

그런데 탄소에 기반을 둔 살아 있는 시스템은 열려 있다. 즉 그 시스템은 환경을 상대로 물질을 교환한다. 그런 식으로 그것들은 자신의 구조를 유지하고 엔트로피 증가에(간단히 말하면, 안정적인 구조들이 불가피하게 해체되는 것에) 저항한다. 이것은 〈생명이란 무엇인가〉에 대한 부분적인 대답이다. 이를 지적한 대표적인 인물은 유명한 양자물리학자 에르빈 슈뢰딩거다. 그는 네겐트로피 Negentropie(음의 엔트로피) 개념(영양 섭취나 스포츠를 통해 능동적으로 구조를 산출하고 유지하는 작용을 뜻한다. 생명을 다루는 물리학을 위해 필요한 개념이다)을 도입하여 분자생물학에 결정적인 영향을 미쳤다.[18] 네겐트로피가 없다면, 열역학에서 도출된 엔트로피 증가 법칙에 의해 생물들은 스스로 바라는 정도보다 훨씬 더 빠르게 소멸할 것이다. 우리는 엔트로피 증가 법칙을 익숙한 일상적 현상들에서 확인한다. 예컨대 커피와 우유를 골고루 섞는 일은 쉽게 할 수 있지만, 반대의 일, 곧 밀크커피로부터 순수한 커피와 순수한 우유를 분리하는 일은 훨씬 더 어렵다. 또한 모든 뜨거운 커피는 우리가 바라는 정도보다 훨씬 더 빠르게 식는다. 왜냐하면 그 커피는 환경과 접촉하고 있으며 열을 환경에 내줄 뿐 스스로 보충하지 못하기 때문이다. 우리의 커피는 살아 있지 않고 따라서 엔트로피 증가 법칙에 무자비하게 내맡겨져 있다(이것은 다행스러운 일이다. 살아 있는 커피를 마시는 행위는 상당히 가학적일 테니까 말이다). 볶은 커피콩의 세포들은 더는 자기를 재생산하지 못한다.

자기와 환경의 구별로부터 기초적인 형태의 규범성(옳은 행동과 그른 행동의 구별)이 발생한다. 이는 중요한 미국 철학자 로버트 보이스 브랜덤이 2019년에 헤겔을 다루는 걸작 『신뢰의 정신A Spirit of Trust』에서 보여 준 바다.[19] 생물들은 자신에게 좋은 것(먹이)과 섭취하지 말아야 할 유해 물질을 구별한다. 이런 식으로 기초적인 생명의 수준에서 벌써 가치와 결부된, 자기와 환경의 구별이 발생한다(그리고 자기는 물질대사를 위해 환경으로부터 영양분을 끌어들인다). 일찍이 한스 요나스는 그의 자연철학에서 이런 사정에 착안하여 우리의 자기임, 곧 주관성은 생명 과정들의 표현이라고 결론지었다.[20]

이 대목에서 일부 독자는, 우리가 아는 생물들의 이 같은 기본적 속성들을 우리의 복잡한 사회적, 윤리적, 정치적 가치 판단들의 아주 먼 생물학적 전조로 간주함으로써 그 가치 판단들을 결국 생물학화하는 것을 매력적인 노선으로 고려할 수도 있을 것이다. 하지만 그것은 고전적인 범주 오류 곧 한 의미장(생물학이나 동물학의 의미장) 안에서 유효한 사고방식과 사실을 그것들이 유효하지 않은 다른 의미장(윤리학, 정치학, 또는 역사의 의미장) 안으로 옮겨 놓는 오류다.

지금 나는 영역 대신에 의미장을 거론하는데, 의미장이란 특정한 방식으로 나타나는, 곧 양적으로 또 질적으로 모종의 질서를 따르는 대상들의 장이다.[21] 대상들은 기본적으로 셀 수 있다. 즉 대상들은 단위들을 이룬다. 내 책상 위에는 개별 책들이 놓여 있고, 내 앞에는 커다란 화면이 있으며, 왼쪽에는 열쇠 뭉치가 놓여 있다. 나는 이 대상들을 세려면 셀 수 있다. 이것은 양적인 질서다. 또한 이 대상들은 나에게 무언가를 의미한다. 즉 이 대상들은 내가 보기에 질을 지녔다. 이것들은 내가 보기에 다소 합리적으로 배열되어 있다. 우리는 실재를 양적으로만, 즉 대상들의 집단으로만 경험하는 경우가 절대로 없고 항상 또한 질적으로, 곧 색, 소리, 맛, 느낌으로 경험한다. 일부 의미장들(예컨대 기본 입자들의 의미장이나 은하들의 의미장)은 물리학적으로 서술하고 탐구할 수 있지만, 그렇게 서술하고 탐구하는 것이 터무니없는 의미장들(예컨대 정당들의 연정 협상이 벌어지는 의미장)도 있다. 모든 의미장을 양으로 환원하는 것은 불가능하다. 어떤 질들은 수학적으로 (이를테면 벡터로) 서술될 수는 있지만 그 서술에 의해 측정 가능한 양들로 환원되지 않는다.[22]

이로써 우리는 다시 아리스토텔레스와 헤겔로 돌아온 셈이다. 이들은 생명을 유기적 과정들로 환원하는 것이 범주 오류라고 주장한다. 우리 논의에 맞게 옮기면, 생명을 유기물질에 기초한, 엔트로피 증가에 저항하는, 열린 시스템들로서의 과정들과 동일시하는 것은 범주 오류라는 것이다. 왜냐하면 이 동일시를 통해 우리는 정신의 삶에 관한 몇몇 기본 개념 — 이를테면 자기Selbst와 비자기Nicht-Selbst, 또는 기초적인 규범성, 곧 있어야 마땅한 것(먹이)과 없어야 마땅한 것(유해 물질)의 구별 — 을 얻긴 하지만, 유기화학의 언어로는 유의미하게 서술할 수 없는 살아 있는 과정들을 이해한다는 목표를 놓치기 때문이다.

화학적으로 서술할 수 없는 살아 있는 과정들의 예로 나Ich와 나-아닌-놈Nicht-Ich의 구별을 들 수 있다. 또한 일반적인 나-아닌-놈과 **또 다른 나**Alter Ego, 곧 너Du의 구별도 그런 예다.

나는 자기Selbst 그 이상이다. 우리는 우리 자신을 환경 안에 내장된(그러나 환경과 구별되는) 자기로서만 경험하는 것이 아니라 또한 우리 삶(생명)의 다소 합리적인 (의도들을 추구하며 이력을 지닌) 통제 센터로서 경험한다. 인간 삶의 이 같은 차원은 우리가 이른바 생물막biofilm(다양한 종의 미생물들이 사회적으로 협력하여 이룬 집합체) 같은 세포 집단에 귀속시키는 모든 능력과 속성을 훌쩍 뛰어넘는다.[23] 그런 세포 집단이 우리 행성에서 일어나는 생명 과정들을 위해 얼마나 중요한지와 상관없이, 그런 집단은 합리적으로 명시할 수 있는 의도를 추구하지 않는다. 물론 그런 세포 집단은 더 복잡한 유기적 생물들과 비교할 때 비교가 불가능할 정도로 더 완고하지만 말이다.

이와 관련해 로버트 브랜덤은 앞서 언급한 헤겔에 관한 저서에서, 기초적인 생물학적 자기의 현존이 벌써 규범들을 산출함을 보여 주었다. 자기(단세포 생물의 자기일지라도)는 자신과 타자를 생화학적으로 구별하며, 그럼으로써 예컨대 환경 안에서 움직이며 영양분을 찾는다. 반면에 나는 이 사정을, 바꿔 말해 규범에 따른 방향 설정을 다시금 규범으로 삼을 수 있다. 그렇기 때문에 우리는 우리 자신의 규범적 방향 설정을 이해하며 항상 또한, 우리와 마찬가지로 자신에 관한 견해에 비추어 삶을 꾸려 나갈 능력을 갖춘 다른 인격체들의 규범적 방향 설정(바람, 희망, 가치, 목표 등)을 이해한다. 브랜덤이 다른 글에서 상세히 설명한 대로, 우리는 우리의 규범적 방향 설정, 곧 가치 정향 Wertorientierung을 언어, 제도, 예술, 종교, 문화 등으로 명시화한다.[24] 이와 관련한 사회적 실행들은 우리의 생존을 위한 재화의 생산을 훌쩍 능가한다. 그러므로 사회는 (헤겔의 표현을 빌리면) 〈욕구들의 시스템System der Bedürfnisse〉, 곧 경제적으로 조직되고 다소 잘 계획될 수 있는 무언가에 불과하지 않다.[25]

삶과 생존: 인간 사회의 기본 형태

우리가 삶을 유의미한 것으로서 경험하고 행복한 경험의 순간이나 중대한 삶의 에피소드를 맞아(꿈꾸던 새 일자리를 얻었을 때, 중대한 사랑을 이뤘을 때, 자식이 태어났을 때, 오래 연습한 곡을 성공적으로 연주했을 때, 신의 현존을 체험했을 때) 삶의 의미를 실감할 때, 우리는 타인들이 관여된 경험을 하는 것이다. 심지어 홀로 숲속을 산책하거나 명상하면서 평가 없이 우리 자신과 우리의 감각들에 집중하려 할 때도 우리는 타인들과 연결되어 있다. 누군가가 우리에게 명상하는 방법을 가르쳐 주었거나, 우리는 (예컨대 불교 선원에서) 타인들과 함께 명상한다.[26] 또 홀로 하는 숲속 산책의 느낌이 회복에 도움이 되고 뜻깊다는 것 역시 우리가 언젠가 타인들에게서 배운 바다. 이를테면 유치원에서, 초등학교 숲 탐구 동아리에서, 혹은 가족과 함께 훗날 숲속 산책이라는 형태로 직접이나 간접으로 회상할 경험을 하면서 말이다. 더 나아가 어떤 이들은 자신이 삶을 바쳐 헌신하는 신이 삶의 의미를 정해 놓았다고 믿는데, 그런 이들도 그렇게 믿을 때 신적인 너와의 교류라는, 종교 공동체 안에서 일반적으로 경축할 일인 사회적 경험에 의지하는 것이다.

이처럼 인간은 명백히 사회적인 생물이다.[27] 그런데 우리의 사회성은 우리가 인생의 어느 시점에 습득하는 무언가가 아니다. 우리가 이미 자궁 안에서 다른 생물들과 (맨 먼저 어머니와, 또 수많은 비인간 생물들의 관여로 어머니의 신체에서 일어나는 유기적 과정들과) 사회적 관계를 맺지 않았다면, 우리 중 누구도 이 문장을 읽을 수 없을 터이다. 우리 유기체의 기본적인 신경학적 설계와 기타 설계들은 자궁 안에서 형성된다. 따라서 우리는 이미 상당히 복잡한 자질과 성격을 갖추고서 자궁에서 나온다. 이는 모든 부모와 교육자가 직접 경험에서 얻은 증거로 입증할 수 있는 바다. 더구나 유기체로서 우리의 개별성도 상당히 복잡하다. 왜냐하면 우리는 예컨대 개별적인 면역계를 보유했기 때문이다. 우리 각자의 면역계를 기준으로 삼으면 지문을 기준으로 삼을 때보다 더 정확하게 우리 각자를 타인들과 구별할 수 있다.[28]

그러므로 우리의 유기적 구조와 생존은 이미 자궁 안

에서부터 사회적 생산물, 곧 사회적으로 조율된 과정들의 결과다. 어머니가 스스로, 혹은 타인들의 도움으로 영양을 섭취해야 태아가 신경계를 양성한다. 즉 우리의 신경계 형성은 노동 분업을 전제한다. 또 우리는 모두 이런저런 방식으로 사회적으로(대개 성행위를 통해, 또는 사회적으로 조율된 모종의 난자 수정 절차를 통해) 잉태된다.

지금까지 나는 되도록 모든 생물을 다루고 혼란을 일으키는 동물 개념을 배척하기 위해 생물을 언급해 왔다(1장에서 서술했듯이, 동물 개념은 인간적인 너무나 인간적인 투사의 산물이다). 하지만 여기에서 나는 또 하나의 구별을 도입하고자 한다. 그 구별은 삶이 가진 더 높은 수준의 의미를 파악하기 위해 중요하다.

생명과학이 성공적으로 또 흔히 인류에게 이로운 방향으로 연구하는 유기적 삶을 나는 **생존꼴** Überlebensform이라고 부른다. 예컨대 의학은 유기적 시스템들(심장, 피부, 온 인체, 다른 생물)의 생존꼴을 연구한다. 의학이 이뤄 내고자 하는 바는 유기적 과정들을 일으키기, 촉진하기, 혹은 (예컨대 우리를 죽이려 하는 생존꼴인 종양을) 사멸시키기다.

하지만 의학은 일반적으로 (심신 상관 의학이나 정신의학은 예외이지만) 인간 정신의 삶을 연구하지 않으며, 신적인 정신의 삶은 더 말할 것도 없다(물론 신적인 정신의 삶이 있다고 주장하는 것은 아니다. 여기에서 그 삶의 존재를 놓고 왈가왈부할 생각은 없다). 사람들이 중요하게 여기는 것 몇 개만 꼽자면, 정신의 삶은 교향곡을 듣는 미적 경험, 단테의 『신곡』 읽기, 클럽에서 즐기는 광란의 저녁, 독일 연방 의원 선거, 정치가 인간으로 인한 기후 변화에 굼뜨게 대응하는 것에 항의하는 활동을 포함한다.

이 모든 것을 생존과(따라서 우리의 생존꼴과) 구별하여 우리의 **삶꼴**Lebensform이라고 부르자.[29] 아리스토텔레스 이래로 쓰이는 용어로 〈두 번째 자연(제2의 천성)zweite Natur〉도 있지만, 이 용어는 오해를 유발한다. 왜냐하면 정신은 궁극적으로 자연의 확장에 불과한 것이 아니라 범주적으로 자연과 구별되기 때문이다.

이 대목에서 한 가지 의심이 고착되기 전에 그 의심을 불식할 필요가 있다. 정신과 자연이 **범주적으로** 구별된다 함은, 정신이 어떤 신비로운 물질로 이루어진 유령이라는 것이 아니다. 정신은 광자, 원자핵, 중력, 뉴런이 우주에 속해 있는 방식으로 우주에 속해 있지 않다. 정신은 물리학의 대상 영역에 들어 있지 않다. 바로 이것이 이 문제와 관련해서 많은 비난을 정당하게 받는 (르네 데카르트에게서 유래한) **데카르트적 이원주의**가 간과하는 바다. 이 입장에 따르면, 자연 안에 두 개의 실체, 곧 두 가지 사물 유형이 있다. 한 유형은 펼쳐져 있는 물체들, 다른 유형은 비물질적인 영혼들, 곧 생각하는 실체들이며, 이 두 유형은 (알려지지 않은) 모종의 방식으로 상호작용한다.

그러나 정신과 자연의 범주적 구별은 정신이 어떤 식으로든 신비롭거나 과학적으로 연구될 수 없다는 것을 뜻하지 않는다. 우울함은 세로토닌 수치로 나타나고, 기쁨은 엔도르핀 수치로 나타난다. 분자 정신의학은 이를 상세히 연구한다. 하지만 주관적 상태의 물질적 표현은 그 상태와 동일하지 않다. 우리는 세로토닌을 측정하고 그 측정 결과가 주관적 상태와 관련이 있음을 안다. 하지만 우리가 이런 식으로 관찰자 관점에서 측정하는 바와 주관적 상태는 동일하지 않다. 만약에 동일하다면, 우리가 주관적 상태를 말 그대로 눈으로 보는 터무니없는 상황이 벌어질 터이다. 누구도 자신의 보기를 보지 못하며 대신에 예컨대 사과나 무를 본다. 보기라는 주관적 상태 자체는 보이지 않는다. 하지만 그렇다고 보기가 실재하지 않는 것은 아니다.

정신은 정신과학과 사회과학이 연구하는 대상이며 우리의 일상적인 사회적, 정치적, 미적, 종교적 경험의 대상이다. 따라서 정신이 존재하며 심지어 (이를테면 경제학자들이나 정량적 연구를 수행하는 사회학자들이 개발한)

수학적 모형으로 정신을 파악할 수 있음을 인정하는 것은 어떤 타당한 의미에서도 신비주의적이지 않다.

인간 정신은 삶의 의미의 원천이다. 삶의 의미는 순수한 생존에서 나오지 않는다.

우리는 우리의 생존꼴과 정신적으로 매개된 삶꼴을 구별할 수 있는데, 우리의 삶꼴뿐 아니라 생존꼴도 본질적으로 사회적이다. 당신이 부득이하게 외딴섬에 고립된 사람처럼, 또는 지구의 종말을 다루는 무수한 최신 영화의 주인공처럼(최후의 인간으로서) 홀로 생존하더라도 아무튼 생존할 수 있으려면, 당신은 이미 타인들에 의해 양육되어 있어야 한다(나는 『정글북』이 전하는 이야기를 배제하겠다). 요한 고틀리프 피히테는 이 사정을 이렇게 요약한다. 〈인간은 인간들 사이에서만 인간이 된다.〉[30]

영원히 살면 어떨까?

단지 생존하는 것은 삶의 의미일 수 없다. 고령에 이르러 가족과 친구들을 이미 떠나보낸 사람이 여전히 자신의 삶을 유의미하다고 느끼는지는 많은 요인에 좌우되고 개인마다 다르게 대답하는 문제다. 더구나 우리가 방랑하는 네덜란드인*이나 영생해야 하는 어떤 저주받은 유령처럼 (다소) 덧없는 삶을 영원히 살아야 한다면, 문제는 철학적으로 더 까다로워진다.

비교적 근래의 철학에서 이 문제는 버나드 윌리엄스의 논문 이래로 체코 작가 카렐 차페크가 지어낸 허구적 인물을 중심으로 논의된다(여담이지만, 차페크는 로봇 개념의 고안자이기도 하다). 차페크의 희극 「마크로풀로스 사건」(1922년 프라하에서 초연되었다)의 주인공 엘리나 마크로풀로스는 300여 년 전에 생명의 묘약을 마신 후 인간적인 기준으로는 영생하게 되었다.[31] 이렇게 이승에서 영생을 누린다는 잘 알려진 인류의 꿈과 관련해 제기되는 질문은 이것이다. 이승에서의 죽지 않는 삶은 과연 유의미할까? 혹시 그런 삶은 당사자에게 비극이 아닐까? 이 질문과 그 배경을 **마크로풀로스 사고실험**이라고 부르자.

죽음이 없으면 삶의 의미도 없을 터이므로, 죽지 않는 삶은 비극이고, 따라서 우리는 죽음을 면할 수 없는 우리의 운명을 기뻐해야 한다는 주장을 예컨대 스웨덴 문학가 마르틴 헤글룬드가 저서 『이승: 세속적 신앙과 영적 자유 This Life: Secular Faith and Spiritual Freedom』에서 제기한다.[32] 우리

---

* 리하르트 바그너가 작곡한 동명 오페라의 주인공으로 저주를 받아 영원히 바다 위를 떠돈다.

는 우리 자신의 유한성을 알기 때문에 우선순위를 정하며, 그런 우선순위 설정이 의미의 원천이라는 것은 당연히 옳다. 그러나 이로부터 죽음 혹은 우리가 죽음을 대하는 태도가 유일한 의미 원천이며, 따라서 우리가 영생하면 모든 의미가 깡그리 없어진다는 결론이 나오는 것은 아니다. 헤글룬드는 오래된 실존주의 논제를 건드린 것인데, 그 논제는 마르틴 하이데거의 저서 『존재와 시간』의 중심에 놓여 있다. 하이데거는 이 주저에서 인간의 존재 유형을 〈죽음을 향한 존재Sein-zum-Tode〉[33]로 규정한다. 만약에 하이데거가 옳다면, 우리에게 중요한 모든 것(우리의 기쁨, 좋아하는 것들 등)은 오로지 우리가 삶을 항상 죽음에 비추어 보는 것을 통해서만 중요성을 가질 터이다. 이처럼 하이데거는 〈죽음을 기억하라memento mori〉라는 바로크 시대의 구호를 극단화하여 종국에는, 우리가 우리 자신의 죽음을 (의식적이라기보다 무의식적으로) 기억하지 않으면 차고에 작업대를 설치하는 일조차 할 수 없을 것이라는 주장에 도달한다.

이 같은 생각은, 만약에 우리가 영원히 지상에 머물러야 한다면 언젠가는 몹시 따분해질 것이 틀림없다는 견해에서 나온다. 더구나 영원히 살면서 사랑하는 사람들의 죽음을 경험하는 것은 우리 중에 영생하는 자에게는 어쩌면 대단히 끔찍한 일일 터이다.

하지만 더 자세히 살펴보면, 이승에서의 영생에 관한 이 질문들과 대답들은 마크로풀로스 사고실험, 즉 〈무한히 긴 세속적 삶은 바랄 가치가 있고 따라서 유의미할까〉라는 질문의 이런저런 측면을 편파적으로 강조한 결과일 따름이다. 몇백 년쯤 살다 보면 평균적으로 50년에서 80년을 동일한 가족 및 친구들과 함께 보낸 후 새로운 정체성을 자임하고 새 삶을 시작하는 것에 익숙해질지 우리가 어떻게 알겠는가? 우리가 80억이나 90억 명의 영생하는 사람들과 함께 지상에 낙원을 건설하기 위해 노력한다면 따분해질 일은 없지 않겠는가? 오히려 일부 영생자들은 이를 좋게 여기고 다른 영생자들은 나쁘게 여길 성싶은데, 이는 놀랄 일이 아니다. 왜냐하면 우리의 사고실험에 등장하는 인간들은 영생하더라도 여전히 인간들이기 때문이다.

이 대목에서는 필시 프리드리히 니체가 헤글룬드보다 더 옳을 것이다. 니체는 『차라투스트라는 이렇게 말했다』에서 마크로풀로스 사고실험의 독창적이며 우주적인 버전을 제시했다. 그는 우주가 순환하는 방식으로 영원히 반복되어 우리가 모두 〈같음의 영원한 재귀〉를 겪는 것을 상상한다. 니체에 따르면, 그런 시나리오를 끔찍한 일이 아니라 의미 원천으로 여기는 것, 그리고 당신이 경험하는 모든 것을 무한히 반복해서 겪을 수 있도록 사는 것이야말로 〈모든 가치의 전복〉이라는 과제, 곧 새로운 윤리학의 과제다. 하지만 끔찍한 일을 겪은 사람 중에 이 견해에 수긍할 사람은 아무도 없을 것이다. 과거와 현재와 미래의 너무나 많은 사람에게는 그 자신의 삶 전체를 무한히 다시 겪어야 한다는 시나리오가 결코 위안이 되지 않을 것이다.

이야기는 길었지만, 취지는 간단하다. 〈우리의 삶은 오로지 죽음과 대비될 때만 유의미한가〉라는 질문은 제대로 답할 수 있는 질문이 아니다. 적어도 문학적 허구와 기타 사고실험에 의지하여 이 질문에 답할 수는 없다. 하지만 죽음이 삶의 의미의 원천이라는 주장은 무례한 헛소리이며 윤리학적으로 무책임하기까지 하다. 왜냐하면 이 주장은 우리 자신의 죽음이나 심지어 가장 사랑하는 사람의 죽음에서 의미 원천을 볼 것을 요구하기 때문이다. 죽음은 의미 원천이 아니라 오히려 삶의 근본적 종말로서 의미 원천의 정반대다. 설령 죽음이 이승의 고통으로부터의 해방일 수 있더라도, 삶의 의미를 죽음에서 찾을 수는 없다.

세계 종교들은 단지 이승에서의 세속적이고 인간적인 삶을 경멸하면서 구름 속 유토피아로 도피하려 하기에 낙원에서의 영생을(또는 환생의 순환에서 최종적으로 벗어나는 것을) 상상한다는, 니체에게서 유래한 주장도 설득력이 없기는 마찬가지다. 이 종교 비판적 주장을 뒷받침하기 위해 사람들이 가장 자주 제시하는 근거는 낙원에서의 영생이 따분하다는 것이다. 우리는 성탄절 축제나 홀리Holi 축제*를 가족과 함께 영원히 다시 맞이하는 것을 진지하게 원하지 않으며 오히려 삶이 언젠가 끝난다는 것을 은밀히 기뻐한다고, 그런 사람들은 말한다. 재미있는 미국 텔레비전 시리즈 「굿 플레이스The Good Place」는 53편의 에피소드에서 이 주제를 온갖 방식으로 변주한 끝에, 낙원에서 영생하는 사람들은 결국 소멸을 열망하게 되어 스스로 소멸을 선택한다는 결론에 도달한다.

　하지만 여기에서도 다음을 명심해야 하는데, 이승의 삶이 끝난 뒤에 그런 영원한 삶이 있는지, 또 그런 영원한 삶이 어떠한지를 아는 사람은 우리 중에 아무도 없다. 만약에 우리가 임상적으로 죽은 뒤에 시체로서 지상에서나 「굿 플레이스」 안에서 다시 만난다면, 그것은 필시 지옥처럼 끔찍한 일일 텐데, 어쩌면 이것 역시 성격 문제일 것이다. 왜냐하면 따분해지는 쪽은 아마도 등장인물들이 아니

* 힌두교의 봄맞이 축제.

라 시청자들일 터이기 때문이다.

〈영생은 바랄 가치가 있고 따라서 삶의 의미의 원천
일 수 있는가〉라는 질문을 논하기 위해 영원한 삶을
상상하라고 요구하는, 널리 퍼져 있는 사고실험은,
우리가 각자의 희망과 두려움에 기초하여 그 질문
에 답하고 그 사고실험을 나름대로 치장하여 결과가
이미 확정되도록 만든다는 점 때문에 실패로 돌아
간다. 당신이 영원히 살기를 원하는지 여부는 영원
한 삶이 객관적으로 좋으냐 나쁘냐에 관해서보다 당
신 자신의 심리적 상태에 관해서 더 많은 것을 말해
준다.

한마디 덧붙이자면,「굿 플레이스」는 프랑스 작가 겸 철학
자 장폴 사르트르가 1944년에 초연된 희곡『닫힌 방』에서
묘사한 상황의 속편에 불과하다. 이 작품에서는 세 사람
이 죽은 뒤에 지옥에서 다시 만난다. 그곳이 지옥인 이유
는 이제부터 그들이 항상 함께 살아야 하기 때문이다. 그
상황에서 다음과 같은 사르트르의 명언이 나온다. 〈지옥,
그건 타인들이야.〉[34] 다른 많은 실존주의자처럼 사르트르

도 죽음은 삶의 의미의 원천이라는 하이데거와 니체의 믿음을 공유했다. 그는 이 믿음을『닫힌 방』에 철저히 적용한다. 그러면서 사르트르가 하이데거와 마찬가지로 전제하는 바는, 죽음은 우리를 근본적으로 우리 자신에게로 되던짐으로써 우리가 말하자면 형이상학적으로 외롭게 죽는다는 점을 직면하게 하기 때문에 삶의 의미의 원천이라는 것이다. 사르트르는 죽음을 단지 우리의 사실성Faktizität(곧 우리의 실존적 기본 장비Grundausstattung)의 **한** 요소로만 보기 때문에 하이데거와 거리를 두지만, 우리가 오직 개인으로서만 삶의 의미를 발견할 수 있다는 견해를 고수한다. 이런 개인주의에 대한 반론은 이미 시몬 드 보부아르에 의해 제기되었다. 자신의 반려자였던 사르트르와 달리 보부아르는 우리의 실존이 근본적으로 사회적이라는 것을 출발점으로 삼았다.

아무튼 사르트르의 희곡은 영원한 삶이 무의미함을 보편적으로, 곧 모든 인간에게 유효하게 보여 주는 증명력을 전혀 지니지 않았다. 그 작품은 허구이며 허구일 따름이다. 우리는 죽음이 삶을 위한 결정적 의미 원천인지에 관한 결론을 그 작품에서 도출할 수 없다. 이런 연유로 그런 결론에 이르는 추론에서 읽어 낼 수 있는 것은 영생이 보편적으로 바랄 가치가 있는가에 관한 정보라기보다 우리 자신이 영생을 원하는가에 관한 정보다.

진실은 이것인데, 우리는 임상적인 죽음 이후에 우리가 어떻게 될지 아예 모른다. 확실한 것은 우리의 세포들이 얼마 후에 분해된다는 점, 그리고 우리의 덧없는 몸은 죽은 후에 존속하지 못한다는 점뿐이다. 하지만 이로부터 몸의 부활이 없으리라는 결론이 도출되는 것도 아니고, 바랄 가치가 대단히 높지만 여기 이승에서는 상상할 수 없는 영원한 삶에 참여하게 될 불멸의 영혼이 우리에게 없다는 결론이 도출되는 것도 아니다. 많은 종교에서 중심적인 역할을 하는 환생에 대한 믿음도 자연과학적으로 반박되거나 배제될 수 없다. 왜냐하면 자연과학은 우주 안의 특정 과정들과 구조들이 어떻게 전개될 것인지만을 서술하고 설명하고 부분적으로 예측할 수 있기 때문이다. 이로부터 자연과학이 탐구하는 과정들과 구조들만 존재한다는 결론을 도출할 수는 없다. 자연과학이 초월을 폐기했다고 믿는 사람은 인간의 인식 능력을 터무니없이 과대평가하는 것이다. 이와 관련해서는 양자역학을 공동으로 창시한 위대한 물리학자 에르빈 슈뢰딩거가 영향력이 큰 저서 『생명이란 무엇인가』에서 포괄적이며 통합적인 우주적 의식의 존재를 옹호하는 논증을 명시적으로 펴기까지 한다는 점을 상기하는 것이 어쩌면 착각을 바로잡는 데 도움이 될 것이다. 그 논증을 통해 슈뢰딩거는 힌두교 전통을 계승한다. 물론 슈뢰딩거의 논증이 옳다는 뜻은 아니다. 그러나

이 사례는, 최고의 양자물리학 지식을 열역학과 결합하더라도 오직 물질적-에너지적 실재만 있다는 깨달음에 도달하는 것은 전혀 아님을 보여 준다. 간단히 말해서 물리학은 본성상 형이상학이 아니며 따라서 초월에 관해 긍정적 진술도, 부정적 진술도 할 수 없다. 생명과학도 마찬가지다. 우리가 우리 신체와 동일하다는 것을 생명과학이 증명할 수 있게 되는 날은 영영 오지 않을 것이다. 그러므로 죽음이 최종적인 종말이라는 것을 우리가 마침내 안다는 소문을 퍼뜨리는 것은 근대의 오만일 따름이다. 우리는 죽음이 최종적인 종말인지 단적으로 모른다. 따라서 죽음이 심지어 삶의 의미이거나 그 의미의 **유일무이한** 원천이라는 주장은 널리 퍼져 있지만 근거 없는 추측이며, 이 추측을 허구적인 사고실험들로 입증할 수는 없다. 오히려 〈영생은 유의미한가〉라는 질문에 대한 우리의 답변은 여기 이승에서 우리가 꾸려 가는 덧없는 삶에 대한 우리의 태도를 반영한다.

삶 속의 의미

삶의 의미를 둘러싼 철학적 논의는 1980년대 이래로 흥미로운 전환을 겪었다. 그 전환에 특히 중요하게 기여한 인물은 미국 철학자 수전 울프다.[35] 그녀는 삶의 의미를 거론하는 대신에 관점을 바꿔 삶 속의 의미를 탐구했다. 그녀가 제안하는 바는, 삶의 의미에 관한 — 울프가 보기에 너무 큰 — 질문을 다루기 전에, 우선 우리가 삶 속에서 겪는 경험들과 취하는 태도들 가운데 어떤 것들이 의미 있고 의미를 창출한다고 여기는지 자각하고 그 자각으로부터 의미란 과연 무엇인지 도출하라는 것이다.

이때 결정적인 한걸음은, 우선 다양한 개인이 매우 다양한 사물, 상황, 행위를 의미 있다고 경험한다는 점을 깨닫는 것이다. 일부 사람들은 낚시를 즐기고, 다른 사람들은 돌봄 노동에서 보람을 느낀다. 일부 사람들은 산속으로 여행을 떠나기를 즐기고 매년 휴가를 기대하며 일하지만, 다른 사람들은 컴퓨터 게임에 삶을 바친다. 일부 사람들은 가정에 충실하면서 아이들을 양육하는 것보다 더 좋은 일을 상상하지 못하는 반면, 다른 이들은 이를테면 혼자나 둘이서 살며 포스트모더니즘 소설을 쓰고 싶기 때문에 아이들과 함께 사는 것을 견뎌 내지 못할 수도 있다. 이 목록을 얼마든지 연장할 수 있다는 점에서 알 수 있듯이, 개인이 삶 속 의미의 원천으로 삼을 수 있는 활동과 취향은 무한정 많다.

바로 이 사정을 정치적으로 인정하는 것, 그리하여 우리가 특정한 삶꼴을(예컨대 특정 종교의 생활 방식이나 핵가족의 역할 모형을) 표준으로 정의하고 그것을 중심으로 제도를 조직하지 않도록 최대한 조심하는 것은 근대 자유주의적 다원주의의 성취다.

유감스럽게도 우리의 제도는 지금도 충분히 자유주의적이지 않다. 보편적인 결혼의 권리가 실현되기까지 이토록 오랜 세월이 걸렸다는 것은 개탄스러운 일이다. 이제 현실이 된 그 권리는 도덕적 진보의 징표다. 자유 민주주의에서 누가 누구와 함께 아이들을 양육하거나 양육하지 말아야 할지는 오로지 양육권자들이 아이들을 적절히 보살필 수 있느냐에 달린 사안이어야 마땅하다. 이를 위해 모든 양육권자의 행태를 감독하는 제도가 있으며, 그 제도의 결정에 따라 누구나 양육권을 획득하거나 박탈당할 수 있다.

따라서 우리의 제도와 공적 논쟁을 자유주의적 다원주의 관점에서 점검하면서 경우에 따라 비판하고 수정하여 세계관의 편파적 불균형을 극복하는 것은 정당하다. 만연한 자유주의 비판, 곧 자유주의는 그 자체로 이미 신자유주의적 착취와 어울리도록 설계되어 있어서 사회적 자유와 양립할 수 없다는 비판도 그런 비판과 수정의 대상이다. 사회철학자 리자 헤어초크와 역사학자 우테 프레베르트가 각각 독립적으로 보여 주었듯이, 시장 경제를 도덕적 가치들과 재결합하는 시의적절한 자유주의를 생각할 수 있다.[36] 내가 보기에 그런 자유주의의 취지는, 사회의 부가가치 생산을 위한 제도적 (특히 법적, 정치적) 기틀 조건이 항상 도덕적 가치들을 지향하여, 경제적 거래의 논리가 이익만을 위해서가 아니라 공공 복지의 증진을 위해 작동해야 한다는 것이다. 바로 이것이 세금의 의미다. 세금은 비자발적으로 국가에 바치는 공물이 아니라 우리가 사회적 자유를 확보하고 확장할 수 있기 위한 기부금이다. 자유 민주주의에서 국가와 경제의 상호작용은 윤리적 기반을 갖춘 가치 틀 안에서 일어난다. 우리는 그 가치 틀을 방어할 필요가 있다. 경제는 오직 경제 자체에 종사해야 하며 국가의 과제는 자유 시장을 공격자들에 맞서 방어하는 것이 전부라는 신자유주의적 견해는 사람이 없으면 시장도 없다는 점을 간과한다. 시장은 항상 인류 전체와 얽혀 있다. 실제로 많은 기업가는 도덕적 가치 기준이 경제적 거래에서도 결정적 역할을 하도록 행동한다. 왜냐하면 그들의 기업은 자유 민주주의 체제의 한 부분이고, 그들은 독재자와 폭군에게 민중을 억압하기 위한 자금을 제공하도록 강제당하지 않기 때문이다. 이른바 (서양에서는 특히 로널드 레이건과 마거릿 대처를 연상시키는 세계사적 관행과 영향력이 큰 경제학파 하나를 아우르는) 신자유주의는 안타깝게도 최종 결과에서 전혀 자유주의적이지 않다. 이 사실을 보여 주는 중요한 사례를 우리는 지금 러시아에서 다시 한번 경험하고 있다. 소련의 붕괴 이후 러시아에서는 신자유주의적 개혁을 통해 다름 아니라 소수의 지배 집단이 출현하여 과거의 국가 기업들을 약탈 권력 시스템들로 바꿔 놓았다. 이 사례에서 소위 자유 시장은 많은 사람의 자유를 파괴한다. 하지만 이것은 단순히 시장 경제 탓이 아니며 자유 민주주의 탓은 더더욱 아니다. 오히려 윤리적으로 정당화할 수 없는, 국가와 경제의 근본적 분리가 다수의 자유를 파괴하는 원흉이다. 그 분리를 주도하는 이들은 국가를 부가가치 생산을 보장하는 시스템으로만 간주하고, 사회 전체와 민주주의적으로 연결됨으로써 항상 또한 도덕적 진보에 기여해야 마땅한 행위자로 간주하지 않는다.

자유주의의 결정적인 통찰 하나는 모든 사람을 똑같이 행복하게 만들어 주는 것은 없다는 깨달음이다. 그런 것이 없다는 사실은 모든 사람의 범위를 유권자들로, 즉 어느 정도 건강한 성인들로 좁히는 그릇된 관행의 부작용으로 더욱 명백해진다. 안타깝게도 아이들과 병자들은 거의 항상 간과된다. 그들은 필시 이 문장을 읽는 독자의 다수가 중시하는 것과 전혀 다른 것을 중시할 것이다. 당장 당신이 일고여덟 살 때 무엇을 중시했는지 떠올려 보라.

그러나 저 자유주의적 통찰로부터, 삶 속의 의미를 경험하는 모든 사례의 공통점은 없다는 결론이 나오는 것은 아니다. 그렇기 때문에 수전 울프는 유의미성meaningfulness에 관한 구체적 견해를 제안한다. 그 견해는 **삶 속** 의미의 근본적 특징 하나를 지목한다. 울프에 따르면, 우리는 누구나 그 특징에 익숙해질 수 있다. 아래와 같은 울프의 견해를 **울프의 사랑 주장**이라고 부르자.

> 내가 제안하고 싶은, 유의미성에 관한 견해에 따르면, 우리의 사랑을 받을 자격이 있고 우리가 긍정적으로 상대하는 무언가를 우리가 사랑하는 것에서 의미가 나온다. [……] 〈사랑〉은 최소한 부분적으로 주관적이다. 왜냐하면 사랑은 태도와 느낌을 포함하기 때문이다. 필요한 사랑의 대상이 〈우리의 사랑을 받을 자격이 있다〉는 점을 고수함으로써 이 견해는 객관적 기준을 끌어들인다. [……] 나의 견해에 따르면, 의미는 주관적 끌림이 객관적 매력과 만날 때 발생한다. 본질적인 아이디어는, 개인의 삶은 그가 무언가에 몰두하고 흥분하고 관심을 기울이고 깊이 관여할 때만, 앞서 내가 쓴 표현으로는, 그가 무언가를 사랑할 때만 유의미하다는 것이다. 그런 개인의 반대편에는 소외되었거나 자신이 하는 모든 것이나 거의 모든 것에서 따분함을 느끼는 개인이 있다.[37]

말은 장황해도 의미는 간단하다. 울프는 우리가 삶 속에서 발견하는 의미는 우리가 무언가 혹은 누군가를 사랑할 수 있다는 것이라고 주장한다. 사람들은 자신의 직업과 아이들, 고향, 베토벤 교향곡 9번을 사랑할 수 있다. 마찬가지로 피아노 연주나 조깅을 사랑할 수도 있다. 그러나 울프에 따르면, 사랑하면서 오류를 범할 수도 있다. 왜냐하면 객관적으로 사랑할 만하지 않은 무언가나 누군가를 사랑하는 경우가 있기 때문이다. 타인들을 잔인하게 다루는 것을 사랑하는 사람은 (도덕적) 오류를 범하는 것이다. 또 사랑받을 자격이 (이런저런 이유에서) 실은 없는 사물이나 사람을 누군가가 사랑하는 경우를 우리는 누구나 한 번 이상 목격했을 것이 틀림없다.

사랑과 선호에 관한 오류가 있을 수 있다는 것은 착각이 아니다. 물론 그렇다고 단 하나의 대상, 단 하나의 활동, 또는 단 한 사람만 우리의 사랑을 받을 자격이 있다는 뜻은 아니다. 우리가 어떤 사안에 관해 착각할 수 있다면, 적어도 그렇게 착각할 수 있다는 점에서 그 사안은 객관적이다. 물론 그렇다고 누군가가 사랑하는 일, 활동, 사람의 가치가 누가 보더라도 동일한 것은 아니지만 말이다.

객관성과 주관성이 반드시 서로를 배제하는 것은 아니다. 이와 관련해 미국 철학자 존 설의 유용한 구별을 언급할 만하다. 설이 보여 주었듯이, 무언가가 객관적이면서 또한 주관적인 경우가 있을 수 있다. 즉 오로지 주관적 상태(느낌, 견해, 감각 인상 등)가 관여하기 때문에 존립하는 사실들이 있다. 예컨대 치통, 사랑의 느낌, 목마름이 그러하다. 이것들은 **존재적으로 주관적이다**ontisch subjektiv. 그럼에도 우리는 이것들을 객관적으로, 이를테면 심리학적으로, 사회학적으로, 감각생리학적으로 탐구할 수 있다. 혹은 이것들에 관해 단지 일상적인 견해만 품을 수도 있는데, 그 견해는 참이거나 거짓일 수 있다. 이처럼 존재적으로 주관적인 사실들이 **인식적으로 객관적일**epistemisch objektiv 수 있다.[38] 이때 객관성은 어디도 아닌 곳에서의 중립적 관점이 아니라 주어진 사안을 대하는 하나의 태도이며, 그 태도 덕분에 우리는 옳거나 그를 수 있다. 〈우리가 사랑하는 무언가가 우리의 사랑을 받을 자격이 있는가〉라는 질문에 객관적인 정답이 있다는 울프의 주장을 납득하려면, 방금 언급한 구별들을 중요하게 고려해야 한다. 거침없는 잔인함과 파렴치한 이기주의는 일부 사람들에게 (다시 한번 블라디미르 푸틴을 생각해 보라) 사랑받더라도 객관적으로 우리의 사랑을 받을 자격이 없다.

사랑은 인간의 삶에서 중심을 차지한다. 누구나 알듯이, 젖먹이 시절 너머까지 생존한 사람은 어떤 식으로든 사랑을 경험한 사람이다. 이 문장을 읽을 만큼 성숙한 사람이라면 누구나 틀림없이 어느 정도 사랑을 받았고 그 사랑에 자신의 사랑으로 보답했다. 우리가 사랑할 때, 그리고 사랑 덕분에, 경험하는 바가 삶 **속의** 의미라는 것이 올프의 근본 주장이며, 우리는 그 주장에 동의해야 마땅하다. 당연한 말이지만, (놀라는 독자도 어쩌면 있겠지만) 이런 삶 속의 의미는 새롭지 않다. 삶 **속의** 의미는 사랑하기와 사랑받기라는 주장이 옳다면, 그 주장은 사랑을 경험하고 줄 수 있는 사람들과 기타 생물들이 존재한 이래로 항상 이미 옳다.

사랑은 헌신과 연결되어 있다. 우리는 사랑하는 대상에게 기꺼이 우리 자신을 내준다. 그 대상은 우리를 따분하게 만들지 않으며 모든 일을 긍정적으로 보게 만든다. 막 사랑에 빠졌을 때 쓰게 되는 명실상부한 장밋빛 안경을 생각해 보라. 그럼에도 사랑은 때때로 오류를 범한다. 이것 역시 우리가 누구나 외부 관점에서 보아 익히 아는 바다. 친구가 또다시 잘못된 사람과 사랑에 빠졌는데 친구를 설득하여 냉정함을 되찾게 할 길이 없는 경우를 누구나 겪기 마련이다.

삶 속의 의미는 그 의미가 경험되는 것으로부터 독립적으로 존립하지 않는다. 이런 점에서 삶 속의 의미는 주관적이다. 그럼에도 그 의미는 독립적인 사람(친구, 심리학자, 사회학자 등)에 의해 삼인칭 관점에서 평가될 수 있다. 따라서 의미 경험은 객관적 성

분을 지녔다. 이 객관적 성분은 윤리학과, 따라서 도덕적 가치들과 밀접한 관련이 있다. 도덕적 가치들은 우리의 주관적 견해로부터 독립적으로 존립한다.

사랑은 객관적 성분을 지녔고, 그 성분은 윤리학과 뗄 수 없게 얽혀 있기 때문에, 많은 사람은 삶 **속의** 의미가 도덕적 헌신 및 책무와 관련이 있다고 믿는다. 이는 부분적으로 옳은 믿음이다. 우리는 성인(聖人)의 삶이 대량 학살자의 삶보다 더 유의미하다고 느끼는데, 이 느낌은 확실히 옳다. 개인의 선호는 항상 또한 윤리학적으로 평가될 수 있으며, 우리 선호의 다수(예컨대 성적 선호의 절대다수)는 도덕적으로 중립이다.

하지만 우리가 삶 **속의** 의미를 항상 도덕적으로 옳은 일을 하기와 동일시한다면, 이는 터무니없이 과도한 요구일 터이다. 울프는 이미 1982년에 유명한 논문 「도덕적 성인들」에서 이를 상세히 설명했다.[39] 우리가 예수, 테레사 수녀, 크리슈나무르티, 예언자 무함마드, 부처를 높이 평가하는 것은, 이들이 (일신교적 신의 도움을 받건 받지 않건 간에) 인류 그 자체를 사랑하고 선을 실현하는 것을 삶의 목표로 삼았기 때문이다. 그런데 꼭 이들을 닮으려 애써야만 우리의 삶이 유의미한 것은 아니다.

초월적 관점에서 보편적인 삶의 의미를 논하는 대신에 삶 속의 의미를 탐색하는 울프의 접근법은, 모든 사람이 사랑에서 삶 속의 의미를 발견할 능력을 지녔다는 점을 특정 종교나 세계관으로부터 독립적으로 확언한다는 장점이 있다. 이때 삶 속의 의미는 주관적 설정에 불과한 것이 아니다. 오히려 그 의미는 모든 사람을 함께 묶는 객관적 표준에 관해 무언가 알려 준다.

삶의 의미는 무의미하지 않다

삶 속의 의미에 초점을 맞추는 자유주의적 다원주의는 바람직한 태도이지만, 이 태도가 목욕물과 함께 아기까지 내버리는 어리석음으로 이어져서는 안 된다. 무슨 말이냐면, 자유주의적 다원주의를 채택한답시고 삶의 의미를 묻는 질문을 완전히 포기해서는 안 된다. 삶의 의미를 묻는 질문은 형이상학적 무의미(헛소리)가 전혀 아니다. 비록 지난 세기에 막강한 영향력을 발휘한 철학적 전통인 언어철학적 실증주의는 그렇다고 여기지만 말이다. 그 실증주의에 따르면, 가치 판단은 실재를 다루지 않는다. 왜냐하면 언어는, 자연과학적으로 혹은 일반적인 경험(이를테면 통계와 조사)을 통해 연구할 수 있는 사물들과 과정들에 대해서만 유의미하게 말할 수 있기 때문이다.

19세기 말부터 〈실증주의〉라는 용어와 더불어 그 용

어와 연결된 다음과 같은 견해가 널리 퍼졌다. 즉 우리 조상들이 열렬히 관심을 쏟은 (이를테면 영혼의 불멸성, 유일신 혹은 신들의 존재와 의지 같은) 주제들의 다수나 심지어 대다수는 결국 무의미하다는 통념이 상당한 정도로 굳어졌다. 그 통념에 따르면, 오직 자연과학적 방법으로 측정할 수 있는 것만 유의미한 숙고의 대상일 수 있다. 다른 모든 형태의 앎은 그 앎이 자연 인식의 해석과 정당화에 어떻게 기여하는가에 따라 평가되어야 한다. 따라서 논리학과 수학은 구제받을 수 있다. 왜냐하면 논리학과 수학이 없으면 자연과학 이론들이 있을 수 없고 따라서 측정 결과에 대한 해석도 있을 수 없기 때문이다. 이런 통념이 대세로 자리 잡는 와중에, 비감각적 혹은 초감각적 대상들을 다루는 학문이라는 의미의 형이상학은 말할 것도 없고 윤리학과 미학도 기나긴 인류의 역사 내내 존속해 온 끝에 한순간 무의미한 짓으로 전락했다.

이런 실증주의적 태도를 대표하는 문헌으로 독일 부퍼탈 출신의 철학자 루돌프 카르나프가 쓴 유명한 논문이 있다. 카르나프는 훗날 20세기 학계에서 가장 큰 영향력을 발휘한 철학자 중 하나로 자리매김했다. 1931년에 발표한 「논리적 언어 분석을 통해 형이상학을 극복하기」라는 제목의 논문에서 카르나프가 보여 주려 하는 바는, 논리학적이고 언어학적인 방식으로 명확히 특정할 수 있는 의미 기준이 있으며, 삶의 의미, 영혼, 신 등을 다루는 매우 광범위한 질문들에 관한 진술은 그 기준을 위반한다는 것이다.[40]

이 논문의 주장들은 오늘날 더는 유지될 수 없다고 여겨지지만, 특히 언어철학자 루트비히 비트겐슈타인이 거듭 제기한 의심, 곧 삶의 의미를 묻는 질문은 아무튼 무의미하다는 의심은 여전히 남아 있다. 비트겐슈타인은 저서 『논리철학논고』에 담긴 아래와 같은 역설적인 듯한 진술을 통해 그 의심을 표명한다.

설령 모든 **가능한** 학문적 질문이 대답되었다 하더라도 우리 삶의 문제들은 아직 전혀 다뤄지지 않았다고 우리는 느낀다. 그러나 모든 가능한 학문적 질문이 대답되었다면, 당연히 더는 질문이 남아 있지 않다. 그리고 바로 이것이 삶의 문제들에 대한 대답이다.

사람들은 삶의 문제가 사라진 것에서 그 문제가 해결되었음을 알아챈다.

(오랜 의심 끝에 삶의 의미를 명확히 깨달은 사람들이 그 깨달음 이후에도 삶의 의미가 무엇인지 말할 수 없었던 이유가 바로 이것이 아닐까?)

그러나 말할 수 없는 것이 있다. 그것은 **드러난다.** 그것은 신비(神祕)다.[41]

비트겐슈타인은 이 진술에 이어 곧바로, 철학의 방법은 〈자연과학의 문장들〉만 말하기, 〈즉 철학과 상관없는 것〉만 말하기라고 주장한다.[42] 그런데 이 주장은 비트겐슈타인이 실행하는 바와 명백히 모순되고, 그렇기 때문에 비트겐슈타인 본인도 자신의 문장들을 〈헛소리〉[43]라고 규정한다. 유의미한 언어의 범위를 자연과학의 문장들로(그 문장들이 어떤 것들이건 간에) 한정해야 한다는 주장은 그 자체로 자연과학의 문장이 아니며 따라서 그 주장에 따르면 유의미하지 않으니까 말이다.

　실증주의는 이런 자기 적용의 문제 때문에 항상 다시 실패로 돌아갔다. 이때 자기 적용이란 주어진 진술을 그 진술 자신에 적용하는 것이다. 간단한 예로, 모든 인식은 실은 주관적 견해의 표현일 따름이라고 주장하는 사람은 그 주장을 자기 적용할 때 난감한 문제에 봉착한다. 왜냐하면 그 사람은 그 주장을 통해 주관적 견해에 불과할 수 없는 무언가를 표현하고 있기 때문이다. 실증주의자들은 단어와 문장의 의미를 검증 방법으로 환원할 수 있다고 생각했다. 단어 〈고양이〉는 고양이를 의미하는데, 왜냐하면 그 단어를 발화하는 사람은 누군가가 본 고양이를 다루는 것이기 때문이다. 〈지금 런던에 비가 온다〉라는 문장이 유의미한 것은, 사람들이 런던으로 가서 거기에 비가 오는지 볼 수 있기 때문이다. 그러나 무릇 언어는 경험적으로 검증 가능한 사실들을 표현하기 때문에 유의미하다고 진술하는 사람은 바로 이 진술로 경험적으로 검증 가능하지 않은 사실을 표현하는 것이다.

카르나프도 속했고 비트겐슈타인도 살짝 발을 들였던 이른바 빈 학단의 실증주의자들은, 비경험적인 것(이를테면 신)에 관한 문장은 경험적 연구를 통해 입증될 수 없으므로 어떤 의미도 없다고 주장했는데, 바로 이 진술, 곧 신에 관해서는 경험적으로 진술할 수 없다는 진술 자체가 자기 적용에서 모순에 빠진다. 왜냐하면 그 진술은 〈신〉이라는 단어를 포함하는데, 그 단어는 경험적으로 검증하고 입증할 수 없는 무언가를 가리키기 때문이다. 요컨대 그 진술은 스스로 자신을 반박한다. 많은 실증주의자는 자기 적용을 교묘하게 금지하려는 노력의 일환으로, 자기 적용은 항상 역설을 일으킨다는 것을 보여 주기 위한 논리적, 언어철학적 논증들을 제시했다. 그러나 그런 논증들에도 불구하고 빈 학단에서 논리적-수학적 능력이 가장 뛰어났던, 위대한 수학자 쿠르트 괴델을 비롯한 학자들은 자기 적용을 엔진으로 삼아 천재적인 수학적 증명들을 이뤄냈고, 그 결과로 실증주의는 애당초 겉모습에 불과했던 설득력마저 점차 상실했다.[44]

아무튼 형이상학에 대한 실증주의적 비판은, 삶**의** 의미를 묻는 질문은 무의미하며 그 대신에 삶 **속의** 의미를 세속적으로 탐색하는 작업으로 만족해야 한다고 단언하기 위한 충분한 근거가 아니다. 오늘날의 철학적 기준으로 평가하면, 실증주의적 형이상학 비판은 실패했다. 따라서 삶의 의미를 묻는 질문은 헛소리이거나 어떤 다른 방식으로 무의미하다는 의구심은, 사람이라면 누구나 제기하기 마련인 그 질문을 더는 가로막지 못한다.

까마득한 과거부터 우리가 열중해 왔고 거의 모든 사람이 인생의 어느 시점엔가 마주하는 인류의 커다란 질문들을 떨쳐 내기 위해 그 질문들을 억누르고 논리적-수학적-자연과학적 연구에 몰두하는 것은 부질없는 짓이다. 물론 이 연구는 대단히 의미 있고 유익한 활동이며, 많은 이가 이 활동에서 삶 **속의** 의미를 발견한다. 그러나 이로부터, 인류의 커다란 형이상학적 질문들이 의미를 상실했다는 결론을 도출해서는 안 된다. 이 결론은 엄연한 사실들과 인간의 경험에 부합하지 않으며, 따라서 거짓이다. 모름지기 진실 탐구를 사명으로 삼는 과학의 이름으로 이 결론을 옹호해서는 안 될 것이다.

무의미는 의미 박탈이다

그럼에도 우리는 말하자면 열린 태도로 삶의 의미에 접근하려 하며, 그러기 위해서는 주변적인 논의를 조금 더 이어 갈 필요가 있다. 맨 먼저 해야 할 일은, 실재는(따라서 실재 안에 우리가 현존한다는 점도) 그 자체로 무의미하며 기껏해야 우리가 삶에 의미를 부여함을 통해 가치와 의미를 획득한다는 믿음을 반박하는 것이다. 우리가 무언가에 의미를 부여함을 통해 그 무언가가 진정한 의미를 획득한다는 것이 과연 가능할까? 근대적 허무주의의 이 같은 근본 견해는 얼핏 보기에만 매력적이다.

오히려 정반대로 우리는 우리의 삶이 유의미하다고 느끼며, 그 의미가 마치 손에 쥔 모래처럼 손가락 사이로 빠져나가고 우리 자신이 무(無) 앞에 서 있다고 느끼는 바로 그 순간에 그 의미를 알아챈다. 그럴 때 우리가 경험하는 것은 단적인 무의미요, 결국 아무것도 심층적인 의미를 갖지 않았다는 느낌, 우리가 우주의 가소로울 만큼 짧은 눈 깜박임에 불과하다는, 혹은 하이데거를 읽으면서 영감을 얻은 작가 스칼릿 토머스의 소설『트로포스피어』*에 나오는 표현을 빌리면, 〈다윈적인 돌연변이〉에 불과하다는 느낌이다.[45]

삶의 의미가 무의미한 것이 아니라, 오히려 삶의 의미의 부재가 무의미하다. 무의미는 의미 박탈이며 따라서 의미 경험을 전제한다. 우리가 타인들과, 결국 자연 및 사회 전체와 맺은 관계가 갑자기 변화하고 우리가 삶의 맥락을 상실할 때, 깊은 무의미 경험이 우리를 엄습한다. 그럴 때

* Trophosphere. 영어판 원제는 The End of Mr. Y. 한국어판은『Y씨의 최후』.

우리는 어떻게든 삶으로 복귀하려 몸부림치지만, 누구나 혹은 항상 복귀에 성공하는 것은 아니다.

나는 지금 강의를 위해 방문한 몬트리올의 어느 호텔에서 이 문장을 쓰고 있다. 독일에서는 코로나 대유행이 여전히 맹위를 떨치며 기록을 경신하는 가운데, 캐나다 국경은 최근에야 다시 개방되었다. 혼란과 공포에 빠진 독일 사회를 갑자기 벗어나 장소를 옮긴 데다가, 거의 아무도 도착하지 않는 황량한 공항의 인상까지 겹치다 보니(캐나다 국경이 다시 열렸다는 소식이 아직 널리 퍼지지 않았다), 이곳에서 나는 나의 의미들이 위태로워졌다고 느꼈다. 한번은 산책하면서 어느 노숙자와 대화하게 되었는데, 그는 자신이 정신병 때문에 직업과 가족을 잃었다고 말했다. 그는 삶의 의미를 잃었으며 탈출할 길을 모르는 채로 지속적인 절망 속에서 생존할 따름이라고 했다. 삶 그 자체는 당연히 유의미하지만, 절대로 맥락을 상실하면 안 된다고, 맥락을 되찾기는 어렵다고 했다.

안타깝게도 그런 운명을 맞은 사람은 바닷가의 모래만큼 많다(이것 역시 부분적으로, 시스템적으로 부당하게 구현된 신자유주의 탓이다). 인류의 과반수는 우주의 관점에서 자신의 삶을 실은 무의미한 것으로서 바라볼 여유가 없다는 점은 더 말할 필요도 없다. 이 순간 무수한 사람이 겪는 온갖 경험을 생각해 보라. 그러면 당신은 삶이 의미로 충만하면서 또한 무의미로 충만함을 깨달을 것이다. 우리가 우리의 의미들을 상실할 때, 깊은 구렁텅이 같은 무의미의 입구가 열린다.

거듭 말하지만, 의미는 모든 무의미 경험의 출발점이며, 그 반대 방향의 관계는 성립하지 않는다. 우리가 무의미 속에 있으면서 우리 삶을 일시적으로 유의미하다고 느끼기 위해 그 무의미를 말하자면 말로 예쁘게 치장해야 하는 것이 아니다. 어린아이 시절에 우리가 우리에게 유의미하다고 느껴지는 이야기들, 놀이들, 몽상들을 출발점으로 삼아 우리의 삶을 시작하는 것은 우연이 아니다. 왜냐하면 바로 그런 시작이 인간이 경험하는 실재와 어울리기 때문이다. 인간은 타고난 몽상가이며, 우리의 꿈과 환상은 유의미성이 표출되는 장소다. 우리가 꿈을 박탈당하거나 모종의 이유로 상실하고서 되찾을 수 없으면, 무(無)가 우리를 덮치고, 따라서 무의미가 우리를 덮친다.

무의 무의미성은 우리 자신의 힘으로 그 무의미성에 의미를 맞세우기가 불가능할 정도로 압도적일 수 있다. 여기에서 〈무〉는 궁극적인 의미 박탈을 가리키는 이름이다. 자유민주주의 체제가 옹호하는 삶꼴의 다원성을 삶의 의미를 탐구하려는 인간적 욕구와 맞세우지 않으려면, 근대적 설명의 방향을 다시 뒤집어 인류의 지혜와의 접속을 꾀할 필요가 있다. 까마득한 과거 이래로 그 지혜의 출발점은 우리가 유의미한 과정 안에 있다는 것, 바꿔 말해 우리의 뇌가 생존에 도움을 얻으려고 만들어 내는 환상에 불과하지 않은 역사 안에 있다는 것이다. 의미는 근원적이고, 무의미는 의미 박탈 및 상실의 경험이다.

자유주의적 다원주의의 한계?

문학평론가 테리 이글턴이 어느새 고전으로 자리 잡은 간략한 저서 『인생의 의미 *The Meaning of Life*』에서 상술한 대로, 삶의 의미에 관한 질문과 논의는, 자유주의적 사회 안에서 살고자 한다면 모종의 형이상학적 책무들(이를테면 인간 존엄의 무조건성과 불가침성을 옹호할 책무)을 반드시 이행해야 함을 보여 줌으로써 자유주의적 다원주의를 제한한다.[46] 물론 근대 민주주의 법치 국가에서는 누구나 모종의 놀이 규칙의 틀 안에서 나름의 삶 **속의** 의미를 발견하고 저마다 선호하는 바를 추구할 수 있다. 그러나 당연히 민주주의 법치 국가에서도 모든 것이 허용되지는 않는다.

그 국가는 시민들의 고삐 풀린 자유를 다양한 방식으로 제한한다. 우리 근대인은 자유의 제한을 유일신과 신들 같은 더 높은 초월적 의미 원천에 의지하여 정당화하지 않는 것에 익숙해져 있다. 그러나 지금은 과학과 기술에 대한 문제적인 믿음이 유일신과 신들을 대신하는 상황이 벌어지고 있다. 그 믿음이 (연구 기관들이 정책 제안을 위해 내놓는 경제적《필수 사항들》을 비롯한) 과학적 명령을 근거로 삼아 자유 제한을 정당화한다. 따라서 과학과 기술에 대한 믿음은 단지 겉모습에서만 이데올로기적으로 중립이고 삶의 의미를 건드리지 않는다. 그 겉모습은 기만적이다.

과거에 〈서양〉으로 불리던 지역의 산업화된 사회들의 대다수에 속한 사람들은, 삶의 의미는 우리의 삶의 조건을 향상시킬 것으로 기대되는 경제 성장이 자연과학적-기술적 진보를 통해 이루어지도록 최선을 다하는 것에 있다는 견해를 대체로 암묵적으로 품고 산다. 그리고 이 그릇된 믿음 때문에 특히 고통받는 이들은 이 믿음을 품은 사람들을 정당하게 비판한다. 왜냐하면 후자들이 자연 자원 착취, 제국주의, 식민지화, 오만한 행태를 통해 전자들의 생활 세계를 파괴해 왔기 때문이다.

더 많은 소비 가능성을 창출하고 더 빠르게 살기 위

해 점점 더 빠르게 새 기술을 개발하는 일에 온 힘을 다하는 것이 대관절 왜 인류의 유의미한 목표여야 하는가? 당신이 이 목표를 유의미하다고 간주한다면, 당신은 전혀 중립적이지 않은 이데올로기에 빠져 있는 것이다.

───────────────

더 나아가 자연과학적-기술적 진보에 대한 무조건적인 신뢰는 오늘날 그 진보가 스스로 추구하는 바의 정반대에 도달한다는 점을 은폐한다. 무슨 말이냐면, 한편으로 우리는 우리 자신에게 책임이 있는 인류의 멸종이 임박했음을 자연과학적 진보 덕분에 알지만, 다른 한편으로 그 멸종은 과학과 기술에 대한 신뢰와 밀접하게 맞물린 경제 성장 지표들을 기준으로 사회 전체의 상태를 측정하는 세계상에 의해 앞당겨진다.

애덤 맥케이의 2021년 영화「돈 룩 업」에 등장하는 허구적인 인물인 미국 대통령 재니 올리언과 그녀 주변의 팀은 과학과 기술에 대한 그릇된 믿음의 화신이다. 영화의 줄거리는 몇 달 뒤에 거대한 혜성이 지구와 충돌하여 대량 멸종을 일으킬 것임을 소수의 천문학자가 발견하는 것을 중심으로 펼쳐진다. 포퓰리스트 대통령 올리언은 초현실적인 기술 재벌 피터 이셔웰(마크 라일런스)과 동맹을 맺고, 이셔웰은 소행성을 산산조각으로 폭파하고 그 잔해를 미국의 이익을 위해 활용함으로써 임박한 재난을 막으려 한다. 그러나 계획은 실패로 돌아간다. 왜냐하면 설치된 폭발 장치 중 일부가 이셔웰의 예상대로 작동하지 않기 때문이다. 결국 인류는 재난을 막아 내지 못한다. 하지만 그렇게 된 궁극적 원인이 무엇인지는 영화의 해석에 따라 달라진다. 확실히 정당한 해석 하나는 실패를 백악관과 거대 기술 기업의 동맹 탓으로 돌린다. 그 동맹은 해결주의적 구원 상상에 기반을 둔다. 벨라루스의 기술 이론가 예프게니 모로초프는 그 상상을 다루는 책을 썼다.[47] 여기에서 **해결주의**란 기술이 모든 문제를 순식간에 해결할 수 있으며, 우리는 필요에 따라 추가로 엄청난 자금을 기술에 투자하기만 하면 된다는 견해다. 따라서 많은 사람의 피상적인 해석대로 도널드 트럼프를 허구적 대통령 올리언의 모델로 간주해서는 안 된다. 올리언은 단순히 〈대안적 사실〉(이 표현은 〈개소리〉와 동의어다)을 지껄이는 반(反)과학적 태도의 화신이 아니라, 오히려 기술의 지배력과 모든 자원의 경제적 가치에 대한 무조건적 믿음의 화신이다. 그렇기 때문에 그녀는 ─ 트럼프와 달리 ─ 미국의 엘리트 지식인들을 비판하지 않는다. 혜성을 발견한 과학자를 그녀가 신뢰하지 않는 것은 단지 그 과학자의 소속 대학교가 딱히 명문이 아니기 때문이다.

앞서 보았듯이 형이상학을 철저히 배제한 사회는 자유주의적 다원주의와 양립할 수 없지만, 그렇다 하더라도 이로부터 특정한 형이상학(이를테면 종교적 형이상학)이 우리의 교육 기관들을 지배해야 한다는 결론이 나오는 것은 전혀 아니다. 오히려 정반대다. 자유주의적 다원주의는 무엇보다도 국가가 신정(神政)주의적으로 조직되는 것을, 즉 특정 종교의 대표자가 모든 시민에게 영향을 미치는 국가의 기본적인 진로와 제도를 규정하는 것을 당연히 용납하지 않는다. 오늘날 우리는 유일신이나 신들의 의지를 국정에서 (대체로) 배제한다. 이는 개인의 자유를 위태롭게 만들지 않기 위해서다. 하지만 그럼으로써 우리는 자유주의적 다원주의에 동의하지 않는 모든 사람의 자유를 침해한다. 인류 전체를 고려하면, 자유주의적 다원주의를 수용할 수 없는 세계관으로 여기는 사람들은 확실히 미미한 소수가 아니다. 베를린 장벽의 붕괴를 기점으로 자유주의적 다원주의와 민주주의 법치 국가가 다른 모든 정치적 시스템 — 신정주의, 권위주의, 독재 등 — 을 몰아내리라고 믿은 것은 1990년대 서방 세계의 커다란 착각이었다. 현재의 전 지구적인 정치적 위기가 생생히 보여 주듯이, 오히려 역사는 다시 활짝 열렸다. 하지만 이를 유의해야 하는데, 이로써 프랜시스 후쿠야마가 반박된 것은 아니다. 그의 〈역사의 종말〉 주장은 규범적 의미를 가지고 있었다. 즉 그의 취지는, 자유 민주주의를 떠받치는 가치 토대를 이제 어떤 가치도 능가할 수 없다는 것, 따라서 자유 민주주의가 세계사적으로 관철될 전망이 밝다는 것이었다. 후쿠야마에 따르면, 그럴 전망이 밝은 것은, 자유 민주주의가 사실들에 관심을 기울이고, 따라서 — 푸틴의 편집증적 역사 형이상학과 달리 — 진실과 실재에 관심을 기울이기 때문이다.

요컨대 자유주의적 다원주의가 윤리학적으로 중립인 출발점이고 자유주의적 다원주의 덕분에 누구나 자신의 고유한 방식으로 행복해질 수 있는가 하면, 전혀 그렇지 않다. 오히려 자유주의적 다원주의는 특정한 가치 판단의 표현이며, 그 가치 판단의 기반은 최대한 많은 사람이 최대한 많은 개인적 자유를 누릴 수 있게 해야 마땅하다는 것이다. 그 개인적 자유의 목적은 각자가 성공한 삶이란 무엇인가에 관한 자신의 견해를 발견하고 따라서 자신의 삶 **속의** 의미를 발견하는 것이다. 민족주의 이데올로기의 대안적 가치관은 국지적 민간 신앙과 특수한 종교를 기반으로 계몽의 보편주의에 반발하고 모든 인간이 연합하는 것을 막는다. 현재의 아프가니스탄이나 푸틴식 약탈 정치의 가치 기반은 누구나 삶 속의 의미를 발견할 권리가 있다는 견해와 맞서 싸운다. 이 견해는 다른 생각을 품은 사람들을 대하는 자유주의적 태도로 표출된다. 하지만 자유주의적 민주주의의 관용도 당연히 한계가 있다. 왜냐하면 민주주의는 자신의 가치관을 고수하고 필요할 경우 방어할 권리가 있기 때문이다.

기본적으로 나는 자유주의적 다원주의가 도덕적 진보를 가져오는 한에서 자유주의적 다원주의를 윤리학적으로 권장할 가치가 있다고 본다. 우리는 도덕적 진보에 뒤처지지 말아야 한다. 도덕적 진보는 자유주의적 다원주의의 내재적 목표다. 왜냐하면 자유주의적 다원주의의 핵심은 복수의 정당한 삶의 구상을 제한 없이 수용하고 보호하고 지원하는 것이기 때문이다.

자유주의적 다원주의를 정당화하기 위해서, 자유주의적 다원주의가 중립적 세계관이며 삶의 의미에 대해서 어떤 견해도 가지고 있지 않다고 가장하면 안 된다. 삶의 의미를 묻는 질문 앞에서 겸손한 태도를 취하거나 불가지론을 펴며 물러나고자 하는 사람은 이데올로기적인 혹은 형이상학적인 입장을 이미 취한 것이다. 그 불가지론도 허용하는 민주주의 법치국가에서 사람들은 이 형이상학적 입장에 쉽게 빠질 수 있다. 그러나 삶의 의미에 대해 중립적 입장을 취하면서 의미 창출을 개인들에게 맡길 수 있으려면,

제도적이며 집단적인, 따라서 결국 모든 인간에게 영향을 미치는 진로 설정을 더 먼저 해야 하며, 그 진로 설정은 삶의 의미를 묻는 질문에 대한 암묵적이거나 명시적인 대답이다.

이 통찰은 그리스-프랑스의 철학자 겸 심리 분석가 코르넬리우스 카스토리아디스가 세운 정치 이론의 중심에 놓여 있다. 그는 주저 『상상된 제도로서의 사회 *L'Institution imaginaire de la société*』에서 다음과 같은 결론에 도달한다.

> 지금까지의 모든 사회는 몇몇 근본적인 질문에 답하려 노력해 왔다. 우리는 공동체의 구성원으로서 누구인가? 우리는 서로에게 누구인가? 우리는 어디에 그리고 무엇 안에 있는가? 우리는 무엇을 하고자 하고, 무엇을 욕망하고, 무엇을 느끼는가? 사회는 사회 자신의 〈정체성〉을 규정하고, 자신의 세부 조직을, 세계를, 세계 및 세계의 대상들과 자신이 맺은 관계를, 자신의 욕구들과 바람들을 규정해야 한다. 이런 질문들에 대한 〈대답〉이 없으면, 그런 〈정의들〉이 없으면, 인간적인 세계, 사회, 문화는 없다. 왜냐하면 모든 것이 구별 없는 카오스로 머무를 터이기 때문이다. [……]

우리가 말하는 〈질문들〉과 〈대답들〉, 그리고 〈정의들〉은 당연히 은유적 표현이다. 우리는 명시적으로 제시된 질문들과 대답들을 거론하는 것이 아니며, 정의들은 언어로 표현되지 않는다. 사회는 사회 자신의 삶과 행위에서 **사실상** 저 질문들에 대한 대답이 드러나게 함으로써 자신을 구성한다. 그런 질문들에 대한 대답은 사회의 **행위**에서 비로소, 구체화된 의미로서 나타난다. 사회의 행위를 이해하려면, 그 행위를 사회가 명시적이지 않은 방식으로 스스로에게 던지는 질문에 대한 대답으로 간주해야 한다.[48]

이처럼 카스토리아디스가 우리에게 제공하는 중요한 통찰은, 우리가 사회를 — 각자 조금씩 다른 방식으로 — 상상하지 않는다면 사회는 없다는 것이다. 카스토리아디스의 표현을 빌리면, 사회는 〈상상된〉 것이다. 그런데 우리의 사회 상상은 적절하지 않아도, 즉 옳지 않아도 작용력을 발휘할 수 있다. 우리가 사회를 편파적이며 그릇되게 상상한다는 것도, 우리가 이런저런 방식으로 오류를 범한다는 것도 사회의 본질에 속한다. 전지(全知)적인 자들의 사회는 생각할 수조차 없으며, 아무튼 인간들의 사회는 아닐 터이다. 여기에서 다시 한번 드러나듯이, 우리는 모범적인 방식으로 자연의 일부다. 즉 우리는 유한하고 취약하다. 우리는 우리의 유한성과 취약성을 사회적 삶을 통해 부분적으로만 은폐할 수 있다.

자유주의적 다원주의 역시 어떤 상상된 사회에 관한 견해 안에 내장되어 있으며, 그 사회의 관용은 한계가 있다. 어떤 사회든지 안팎으로 경계를 긋고 무언가를 배제한다. 자유주의적 다원주의는 독재 정치뿐 아니라 반자유주의적 민주주의illiberale Demokratie도 배제하며, 특정 종교가 국교로 격상하는 것을 허용하지 않는다. 자유주의적 다원주의는, 자신도 세계관에 토대를 두며 따라서 삶의 의미를 묻는 질문에 대한 암묵적 대답을 기반으로 삼는다는 점을 인정하기를 특히 어려워한다. 왜냐하면 도덕적 상대주의가 자유 민주주의의 필요조건이라는 전제를 너무 오랫동안 당연시해 왔기 때문이다. 하지만 진실은 정반대라는 점을 인간 존엄과 보편 인권에 대한 무조건적 책무가 보여 준다. 그 책무는 독일 기본법에 확고히 명시되어 있다. 다양한 도덕들(이를테면 중국 도덕과 다른 서양 도덕)이 있다고 여기는 도덕적 상대주의는 자유 민주주의와 양립할 수 없다. 도덕적 상대주의는 사실상 자유와 평화를 해치는 적들조차도 관용적으로 대한다는 점에서 반계몽적이고 반자유주의적이다.

도덕적 상대주의는 가치들의 안정성을, 따라서 자신이 암묵적으로 설정한 삶의 의미의 안정성을 순전히 관료주의적으로 조직된 사회에, 튼튼한 가치 기반을 갖지 않은 사회에 위임한다. 자유 민주주의가 실제로 튼튼한 가치 기반을 가졌다는 점, 그리고 그 가치 기반은 다른 많은 가능한 가치 기반들과 동등한 임의의 설정이 아니라는 점은 기술 혹은 전문가 만능주의를 반박하는 근거로서 유효하다. 기술 혹은 전문가 만능주의는 정치적 결정을 절대로 가치의 문제로 간주하지 않고 데이터와 조사와 과학 지식에서 매끄럽게 도출되는 결론으로 간주한다. 이런 생각이 부질없음을 보여 주는 중요한 증거로 코로나 위기 때 검증대에 올랐던 사회들에서 발생한 많은 혼란을 들 수 있다. 《조심팀》*이 사회의 일원인 것과 마찬가지로 이른바 크베어뎅커도 사회의 일원이다. 정작 치명적인 문제는 다양한 집단이 서로의 이성을 부정하거나 민주주의를 대표할 권리를 부정하려 할 때 발생한다.

　삶은 부분적으로 자연과학과 기술이 담당할 문제 영역이지만, 삶 전체가 그러한 것은 아니다. 자식을 어떻게 키울 것인가, 무엇을 믿을 것인가, 어떤 예술 형태를 높게 평가할 것인가, 무엇을 지지하고 무엇을 위해 심지어 자신의 삶을 희생할 것인가는 자연과학적으로 유의미하게 탐구될 수 없다. 오히려 자신의 삶을 자연과학적 탐구에 바

---

* Team Vorsicht. 철저한 코로나 방역을 옹호하는 사람들을 일컫는 독일의 신조어

치는 사람들은 그 탐구에서 의미를 보기 때문에 그렇게 하는 것이다. 수학 방정식들의 아름다움, 우주의 온갖 귀퉁이와 가장자리에 숨어 있는 놀라운 사실들은 실재가 구조들로 가득 차 있으며 인간은 그 구조들 앞에서 경탄할 수밖에 없음을 보여 준다.

어느 지점에선가 우리는 삶을 전반적으로 유의미한 것으로 간주할 수밖에 없음을 인정해야 하며, 바로 그 지점이 자유주의적 다원주의의 한계선이다. 그 지점에서 우리는 여전히 대답되지 않은 다음과 같은 질문을 마주한다. 삶의 의미는 과연 얼마나 깊은 곳까지 닿아 있을까? 우리는 창조자가 삶을 통해 자신을 표현한다는 것을 배제하기에 충분할 만큼 삶에 관해 알지 못한다. 물론 우리는 창조자의 존재를 증명할 수도 없다. 왜냐하면 자연에서 구조 형성은 자족적이며 그 구조의 고유한 자원들을 기반으로 설명될 수 있다는 생각을 항상 할 수 있기 때문이다. 정신은 과연 어느 정도까지 자연에 속하는가, 또 우리는 우리의 동물성에도 불구하고 혹은 바로 그 동물성 때문에 결국 〈어느 정도까지 자연에 들어맞지 않는가〉라는 질문에 대답할 수 없는 한, 우리는 삶의 수수께끼를 결코 풀지 못할 것이다. 우리가 완전히 이해하지 못한 모종의 방식으로 우리는 우주(자연과학적으로 탐구할 수 있는 모든 것) 위로 우뚝 솟아 있다. 비록 이 삶에서 우리는 우주와 결별할

수 없지만 말이다. 자유주의적 사회는 간접적으로 형이상
학적이고 가치 평가적일 수밖에 없다. 왜냐하면 그 사회는
세계관의 다원성을 고려하는 세속적 법질서를 선호하기
때문이다. 더 나아가 자유주의적 사회는 — 적어도 지금까
지는 — 토대를 필요로 하며, 오늘날 사람들은 무엇보다도
자연과학과 기술과 경제 성장의 결합이 그 토대라고 여긴
다. 이것 역시 하나의 형이상학, 곧 근대에 대단히 위험한
것으로 판명된 한 세계상의 표현이다.

가치 설정은 불가피하며, 정당한 자유주의적 다원주
의를 명분으로 가치 설정을 회피할 수도 없으므로, 우리가
유일무이하며 통일된 과학을 따르고 그런 과학의《성과들》을
기술적으로 활용함으로써 이른바 가치중립적 정치를 할
수 있다고 가장하는 것은 비정합적이다. 적어도 이 견해
는, 더 자세히 살펴보면 드러나듯이, 가치중립적이지도 않
고 권장할 가치도 없다. 왜냐하면 이 견해는 스스로 추구
하는 바의 정반대에 도달하기 때문이다. 즉 이 견해는 지
구에 형성된 우리의 생존 기반을 잠식한다. 현재뿐 아니라
미래에도 지구는 우리가 유의미한 삶을 꾸려 갈 수 있는
유일한 행성일 텐데 말이다.

우리는 누구이고, 누구이고자 하는가:
근본적 자율과 새로운 계몽

의미 경험은 우리의 모든 생각과 행위의 출발점이다. 우리가 열의와 관심을 가지고 하는 일을 우리는 유의미하다고 느낀다. 이 의미 경험이 사라지면, 우리가 외적 사정 때문에 강제되어 소외된 노동을 하지 않는 한, 그 일을 계속하는 것은 불가능하다. 물론 현재에 사는 사람의 절대다수는 소외된 노동을 하고 있지만 말이다.

따라서 의미 경험을 가능케 하고 강화하는 삶을 살 권리는 보편적 인권이라는 생각에 기초한 정치적 유토피아를 구상할 이유가 충분히 있다. 우리는 이를테면 우리의 부를 늘리고 복지 사회를 발전시킴으로써 **양적으로** 성장할 수 있지만, 그 과정에서 지구가 고통받고, 운 나쁜 장소에서 운 나쁜 계급으로 태어난 절대다수의 운 나쁜 사람들이 고통받는다. 그러나 그런 양적 성장만 가능한 것은 아니다. 우리는 **질적으로** 성장할 수 있고 성장해야 한다. 즉 자기 육성Selbstbildung을 장기적 목표로 추구할 수 있고 추구해야 한다.

이로부터 몇 년 전부터 전 세계의 다양한 사상가들이 촉구해 온 새로운 계몽의 기반을 도출할 수 있다. 새로운 계몽은 근본적 자율radikale Autonomie을 옹호하는 사상에 의지할 수 있다. 근본적 자율은 — 어쩌면 일부 독자가 예상하는 바와 달리 ― 개인주의적 모형이 아니다. 왜냐하면 자율은 오직 사회적 조건 아래에서만 이루어질 수 있기 때문이다.

이번에도 차근차근 단계를 밟아 가자. 일반적으로 **자율**Autonomie(어원은 그리스어 autos = 자기, 그리고 nomos = 법)이란 생물(대표적으로 인간)이 가진 능력으로, 자기에게 법을 부과하는 능력을 말한다. 즉 의도적으로 자신의 행위를, 행위자 스스로 인정해야만 유효한 잣대에 맞추는 능력이 자율이다. 행위자가 다른 무언가(이를테면 신이나 상사나 기타 권위)에 이끌려 자화상을 그리고 그 자화상에 자신의 행위를 맞추는 것은 자율이 아니다. 어떤 행위를 자율적으로 하는 사람은 스스로 자신에게 부과한 규칙을 의무적으로 따르기 때문에 그 행위를 한다. 그 규칙은, 타인들에게 문의하고 타당한 근거가 있다면 그들의 판단을 신뢰하라는 것도 포함할 수 있는데, 이것은 모종의 권위를 맹목적으로 따르는 것과는 다른 태도다.

자율 사상을 가지고 한걸음 더 나아갈 수 있다. 즉 자율 사상 자체를 행위의 기반으로 삼을 수 있으며, 그러려면 타인들의 자율도 고려해야 한다. 왜냐하면 타인들 역시 무엇이 옳은지에 관한 그들의 견해에 비추어 행위할 능력이 있기 때문이다. 그러므로 자신의 행위를 자율 사상에 맞추는 인격체는 자기 안에 갇힌 사람이 아니다. 왜냐하면 자율이란 행위자가 자신을 권위자로 격상하는 것이 아니

기 때문이다. 그것은 자율이 아니라 내면화된 인물 숭배,
곧 나르시시즘이다.

모든 인격체는 자신이 과거에 누구였고, 현재 누구
이고, 미래에 누구일지에 관한 견해를 가지고 있다.
우리는 날마다 이 견해를, 〈우리는 누구이고자 하는
가〉라는 질문의 대답과 비교한다. 누군가임은, 〈우
리는 누구이고 누구이고자 하는가〉라는 질문에 암
묵적이거나 명시적으로 대답함이다. 바로 이것이 자
율의 표현이다.

이것은 모든 인격체에 대해 타당하다. 따라서 모든 인격체
가 인간임이라는 능력을 결국 똑같이 지녔는데, 다만 우리
가 그 능력을 그때그때 다르게 해석하고 행사할 따름이다.
이것이 의미하는 바는, 〈우리는 누구이고자 하는가〉라는
질문을 스스로 던지고 답할 때, 우리가 인간임이라는 능력
자체를 길잡이로 삼을 수 있다는 것이다. 우리는 이를 관
용어로도 표현하여, 누군가를 칭찬할 때 그가 특별히 〈인
간적이라고〉 말한다. 이미 1장에서 보았듯이, 인간 개념은
— 이를테면 생물학적 종 하나를 서술하는 — 서술적 개념

일 뿐 아니라 가치 개념이기도 하다.

물론 인간상이 전통적으로 남자를 중심으로 삼았다는 지적은 옳으며 당당히 제기되어야 한다. 그 사실은 인간을 뜻하는 독일어의 어원에서도 드러난다(다른 언어들도 마찬가지다. 예컨대 영어 man, 프랑스어 homme 등은 인간뿐 아니라 남자도 뜻한다. 반면에 중국어는 그렇지 않다. 인간을 뜻하는 중국어 人 — 발음은 렌 — 은 상형문자로, 다리가 두 개인 일반적인 인간의 모습을 표현한다). 하지만 다행히 오늘날에는 이런 젠더 불균형을 의식하고, 남자야말로 어떤 탁월한 방식으로 인간(《인간임》이 무엇이건 간에)이라는 터무니없는 생각을 역사의 쓰레기통에 처넣기가 어렵지 않다. 온갖 성별과 온갖 성적 자기규정을 지닌 인간들이 있다. 19세기 이래 여러 단계에 걸쳐 이루어진 성 해방 덕분에, 우리가 성에 관한 자율권을 지녔다는 사실을 어느 시점엔가 사회 전체가 통찰했다. 비록 지금도, 〈성적 자기결정의 범위가 얼마나 넓어야 하는가〉라는 질문을 놓고 때때로 격렬한 논쟁이 벌어지지만 말이다(이 질문은 또 하나의 중요한 논제이지만 여기에서 다루기에는 부적절하다).

새로운 계몽의 바탕에 깔린 근본적 자율의 구조를 더 정확히 이해하기 위해 다시 한번 간략하게 이마누엘 칸트와 게오르크 빌헬름 프리드리히 헤겔을 살펴볼 필요가 있다. 이 대목에서는 두 철학자를 합쳐서 다루는 것이 옳다. 내가 이제껏 자기규정이라고 부른 것을 칸트와 헤겔은 〈의지Wille〉라고 부른다. 이와 관련해 칸트는 저서 『윤리형이상학 정초』의 한 중요한 대목에서 이렇게 말한다.

> 모든 자연 사물은 법칙에 따라 작용한다. 오직 이성적인 자만이 법칙에 관한 견해에 따라, 곧 원리에 따라 행위할 능력을, 바꿔 말해 의지를 지녔다. 법칙에서 행위를 도출하려면 이성이 필요하므로, 의지란 다름 아니라 실천적 이성이다.[49]

여기에서 원리들에 따라 행위한다는 말의 의미는, 우리는 우리 자신이 누구이고 누구이고자 하는가에 관한 견해를 품을 수 있으며 그 견해로부터 (칸트의 용어로는) 준칙Maxim을, 곧 우리의 행위가 일으킬 상황의 전개에 관한 (언제나 다소 숙고된 삶의 행보와 연결되어 있으며 일부 사람들에서는 삶 전체의 계획과도 연결되어 있는) 구체적 견해를 도출할 수 있고, 그 구체적 견해에 따라 행위할 수 있다는 것이다.[50]

———————————————

인간의 삶은 시간 안에서 펼쳐진다. 우리는 단지 순

간들에 사는 것이 아니라, 이런저런 방식으로 순간들을 더 큰 시간적 맥락 안에 내장한다. 그리하여 우리는 아마도 모두 삶의 역사를 쓰고 있다. 그렇기 때문에 한 사회에 속한 사람들이 사회적으로 공유하고 살아가는 실재는 역사적이다.[51]

칸트가 말하는 법칙에 관한 견해에 따른 행위는 자율의 근본 형태다. 인간의 자율은, 개인이나 집단이 어떤 재량 공간을 지녔느냐에 따라, 제한될 수도 있고 확장될 수도 있다. 하지만 기본적인 출발점은, 자신의 삶을 자신의 견해대로 꾸려 가는 자율이 (타인들로부터 현실적으로는 결코 독립적이지 않더라도 개념적으로 독립적인 개인으로서의) 한 인간에게 온전히 귀속한다는 것이어야 마땅하다. 만약에 우리가 자동으로 도덕적 책무들을 지고 상대하는 (비인간 생물들도 포함한) 타자들이 없다면, 우리는 아무 제한 없이 우리 마음에 드는 대로 행위하고 무위(無爲)할 수 있을 터이다. 하지만 우리 행위의 귀결이 타자들에게 영향을 미친다면, 곧바로 우리의 자율은 모종의 방식으로 변화한다. 왜냐하면 우리의 자율은 타자들의 자율과 맞닿는 지점에서 한계에 도달하기 때문이다.

그리고 바로 이 숙고가 칸트와 그를 계승한 헤겔을 이

끌어 도달하게 한 깨달음은, 주어진 역사적 시점에 어떤 자율 제한이 정당한가에 관한 정보를 사회적 규범이 제공하며, 그 사회적 규범을 확립하는 기능을 법이 맡는다는 것이다. 그러므로 역설적이게도 정치적 자유는 우리의 원초적인 개인적 자유가 제한되는 것을 본질적으로 함축한다. 이 제한이 우리가 갖기를 원하는 무언가를 우리에게서 자동으로 앗아 가는 것은 아니다. 오히려 이 제한은 사회적 자유를 가능케 하는데, 만약에 사회적 자유가 없다면, 우리는 스스로 유의미하다고 느끼는 것들 중 거의 전부를 아예 할 수 없을 터이다. 그렇기 때문에 우리가 원초적으로 자유롭다는 견해는, 〈만약에 타자들이 없다면 우리가 모든 것을 할 수 있을텐데〉라는 내실 없는 생각에 불과하다. 실제로 타자들이 없다면, 우리는 가장 하고 싶은 것들 중 거의 전부를 전혀 하지 못할 터이다.

그리고 바로 그런 제한이야말로 우리가 말하는 근본적 자율이다. 우리는 우리의 재량 공간을 제한함으로써 확장할 수 있다. 왜냐하면 개인의 자유는 오직 사회적으로만 실현될 수 있기 때문이다.

하지만 우리 자유의 제한에 관한 세부 사항은 정당화를 필요로 한다. 제한은 법적인 의미에서 적절한 수준이어야 할 뿐 아니라 또한 도덕적 사실들에 부합하고 따라서 가치들에 부합해야 한다. 그러므로 민주주의 법치 국가는 자신의 조치를 양심에 비추어, 또한 기타 윤리학의 방법들로 검사할 준비가 되어 있어야 한다. 그렇기 때문에 우리는 판사, 정치인, 기타 사회적 결정권자가 최소한의 도덕적 자격을 갖출 것과 필요할 경우 자신의 행위를 명시적으로 정당화함으로써 그 자격을 증명할 것을 기대한다.

여기까지는 아무런 문제가 없다. 하지만 이런 생각들은 또 다른 이원주의를 유발할 위험이 있다. 즉 우리가 공적 논쟁에서 흔히 〈자유냐, 안보냐〉라는 물음으로 접하게 되는 양극 사이의 갈등이 발생할 수 있다. 자유는 원래 자율을 의미하고, 본질적으로 타인들의 역할은 나의 자율을 제한하라는 정당한 요구를 제기하는 것이라면, 결국 사회는 거대한 자유 제한으로 느껴진다. 하지만 내적, 외적 안전이 없으면 자유는 불가능하며, 자유가 없으면 내적, 외적 안전은 불가능하다. 사회는 자율적인 주체를 짓누르는 짐이 되지 말아야 한다. 이 생각은 사르트르 실존주의의 중심에 놓여 있다. 사르트르가 보기에 타인들은 한편으로 필수 불가결하지만, 다른 한편으로 주로 짐이 된다. 이 견해는 인간의 〈반사회적 사회성ungesellige Geselligkeit〉[52]이라는,

자주 인용되는 칸트의 문구와 들어맞는다.

하지만 이 견해는, 우리가 하고자 하는 것들 중 대다수는, 이미 언급했듯이, 오직 우리가 그것을 타인들과 함께, 그리고 타인들을 위해서 하기 때문에 가능하다는 점을 간과한다. 따라서 타인들은 나의 자율을 제한하기만 하는 것이 아니라, 나와 함께 사회적 사실들을 만들어 냄으로써 나의 자율을 지원하고 확장한다. 혼자서 축구를 하고자 하는 사람은 진정한 축구를 경험하지 못한다. 반면에 타인들이 함께 있으면(선수들과 심판만 있더라도), 행위자들의 자율은 제한된다. 왜냐하면 선수라면 누구나 골을 넣고자 하는데, 타인들이 그 자리에 있는 것은 바로 골을 막기 위해서이기 때문이다. 그러므로 자율과 사회화가, 혹은 개인성과 사회성이 개념적으로 맞선다는 견해는 틀렸다.

그리고 이 대목에서 헤겔을 주목할 필요가 있다. 헤겔에 따르면, 우리의 자율을 사회 및 사회적 강제와 맞선 자유 의지로 파악하는 것으로는 불충분하다. 왜냐하면 그런 접근법으로는 어떻게 사회적 자유가 가능한지 이해할 길이 없기 때문이다. 하지만 우리는 사회적 자유가 존재함을 안다. 알다시피 원활한 보건 및 교육 시스템에 의지할 수 있고 심지어 (안타깝게도 독일에서는 몇 년 전부터 상상조차 할 수 없게 된) 잘 작동하는 기반 설비(예정 시각에 정확히 도착하는 열차!)에 의지할 수 있는 사람의 재량 공간은

북한 같은 궁핍한 독재 국가에 사는 사람의 재량 공간보다
더 넓다.

사회적 자유의 본질은 우리가 타인들의 자율과 협력
함으로써 우리의 자율을 확장하는 것에 있다. 그러
므로 사회는 사르트르풍의 지상 지옥이 아니다. 즉
그 안에서 모두가 서로를 제한하는 그런 장소가 아
니다. 오히려 사회는 개인적 자유를 도덕에 기초하
여 제한함으로써 우리 각자의 재량 공간을 확장하기
위해 형성된 조직이다. 우리는 그 제한을 자발적으
로 받아들이는데, 이는 더 많은 사회적 자유를 얻기
위해서다.

헤겔이 『법철학 강요』에서 지금도 모범적이라고 할 만한
방식으로 보여 주듯이, 의지는 선(先)사회적이거나 사회
와 무관하거나 반(反)사회적인 능력이 아니다. 오히려 〈의
지의 이념은 [······] **자유 의지를 의지하는 자유 의지다**〉[53]라고
헤겔은 말한다. 이 견해에 따르면, 법은 이 같은 사회적 자
유의 이념의 실현, 혹은 헤겔의 표현으로는 그 이념의 〈현
존재Dasein〉다.

그리하여 우리는 다시 새로운 계몽이라는 프로젝트로 돌아온다. 새로운 계몽의 출발점은, 자율을 여러 권리의 형태로 요구하고 우리 자신과 타인들에게 여러 의무로서 부과하기 위해 우리가 함께 노력할 수 있고 노력해야 한다는 것에서 한걸음 더 나아가 우리가 자율 자체를 우리 행위의 규범으로 만들 수 있다는 것이다. 헤겔은 그런 자율을 〈자기를 의식한 자유selbstbewußte Freiheit〉[54]라고 부르는데, 이를 근본적 자율로 간주할 수 있다.

근본적 자율의 핵심은, 우리는 누구이며 누구이고자 하는가에 관한 견해에 비추어 자신의 삶을 꾸려가는 인간의 능력을 가치 원천으로 인정하는 것, 그리하여 우리의 개인적 자율을 항상 타인들의 자율과 비교하며 조정하는 것이다. 이런 식으로 우리는 사회적 자유가 있다는 것을, 따라서 자유는 사회화의 반대가 아니라는 것을 이해한다.

그런데 이 통찰을 유의미하고 명확하게 표현하려면, 근본적 자율과 사회적 자유의 구조에 무엇으로도 대체할 수 없는 실재성이 깃들어 있음을 깨달아야 한다. 무슨 말이냐

면, 인간의 사회성은 단지 우리 각각의 머릿속에 신경학적 재현이나 다른 모종의 상상으로서만 존재하는 것이 아니다. 사회는 실재이며 우리 머릿속에만 있지 않다. 따라서 헤겔이 사회적 자유를 〈객관적 정신〉이라고 부르는 것, 즉 역사적으로 가변적인 조건 아래에서 이성을 보유한 인간들이 실현하는 근본적 자율로 간주하는 것은 옳다. 사회는 자연의 장관(壯觀)이 아니다. 우리는 자연에 온전히 속해 있지 않다.

사람들이 사회적 자유를 위한 제도(아이들의 놀이에서부터 법치 국가까지)를 발전시키는 과정은 단순한 자연적 단위들로부터 더 복잡한 구조가 발생하는 과정과 원리적으로 다르다. 제도를 구성하는 성분 중 하나는 의도이며, 그 의도는 사회철학에서 말하는 〈집단 지향성kollektive Intentionalität〉의 표현이다. 집단 지향성이란, 사람들 사이의 어느 정도는 의도적이고 또 어느 정도는 의도적이지 않은 협력이다. 제도를 떼 지능Schwarmintelligenz으로 환원할 수는 없다. 독일 연방 헌법재판소의 조직과 곤충 국가의 조직은 전혀 다른 유형이다.

사회는 물리학적으로 서술할 수 있는 장 안에서 수많은 요소들과 힘들이 상호작용하여 발생하는 회오리바람이 아니다. 사회는 우리가 각자의 태도를 서로에게 맞추는 것을 통하여, 그리고 각자와 타인들이 무엇을 생각하고 느끼는지를 상징적으로(말로, 글로, 예술적으로, 미디어에 맞게 등) 코드화하여 보여 주는 명시적인 그림을 제작하는 것을 통해 발생한다.

이를 기반으로 삼아 새로운 계몽은 우리가 신뢰의 정신에 참여할 것을 촉구한다. 그 정신이 추구하는 바는 사회의 온갖 다양한 분야가 도덕적 진보를 이뤄 내고 사회적 자유를 증진한다는 명확한 목표 아래 협력하는 것이다. 자본주의는 이익을 향한 탐욕과 인간 및 자연에 대한 착취의 시스템이며 궁극적으로 파괴적이지만 불가피하며 대안이 없다고 일부 사람들은 생각하지만, 신뢰의 정신이 추구하는 협력은 치명적이고 명백히 그릇된 그 생각을 극복한다. 많은 자본주의 비판자가 상상하는 순수한 자본주의는 없다. 오히려 19세기 이래 유럽에서 자본주의는, 이익을 향한 탐욕과 경제 성장과 착취를 주요 동력으로 삼는 사회와 경제는 장기적으로 작동할 수 없다는 간단한 사회주의적인 (그리고 옳은!) 생각을 통해, 점진적으로 제한되었다. 여담이지만 일찍이 애덤 스미스는 사회와 경제가 이익을 향한 탐욕과 경제 성장과 착취를 동력으로 삼아 작동한다는 견해에 반발했다.[55] 많은 사람은 도움이 필요한 사회적 동물들의 협력이 아니라 빠듯한 자원을 둘러싼 경쟁에 기초한 야수 자본주의Raubtierkapitalismus를 불가피하다고 보지만, 이것은 기껏해야 사회다윈주의일 따름이다. 즉 생물학적 개념들을 인간의 사회적 행동에 그릇되게 투사하는 것에 불과하다.

이 대목에서 다시 생명(삶) 개념을 돌아볼 필요가 있다. 유명한 미국 생물학자 린 마굴리스의 연구를 기점으로 경쟁보다 협력이 생물의 진화를 위해 더 근본적이라는 생각이 확산되었다.[56] 일반적인 사례는 공생과 상호주의, 즉 기초적인 생물들(예컨대 지의류를 이뤄 협력하는 박테리아와 조류) 사이에서 일어나는 긍정적 능력들의 교환이지, 빠듯한 자원을 둘러싼 무자비한 경쟁이 아니다. 진화 과정에서 박테리아가 우리의 세포 안으로 들어왔으며 따라서 다양한 생물들의 밀접한 연결이 없었다면 우리는 아예 없을 터라는 점을 실제로 보여 주는 미생물학적 발견들을 근거로 일부 생물학자가 도달한 결론에 따르면, 우리 각자는 생물학적으로 볼 때 개체가 아니라 다양한 생물들로 이루어진 복잡한 연결망이다. 이것 역시 동물 개념을 극복하고 생명을 신(新)다윈주의와 사회다윈주의와는 전혀 다르게 생각하는 한 방법이다.

여기에서 다시 한번 물리학자 겸 복잡성 연구자 디르크 브로크만에게 동조할 수 있다. 그는 마굴리스의 연구와 생명과학이 지난 몇십 년 동안 발견한 기타 사실들로부터 사회적 유토피아를 도출한다.

지난 100년 동안 신다윈주의와 사회다윈주의는 서로를 고무하며 생명과 경제에 관한 치명적인 견해들을 내놓았다. 그 견해들은 고삐 풀린 성장, 독점적인 기업 집단, 균질성, 다양성 상실을 옹호했다. 이제 자연의 가장 성공적인 전략을 배워 사회적 구조들에 도입할 때가 온 것 같다. 그 전략은 협력이다.[57]

사회경제적 실재는 당연히 협력의 근본적 역할을 중시한다. 즉 많은 국가의 사회와 경제는 사회다윈주의자들이 상상하는 것과는 전혀 딴판으로 조직되어 있다. 그렇게 시장 참여자들의 행동과 시장의 수준에서 사회적 자유의 개념을 고려하는 사회적 시장 경제가 이미 존재한다는 점을 제쳐 놓더라도, 21세기에 우리는 의문의 여지 없이 거대한 생태학적 전환의 시대를 맞이했다. 우리가 살아남으려면 화석연료 시대를 끝내고 이제껏 전혀 없었던 방식으로 지구를 공동의 거처로 만드는 데 성공해야 한다. 이와 관련해 브로크만이 지목하는 협력의 생물학은 실제로 진보를 돕는다. 왜냐하면 그 생물학은 동물로서의 인간이 이미 미시적인 세포들의 수준에서 협력에 의존하지 않았다면 존재할 수 없을 터임을 보여 주기 때문이다.

사회적 자유와 삶의 의미

우리는 사회적 자유의 유토피아를 이뤄 낼 수 있다는 자신감을 회복해야 한다. 그 유토피아 덕분에 우리는 사회를 지속적인 도덕적 진보를 보장해 주는 조직으로 이해한다. 도덕적 진보는 항상 다시 위험에 처하는데, 지금 우리는 특히 급격히 대두하는 (실은 케케묵은 민족주의인) 우파 포퓰리즘의 형태로 그 위험을 경험하고 있다. 하지만 코로나 대유행은 **사회적** 자유가 없으면 우리는 생존조차 할 수 없다는 통찰을 북돋는다.

우리의 제도들로 표현되는 인류의 객관적 정신은 실현된 사회적 자유다. 따라서 근대 민주주의 법치 국가의 가치 기반은, 개인들이 자신의 삶 속에서 의미를 발견한다는 것을 훌쩍 능가한다. 우리의 제도들은 예술, 종교, 철학, 과학, 기술과 얽혀 있는 역사를 지녔다. 그 역사로 인해 우리의 제도들에는 가치관들이 녹아들어 있고, 따라서 삶의 의미를 묻는 질문의 대답들이 녹아들어 있다. 따라서 〈국가의 발생을 세속화 과정으로〉 간주하는 것은 궁극적으로 옳지 않다. 비록 헌법 및 행정법 전문가 에른스트볼프강 뵈켄푀르데의 유명하고 악명 높은 논문의 제목은 「세속화 과정으로서의 국가의 발생」이지만 말이다. 이 논문은 다음과 같은 이른바 **뵈켄푀르데 격언**을 포함하고 있다. 〈세속화된 자유주의 국가는 스스로 보증할 수 없는 전제에 의

지하여 생명을 유지한다.)[58]

요컨대 그의 길동무 카를 슈미트와 마찬가지로 뵈켄 푀르데는, 삶의 의미와 관련한 (종교로 대표되는) 가치 설 정은 자유주의 국가의 전제이지만 그 국가에 의해 보증될 수 없다고 여긴다. 하지만 뵈켄푀르데는 제도와 강력한 가 치 설정의 맞섬을 당연시하고, 그 맞섬은 제도가 완전히 세속화되어 있음을 전제하는데, 제도는 인간 존엄에 대한 무조건적 책무의 틀 안에서 제도 스스로 보증할 수 있고 또 보증해야 하는 판단들을 내린다는 점 때문에 벌써, 그 전제는 옳지 않다. 국가는 개인들의 가치 설정으로부터 독 립적인, 어떤 동떨어진 사안이 아니다.

인간 존엄을 존중한다 함은 타인들을, 우리가 무조건 적이며 협상 불가능한 책무를 지고 대해야 할 인간들로 알 아챈다는 것이다. 우리가 인간 존엄을 알아챌 수 있는 한 가지 이유는, 결정이 필요한 상황에서 무엇을 해야 할지 물을 때 우리가 이미 매체Medium로서의 의미 안에 놓인다 는 점에 있다. 의미라는 매체 안에서 우리는 타인들도 의 미를 경험한다는 것을, 그들은 온갖 차이에도 불구하고 기 본적으로 우리와 닮은 주체들이라는 것을 알아챈다. 근대 적 법치 국가의 사명은, 가능하면 모든 사람이 삶의 의미 를 추구할 수 있게 하는 것, 그리하여 도덕적 진보를 이뤄 내는 방향으로 사회적 자유를 확대하는 방법을 우리가 함께 더 잘 깨닫게 하는 것이라고 할 수 있다.

이로써 우리는 삶의 의미에 관한 통상적인 견해의 핵심에 도달했다. 많은 사람의 생각에 따르면, 삶의 의미는 옳은 삶의 길을 선택하는 것에 있으며, 그 선택이 항상 전제하는 바는 사람들이 마치 길잡이별을 향해 나아가듯이 선(좋음)을 추구한다는 것이다. 도덕적으로 배척해야 할 행위들로 점철된 삶의 길을 선택하는 사람은, 다시 한번 칸트의 생각과 표현을 빌리면, 〈행복할 자격이 없다nicht glückswürdig〉[59]고 우리는 느낀다. 그렇다면 끔찍한 독재자나 고문 기술자가 행복하게 사는 경우는 없어야 마땅하다. 칸트의 정의에 따르면, 행복이란 〈삶의 쾌적함이 끊임없이 자신의 현존재 전체와 동행한다는, 이성적인 자(者)의 의식〉이다.[60]

이를 배경에 깔고 삶의 의미를 묻는 질문에 답할 수 있다. 삶의 의미는 우리가 함께 행복할 자격을 갖기 위해 노력함으로써 행복에 도달하는 것에 있다. 구체적인 수준에서 이 대답은, 삶의 의미는 이승에서 우리가 한 행위들의 도덕성을 평가받는 것에 있다는, 세계 종교들에 널리 퍼진 견해와 일치한다. 이 대답에 따르면, 우리는 삶의 변화를 이뤄 내 우리와 타인들이 인류의 도덕적 진보를 위해 함께 노력할 수 있게 되는 것을 추구해야 마땅하다. 경제적으로 작동하는 사회 안에서 그런 식으로 ─ 가치들을 길잡이 삼아 — 살기 위해서는 우리가 함께 도덕적으로 성장해야 한다. 이때 〈도덕적〉이라는 말은, 우리가 모두 인간으로서 인간성을 보유한 결과로 서로에 대한 의무와 권리를 지녔기 때문에 (제도가 그 권리를 정당하게 인정하건 부당하게 짓밟건 상관없이) 하거나 하지 말아야 마땅한 것과 관련이 있다.

칸트는 (경제적으로 생산 가능한) 행복과 (도덕적으로 도달 가능한) 행복할 자격의 조합을 〈최고선das höchste Gut〉[61]이라고 부른다. 최고선은, 우리가 — 좋건 싫건 간에 — 도덕적으로 옳은 것을 알아채고 사회적으로 신중하게 실현하기 마련이라는 점에서 유래한다.

이를 명확히 표현하기 위해서 칸트는 근본적 자율, 곧 〈의지 자체가 절대적 가치라는 생각〉[62]을 명시적으로 인간의 운명으로 간주한다. 다른 생물들과 달리 인간은 개체나 가족의 행복에 도달하기 위한 본능만 보유한 것이 아니라 이성을 보유했으며, 이성은 인류의 안녕에 관심을 기울일 것을 인간에게 요구한다고 칸트는 본다.

유기적인 놈, 곧 삶이라는 목적에 맞게 설계된 놈의 자연적 소질과 관련해 우리가 원리로 간주하는 바는, 그놈 안에서는 모종의 다른 목적을 위한 도구는 발견되지 않고 오로지 그놈 자신에게 가장 적합하고 최고로 알맞은 도구만 발견된다는 것이다. 그런데 만약에 이성과 의지를 가진 놈에서 자연이 추구하는 진짜 목적이 그놈의 **존속**과 **안녕**, 한마디로 그놈의 **행복**이라면, 그놈의 이성을 이 같은 자연의 목적을 이룰 실행자로 간주했다는 점에서 자연은 자신의 조직화와 관련해 아주 형편없는 선택을 한 것일 터이다.[63]

칸트가 (부분적으로 칸트 본인의 결정적인 기여로 발명된) 당대 철학자의 난해한 독일어로 말하는 바를 오늘날에는 당연히 더 간단하게 표현할 수 있다. 나는 칸트의 말을 이렇게 풀이한다. 유기체들은 기능적으로 조직되어 있으며, 그 조직은 까마득한 세월에 걸친 진화적 선택의 결과다. 우리가 보기 위해 눈을 가졌고, 혈액 순환을 유지하기 위해 심장을 가졌다는 것은 우리가 생물로서 우리의 생태 보금자리에 적응했다는 점과 관련이 있다. 만약에 우리가 우리 자신과 후손들의 안전을 위해 매 순간 최대한 안전한 상황을 확보하는 것만이 삶의 의미의 전부라면, 왜 우리가 우리 자신과 타자들을 위험에 빠뜨리는 행위를 이토록 많이 하는지 설명할 수 없을 터이다.

우리의 행위는 흔히 이성적인 생각과 관련이 있다. 예컨대 건강을 유지하려고 피트니스 센터의 회원이 되는 사람은 자신의 자원을 미래의 건강에 투자하는 것이다. 피트니스 센터가 있으려면, 사람들이 운동 장비를 발명하고, 계약을 체결하고, 건물을 짓는 등의 활동을 해야 한다. 이 모든 활동은 활동을 수행하는 자들의 순간적인 안녕만을 위한 것이 전혀 아니며, 상당히 복잡한 계획의 맥락 안에서만 의미를 가진다. 이 활동들은 칸트가 말하는 의미의 이성, 곧 더 큰 맥락 안에서 생각하는 능력을 필요로 한다. 인간 사회를 탐구하면, 거의 모든 사람은 전혀 쾌락주의자에 불과하지 않음을, 바꿔 말해 오로지 순간적인 행복감만 추구하는 것이 전혀 아님을 금세 알게 된다. 오히려 우리는 모두 모종의 방식으로 이성적이다. 즉 장기적인 계획을 세운다. 심지어 우리는 사회가 우리의 장기적 계획 수립을 가능하게 해줄 것이라고 기대한다. 그렇기 때문에 사회적 자유는 우리의 활동들을 위해 필수적이다. 요컨대 우리의 이성 능력의 의미는 단지 우리가 그때그때 순간적으로 쾌적한 삶을 살게 해주는 것에 있지 않고 다른 무언가에 있는 것이 틀림없다.

인간은 사명을 띠었다는 것, 우리가 인류로서 달성해야 할 목적이 우리의 자연(본성) 안에 들어 있다는 것은 삶의 의미에 관한 원조 계몽*의 견해라고 할 수 있다. 한편 우리의 삶은 의미도 없고 목적도 없다는 극단적인 허무주의적 반대 주장은 그 자체로 형이상학적 질문들에 대한 대

* Uraufklärung. 18세기 유럽의 계몽사상.

답이다. 삶의 의미는 기껏해야 최대한 많은 행복 경험을 축적하는 것에 있다고, 혹은 심지어 최대한 많은 재산을 모으는 것에 있다고 믿는 사람은 우리의 자유가 사회적이라는 점을 간과하는 것이다. 좋든 싫든 인류는 결국 운명 공동체다. 이는 코로나 대유행의 시대에, 또한 가까운 장래에 사라질 가망이 희박한 생태 위기로 인해, 우리가 모두 실감하는 바다.

따라서 분명히 밝혀 두는데, 사회적 자유를 지속 가능하게 실현하는 구조들을 창출하여 최대한 모든 인간이 인간들의 공동체 안에서 행복한, 또 행복할 자격이 있는 삶을 살 수 있게 해야 한다는 사명에서 삶의 의미가 드러난다는 통상적인 견해는 방향을 옳게 잡았다. 왜냐하면 우리 인간은 이성을 보유했으며, 따라서 우리가 도덕적 이유에서 서로에게 또 기타 생물들에게 무언가를 빚졌다는 점과 사회적 자유를 점점 더 늘려 가는 유토피아를 실현하는 것이 우리의 사명이라는 점을 깨달을 능력이 있기 때문이다.

삶의 의미를 묻는 질문에 답하려는 이들에게 방향을 제

시하는 이 같은 생각은, 우리의 윤리적 깨달음이나 도덕적 지침이 더 높은 권능의 징표인가, 아니면 더 높은 기원이 없더라도 〈우리의 삶꼴에서 도덕적 요구들이 도출되는가〉라는 추가 질문 앞에서 중립적이다. 선과 중립과 악은 모종의 추가적인 힘이 이것들에 규범적인 무게를 부여하기 때문에 비로소 도덕적 의미를 얻는 것이 아니다. 어떤 사람이 마음에 들지 않는다는 이유만으로 그 사람을 죽여서는 안 되는데, 이는 신이나 자연의 명령 때문이 아니다. 도덕적 사실의 규범적 힘은 오로지 도덕적 사실 자체에서 나온다.

이 대목에서 칸트를 수정하지 않을 수 없다. 왜냐하면 그는 우리가 무엇을 하거나 하지 말아야 마땅한지를 오로지 이성의 요구들만으로부터 도출할 수 있을 만큼 이성이 근본적으로 자율적이라고 생각했기 때문이다. 그러나 도덕적 요구들은 이성에 의해(또한 우리의 느낌과 사회적으로 획득된 감정에 의해) 인식되기는 하지만 제기되지는 않는다. 물에 빠진 아이를 건지는 사람은 이성이 그렇게 하라고 명령하기 때문에 그렇게 하는 것이 아니다. 그는 그 상황의 도덕적 자릿값Stellenwert(위상)을 직관적으로 옳게 평가하기 때문에 그렇게 한다.

요컨대 삶의 의미는 우리가 우리 삶에서 함께 인류 운명 공동체로서 모든 사람이 최대한 좋은 삶을 살 수 있게 하고자(이를 위해 도덕적 진보를 이뤄 내고자) 노력하기 마련이라는 것에 있다는 원조 계몽과 종교들의 견해는 옳다. 이 견해를 **삶의 의미**를 묻는 질문에 대한 계몽적 대답이라고 부르자.

거듭 말하지만, 계몽사상은 신의 존재나 종교의 가치를 반박한다는 의미에서 세속적이지도 않고 종교에 기반을 두지도 않는다. 왜냐하면 도덕적 요구들은, 우리가 인간들이라는 이유만으로 서로에게 빚진 바를 넘어선 무언가에 근거를 둘 필요가 없기 때문이다. 그리고 삶의 의미가 있다는 견해, 그리고 삶의 의미는 인간 자신과 인간의 권능 아래 있는 것들에 대해 책임을 지는 것이 인간의 사명이라는 점에 존립한다는 견해는 전혀 특유하게《서양적》이거나《유럽적》이거나 심지어《유럽 중심주의적》이지 않다. 오히려 이 견해는 까마득한 과거 이래로 널리 퍼져 있으며, 항상 다시 새롭게 획득하고 현재화할 필요가 있다.

자연과학은 삶이 무의미하다는 것을
발견하지 않았다

하지만 이 같은 원조 계몽의 좋은 삶의 비전은 순박하고 허술하지 않을까? 오히려 오늘날 대세는 삶의 의미 따위는 있을 수 없다고 암시하는 세계상인 듯하다. 그 세계상에 따르면, 빅뱅 직후에 발생한 구조들과 힘들로부터 수십억 년 뒤에 행성들이 형성되었다. 그 후 언젠가 적어도 지구라는 한 행성에서 생명이 (언제 어떻게 발생했는지 알려지지 않았지만) 등장했고, 그 생명은 진화 이론의 규칙들에 따라 진화하며 알려진 모든 생물을 산출했다. 이 과정의 잠정적인 끝에 인간이 있다. 인간은 이 과정을 상상할 수 있고, 그러면서 자신이 어떤 유의미한 과정의 중심에 있는 것이 아니라 물질적-에너지적 전체 시스템이 겪는 우주적 진화의 부수 현상에 불과함을, 단기적인 자기의식에 도달한 별 먼지*에 불과함을 통찰한다.

근대 물리학 덕분에 알려진 우주의 광활함 앞에서 인간이 자신을 특별히 중요하다고 여긴다면, 그것은 실제로 터무니없는 자기 과대평가라고 할 만하다. 이런 오만에 맞서 무의미성 의심을 특히 또렷하게 제기한 철학자로 아르투어 쇼펜하우어와 프리드리히 니체가 있다. 니체는 영향력이 큰 논문 「도덕을 벗어난 의미에서의 진실과 거짓말

---

* Sternenstaub. 별이 죽으면서 남긴 먼지.

에 관하여」에서 그 의심을 아래와 같이 표현한다.

태양계들이 마치 뿜어져 나온 것처럼 펼쳐져 깜박이는 우주의 어느 귀퉁이에 옛날 옛적 한 천체가 있었고, 그 천체에서 영리한 동물들이 인식을 발명했다. 그것은 〈세계사〉에서 가장 오만하고 가장 기만적인 순간이었지만, 그저 한순간일 따름이었다. 자연이 몇 번 호흡하고 나자, 그 천체는 굳어졌고, 그 영리한 동물들은 죽어야 했다. ― 누군가가 이런 우화를 지어낼 수도 있겠지만, 그렇게 하더라도 자연 안에서 인간의 지능이 얼마나 보잘것없고, 허깨비 같고, 덧없는지, 얼마나 부질없고 제멋대로인지 충분히 보여 준 것은 아닐 터이다. 과거의 까마득한 세월 동안 인간의 지능은 없었으며, 미래에 인간의 지능이 다시 사라지더라도 아무런 일도 일어나지 않을 것이다. 왜냐하면 그 지능에게는 인간의 삶을 넘어선 다른 사명이 없기 때문이다. 오히려 그 지능은 인간적이며, 오로지 그 지능을 보유한 자와 낳은 자만이, 마치 세계의 경첩들이 그 지능 안에서 열리고 닫히기라도 하는 것처럼, 그 지능을 열정적으로 애지중지한다. 그러나 만약에 우리가 날파리들과 소통할 수 있다면, 그들도 똑같은 열정으로 날아다니면서 자기를 이 세계의 날아다니는 중심으로 느낀다는 이야기를 듣게 될 터이다. 자연에 있는 아무리 보잘것없고 비난받아야 마땅한 것도 저 인식력이 입김을 조금만 불어넣으면 곧바로 고무호스처럼 부풀어 오른다. 모든 짐꾼이 자기를 숭배하는 이들이 있기를 바라는 것과 마찬가지로, 가장 자부심이 센 인간인 철학자마저도 모든 방향에서 우주의 눈들이 마치 망원경들처럼 자신의 행위와 생각을 향해 있는 것이 보인다고 생각한다.[64]

이 인용문에서 니체는 우리의 지능을 자연과 비교하고 우리의 지능이 〈부질없다zwecklos〉는 결론을 내린다. 이 결론을 정당화하는 중요한 근거 하나는, 인간의 지능은 과거에 오랫동안 없었으며 미래에 언젠가는 없어진다는 것이다. 하지만 우리가 자연적 조건 아래에서 — 우리는 이 조건을 결코 완전히 굽어보고 통제할 수 없는데 — 발생했다는 이유만으로, 우리의 지능이나 삶이 무의미하고 부질없다는 결론을 내려도 될까?

니체 본인도 이 결론을 완전히 신뢰하지는 않는다는 점을 위 인용문을 더 자세히 살펴보면 알 수 있다. 무슨 말이냐면, 위 인용문에서 니체가 자연과 자연 안에서 우리의 위치에 관해 들려주는 이야기는 명시적으로 〈우화〉에 기반을 둔다. 그런데 확실히 이 우화는 자연과학의 결론이 아니라, 우리 지능의 도달 범위에 대한 특정한 입장을 자연의 범주들과 비교한 결과다. 따라서 니체가 여기에서 제시하는 바는 우리가 받아들여야 하는 객관적 인식이라기보다 가치 판단에 훨씬 더 가깝다. 니체는 삶이 무의미하기를 바란다. 왜냐하면 익명의 자연적 힘들 앞에서 그는 삶의 의미를 알아챌 수 없기 때문이다.

니체는 위 인용문에서 〈철학자〉를 비판한다. 그러나 그는 삶이 자연적 과정을 통해 발생하므로 부질없다는 결론에 도달하는데, 계몽주의자들과 달리 이런 결론에 도달할 때 그가 하는 바는 다름 아니라 철학이다. 그러나 니체와 달리 우주를 다루는 수학과 물리학에 획기적으로 기여한 근대 초기의 위대한 자연학자 뉴턴과 라이프니츠는 자연을 수학적으로 파악하는 인간의 능력을 도리어 우리의 지능이 특별한 지위를 차지한다는 증거로 간주했다.

이 대목에서 미국 철학자 토머스 네이글의 통찰을 상기할 필요가 있다.[65] 광대한 우주 전체를 바라볼 때 삶은 무의미하다는 견해는 바로 이 견해 자체가 특정한 관점의 귀결이라는 점을 간과한다고 네이글은 지적한다. 우리가 광활한 우주 앞에서 우리 자신을 왜소하다고 느낀다는 점, 그리고 우리의 모든 존재와 행위가 언젠가 흔적 없이 사라지리라는 것을 우리가 안다는 점이 삶의 무의미성을 증명하느냐 하면, 전혀 그렇지 않다. 오히려 그 두 가지 점은 외부 관점을 채택하여 우리의 욕구들에 아랑곳하지 않는 우주를 보아서는 삶의 의미를 알아챌 수 없음을 증명할 따름이다.

네이글은 지난 반세기를 통틀어 가장 유명한 철학 논문 중 하나에서 어느새 속담만큼 유명해진 질문을 제기했다. 〈박쥐로 산다는 것은 어떤 것일까What Is It Like to Be a Bat?〉[66] 네이글에 따르면, 우리는 이 질문의 답을 절대로 알 수 없다. 왜냐하면 우리는 박쥐의 주관적 관점에, 박쥐의 경험에 접근할 수 없기 때문이다. 하지만 초음파 시스템을 이용하여 환경을 탐색하고 동굴 천장에 거꾸로 매달려 있는 것이 어떤 느낌이건 간에, 명백한 것은 우리가 그런 질문들을 제기할 수 있다는 점, 그리고 외부 관점을 채택할 수 있다는 점이다. 더구나 우리는 우리 자신도 외부 관점에서 관찰할 수 있다.

이 맥락에서 네이글이 옳게 강조하는 바는, 세계 종교들은 다름 아니라 신을 외부를 갖지 않은 무언가로 상상함으로써 삶의 의미를 묻는 질문의 답을 마련한다는 것이다.[67] 우리는 우리 자신을 외부에서 볼 수 있다. 즉 우리 자신을 어느 은하단 안의 우연적인 위치에 있는 생물로 간주할 수 있다. 하지만 만일 신은 모든 것을 포괄하며 모든 것 각각에 고유한 의미를 부여하는 실재라면, 신의 현존의 의미를 더는 의문시할 수 없게 된다. 신을 가치 원천으로, 절대적인 좋음으로 이해하면, 삶이 무의미할 수도 있다는 의심은 자연스럽게 불필요해진다. 삶의 의미를 묻는 질문은 가치와 의미의 원천으로서의 신 앞에서 종결된다. 실제로 이것은 일신교 신학들의 주요 주장이며, 이런 연유로 근대 후기에 일부 일신교 신학들은 신을 좋음 그 자체와 동일시했다.

그러나 그토록 멀리까지 가야만 삶의 의미를 발견할 수 있는 것은 아니다. 대관절 왜 이런저런 물리량과 우리 삶의 성취들을 비교한 결과를 근거로 우리 삶이 무의미하다는 결론을 내려야 한단 말인가? 우리가 자연과학 연구를 통해 확인할 수 있는 물리학적 사실들, 생화학적 사실들, 기타 사실들은 삶의 의미에 관한 말은 고사하고 도통 아무 말도 하지 않는다. 삶은 무의미하며 인류가 띤 사명은 없다는 것은 근대 물리학이나 생화학의 연구 결과가 아니다. 네이글은 이렇게 쓴다.

우리가 우리 삶의 부조리성Absurdität을 타인들에게 보여 주려 할 때 들이대는 증거는 흔히 공간 및 시간과 관련이 있다. 실제로 우리는 모두 무한히 광활한 우주 안에 있는 미세한 먼지 알갱이에 불과하다. 우리가 사는 기간은 우주의 잣대는 말할 것도 없고 지구 역사의 잣대로 따져도 한순간에 불과하다. 그 한순간이 지나면 우리는 모든 순간에 죽어 있을 것이다. 그러나 당연한 말이지만, 만일 우리 삶이 부조리하다면, 이 명백한 사실들 중 어느 것의 **귀결로** 부조리해진 것**일 리 없다**. 반대로 우리가 영원히 산다고 가정해보자. 70년 동안 지속되는 삶이 부조리하다면, 영원히 지속되는 삶은 ── 명백한 계산에 따라서 ── 무한히 부조리하지 않을까? 우리가 현재의 크기로 꾸려 가는 삶이 부조리하다면, (우리가 확대되거나 우주가 축소되어) 우리가 우주 전체를 채울 만큼 크더라도 우리의 삶이 덜 부조리할 이유가 있겠는가? 우리가 미미한 하루살이 같다는 식의 생각은 삶이 무의미하다는 느낌과 밀접한 관련이 있는 듯하지만, 그 관련이 과연 어떤 것인지는 전혀 불분명하다.[68]

우주와 비교할 때 우리는 작고 따라서 중요하지 않다는 인상은 인간과 우주의 크기 비율에 대한 중립적 판단이 아니라 가치 판단이다. 물리학적으로 연구할 수 있는 우주가 어떠하건 간에, 자연과학이 확인한 사실들로부터는 삶이 유의미하다는 결론도, 무의미하다는 결론도 나오지 않는다. 비트겐슈타인이 전적으로 옳게 지적했듯이, 삶의 의미를 묻는 질문은 자연과학적 질문이 아니다.

오히려 그 질문은 윤리학적 질문이다. 윤리학이 다루

는 것은, 〈우리가 단지 인간이기 때문에 하거나 하지 말아야 마땅한 것은 무엇인가〉라는 질문이다. 관건은 특정한 조건 아래에서 우리가 누구나 해야 마땅한 것은 무엇인가, 하는 것이다. 그런데 우리 인간은, 우리는 누구이며 누구이고자 하는가에 비추어 삶을 꾸려 가는 정신적 생물이다. 〈우리는 누구이며 누구이고자 하는가〉라는 질문에 대한 답을 인간상이라고 부르자. 우리는 누구나 모종의 **인간상**을 품고 있으며, 그 인간상은 삶의 과정에서 변화한다. 우리는 우리의 인간상과 관련지어 이런저런 방식으로 우리 자신을 특정한 무언가로(동물로, 불멸의 영혼으로, 뉴런 활동 패턴으로, 전생을 끝마치고 다시 태어난 놈으로) 간주한다. 즉 우리는 우리 자신을 규정한다. 나는 이를 **실존적 자기규정**이라고 부른다.

실존적 자기규정 능력 덕분에 우리는 틀을 설정하고 그 안에서 구체적인 윤리학적 가치 판단들을 내린다. 그렇기 때문에 실존적 자기규정은 절대로 가치중립적이지 않다. 우리가 개인적으로 또 집단적으로 어떤 도덕적 나침반을 마련하는지는 우리가 인간인 우리 자신을 무엇으로 간주하느냐에 따라 달라진다.

우리가 의식적으로 또는 무의식적으로 불가피하게 실행하는 실존적 자기규정은 삶의 의미를 대하는 태도로 이어진다. 이 태도가 정합적인지, 바꿔 말해 행위자의 관점에서 더 자세히 들여다볼 때 과연 설득력 있는지 검사할 수 있다. 그런데 우주 앞에서 우리는 중요하지 않음을 자연과학이 보여 줌으로써 삶의 의미를 없애 버렸다는 견해가 갖추지 못한 것이 바로 그 설득력이다. 또한 더 자세히 살펴보면 이 견해는 행위자의 관점에서 불만스럽다. 네이글은 그 이유를 다음과 같은 논증을 통해 흥미롭게 제시한다.

우리보다 큰 무언가에서 삶의 의미를 찾는 것은 당연한 일이다. 우리는 신에서, 인류의 진보에서, 미래 세대의 안녕에서, 과학의 진보에서, 우리가 속한 기업의 성공에서, 스포츠에서 삶의 의미를 찾을 수 있다. 의미를 창출하는 이 모든 프로젝트는 우리의 개인적 삶을 이런저런 방식으로 능가하며 바로 그렇게 능가함으로써 우리의 개인적 삶에 의미를 부여하는 듯하다. 이처럼 개인적 삶을 능가하는 무언가에서 삶의 의미를 찾는 태도를 **실존적 초월** existenzielle Transzendenz이라고 부르자. 우리의 자기규정은 그 자기규정을 능가하는, 또한 그 자기규정이 그 안에 내장되어 있는 무언가로부터 의미를 얻는다. 실존철학자 카를 야스퍼스는 이런 맥락에서 〈둘러싼 무언가das Umgreifende〉를 거론한다.[69] 토머스 네이글은 이렇게 말한다.

그러나 더 큰 전체의 구조 안에서 작동하는 기능은 그

전체가 이미 유의미할 때만 의미를 창출할 수 있다. 그리고 그 전체의 의미를 우리가 이해할 수 있어야 한다. 그렇지 않으면 외견상으로도 우리가 탐색하던 것을 발견한 것 같지 않을 터이다.[70]

둘러싼 무언가는 그 자체로 유의미한 것이어야 한다. 왜냐하면 그렇지 않으면 둘러싼 무언가를 기준으로 삼는다는 것이 행위자 관점에서 볼 때 유의미하지 않을 터이기 때문이다. 그러므로 광활한 우주와 비교할 때 삶이 무의미하게 느껴지는 것은 놀랄 일이 아니다. 실제로 우주는 실존적 의미를 띠지 않았으니까 말이다. 은하들의 천문학적 개수나 시공간의 수학적 구조는 숙고할 가치가 있는 대상들이며, 그것들을 연구하는 사람의 삶이 실존적으로 유의미할 수 있는 한에서, 우리에게 교훈을 준다. 그러나 그 대상들 자체는 어떤 실존적 의미도 제공하지 않는다. 이를 다음과 같은 고전적인 실존주의적 사고실험을 통해 보여 줄 수 있다.

우리가 알프스 지역에서 걷다가 다소 가파른 경사지에 이르렀다고 해보자. 만일 우리가 라인홀트 메스너*의 지도를 받으며 지형을 탐사하기 위해 도보여행을 하는 중이라면, 우리에게 그 경사지는 극복해야 할 난관으로 보일

* 히말라야 14좌를 완등한 전설적인 산악인.

것이다. 왜냐하면 그 맥락 안에서 도보여행의 의미는, 등반하기에 얼마나 어려운가를 기준으로 지형을 평가하는 것에 있기 때문이다. 반면에 우리가 조부모님과 함께 휴양을 목적으로 느릿느릿 산책하는 중이라면, 사정이 달라진다. 이 경우에 그 경사지는 극복할 수 없으므로 우회해야 할 장애물로 보일 수 있을 것이다. (사르트르라면 이렇게 말할 텐데) 그 경사지 그 자체는 실존적 의미가 없으며 단지 우리와 마주할 때만 그 경사지가 의미를 띤다. 우리가 우리 자신을 어떻게 규정하고 우리의 능력을 어떻게 투입하느냐에 따라, 그 경사지의 의미가 달라진다.

우주도 마찬가지다. 우주는 우리에게 얼음처럼 차갑고 위험하며 무한히 큰 황야로 느껴질 수 있다. 혹은 신적인 존재가 남긴 흔적으로 느껴질 수도 있다. 하지만 우주 자체는 실존적 의미가 없으며, 이로부터 실존적 의미란 아예 존재하지 않는다는 결론은 도출되지 않는다!

그럼에도 우주는 실존적 자기규정 프로젝트 안에서 특별한 의미를 지녔다. 왜냐하면 우리는 이런저런 방식으로(이를테면 우리 자신을 자연의 일부로 간주함으로써) 우리 자신을 모종의 다소 포괄적인 전체 안에 놓기 때문이다. 우리는 초월적 외부 관점을 채택하여 그 전체 안에 있는 우리의 삶을 고찰할 수 있고, 그러면 현재 우리에게 대단히 중요하게 느껴지는 것이 덜 중요하게 느껴진다. 예컨대 이 순간, 그러니까 당신이 이 문장을 읽는 순간에 사람들이 경험하는 온갖 것을 생각해 보라. 사람들은 사랑하는 사람과의 포옹이 선사하는 더없이 큰 기쁨부터 심각한 교통사고까지 온갖 것을 경험한다. 내가 이 문장을 쓰는 동안 독일에서만도 수천 명이 코로나 감염병에 걸려 외로움과 불안에 시달리며 중환자실에 누워 있다는 사실, 그리고 우크라이나에서, 또 우리가 관심을 덜 기울이는 시리아, 예멘 등에서 수만 명이 경악스러운 전쟁의 피해를 당하고 있다는 사실은 따로 말할 필요도 없다.

주어진 시점에 한 개인에게 중요하게 느껴지고 삶의 의미를 제공한다고 느껴지는 것이 무엇이건 간에, 우주적인 관점에서 보면 그것이 우스꽝스럽거나 터무니없게 보일 수 있다. 네이글은 이를 다음과 같이 강조한다.

우리의 크기와 수명이 보잘것없다는 지적, 또 인류는 필시 언젠가 지구에서 흔적 없이 사라질 것이라는 지적은 단지 한 발짝 떨어지라는 제안의 은유적 표현일 따름이다. 그 한 발짝 떨어지기 덕분에 우리는 우리 자신을 외부 관점에서 고찰할 수 있고 우리 자신의 삶꼴을 대단히 기이하고 약간 낯설다고 느낄 수 있다. 그럴 때 우리는 마치 다른 별에 사는 놈을 보듯이 아주 멀리 떨어져서 우리 자신을 보는 것처럼 굴며, 그

럼으로써 우리 자신을 어떤 전제도 없이, 세계의 우연
적이고 유별나며 매우 특수한 거주자로, 가능한 무수
한 생물 중 하나로 보는 능력을 발휘한다.[71]

그런데 네이글은 이 대목과 그의 중요한 철학적 저술의 다
른 대목들에서 한 가지 오류를 범한다. 무슨 말이냐면, 우
리가 우리의 삶을 둘러싼 전체의 관점에서 우리 자신을 고
찰할 수 있다는 것으로부터, 그렇게 고찰하면 우리 삶이
우스꽝스럽고 터무니없으며 우연적이고 미미하게 느껴진
다는 것이 항상 귀결되지는 않는다. 오히려 우리는 우주를
신적인 존재의 흔적이나 의미를 창출하는 모종의 과정으
로 간주할 수 있다.

  우리는 우주라는 전체 안에서 우리 자신이 소외되었
으며 우스꽝스럽고 터무니없다고만 느끼는 것이 아니라
잘 보살펴지고 사랑받는다고 느낄 수도 있다. 선배 실존주
의자들과 마찬가지로 네이글도 이 대목에서 사랑을 망각
한다고 비난받을 만하다. 출생, 사랑에 빠짐, 죽음, 심한 질
병 같은 삶의 한계 상황들에서 우리는 둘러싼 무언가가 발
휘하는 힘을 의미 창출로 경험할 수 있다. 그럴 때 우리는
마치 우리에게 일어나는 모든 일이, 심지어 인류에게 일어
나는 모든 일이 어떤 신비로운 의미를 띠고 있다고, 심지
어 우리의 진부한 일상적 관계들마저 심층적 의미를 띤 것

같다고 느낀다. 누구나 모종의 방식으로 겪어 본 이 실존적 경험은 우리를 미미하고 무의미한 존재로 남겨 두지 않고, 우리의 삶은 무의미하지 않음을 우리에게 때때로 보여 준다. 우주를 바라보는 외부 관점과 내부 관점은 양립 가능하다. 다만, 우리는 우주를 보는 외부 관점이 우리의 내부 관점을 포함해야 한다는 점을 깨달아야 한다. 만일 포함하지 않는다면, 우리는 본질적인 무언가를, 곧 우리 자신을 간과하는 것이다.

　나의 취지는 사랑을 찬미하는 것이거나 심지어 고통을 찬미하는 것이 아니다. 둘러싼 의미의 빛 안으로 우리의 삶을 옮겨 놓는 경험들이 있는데, 바로 그 경험들이 반대의 효과를 낼 수도 있다. 죽음과 심한 질병을 의미의 원천으로 간주해서는 안 된다. 오히려 이것들은 대개 의미 경험을 침식하며, 유난히 비극적인 상황에서는 당사자가 다시는 자신의 삶을 유의미하다고 느낄 수 없게 만들기도 한다. 슬픔은 우리를 압살할 정도로 클 수 있다. 이 실존적 사실은 코로나 대유행을 둘러싼 논의에서 너무 쉽게 간과된다. 왜냐하면 우리는 날씨 예보에 익숙해지듯이 매일 보도되는 감염자 수와 사망자 수에 익숙해졌기 때문이다.

　지금까지의 논의가 보여 주듯이, 우리는 둘러싼 무언가의 관점에서 우리 삶을 평가하기 위해 그 관점을 채택할 수 있지만, 우리가 우리의 삶을 우스꽝스럽고 터무니없다고 여기는 결과가 네이글의 생각대로 그 관점으로부터 자동으로 나오는 것은 전혀 아니다. 오히려 우리의 실존적 초월 능력 덕분에 우리는 삶의 의미를 물을 수 있다. 대표적으로 비트겐슈타인의 (쇼펜하우어와 니체를 계승한) 생각과 달리, 삶의 의미를 묻는 질문은 자연과학적으로 답할 수 없더라도 전혀 무의미하지 않다.

정신에서 다시 자연으로

윤리학은 인간 동물을 위한, 사회적으로 용인(容認)할 수 있고 정치적으로 정당화해야 하는 행복 계산법을 개발하는 일로 환원될 수 없다. 우리 삶의 기본적인 상태들인 고통과 쾌락이 적절한 비율을 이루게 하는 것, 쉽게 말해 고통을 피하고 쾌락을 추구하는 것이 윤리학의 유일한 관건이라는 생각은 틀렸다. 왜냐하면 우리가 무릇 가치 판단을 내릴 수 있기 위해 채택하는 관점은, 우리는 누구이며 누구이고자 하는가에 관한 견해에 비추어 삶을 꾸려 가는 우리의 능력들이 발휘되는 것을 전제하기 때문이다.

나는 그 능력들을 뭉뚱그려 **정신** 개념 아래 포섭한다.[72] 인간이 정신적 능력들을 보유하려면, 그 능력들이 사회적 자유라는 조건 아래에서 육성되어야 한다. 따라서 우리의 삶은 오로지 타인들의 삶과 맺은 관계 속에서만 의미를 띤다. 삶의 의미와 직결된 우리의 실존적 자기규정은 모든 구체적 가치 판단의 기반이다. 기반이 탄탄한 가치 판단을 내릴 수 있으려면, 윤리적 판단 능력을 육성하는 사회적 구조가 필요하다. 바로 그렇기 때문에 새로운 계몽은 만인을 위한 윤리학을(구체적으로는, 늦어도 초등학교에서 시작하는 윤리학 수업을) 촉구한다. 이는 우리가 다함께 사회적 자유의 증진과 삶의 의미에 관해 의견을 교환할 수 있기 위해서다.[73]

우리는 인간 동물로서 끊임없이 우리 안팎의 자연과 맞닥뜨리기 때문에, 정신의 삶은 자연으로부터 분리된 정신의 청명한 발현이 아니라 여러 과정에 항상 속박되어 있고, 우리는 그 과정들을 미디어, 문학, 과학 등에서 부분적으로만 파악할 수 있다. 따라서 우리의 취약성, 우리의 동물임은 우리가 최고 수준의 인간적 자기 인식에 도달하는 상황에서도 나타난다.

정신의 삶에서 정신과 자연이 만난다. 따라서 정신과 자연은 우리의 삶 안에서 얽혀 있다. 이 같은 정신과 자연의 얽힘Verschränkung은 부분적으로만 자연과학적으로 연구될 수 있다. 왜냐하면 실존적 자기규정은, 바꿔 말해 정신은 자연을 능가하기 때문이다. 우리의 정신적 삶이 끝날 때 비로소 우리는 완전히 자연과 융합한다. 우리가 살아 있는 동안, 우리는 우리 안팎의 자연으로부터 거리를 둔다. 물론 정신과 자연이 상호 독립적인 두 실체 혹은 실재로서 존재한다는 뜻은 아니다.[74] 정신과 자연은 인간임 안에서 연결되어 있다.

생물로서 우리는 음의 엔트로피를 산출하는 과정에 의지하여, 즉 세포에 기초한 우리의 유기적 구조가 환경의 압력에도 불구하고 존속하는 것에 의지하여, 구체적인 형태를 유지한다. 환경 혹은 자연은 항상 그 자체로 우리의 유기체가 직면한 위험이기도 하다. 인류의 실존적, 생태적 위기를 극복하기 위해 우리가 모종의 방식으로 자연으로 돌아가야 한다는 견해는, 환경과 자연은 항상 이미 우리에게 위험했고 지금도 그러함을 간과한다. 물론 당연히 우리는 자연적 기반 덕분에, 또 그 기반을 활용하며 살아간다. 우리는 세포에 기초한 영양분을 섭취하고, 박테리아를 비롯한 생물들이 우리가 존재하기 이전의 까마득한 세월에 걸쳐 생산한 산소를 포함한 공기를 호흡한다. 또한 우리가 거처를 짓기 위해 투입하는 모든 재료는 지구에서 천연자원의 형태로 발견된다. 그 재료들은 과거에 생명의 순환 과정에 속해 있었다(이와 관련해서도 박테리아, 식물, 지의류 등이 본질적인 역할을 한다).

하지만 이로부터 우리가 자연을 굴복시키고 통제하고 지배해야 한다는 결론이 도출되지는 않는다. 어차피 우리는 그렇게 할 수도 없다. 모든 생물은 조만간 환경의 압력에 굴복한다. 자연이 자신의 권리를 관철하고, 우리는 해체된다. 이런 일이 언제 어떻게 벌어질지 우리는 모른다. 소크라테스 이전 철학자 아낙시만드로스는 이 사정을 호소력 있는 문구로 표현했는데, 아래와 같은 그 문구는 **아낙시만드로스의 격언**이라는 이름으로 전승된다.

> 필연에 따라 존재자들의 소멸도 그것들의 원천을 향해 진행된다. 왜냐하면 시간의 질서에 따라 존재자들은 서로를 정당하게 대우해야 하고 부당함을 서로에게 배상해야 하기 때문이다.[75]

우리가 아는 한에서 우리의 정신은 신체에 속박되어 있다. 즉 우리의 정신이 있으려면, 반드시 물리학적, 생화학적, 신경학적 — 한마디로 자연적 — 조건들이 충족되어야 한다. 그러나 정신이 그 조건들과 동일한 것은 아니다. 무슨 말이냐면, 자연은 정신이 있기 위한 필요조건이지만 충분조건은 아니다. 만약에 충분조건이기도 하다면, 모든 자연적인 것이 또한 정신적일 터인데, 실제로는 그렇지 않다.[76] 아낙시만드로스는 자연의 변화가 곧 자연의 안정성임을 최초로 깨달은 인물 중 하나다. 이 깨달음으로부터 그는, 모든 자연적인 것(아낙시만드로스의 표현으로는 존재자)의 원천은 우리가 아는 어떤 것과도 동일시될 수 없다는 주목할 만한 결론을 도출했다. 아낙시만드로스는 그 원천을 무한(토 아페이론to apeiron)이라고 부른다.

앞으로 3장에서 더 자세히 다룰 어떤 측면에서 오늘날 우리는 아낙시만드로스를 능가하지 못했다. 물론 우리는 자연적 변화의 구체적 구조들을 훨씬 더 많이 안다. 왜냐하면 우리의 수학적 기법들과 과학적 장치들이 근대에 전례 없이 또 급격하게 발전했기 때문이다. 아낙시만드로스는 바이러스, 세포, 전자, 탄소, 은하를 전혀 몰랐으며, 자연 지수함수나 벡터 해석학에서 등장하는 나블라 연산자*도 마찬가지였다. 그러나 우리가 자연을 아무리 정확히 분석하고 거듭 등장하는 단위들로 아무리 잘 분해하더라도, 우리는 모든 자연적 과정을 포괄적으로 이해하지 못하며 적절한 모형을 통해 설명하지 못한다. 실은 이것 역시 근대적인 수학, 자연과학, 기술의 진보 덕분에 우리가 도달한 깨달음이다. 물론 이 사정을 더 정확히 해명하는 것은 과학철학과 인식론의 과제이지만 말이다.[77]

이것만큼은 확실한데, (2022년 현재) 인류는 자연 전체를 인식하고 설명할 수 있는 대상으로 해석해 놓은 수준으로부터 얼마나 떨어져 있는지 모를 정도로 멀리 떨어져 있다. 우리가 아낙시만드로스 이래의 마지막 포괄적 자연이론으로부터 과연 얼마나 진보했는지조차 우리는 알지 못한다. 그러므로 우리는 다름 아니라 바로 자연과학적 영

* 델 연산자라고도 하며 기호는 ∇이다.

역에서, 온갖 감탄스럽고 기쁜 성취들에도 불구하고, 인식적 겸손을 훈련해야 마땅하다.

또 만연한 추론 오류를 피해야 하는데, 나는 그 오류를 **동일성 함정**Identitätsfalle이라고 부르고자 한다. 이 추론 오류는, 특정한 자연적, 유기적 조건들이 충족될 때만 정신이 등장한다는 것으로부터 그 조건들이 정신을 위한 필요조건일 뿐 아니라 충분조건이기도 하다는 결론을 내린다. 동일성 함정에 빠진 사람은 정신이 그 조건들과 동일하다고 여긴다.

엄밀히 말하면, 우리는 자연적 조건들이 정신을 위해 필수적인지조차 알지 못한다. 만약에 인류의 태반이 믿는 유일신, 신들, 천사, 불멸의 영혼, 기타 무수한 형이상학적 대상들이 실제로 존재한다면 삶의 의미는 초월과의 접촉에서 나온다는 생각을 간단히 일축할 수는 없을 터이다. 프리드리히 실러는 이 사정을 아래와 같은 시적인 언어로 표현한다.

세계의 주인은 친구가 없어

결핍을 느끼다가 정신들을,

그의 행복을 비추는 행복한 거울들을 창조했네!

그 최고 존재는 동등한 자를 발견하지 못했고,

온 영혼 나라의 잔에서 **그를** 향해

거품을 일으키며 흘러넘치네 — 무한이.[78] *

오늘날 우리는 실러, 예수 그리스도, 예언자 무함마드, 성 힐데가르트 폰 빙엔보다 더 높은 해상도로 자연을 알기 때문에 초월적 실재 영역의 존재를 배제할 수 있다고 주장한다면, 그것은 오만한 짓일 터이다. 자연과학적 연구는 정신을 해체하지 않는다. 다만 그 연구는 다양한 자연과학 분과에서 다양하게 개발된 방법들을 써서 자연을 분석한다. 이른바 기초 연구의 성과 중 일부는 대중에게 알려진다. 왜냐하면 자연과학적 연구는, 기술적으로 또 정치적으로 활용될 수 있으며 우리 모두에게 근본적이고 획기적으로 중요한 성과들을 내기 때문이다. 이에 반발할 이유는 원리적으로 없다. 단, 자연과학적-기술적 진보가 고삐 풀린 혁신으로서 지구를 황폐화하지 않는 한에서 그러한데, 현실에서는 그런 황폐화가 여전히 진행되고 있다. 철저히 과도한 오늘날의 소비 사회를 떠받치는 것은 화석연료

* 헤겔의 『정신현상학』 맨 마지막에 이 인용문의 마지막 두 행이 약간 변형되어 실려 있다.

와 원자력을 비롯한 에너지원들인데, 그것들은 많은 사람의 목숨을 앗아 갔을 뿐 아니라 우리를 자기 절멸의 벼랑 끝으로 내몰았다. 이런 부정적 결과가 발생한 원인 하나는, 자연과학적 기초 연구 자체는, 우리가 그 연구의 성과를 기술적, 정치적으로 평가하고 활용해야 할지, 또 어떻게 그리할지에 무관심하다는 점에 있다. 자연과학적 방식으로는 이 질문에 전혀 대답할 수 없다. 이 질문에 대한 과학적 대답은 오로지 정신과학과 사회과학에서만 나올 수 있다.

새로운 계몽은 실은 상당히 간단한 이 통찰을 우리에게 맡겨진 과제로서의 사회 설계의 중심에 놓는다. 그 과제는 우리 모두의 몫인데, 왜냐하면 우리는 저마다 다양한 정도로 도덕적 통찰의 능력을 지녔기 때문이다. 그런데 우리는 저마다 다른 도덕적 사실들에 익숙하다. 왜냐하면 우리는 저마다 특유한 난관들을 극복하며 자신의 삶을 꾸려 가기 때문이다.

정신적 생물로서 우리는 **이중적인 삶**을 꾸려 간다. 물론 그렇다고 해서 우리가 양생 이론의 주장(98~104면 참조)대로 두 개의 삶을 사는 것은 아니지만 말이다. 한편으로 우리는 생존해야 하고, 이를 위해서는 신체화된 우리를 위해 필수적인 유기적 과정들이 일어나야 한다. 의문의 여지 없이 우리의 신체는 자연적 조건들에 종속되어 있고,

그 조건들은 자연과학적으로 연구될 수 있다. 어떻게 백신이 병원체에 맞서는 면역 시스템을 강화하는가, 하는 것은 정신과학적 질문이 아니며 정신과 영혼이 답할 질문도 아니다(정신과 영혼이 복잡한 심신 상관 의학적 방식으로 면역 시스템과 관련되어 있긴 하지만). 하지만 우리 자신을 우리의 생존으로 환원해서는 안 된다. 왜냐하면 정신의 삶은 우리 유기체의 생존을 보살피는 일 이상의 것을 우리에게 요구하기 때문이다. 만약에 우리가 정말로 우리의 신체와 동일하다면, 타인들에 신경 쓸 이유가 없을 터이다. 우리는 단지 우리 자신의 이익을 위해 타인들을 도구화할 따름일 것이다. 그렇다면 윤리학은 기껏해야 다소 가축화된 포유동물들의 생존 투쟁을 위한 전술로 환원될 터이며, 우리는 진정한 윤리학을 더는 거론할 수 없을 터이다.

물론 우리가 우리 자신과 마찬가지로 포유동물로 분류하는 생물을 비롯한 다른 생물들은 우리와 달리 그들의 신체와 동일하다고 주장하려는 것은 아니다. 돌고래, 고릴라, 개, 고양이의 많은 행동은 그들이 우리와 유사하게 느낌과 의식 상태를 지녔음을 보여 준다. 나는 이를 의심하고 싶지 않다. 자연 안에 의식과 정신이 얼마나 광범위하게 존재하는지 우리는 모르지만, 의식과 정신이 인간에게 국한되어 있지 않다는 점은 잘 안다. 하지만 거듭 강조하는데, 이로부터 우리가 우리 자신을 기타 생물들로부터 충분히 구별할 수 없다는 결론이 나오는 것은 아니다. 우리의 정신적, 문화적 활동은 다른 생물들의 활동과 비교할 때 한마디로 여러 면에서 전혀 다른 유형이니까 말이다. 그러나 이로부터 다른 생물들은 동물들로서 결함 있는 인간들이라는 결론을 내려서도 안 되고, 우리는 모두《동물》이므로 우리를 기타 생물들로부터 구별하게 해주는 모종의 특징을 우리와 그 생물들이 궁극적으로 공유하고 있다는 결론을 내려서도 안 된다.

정신과 자연은 삶의 의미 안에서 서로 얽혀 있다. 다른 글에서 나는 이렇게 쓴 바 있다.〈인간 삶의 목표요 의미는 좋은 삶이다. **좋은 삶**gutes Leben의 핵심은, 우리가 우리 자신을 더 높은 보편적 도덕성을 발휘할 능력을 갖춘 생물로 파악하고 목적들의 나라에 속한 책임 있는 행위자들로 만드는 것에 있다.〉[79] 좋은 삶은 지상에서의 삶이 끝난 후에 비로소 시작되지 않는다(그 후에 아무튼 무언가가 시작될지, 시작된다면 무엇이 시작될지는 별개의 문제다). 삶의 의미는 이미 여기 낮은 곳에서도, 이승에서도 성취될 수 있어야 한다. 이 점에서는 니체와 헤글룬드 같은 사상가들이 옳다(225면 이하 참조).

우리는 정신적 생물로서 신체화되어 있다. 우리는 다칠 수 있는 약한 동물이며 이 사정을 의식하고 있다. 우리는 우리의 동물성을, 인간의 동물임을 떨쳐 내고 극복할 수 없으며, 꼭 그렇게 해야 삶의 의미를 발견할 수 있는 것도 아니다. 오히려 이를 인정할 필요가 있는데, 우리 생존 꼴의 자연적 조건은 우리의 의미 추구의 기반이다. 그리하여 자연과 정신은 삶의 의미 안에서 서로 얽힌다.

이 얽힘으로 인해 우리는 본질적으로 사회화되어 있다. 왜냐하면 정신은 인간 사회의 형태로 펼쳐지기 때문이다. 그렇게 정신을 펼침으로써 우리는 우리 생존의 자연적 기반을 끊임없이 변화시킨다. 그러나 우리는 이 활동이 일으키는 결과들을 꿰뚫어 보지 못한다. 오히려 고삐 풀린 산업화가 자연과학적-기술적 진보와 인간적, 도덕적 진보의 계몽적 동맹을 무력화한 이래로 우리는 가속하는 쳇바퀴 안에 갇혔다. 근대의 회전 속도는 우리를 눈멀게 하여 우리가 모르는 것을 보지 못하게 만드는 경향이 있다. 그 결과는 우리 사회 전체가 그때그때의 순간적 충동에 굴복하는 것이다. 이것은 근대의 질병이며, 이 질병은 특히 스마트폰이 발명되고 소셜 네트워크, 온라인 미디어 등이 득세한 이래로 거침없이 퍼지고 있다.

디지털화된 주체는 모든 순간적 인상에 선뜻 몰두한다. 왜냐하면 자신이 욕망한다고 여기는 바에 이르는 길을 그 인상이 일러 주기 때문이다. 그런 주체의 정신없는 충동에 맞서 정신을 방어해야 한다는 호소는 케케묵은 철학의 상아탑에서 나오는 〈세상 물정 모르는〉 발언이 아니다. 정반대로 우리 자신이 정신적 생물이라는 점을 상기하는 일은 새로운 유형의 **테크놀로지**Technologie를 향한 첫걸음이요, 지식의 한계와 성장의 한계를 진지하게 받아들이는 것에 기초하여 기술과 자연과학과 경제를 다루는 새로운 태도를 향한 첫걸음이다. 모든 것을 할 수는 없다. 인간은 미래에도 취약하고 죽음을 면할 수 없을 것이다. 우리는 우리가 지배하고 조종하기는커녕 절대로 꿰뚫어 볼 수조차 없는 과정들에 의존하며, 앞으로도 그러할 것이다.

전례 없는 가속의 시대에 인류가 정신을 차리기 위해 필요한 것은 다음 사실을 인정하는 무지의 윤리학이다. 자연과학적 연구에서도 충분히 입증된 그 사실은 우리의 지식에 관한 것이다. 즉 우리는 자연에 관한 지식을, 인류가 직면한 기후 위기를 오로지 현재의 기술적 자원으로만 극복하기에 충분할 만큼 보유하고 있지 않다. 이 사실로부터 내가 도출하는 결론은 근본적으로 새로운 반성이, 의식의 전환이 필요하다는 것이다. 그 의식의 전환은 지속 가능한 문화 활동을 육성하는 것을 포함해야 한다. 그런 활동의 간단한 — 당장 떠오르는 — 예로 독서를 들 수 있다. 책을 읽는 사람은 최소한 책을 읽는 동안에는 지구를 파괴하지 않으며, 디지털 〈주목 경제Aufmerksamkeitsökonomie〉(도시계획가 게오르크 프랑크의 표현) 안에서 우리가 순식간에 잃어 가는 차분함을 되찾는다.[80] 우리의 주목을 짜내고 우리를 항상 다시 화면 앞으로 유혹하는 〈정신적 자본주의 mental capitalism〉는 아름답고 새로운 세계로 이어진, 에너지 중립적이며 지속 가능한 길이 아니라, 오히려 근대의 자기 파괴적 삶꼴의 일부다. 인간적이며 따라서 도덕적인 진보를 우리의 자기규정의 중심에 놓는 인간상 및 자연상에 기초하여 그 삶꼴을 극복해야 한다.

3장
무지의 윤리학을 향하여

아무리 그래도 자연은 낯설지.
자연을 입에 올리는 이는
자연의 유령 집에 가본 적 없고,
자연의 정신을 풀어헤친 적 없어.

자연을 모르는 이에 대한 연민
그 연민 때문에
자연을 아는 이는 자연에 다가갈수록
자연을 더 모르게 되네.

— 에밀리 디킨슨

우리는 동물로서 자연의 일부다. 또한 우리는 정신적 생물로서 자연에 완전히 들어맞지 않는다. 이 분열은 우리의 동물 개념으로, 따라서 삶을 대하는 우리의 태도로 표현된다. 이런 바탕 위에서 근대인은 삶을 무의미한 무언가로, 혹은 우리가 거기에 의미를 부여해야 하는 무언가로 느낀다. 삶이 실은 갖지 않은 의미를 우리가 삶에 부여해야 한다는 것이다. 자연은 오로지 물질적-에너지적 과정들로 이루어졌고, 그 과정들로부터 어느 시점엔가 삶(생명)이 발생했는데, 어떻게 삶에 의미가 있겠는가? 의미는 동물들이, 어쩌면 오직 인간이 자신의 삶과 생존이라는 과제를 처리하기 위해 만들어 내는 무언가일 수밖에 없는 것처럼 보인다.

이 같은 근대적 태도는 흔히 막스 베버가 주목한 〈세계의 탈마법화〉와 관련지어진다. 실제로 베버는 이렇게 쓴다.

이처럼 지성화Intellektualisierung와 합리화의 증가는 인간이 종속된 삶의 조건에 대한 일반적 지식의 증가를 의미하지 **않고** 무언가 다른 것을 의미한다. 즉 신비롭고 예측 불가능한 힘들은 원리적으로 없음을, 오히려 인간이 모든 것을 — 원리적으로 — **계산을 통해 지배할** 수 있음을 깨달**으려 하기**만 하면 언제든지 깨달**을 수 있다**는 앎 또는 믿음을 의미한다 바꿔 말해 세계의 탈마법화를 의미한다.[1]

베버의 분석에 따르면, 세계의 탈마법화란 실재를 완전히 인식하고 예측할 수 있다는 믿음인데, 더 자세히 살펴보면, 이것은 그릇된 믿음이다. 그리고 이 논점이 3장의 핵심이다.

정신은 자연화될 수 없다. 즉 정신은 완전히 자연과학적으로 설명될 수 없으며 따라서 수학적인 형식 언어로 해독될 수 없다. 이것은 인간과 인간을 둘러싼 환경에 관한 자연과학적 지식을 최대한 많이 축적하여 우리의 개인적 안녕과 모든 인간의 안녕을 위해 활용하려는 노력에 대한 이의 제기가 아니다.

정신이 도달할 수 있는 최고 수준은 자신이 정신임을 파악하는 것이다. 이 최고 수준에서 정신은 자기 인식에 도달한다. 이 자기 인식은 우리의 자연 인식이 제한적이라는 통찰을 포함한다. 이때 우리의 자연 인식도 정신적이다. 즉 그 인식은 정신적 생물로서의 우리에 의해 추진되고, 자연을 인식함으로써 우리는, 우리가 절대로 완전히 통제하고 설명할 수 없는 자연에 우리 자신이 참여하고 있음을 의식하게 된다. 궁극적으로 자연은 우리의 정신으로부터 대체로 독립적이다. 무슨 말이냐면, 우리의 마음에 들건 말건 상관없이, 자연은 자연 그대로 이러저러하다. 자연은 자연에 대한 우리의 견해를 수정하며, 우리는 자연에 대한 견해를 내키는 대로 지어낼 수 없다.

3장에서는 무지를 다룬다. 무지를 아는 것도 앎의 일종이다. 우리가 많은 것을 모른다는 점을 우리는 안다. 그리고 이 앎도 근대에 논리학, 수학, 자연과학의 지식이 진보한 결과로 나온 성과다. 정신과학과 사회과학에서는 이런 무지가 이미 공인된 사실이다. 왜냐하면 이 과학들은 인간이 자기를 이해하고 자신의 역사적 위치를 파악하는 과정들을 다루는데, 이 과정들은 빠짐없이 완전하게 파악될 수 없기 때문이다.[2]

앎은 소중하다. 앎의 본령은 실재가 어떠한지 깨닫는 것이다. 우리처럼 언어 능력을 지닌 동물들은 자신의 앎을 표현하고 타자들에게 알릴 수 있다. 그럴 때 우리는 앎 주장Wissensanspruch과 진실 주장Wahrheitsanspruch을 제기한다. 앎 주장을 제기하는 사람은 성공할 수도 있고 실패할 수도 있다. 즉 앎 주장은 성공 조건에 예속되어 있다.

근대적 지식 사회에서 우리는 과학들이 방향을 일러 줄 것이라고 기대한다. 우리가 시급한 사회적 문제를 해결하려 할 때, 과학들이 우리를 도울 것이라고 말이다. 이 기대는 앎의 가치를 인정한다. 반면에 무지는 평판이 나쁘다. 무지는 어리석음과 동일시된다. 무지는 문제를 해결하고 답을 제공하리라는 기대에 부응하지 못한다.

하지만 이 같은 기대가 타당한지는 더 자세히 살펴보면 언뜻 드는 느낌만큼 자명하지 않다. 과학들의 문제 해결 능력은 과학들이 시급한 사회적 문제를 해결하려 노력하는 것에서 유래하지 않는다. 과학들은 다양한 실재 영역을, 곧 다양한 의미장을 다룬다. 그러면서 과학들은 제각각 다루는 의미장 안에서 무엇이 사실인지를 체계적으로 알아내기 위해 수백 년, 아니 수천 년에 걸쳐 많은 방법을 개발했다. 이때 과학적 연구를 이끈 주요 길잡이는 인식과 진실에 대한 관심이었고, 그 관심에 이끌려 사람들은 과학들의 재료 속으로 점점 더 깊이 파고들었다.

과학들의 재료 속으로 더 깊이 파고들수록, 우리가 개인으로서 또 〈생각 집단Denkkollektiv〉(미생물학자 겸 인식론 연구자 루드비크 플레크의 개념[3])으로서 얼마나 많은 것을 아직 모르는지 더 정확히 파악하게 된다. 과학들은 앎의 경계를 끊임없이 이동시킨다. 그러나 그 이동을 통해 인류가 총괄적인 실재 인식에 얼마나 접근했는지를 과학들이 알 수 있게 되는 날은 영영 오지 않을 것이다. 물론 우리가 많은 것을 모른다는 점을 우리는 안다. 또 우리는 우리가 어떤 사실을 어떤 이유에서 파악하지 못했는지에 관한 추측과 가설을 제기할 수 있다. 그러나 우리는 무지의 영역을 남김없이 탐사할 수 없다. 그리하여 우리 인간의 인식 노력은(따라서 과학들도), 나의 본 대학교 동료 볼프람 호그레베가 동명의 저서에서 사용한 표현을 빌리면, 〈무지의 메아리〉를 일으킨다.[4]

이를 배경에 깔고 보면, 우리가 **과학**을 길잡이로 삼아 인류의 역사적, 사회정치적 진로를 결정해야 한다는 것은 순박한 견해다. **당당한 단수형의** 과학이 과학철학적으로 과연 허용되는 표현인지 의문이지만, 허용된다고 전제하고 말하면, 과학이란 실재의 다양한 영역을 연구할 수 있게 해주는 다양한 방법의 집합이다. 이때 심지어 앎의 성공 사례에서도 드러나는 바는 우리가 많은 것을 모른다는 점이다. 인류의 객관적 지식이 — 모든 분야의 과학적 지식의 기여로 — 성장하면, 무지에 대한 우리의 앎도 함께 성장한다.

그런데 과학들이 오로지 인식에 대한 순수한 관심에 의해서만 인도되는 것은 아니다. 물론 그 관심이 과학들을 이끈다는 것은 엄연한 사실이다. 양자 이론의 개발과 같은 세계사적으로 획기적인 도약이 이루어지려면, 먼저 인류가 수백 년에 걸쳐 기초적인 수학적 구조들과 방법들을 발견해 놓아야 한다. 그 발견은 논리적-수학적 관계들에 대한 순수한 인식적 관심을 전제한다. 이 관심이 없다면, 근대 자연과학은 없을 터이고, 따라서 근대 기술도 없을 터이다. 하지만 이 순수한 인식적 관심은 사회적 실천들 안에 내장되어 있다. 누군가가 혼자서만 과학을 연구하는 경우는 절대로 없다. 사람들은 항상 다르게 생각하는 이들과 교류하며 과학을 연구한다. 사회 안에서 산다는 것, 사회적 생물이라는 것이 우리 인간에게 의미하는 바는 수정될 준비가 되어 있어야 한다는 것이다. 당연히 과학자도 예외가 아니다.

앎 주장과 진실 주장의 수정 가능성이 의미하는 바는, 우리가 많은 것을 최종적으로 알 수 있다는 점은 물론 사실이지만, 또한 우리는 다음을 인정할 준비가 되어 있어야 한다는 것, 즉 우리는 우리 자신이 무엇을 알고 무엇을 모르는지를 남김없이 모조리 알지는 못한다는 점을 인정할 준비가 되어 있어야 한다는 것이다. 앎을 획득하는 과정은 영영 종결되지 않으며, 최종적이며 총괄적인 실재 인식은 있을 수 없다.[5] 이로부터 우리가 아무것도 알 수 없다는 결론이 나오는 것은 아니다. 다만, 우리가 모든 것을 알게 되는 날은 영영 오지 않을 것이다. 우리 자신이 무엇을 알고 무엇을 모르는지를 남김없이 모조리 알게 되는 날도 마찬가지다. 과학은 통일되거나 완결되지 않은 조각보로 머무를 것이다.

과학들은 자연과 사회에 개입하는 사회적 실천들 안에 내장되어 있기 때문에 과학을 인식론과 과학철학의 관점에서뿐 아니라 과학윤리학Wissenschaftsethik의 관점에서도 고찰할 수 있다. 과학자들의 활동은 윤리학적 원리들의 규제 아래 놓여 있는데, 유감스럽게도 그 원리들은 과거에 너무 자주 무시당했다. 부분적으로 그 원인은 연구 윤리학과 동물 윤리학이 자연과학 교육 과정에 충분히 포함되어 있지 않은 것에 있다. 우리의 일상적 상호작용을 규제하는 윤리학적 원리들은 실험실 안에서도 유효하다. 인종주의, 여성 혐오, 통상적인 업신여김은 지하철 안에서와 마찬가지로 연구 상황에서도 도덕적으로 배척되어야 한다. 더 나아가 주지하다시피 과학자들은 근대적 대량 살상 무기와 (오늘날 자유 민주주의를 해치는 무기로 활용되는) 디지털 시스템들(예컨대 소셜 네트워크)을 낳은 기술에 기여한다. 우리가 자연을 어떻게 연구하는지, 또 그 연구에서 어떤 기술적 산물이 나오는지는, 우리가 익히 알다시피 (내연기관, 원자력, 동물 실험, 생물 무기 연구, 유전자 연구 등을 생각해 보라) 중대한 윤리적 귀결을 가진다. 따라서 자연에 대한 연구는 절대로 자연 현상에 대한 가치중립적 관찰로 머무를 수 없다. 오히려 자연에 대한 연구는 항상 바람직한 측면과 그리 바람직하지 않은 측면을 가지며, 이 측면들에서 인간적인 가치 판단과 가치관이 표출된다.

자연과학-기술 업계에서 윤리학, 정신과학, 사회과학이 너무 심하게 무시당하는 이유 하나는, 실제로 자연과학이 많은 해악으로부터 우리를 완전히 해방하거나 최소한 많은 해악을 덜어 줬기 때문에, 근대에 우리가 자연과학을 구원을 약속할 능력을 지닌 활동으로 신뢰하는 것에 있다. 자연과학 덕분에 근대 지식 사회는 고도의 기술을 갖췄고, 그 결과로 (특히 부유한 산업 사회에서 사는 사람들을 위한) 안락한 의료 혜택과 편안한 사회가 가능해졌다.

그러나 바로 그런 기술적 발전을 향한 욕망이 근대적 문제 상황을 일으키는 한 원인이다. 자연과학적-기술적 진보와 인간적, 도덕적 가치들의 분리에서, 그리고 영원한 경제 성장과 지상에서의 영원한 건강에 대한 준(準)종교적 약속과 과학들의 결합에서 무수한 병증이 발생했다. 당장 얼마 전부터 다시 불붙은 원자력에 관한 논쟁과 원자폭탄, 우리의 화석연료 사회를 생각해 보라. 자연과학적-기술적 진보가 없었다면, 우리는 부유한 산업 국가들의 생활수준에 도달하지 못했을 테지만 또한 이토록 급격한 기후변화의 난관에 봉착하지도 않았을 터이다. 앎을 반성하는 윤리학은, 우리가 과학 연구를 더 많이 지원하고 과학들을 더 많이 신뢰하는 것으로부터 자동으로 나오지 않는다. 간단히 말하자. 과학들은 구원자가 아니며 종교의 기능을 맡지 말아야 한다. 인간의 앎과 자기 인식에서 과학들은 종교와 전혀 다른 범주에 속한다.

그러므로 과학들과 종교가 갈등 관계라는 믿음은 근대의 오류다. 마치 종교가 과학들을 통해 계몽되고 극복되어야 할 미신이기라도 한 것처럼, 많은 이가 그렇게 믿지만 말이다. 오히려 종교가 그런 미신이라는 견해야말로 미신이다. 왜냐하면 이 견해는 과학들의 실상도 놓치고 종교들의 핵심도 놓치기 때문이다. 자연과학이 예컨대 물리학적으로 연구할 수 있는 우주에 관해서나 우리 신경계의 작동 방식에 관해서나 무엇을 알아내건 간에, 신이나 불멸의 영혼이 없다는 결론은 그 앎으로부터 절대로 도출되지 않는다. 진화생물학의 감탄스러운 성과들은 예컨대 힌두교와 불교가 믿는 환생이 없음을 증명하지 못한다. 힌두교와 불교는 금식 훈련이나 주의력 훈련에 불과하지 않다. 이 종교들은 우리 영혼의 구원에 관한 형이상학적 주장들을 제기한다. 바로 이 같은 구원론적 기능을 한다는 점에서 이 종교들은 자연과학으로 유의미하게 대체될 수 없으며 대체되어서도 안 된다.

사회적 영향력이 큰 여러 과학, 예컨대 물리학, 경제

학, 법학은 연구 과정에서 자연적 실재와 사회적 실재에 개입한다. 이 과학들은 다양한 시스템들의 작동 방식을 탐구하는데, 그 시스템들을 탐구하려면 인간이 개입하여 (실험과 조사를 실시함으로써) 그 시스템들을 변화시킬 수밖에 없다. 이 사정은 최근의 과학철학에서 〈개입주의 Interventionismus〉라는 열쇳말 아래 익숙하게 다뤄진다.[6] 실험(또는 측정) 설계가 탐구 대상(예컨대 전자들)의 행동에 영향을 미친다는 것은 늦어도 양자 이론의 획기적인 발견들 이래로 잘 알려진 사실이다. 또한 베를린에서 활동하는 헌법학자 겸 법철학자 크리스토프 묄러스가 보여 주었듯이, 사회과학이 어떤 규범을 연구한다는 것을 사람들이 알면, 사람들이 그 규범을 명시적으로 시인하거나 거부하는 일이 벌어질 수밖에 없다. 따라서 사회과학이 어떤 규범을 발견할 수 있으려면 그 규범을 암묵적인 사회적 실재에서, 말하자면 살살 끌어내야 한다.[7] 예컨대 주민의 투표 행동을 설문 조사를 통해 연구하는 사람은, 조사에 응한 사람들이 자신의 투표 행동을 새삼 돌아보게 함으로써 주민의 투표 행동에 영향을 미친다. 또한 어차피 법학은 우리의 행동을 연구할 뿐 아니라, 규범들을 명시화하고 기록하고 사회정치적으로 필요할 경우 국가의 재가를 통해 유효화함으로써 우리의 행동을 변화시킨다.

그런데 인식적 관심에서 기인한, 자연 및 사회에 대한

— 예컨대 동물 실험, 인터넷 개발, 생물 무기 연구, 법률의 위헌 여부 심사, 정치적 여론 조사를 통한 — 개입은 윤리학적 함의들을 가진다.

어떤 조건 아래에서 과학자들이 새로운 연구 성과에 도달해야 마땅한가를 다루는 과학윤리학이 있는 것과 마찬가지로, 무지의 윤리학도 있다. 이 3장의 과제는 무지의 윤리학의 기초를 세우는 것이다.

무지의 윤리학의 출발점은, 우리 자신이 많은 것을 모른다는 사실을, 우리가 지식의 진보 덕분에 안다는 점을 인정하는 것이다. 우리는 실재를 남김없이 총괄적으로 이해하지 못한다. 물론 그렇다고 우리가 가짜 뉴스, 〈대안적 사실〉이라 불리는 개소리, 백신에 대한 보편적인 의심을 지지해야 한다는 뜻은 전혀 아니다. 왜냐하면 이 근대적 현상들은 도리어 그릇된 앎 주장의 표현이니까 말이다. 명명백백한 데이터에도 불구하고, 백신이 코로나 대유행을 완화하지 못했다고, 심지어 긍정적 효과보다 부정적 효과를 더 많이 냈다고 주장하는 사람은 무지를 주장하는 것이 아니라 명백한 착각을 앎이라고 주장하는 것이다. 무지의 윤리학은 오히려 우리가 많은 것을 안다는 점을 기반으로 삼으며, 우리가 실제로 아는 바를 의문시하지 않는다. 만약에 의문시한다면, 터무니없을 터이다.

무지의 윤리학의 핵심은, 자연과 정신이 동물로서의

인간에게 어느 정도까지 열려 있고 어느 정도까지 낯설고 은폐된 채로 머무는지를 명확히 드러내는 것이다. 무지의 윤리학은《우리 안팎의》자연이 우리에게 근본적으로 낯설고 앞으로도 낯설 것임을 인정한다. 왜 낯서냐 하면, 우리가 기껏해야 추측만 할 수 있는 것이 무한정 많기 때문이다. 우리의 앎과 무지의 범위를 명확히 특정할 수는 없다. 왜냐하면 아는 바와 모르는 바의 경계선을 **선험적으로**, 곧 순전히 개념적으로 그을 수는 없기 때문이다. 어느 지점에선가 우리는 어쩔 수 없이 자연에 관해 추측하게 된다.

그런데 우리가 기껏해야 추측만 할 수 있는 사항들은 엄청난 귀결을 가지며, 그렇기 때문에 무지의 윤리학은 한낱 **인식적** 절제를 설교하는 것이 아니라 자연의 다름을 깊이 존중할 것을 권고한다. 우리가 동물로서 의존하지만 영영 통제하고 길들이지 못할 자연의 다름을 존중할 것을 말이다.

구체적인 예를 보자. 다른 생물을 괴롭히고 영양 섭취를 위해 죽이는 것은 도덕적으로 배척해야 한다는 견해를 품고 채식주의자로 살아가는 사람은, 만약에 식물도 의식을 지녔고 고통을 느낄 수 있음이 밝혀진다면, 심각한 난관에 봉착할 터이다. 산업화된 경제 시스템 안에서 브로콜리와 꽃양배추를 섭취하는 행위나 성탄절을 위해 전나무

를 베는 행위가 공장식 축산과 다름없이 생물들의 고통을
(심지어 공장식 축산보다 더 많이) 유발한다면, 우리의 환
경 윤리와 식생활 윤리는 근본적으로 바뀌어야 할 터이다.
이 경우라면, 고통을 유발하지 않기 위해 채식을 고수하는
사람은 아무것도 먹어서는 안 될 터이다(당연한 말이지만,
채식을 옹호하는 다른 좋은 근거들도 있다).

인류의 태반이 예나 지금이나 품은 믿음에 따르면, 더
높은 신적인 무언가가 있고, 그 무언가는 우리가 파악하
고 알아챌 수 있는 것들의 수준을 뛰어넘으며 자연과 정신
으로 자신을 드러낸다. 이런 믿음을 뒷받침하는 것은, 인
류의 인간적, 영적, 종교적 욕구를 밀어내고 그 자리를 차
지할 수 있는 완전한 자연과학적, 정신과학적, 사회과학적
세계상을 우리가 가지고 있지 않다는 옳은 느낌이다. 언젠
가는 과학들이 실재 전체를 충분히 잘 설명함으로써 그런
욕구를 극복하고 그 결과로 기술 만능주의적 지상 낙원이
건설될 수 있으리라는 믿음은 그 자체로 바로 그런 욕구가
엉클어져 표현된 결과다.[8]

그러므로 근대 인류가 처한 다양한 위기에 과학적으
로 또 사회적으로 대처하고자 한다면, 앎과 무지 사이의
회색지대를 다루는 법을 반드시 배워야 한다. 그리하여 강
조하거니와 나는 새로운 계몽의 이름으로 더 적은 과학들
을 촉구하는 것이 아니라, 인간의 자기 계몽을 추진한다는

목표 아래 더 많은 과학들을 촉구한다.[9]

　이 자기 계몽은, 우리가 완전한 자연 인식 및 지배라는 환상을 추구하지 않고 인식론적 타당성을 갖춘 윤리학을 길잡이로 삼아 자연의 낯섦과 다름을 무지의 원천으로서 수용하는 것을 포함한다. 자연을 지배하려 하는 사람은 타인들과 비인간 생명도 지배하려 하기 마련이다.

　간단히 요약하자. 앎의 윤리학이 있는 것처럼, 무지의 윤리학도 있어야 한다. 왜냐하면 무지는 인간의 삶에서 중대한 역할을 하기 때문이다. 오늘날 무지는 당면한 위기의 복잡성 앞에서 우리가 느끼는 불확실성으로 표출된다. 오로지 자연과학과 기술에 의지하는 방식으로는 그 위기를 극복할 수 없게 된 지 오래다. 이 마지막 3장은 미래의 무지의 윤리학을 위한 토대의 일부를 입문적이며 바라건대 누구나 이해할 수 있는 방식으로 서술할 것이다. 이를 위해 다시 한번 기초적인 논의가 필요하다.

자연, 환경, 우주

실재는 동물로서의 우리에게 특정한 방식으로 나타난다. 우리의 생리학적 구조와 유전학적 설계 때문에, 또 우리가 살면서 환경에 적응했기 때문에, 모든 개인은 저마다 자기 삶의 다양한 시점에 다른 것들을 의식한다. 우리 인간은 우리를 둘러싸고 관통하는 파동들의 일부만을 색깔, 소리

등으로 경험하며, 자연은 의식 수준에서 우리에게 직접 나타나는 정보보다 훨씬 더 많은 정보를 다른 다양한 유형으로 제공한다는 점을 측정 장치들(현미경, 입자 가속기, 컴퓨터 등) 덕분에 안다. 우리는 사물들, 과정들, 사람들을 항상 실재의 특정한 층 하나에서만 본다. 그 층은 진화 과정에서 그야말로 천문학적으로 긴 세월에 걸친 자연선택을 통해 우리가 모르는 사이에 선정되었다. 여기에서 보듯이, 오늘날 유기체로서 우리의 이러저러함은 복잡한 자연사(自然史)의 표현이다. 그렇기 때문에 인간은 실재를 정신적으로 이해할 때에도 자기를 동물로 파악한다.

자연과학이 특히 지난 200년 동안 깨달은 바에 따르면, 우리 유기체는 다양한 층에서 자연을 파악하면서 구별들을 도입하고, 그 구별들은 개념적 분류 기준이 된다. 예컨대 우리 유기체는 영양분과 유해 물질을 구별하며, 또 다양한 파장의 전자기 복사들을 구별한다. 반드시 의식되는 것은 아닌 이 구별들을 우리는 개념적으로 또 문화적으로 가공할 수 있고, 이 활동은 요리법과 회화로 이어질 수 있다. 요리법과 회화는 우리의 감각들을 가공하여 인간 정신의 (개념적으로 또 문화적으로 제시할 수 있는) 현상들을 만들어 낸다. 우리가 실재를 총괄적인 전체로 경험하는 일은 절대로 없다. 오히려 우리는 의식 있는 삶의 매 순간에 부분 시스템 안에 놓이며 그 시스템을 자동으로 또 의식적으로 완전히 자각하지 못하면서 부분들로 분해한다.

지금 내 앞에는 대접이 놓여 있고, 그 안에는 내가 아직 덜 먹은 아침 식사가 들어 있다. 나는 그것에서 콘플레이크 찌꺼기, 우유, 대접 위로 삐져나온 수저를 구별하고, 또 지금 내 책상용 전등의 빛이 드리워 반짝이는 대접의 안쪽 면도 구별한다. 만약에 내가 그 우유를 현미경으로 관찰한다면, 또 하나의 전혀 다른 의미장이 드러날 터이며, 그 의미장 안에 어떤 대상들이 있느냐는 현미경의 성능에 의해 결정될 터이다. 이때 현미경은 우리가 현미경을 통해 무엇을 인식할 수 있을지 결정하지만, 우리가 현미경의 의미장 안에서 인식하는 대상들과 사실들을 만들어 내지 않는다. 우리가 현미경으로 볼 수 있는 박테리아와 균류는 현미경에 의해 만들어지지 않는다. 하지만 우리에 의해 또 우리를 위해 만들어진 사용자 인터페이스에서 우리가 인식할 수 있는, 박테리아와 균류의 재현은 현미경에 의해 만들어진다.

현미경은 우유를 맨눈보다 더 잘 보지 않는다. 다만 현미경은 다른 층의 사물들을 볼 따름이다. 그것들은 현미경 조작을 통해 확대된다. 현미경이 보는 바도, 맨눈이 보는 바도 유일한 실재 그 자체가 아니다. 오히려 이 둘은 제각각 의미장 인식이다. 이 의미장들은 제각각 하나의 실재 그 자체다. 요컨대 우리가 마주한 실재와 구별해야 하는 유일무이한 실재 그 자체는 없다. 실재가 우리에게 어떻게 나타나는가 하는 것도 단적으로 실재에 속한다. 우리는 외부에서 실재를 바라보고 있지 않다.

우리의 자연 인식은, 우리가 특정한 층의 자연적 실재를 특정한 장치를 통해 파악한다는 사정에 이런저런 방식으로 항상 속박되어 있다. 장치를 뜻하는 그리스어는 오르가논organon이다. 이 단어는 독일어에서 기관을 뜻하는 Organ과 유기체를 뜻하는 Organismus의 어원이기도 하다. 실제로 **기관들**(예컨대 우리의 감각 기관인 눈, 귀, 피부 등)은 진화 과정을 통해 생겨난 장치들이다. 이 장치들 각각은 자신에게 배정된 층의, 자신으로부터 부분적으로 독립적인 실재를 파악한다. **유기체**란 기관들로 이루어진 복잡한 시스템인데, 이때 기관들로부터 다소 차별화된 시스템 전체는 기관들이 어떻게 발달하는지에 부분적으로 영향을 미친다. 인간 유기체 전체는 일반적으로 다소 의식적인 방식으로 영양을 섭취하는데, 이 영양 섭취가 우리의 기관들에 영향을 미친다. 우리가 어떻게 움직이는가 하는 것(예컨대 운동을 정기적으로 하거나 아예 하지 않는 것)도 우리의 기관들에 영향을 미치며, 결과적으로 복잡한 순환 과정들이 발생한다. 당신이 운동을 많이 하면, 심장이 튼튼해지고, 그 영향으로 칼로리 섭취에 변화가 일어나 결국 유기체가 튼튼해진다.

이처럼 유기체는 부분론적mereologisch 순환이다. 즉 유기체 전체가 부분들의 행동을 결정하고, 부분들의 행동이 유기체 전체를 결정한다. 유기체에서 전체는 한편으로 부분들 그 이상이지만, 다른 한편으로 전체가 부분들을 어떻게 능가하는지를 부분들이 결정한다. 그렇기 때문에 유기체의 자연(본성) 안에는 다양한 관점들Perspektiven(간의 관점, 심장의 관점, 뇌의 관점, 피부의 관점 등)이 있다. 영국의 생리학자 데니스 노블은 읽을 가치가 있는 일련의 저서에서 이를 서술하면서 **생물학적 상대성 이론**을 펼친다. 그 이론에 따르면, 유기체 안에서 어떤 부분이 어떤 전체에 영향을 미치는지, 또 그 역방향의 영향 관계가 어떻게 형성되는지는 어떤 기관의 관점에서 보느냐에 따라 달라진다. 그 기관의 관점에서 그 기관의 주변Umgebung은, 우리가 우리를 둘러싼 실재를 비(非)자기Nicht-Selbst 혹은 외부세계로 경험할 때와 똑같이, 환경Umwelt이다.[10]

이때 이를 유념해야 하는데, 경험되는 비자기는 그 비자기를 파악하는 장치로부터 부분적으로만 독립적이다. 그 장치는 오로지 그 비자기와 상호작용하기 때문에(즉 그 장치가 관찰하는 과정들에 그 장치 자신이 개입하기 때문에) 그 비자기를 파악할 수 있으니까 말이다. 예컨대 나는 방금 더 많은 햇빛을 들이기 위해 내 작업실 창의 커튼을 걷었는데, 그 커튼은 내 자기의 일부가 아니다. 그 커튼은 비자기다. 내가 그 커튼을 바라보면, 아원자 규모의 과정들이 일어난다. 예컨대 커튼과 나 사이에서 입자들이 오간다. 내 신체와 커튼이 그렇게 상호작용하지 않는다면, 지각은 전혀 이루어지지 않을 터이다. 이처럼 우리가 의식적으로 지각하는 사물들과 과정들은 항상 우리와 상호작용하며 이 상호작용을 통해 (눈에 띄지 않게) 변화한다.

양자물리학 분야의 몇몇 실험은 양자적 대상을 측정하는 과정이 측정 결과에 놀라운 인과적 영향을 미친다는 점을 명백히 보여 주는데, 그 실험들이 실시된 뒤에야 비로소 우리가 방금 언급한 상호작용을 깨달은 것은 아니다. 그런 실험의 대표적인 예로 유명한 이중 슬릿 실험을 들 수 있다. 그 실험은 측정 행위가 결과에 인과적 영향을 미친다는 점을 극적으로 보여 준다. 대충 설명하면, 이 고전적인 양자물리학 실험의 핵심은 벽을 향해 기본 입자들을 발사하는 것이다. 그런데 그 벽 앞에 또 다른 벽이 있고, 이 두 번째 벽에는 슬릿 두 개가 뚫려 있다. 이때 슬릿들에 장치를 설치하여 입자들을 측정하는지 여부에 따라 입자들의 행동이 달라져서 첫 번째 벽에 파동 패턴이 나타나기도 하고 입자 패턴이 나타나기도 한다. 따라서 ── 또한 다른 많은 실험이 명백히 증명하는 바를 근거로 ── 우리는 측정 장치가 기본 입자들의 행동에 영향을 미친다는 사실을 안다. 똑같은 사정이 생리학적 지각의 층에서도 성립한다.

따라서 양자 이론과 친숙해지기 위해 꼭 우주의 최소 규모 층으로 내려갈 필요는 없다.

우리 주변의 사물들, 과정들, 사람들을 지각하기 위해서는 우리 자신이 그 주변과 인과적으로 연결된 놈으로서 그 주변 안에서 등장해야 한다. 우리는 멀찌감치 떨어진 열쇠 구멍을 통해 실재를 관찰하지 않는다. 우리의 의식적 정신은 주변을 파악하기 위해 비물질적 망원경을 사용하지 않는다. 우리가 어떤 실재를 관찰하건, 우리는 그 실재의 일부다.

물론 이처럼 지각되는 실재가, 우리가 유기체로서 그 실재 안에서 등장한다는 점에 부분적으로 의존한다고 해서, 지각이 실재를 구성하거나 모종의 방식으로 위조한다는 뜻은 아니다. 우리는 자연을 **생산하는** 인과적 과정의 한 부분이며, 그 과정을 통해 우리는 대체로 무의식적으로 자연의 부분들을 선별하고, 그 부분들을 의식적으로 경험한다. 선별은 구성이 아니다. 또 선별은 전혀 비실재적이지 않으며 오히려 우리가 환경과 인과적으로 상호작용하는 것을 기반으로 삼는다.

다시 한번 구체적으로 말하면, 우리가 지각하는 실재는 물질적인 성격을 띤다. 물리학이 명백히 입증했듯이, 오로지 우리가 신체로서 우주와 물질적으로 상호작용하기 때문에, 우리는 우주를 지각함으로써 파악할 수 있다. 우리가 무언가를 볼 수 있으려면, 빛 입자들(광자들)이 우리의 신경 말단에 도달해야 한다. 거꾸로 우리도 열 복사를 방출하고 호흡으로 공기에 영향을 미치는 등의 방식으로 환경을 변화시킨다. 우리는 자연의 사건을 수동적으로 지켜보는 구경꾼이 결코 아니며 오히려 우주의 인과적 구성 요소다.

우리가 지각을 통해 자연의 부분들을 선별하여 관찰한다는 옳은 생각으로부터 우리의 자연 인식이 제한적이라는 결론이나 심지어 우리의 지각이 불가피하게 주관적이고 현혹적이라는 결론이 나오는 것은 아니다. 우리 유기체가 다양한 층에서 자신이 무엇을 어떻게 볼지 선별한다는 것은 우리 유기체가 그런 식으로 실재를 그 관찰되는 층에서 실재 그 자체인 대로 파악한다는 것과 양립 가능하다.

나의 아침 식사가 담긴 대접이 내 눈에 띄는 것, 내 책상 위의 사물 중에서 그 대접이 두드러지는 것에는 틀림없이 진화적 이유도 있다. 대접의 색깔이 눈에 띄는 것은 내가 배경과 구별되는 대접을 그 색깔을 통해 알아볼 수 있어서라고 설명할 수 있고, 대접의 내용물이 눈에 띄는 것은 그 내용물이 영양이 풍부하고 내 입맛에 맞기 때문이라고 설명할 수 있다. 더 나아가 이 상황을 완전히 설명하려면, 당연히 문화적, 사회적, 개인적 요소들도 고려해야 할 터이다. 왜냐하면 인간의 식생활은 오직 주변을 뒤져 칼로리를 얻는 것이 유일한 선택지일 때만 온전히 생존을 위한 칼로리 섭취이기 때문이다. 우리가 극단적인 빈곤과 굶주림을 막기 위해 최선을 다해야 하는 많은 이유 중 하나는, 극단적 빈곤이라는 조건 아래에서는 사람들이 정신의 문화적 삶에 참여하기 어렵게 되고 따라서 심할 경우 인간적인 삶과 인간 존엄의 결정적 측면이 손상되는 것에 있다.

우리의 기관들과 장치들이 그때그때 파악하는 바는 원리적으로 실재 전체가 절대로 아니다. 그것들이 파악하는 바는 이를테면 자연 전체나 우리 삶 전체가 아니라 오히려 제한적이며 열려 있는 전체들이며, 그 전체들은 계속 바뀐다. 내 시야 전체는 여러 층에서 끊임없이 변화한다. 왜냐하면 내가 감각으로 지각하는 자연적 실재 안에서 모든 것은 변화하고 영원히 불변하는 것은 없기 때문이다.[11]

이로써 우리는 개념적 명료화가 필요한 지점에 이르렀다. 이는 인식론적 실타래 하나를 풀기 위해서인데, 개념들을 명료화하지 않으면 우리가 그 실타래에 얽혀 들어갈 위험이 있다.

환경이란 그 안에서 한 삶꼴이 여러 세대에 걸쳐 자기를 재생산할 수 있는 그런 의미장이다. 환경은 생물로서의 우리에게 맞춰져 있다. 물론 환경은 미리 제작된 따스한 보금자리이고 우리가 그 보금자리를 발견한다는 뜻은 아니다. 우리는 환경을 끊임없이 재생산함으로써 변화시킨다. 우리가 환경에 적응하기만 하는 것이 아니다. 우리는 물질대사를 통해 환경을 재구성하기도 한다. 그리하여 우리는 부분적으로 우리에 의해 조형된 환경에 다시 적응해야 한다. **생태학**은 생물들과 그것들의 인과적 주변을 함께 고려하면서 생물들이 시스템에 적응하는 과정과 시스템을 생산하는 과정을 연구한다. 생태학은 환경 과학들의 사고방식이다.

앞서 언급했듯이, 환경 개념은 야코프 요한 폰 윅스퀼에 의해 그의 저서『동물들의 환경과 내부 세계*Umwelt und Innenwelt der Tiere*』에서 도입되었다. 그 책에서 환경 개념은 외부 세계 개념과 대비된다. 외부 세계는 동물과 구별되는 모든 것을 아우른다. 반면에 환경은 한 동물에게, 그의 흥미와 관점에, 맞춰진 의미장이다. 바꿔 말해 환경은 동물이 내장되어 있는, 혹은 윅스퀼의 표현으로는, 동물이 끼워져 있는eingepasst, 실재의 부분이다. 환경은 동물에 의해 의식적으로 또 무의식적으로 조형된다. 이런 의미에서 환경은 동물이 발견하고 깃드는 자리에 불과하지 않다. 윅스퀼은 아래와 같은 유명한 대목에서 성게의 예를 통해 이를 설명한다.

> 다시 한번 핵심을 강조하자면, 성게를 지배하는 것은 통일성을 띤 충동이 아니라 통일성을 띤 계획이다. 그 계획은 성게의 주변 전체를 성게의 조직화에 끌어들인다. 성게는 주변의 유익한 대상들과 해로운 대상들로부터 성게 자신에게 자극이 되기에 적합한 작용들을 선별한다. 이 자극들은 섬세하게 나뉜 수용 기관들 및 중추들과 대응하고, 이것들은 다양한 자극에 다양하게 반응하면서 근육들을 활성화한다. 근육들은 계획된 동작들을 수행해야 한다.
>
> 이처럼 성게도 적대적인 외부 세계에, 성게가 실존을 걸고 잔혹한 투쟁을 벌이는 무대인 외부 세계에 내맡겨져 있지 않다. 오히려 성게는 환경 안에서 산다. 그 환경은 물론 이로운 것들과 더불어 해로운 것들도 품고 있지만, 마치 단 하나의 세계와 단 하나의 성게만 있기라도 한 것처럼 마지막 세부까지 성게의 능력들에 적합하다.[12]

환경은 자연적 실재의 한 부분이다. 그 부분은 해당 유기체의 고유한 자극-반응 패턴에 의해 선택된 범위다. 그런데 성게와 달리 우리 인간은 우리의 환경을 여러 환경 가운데 하나로 파악할 수 있다는 점에서 우리의 환경을 넘어선다. 인간은 자신의 환경이 성게의 환경이나 가젤의 환경과 다름을 알아챌 능력이 있다. 따라서 우리는 이런 질문도 제기할 수 있다. 자연적 실재와 다수의 환경은 어떤 관계일까? 성게, 가젤, 박테리아, 신경세포는 이 질문에 관심이 없다.

환경과 달리 **우주**는 오로지 우리의 수학적-물리학적 모형들을 통해서만 적절히 파악되는 의미장이다. 우주를 간단히 감각으로 경험할 수는 없다. 우주는 좌표 시스템들의 형태로 재현되며, 그 시스템들은 자연적 과정을 최대한 정확하게 점들로 분해한다. 그리고 그 점들에 힘들이 작용한다. 이 모든 것은 원리적으로 상호 번역 가능한 수학의 언어들로 서술될 수 있다. 그리하여 예컨대 기하학적 관계를 해석학적으로 표현할 수 있으며, 그 덕분에 측정 장치들로 포착해야 할 결과를 때로는 엄청나게 많은 계산을 통해 예측할 수 있다. 따라서 이론 물리학은 수학적 기반을 갖춘 사고실험을 통해, 또 방정식을 세우고 푸는 작업을 통해 실험적 시나리오들을 펼칠 수 있고, 이를 통해 이론적 견해를 실험적으로 검증할 수 있다. 이런 식으로 근대 물리학은 이제 아무도 그 전체를 굽어볼 수 없는 경탄할 만한 인간 정신의 업적을 이뤄 냈다.

물리학의 방법들과 이론, 모형, 실험의 순환 관계는 우주에 관한 지식이 근대 이전에는 전혀 없었던 방식으로 진보하는 것을 가능케 한다. 오늘날 우리는 우주를 우리가 아는 모든 규모에서 과거의 인류보다 훨씬 더 잘 이해한다. 그러나 우리가 자연의 순환들을, 다른 생물들의 환경들을, 지속 가능한 농업의 규칙들을, 우주 연구를 통한 자연 지배를 꾀하지 않는 문화들보다 더 잘 이해하는 것은 전혀 아니다.

그런데 근대 물리학의 정말 큰 성과들은 근대 초기의 과학 혁명에서 나오지 않았다. 물론 (두 명의 주인공만 꼽으면) 갈릴레오 갈릴레이와 아이작 뉴턴이 주도한 그 과학 혁명을 통해 물리학의 수학화가 시작된 것은 맞지만 말이다. 가장 큰 도약들은 19세기 후반기에 시작되어 양자 이론과 상대성 이론에 이르는 길을 열었다. 이 두 이론은 당연히 그 후에도 추가로 발전했는데, 그 역사는 많은 문헌에 서술되어 있다.[13]

우주는 수학적으로 표현할 수 있는 구조이며, 우리 장치들의 한계 때문에 우리는 그 구조를 제한적으로만 구체적으로 파악할 수 있다. 따라서 우리가 보는 우주는 항상 한정된 전체이며, 그 전체의 경계는 미래에 새로운 물리학 지식을 통해 또다시 옮겨질 수 있다. 그러나 물리학 지식에는 한계가 있으며, 이는 다름 아니라 특히 성공적인 자연과학인 물리학이 우리에게 가르쳐 주는 바다. 그 한계는 물리학 연구의 표적 시스템인 자연이 역동적이라는 점에서 유래한다. 우주는 팽창하는 중이고(이 팽창 역시 우주론 모형들에서 수학적으로 서술된다) 오늘날의 지식에 따르면 어떤 정보도 빛보다 더 빠르게 전달될 수 없기 때문에, 우리의 장치들로 측정할 수 있는 영역은 특정한 한계 내로 제한되어 있고, 그 한계를 물리학적으로 파악할 수 있다. 시공간적으로 너무 멀리 떨어져 있어 우리에게 정보를 전달할 수 없는 대상은 우리에게 미지의 대상으로 남는다. 간접적으로만 측정할 수 있는 암흑 물질과 암흑 에너지도 마찬가지다. 이것들의 존재는 이론적 결과들과 몇몇 우주론적 관찰에서 도출된다. 요컨대 물리학 연구를 통해서 자연에 관한 모든 것을 알게 되는 날은 필시 영영 오지 않으리라는 것을 우리는 물리학 연구 덕분에 안다.

이 맥락에서 **자연**이란 자연과학적 연구의 표적 시스템, 대표적으로 물리학, 화학, 생물학의 표적 시스템이다. 우주는 수학적 형식 언어와 모형으로 표현될 수 있는 반면, 자연은 다른 많은 방식으로도, 예컨대 지각과 문화적 전승을 통해서도 인식될 수 있다. 자연과 우주는 동일하지 않다.

모든 생명과학적 연구 결과를 물리학적으로 표현할 수 있는 지식수준에 인류가 언젠가 도달하게 될지 오늘날 우리는 모르지만, 그런 지식수준에 도달한다면 다양한 자연과학 분과들이 모두 물리학으로 환원될 터이다. 하지만 궁극적으로 단 하나의 자연과학(물리학)만 존재하는지 여부를 현재로서는 자연과학적으로 판정할 수 없다. 자연이 본질적으로 불균질하기 때문에, 바꿔 말해 자연이 상호 환원 불가능한 다수의 의미장으로 이루어졌기 때문에, 자연과학 분과들이 불가피하게 다양할 가능성도 열려 있다.[14]

다시 한번 윅스퀼의 말을 들어 보자.

누군가가 의심을 품고 나에게 이렇게 묻는다고 해보자. 〈허술한 환경 안에 깃든 나의 왜소한 주체가 무한한 공간 안의 까마득히 먼 곳에서 태초부터 환히 빛나는 별 시리우스에 자신의 법칙을 강제한다니, 그것이 과연 어떻게 가능할까?〉 그러면 나는 이렇게 대답하겠다. 〈그렇게 무한하게 느껴지는 공간에서 위치와 방향을 나타내는 너의 표시들을 제거하라. 그러면 그 공간 전체가 카드로 지은 집처럼 붕괴할 것이다. 또 시리우스에서 너의 시점(時點) 표시를 제거하라. 그러면 시리우스의 현존이 갑자기 삭제된다. 이 모든 것은 당연히 오직 너와 너의 세계에만 적용된다. 자연은 네가 없어도 세계들을 창조할 줄 알 것이다. 주체들을 모두 포괄하는 하나의 무한하고 영원하고 절대적인 세계는 없다. 대신에 세계들, 공간들, 시간들을 가진 주체들을 자기 고유의 자유로운 법칙에 따라 창조하는 엄청나게 강력한 자연이 있다.〉[15]

이 인용문에서 윅스퀼은 자연을 생태학적으로 서술하고 있다. 자연은 생물들을 생산하고, 그 생물들은 특정 대상들에 적응하며, 그 대상들이 그 생물들에게 나타난다. 요컨대 자연은 환경들을 산출한다. 이때 윅스퀼은, 물리학적 관계들을 이론 및 실험에서 객관적으로 표현하기 위해 우리가 사용하는 수학적 모형, 곧 좌표 시스템을 우리 인간의 환경이 투사되어 나타나는 영사막으로 간주하는데, 이 견해를 반드시 따를 필요는 없다. 왜냐하면 이 견해가 함축하는 바는, 우리 인간이 우리의 보금자리를 원리적으로 넘어설 수 없다는 것, 우리가 과학자로서도 성게와 유사하게 우리 자신이 끼워져 있는 실재를 연구할 따름이라는 것이기 때문이다. 만약에 이 견해가 옳다면, 환경들을 산출하는 하나의 〈강력한 자연〉이 있다는 것을 윅스퀼은 대체 어떻게 알까? 그런 자연이 있다는 진술은 우리의 내부 세계를 자연적 실재에(본질적으로 성게와 유사한 우리는 자연적 실재의 존재를 실은 확언할 수 없을 터인데) 투사한 또 하나의 사례에 불과하거나, 아니면 모종의 의미에서 그 진술은 우리의 관심으로부터 독립적인 대로의 자연을 서술하거나 둘 중 하나일 것이다. 만일 후자라면, 생물들은 자연적 실재 그 자체를 파악할 수 없고 단지 자기 환경의 내부만 파악할 수 있다는 주장은 옳을 수 없다. 이 주장은 우리가 1장에서 본 투사 주장의 또 다른 버전이다. 윅스퀼은 우리와 성게를 문제 있는 동물 개념 아래 포섭하기 때문에, 우리가 정신적 생물로서 우리의 환경을 훌쩍 뛰어넘어 생각할 수 있음을 알아채지 못한다. 그런 생각을 위해 우리는 논리학과 수학과 합리성을 보유하고 있다. 그러나 우리의 합리성은 구원자가 아니다. 윤리학적으로 제한되고 규제되지 않을 경우에 우리의 합리성은 최소한 구원에 못지않게 많은 재앙을 가져온다. 이는 사회가 합리적 구성물이어야 한다는 생각을 지난 몇백 년에 걸쳐 강요받아 온 모든 사람이 느끼는 바다.

그 자체이며 자기를 마주한⋯⋯

자연과 정신은 연결되어 있지만 범주적으로 별개다. 이들이 범주적으로 별개라는 말은, 우리가 이들을 개념적으로 분리할 수 있음을 뜻한다. 하지만 이로부터 자연과 정신이 상호 독립적으로 존재할 수 있다는 결론을 내려서는 안 된다.

자연과 정신의 본질적 차이는, 자연은 우리에 의해 인식되는지 어떤지에 무관심하다는 점에 있다. 자연은 그냥 있는 그대로이며, 바로 그렇기 때문에 자연을 인식하기란 쉽지 않다. 우리 인류는 수천 년 동안 발전한 끝에야 천문학적 규칙성을 관찰하는 것을 넘어 기하학적 관계를(특히 모든 시대를 통틀어 필시 가장 천재적인 수학적 발견인 피타고라스 정리를) 천문 현상에 적용한다는 천재적인 생각에 도달했다. 기하학과 천문 관찰이 융합된 심층적인 이유는 없다. 그 융합은 인류사의 어느 시점에 그냥 이루어졌다. 물론 그 융합이 전적으로 우연인 것은 아니며, 사상사적으로 그 융합을 설명할 수 있긴 하지만 말이다.

하지만 인간이 획득한 지식의 역사가 우연적으로 진행된다는 것으로부터 자연이 우리에게 자신을 계시한다는 결론을 내려서는 안 된다. 자연은 자신을 계시하지도 않고, 자연철학자 헤라클레이토스의 짐작대로 〈숨기를 좋아하지도〉[16] 않는다. 자연은 그냥 있는 그대로다. 전통적인 철학의 언어로 말하면, 자연은 **그 자체다**an sich.

이 같은 자연의 면모를 **그-자체임**An-sich-Sein이라고 부르자. 자연의 그-자체임이란, 자연은 우리가 자연을 발견하는 대로 그러하다는 것, 또한 자연은 우리가 자연과학 이론의 형태로 자연을 부분적으로(곧 우주로서) 파악하기에 적합하도록 설계되지도 않았

고 어떤 다른 방식으로 그 파악에 관심을 두지도 않
는다는 것을 뜻한다. 그런데 우리의 자연 지각도 자
연의 그-자체임에 속한다. 왜냐하면 우리 유기체의
자연적 조건들이 전제로 갖춰져 있지 않다면, 우리
의 자연 지각은 일어나지 않을 터이기 때문이다. 지
각은 전혀《순전히 주관적이지》않다.

간단히 말하면, 우리 인간이 자연 현상과 수학적 모형의
연관성을 의문의 여지 없이 천재적으로 발견함으로써 더
깊은 자연과학 지식을 발전시킨 것은 필연이 아니라 일어
나지 않을 수도 있었던 일이다. 우리가 수학적으로, 곧 우
주의 형태로 파악할 수 있는 자연 과정들은 법칙성을 띠고
그런 의미에서 필연적으로 진행하지만, 이 자연 과정들에
대한 지식은 그렇지 않다. 우리는 수백 년 전 이래로 고전
역학의 기법들을 써서 과거와 미래의 달의 위치를 상당히
정확하게 계산할 수 있다. 그러나 2055년에 자연과학자
들이 어떤 새로운 것을 계산하게 될지 우리는 전혀 계산할
수 없다.

   자연과 달리 정신은 본질적으로 정신 자신에게 자기
를 드러내는 무언가다. 현재까지의 역사를 통틀어 가장 위
대한 정신철학자라고 할 만한 헤겔은 이 같은 정신의 속성

을 **발현**Manifestation이라고 부른다.[17] 이 속성을 자연의 그-자체임과 대비하여, 또 장폴 사르트르에게 동조하면서, 정신의 자기를-마주함Für-sich-Sein(pour soi)이라고 부를 수 있다.

정신의 **자기를-마주함**이란, 정신은 이런저런 방식으로 정신 자신과 관계 맺음으로써만 존재한다는 것을 뜻한다. 정신의 존재는 항상 알아차려진다. 정신은 정신 자신을 알아챔으로써만 존재한다.

오늘날의 정신철학에서 이 속성은 대개 기초적인 의식 상태들을 예로 들어 설명된다. 쑤시는 통증을 느끼는 사람은, 고대 이집트인이 가장 가까운 태양계인 프록시마 켄타우리까지의 거리를 간과한 것처럼 그 통증을 간과할 수 없다. 기초적인 의식 상태들은 알아챔 없이 일어나지 않는다. 그 상태들을 간과할 수는 없다. 정신은 정신 자신을 마주할 때만 있다. 반면에 아무도 관찰하지 않는, 까마득히 먼 별은 그냥 있다.

　하지만 이로부터 정신 혹은 의식은 자신에 대해서 착각할 수 없다는 결론이 나오는 것은 아니다. 정신은 자기를 드러내지만, 그렇다고 정신 자신에게 정신이 열려 있는 책인 것은 아니다. 왜냐하면 정신은 자연과 뗄 수 없게 얽혀 있기 때문이다. 자연과 정신만 있는 것이 아니라 정신과 자연의 얽힘도 있다. 바꿔 말해 정신의 자연과 자연의 정신도 있다.[18] 인간은 동물로서 정신뿐 아니라 자연에도 속해 있다. 그리고 우리는 정신적 생물이므로, 우리가 우리 자신을 인식할 때, 자연이 자연 자신을 인식한다. 그러므로 자연과 정신은 완전히 분리된 두 개의 의미장에 각각 속해 있지 않다.

정신의 발현은 자연적 토대 위에서 이루어지기 때문에, 정신은 항상 말하자면 찌그러진 거울에 비친 모습으로만 자기를 드러낸다. 정신의 자기 파악은 늘 — 적어도 이승에서는 — 신체화에 의존한다. 우리 신체는 일부 층들에서 정신 없는 익명의 과정들로 이루어졌기 때문에, 정신은 자신의 자연적 토대를 인식하지 못하면 자기를 완전히 파악할 수 없다. 그런데 그 토대는 그 자체이며, 따라서 발현하지 않는다. 이 같은 우리 신체의 그-자체임을 우리는 코로나 대유행 기간에 우리 자신의 신체에서 (이를테면 내가 방금 타인들과 위험하게 접촉하면서 감염되었는가, 라고 자문할 때) 매일 경험했다. 감염은 자각 없이 일어난다. 코로나 비리온Virion(성숙한 바이러스 입자)이 자신의 세포들에 침입하는 것을 알아채는 사람은 없다. 검사 결과가 양성이거나 감염병 증상들이 나타날 때 비로소 사람들은 바이러스 감염을 알아챈다. 요컨대 정신의 자기를-마주함은 항상 부분적으로 불투명하다. 왜냐하면 정신의 일부는 자연이 기여한 몫이며, 그 몫이 얼마나 큰지 특정할 수 없기 때문이다. 그-자체임과 자기를-마주함은 서로 격리된 두 영역을 이루는 것이 아니라 역동적으로 얽혀 있다.

어느 철학책에나 적어도 한 개의 개념 괴물Begriffs-monstrum이 들어 있으며, 들어 있을 수밖에 없다. 동물로서의 인간에서 나타나는, 자연과 정신의 얽힘을 **그-자체이며-자기를-마주함**An-und-für-sich-Sein이라고 부르자. 정신적인 삶은 한편으로 그 삶의 자연적 토대 때문에 완전히 인식 가능하지 않으며(그-자체임), 다른 한편으로 발현한다. 즉 정신적인 삶은 자기를 드러낸다(자기를-마주함).

엄밀히 말하면, 우리가 자연을 완전히 인식했는지 여부를 우리는 원리적으로 알 수 없으므로, 사정이 약간 더 까다롭다. 우리의 자연 인식이 아무리 진보하더라도, 우리는 자연의 멈춤 표지판에 도달하지 못할 것이다. 비디오 게임

에 빗대면, 우리가 최종 보스를 이기고 한동안 최종 승리를 경축하는 날은 영영 오지 않을 것이다.

자연과학은 허구일까

자연의 그-자체임과 정신의 자기를-마주함의 구별은 무지의 윤리학을 위한 기반, 바꿔 말해 인식적 겸손을 위한 기반, 곧 우리의 앎 주장의 한계와 수정 가능성을 인정하는 태도를 위한 기반이다. 그런데 이 같은 인식적 겸손은 대다수 자연과학자가 인정하는 반증주의 과학철학의 기본적인 교훈이기도 하다. **반증주의**의 토대를 세운 대표적인 인물은 20세기에 가장 큰 영향력을 발휘한 과학철학자 중 하나인 칼 포퍼다. 그의 생각에 따르면, 자연과학 이론은 자신이 참이라는 점을 직접 입증할 수는 절대로 없고 단지 자신이 거짓이 아니라는 점만 입증할 수 있다.

이 생각을 예증하기 위해 사람들은 **까마귀 역설**을 즐겨 거론한다.[19] 우리가 오랫동안 검은 까마귀만 관찰했다면, 우리는 〈모든 까마귀는 검다〉라고 진술할 수 있을 것이다. 이 진술은 까마귀가 다른 색을 가진 경우를 배제한다. 그렇다면 우리는 아주 단순한 이론을 세운 셈이다. 이 이론은 누군가가 우리에게 검지 않은 까마귀를 보여 줌을 통해 반증된다. 즉 폐기된다. 뒤집어 말하면, 〈모든 까마귀는 검다〉는 아무리 좋은 관찰들이 연속되어도 확증되지 않으며 항상(검지 않은 까마귀가 아직 발견되지 않은 한에서만) 잠정적으로 타당할 따름이다.

반증주의는 잘 알려진 약점들에도 불구하고 인식적 겸손의 태도로서 자연과학에서 널리 받아들여지는데, 반증주의가 주장하는 바는 아래와 같다.

가설은 관찰을 통해 늘 거짓인지 여부만 검사될 수 있다. 우리는 기껏해야 무언가가 거짓이 아니라는 것만 보여 줄 수 있다. ― 진실에 이르는 길은 변함없이 봉쇄되어 있다. [……] 〈시도와 오류〉는 자연과학의 신조다 ― 혹은 물리학자 겸 철학자 게르하르트 폴머의 말을 빌리면 〈우리는 오류를 범하면서 상승한다〉. 매 순간 우리는 세계를 서술하기 위해 제작한 모형을 가지고 연구하는데, 그 모형은 기껏해야 〈아직까지 거짓 아님〉이 입증된 것이다. 우리는 명백히 거짓으로 입증된 것에 대해서만 확실성에 도달할 수 있다. 수학적 증명과 비교할 때 이는 훨씬 더 험난한 길이다.[20]

그러나 이 주장은 자연과학의 모든 문장을 이런 식으로 반증할 수 있는 것은 아니라는 점을 간과한다. 누군가가 모든 까마귀가 검지는 않음을 깨달았다면, 〈주어진 까마귀 한 마리가 검다〉라는 문장은 그에 의해 반증되지 않았다.

무슨 말이냐면, 한 진술이나 가설을 반증하려면, 다른 진술들과 가설들이 확고해야 한다. 한 진술이나 가설이 반증되었다는 것은 그 진술이나 가설의 기반을 이루는 모든 것이 반증되었다는 것을 의미하지 않는다. 우리는 자연과학의 모든 진술에 대한 반증 시험을 유의미하게 실행할 수 없다. 그렇기 때문에 자연과학이 누적적으로 진보하는 것이다. 바꿔 말해, 자연과학은 지식을 층층이 쌓아올리고, 전체 건물은 한꺼번에 붕괴하지는 않는다. 오늘날 자연 지식으로 간주되는 많은 것을 미래에 우리가 폐기할 가능성이 원리적으로 열려 있는 것은 맞지만, 오늘날 진실로 인정받는 자연과학적 진술들의 전부나 대다수가 거짓으로 판명되는 것은 불가능하다. 왜냐하면 자연과학적 거짓과 거짓 아님만 있는 것이 아니라 자연과학적 참도 있기 때문이다. 그렇기 때문에 예컨대 자연과학적 지식을 기반으로 의술과 비행 기술을 개발할 수 있고 수천 년 뒤 달의 위치와 수천 년 전 달의 위치를 털끝만큼의 오차도 없이 계산할 수 있는 것이다.

오늘날 알려진 다소 총괄적인 (많은 성과를 낸 입자물리학 표준 모형을 비롯한) 자연과학 이론들은 모두 진실과 거짓과 거짓 아님의 혼합물이다. 이 결론은, 모형이 없으면 자연과학 이론도 없다는 것에서 벌써 도출된다. 무슨 말이냐면, 모형은 실재를 1:1 축척으로 복사한 결과가 아니라 자연의 부분 영역을 이론을 위해 본질적인 요소들로 환원하여 재현한 결과다. 실제로 자연에서 기본 입자들이 제각각 고립된 채 이리저리 날아다니고 물리학자들이 그것들을 어떻게든 포획하여 측정하는 것은 아니다. 오히려 자연에서 등장하는 자연적이며 시스템적인 관계를 알아내려면 그 관계를 분석해야 하고 따라서 자연에서는 일반적으로 성립하지 않는 조건을 만들어 내야 한다. 진공에서는 깃털과 포탄이 똑같은 속도로 낙하한다는 것을 당신도 언젠가 학교에서 배웠을 것이 틀림없다. 그때 당신은 깃털과 포탄이《실제로》똑같은 속도로 떨어진다고 배우지 않았다. 만약에 그렇게 배웠다면, 그것은 터무니없는 가르침이었을 터이다. 오히려 기초 물리학 수업에서 당신이 들은 설명은, 수학 방정식으로 표현할 수 있는 우주의 규칙성은 우리가 자연에 개입해야만 밝혀질 수 있다는 것이었다. 인과적 개입이 없으면 모형을 제작할 수 없고, 모형이 없으면 자연을 다양한 장들과 힘들로 분해할 수 없다.[21] 깃털과 포탄은 특정한 조건 아래에서만 똑같이 빠르게 떨어지고, 우리는 그 조건으로부터 자연에 관해 무언가 배울 수 있다.

주어진 자연과학 이론을 분석해 보면, 어떤 가설, 계산, 모형이 얼마나 정확하게 자연과 일치하는지, 혹은 비록 어긋나지만 특정한 예측이나 설명을 해내기에 충분할 만큼 자연을 잘 파악하는지 판정하기가 전혀 간단하지 않다. 이를 배경으로 삼아 오늘날의 과학철학에서는 자연과학 이론을 허구에 빗대어 이해하는 접근법이 통상적으로 사용되는데, 이 접근법은 적어도 이마누엘 칸트까지 거슬러 오르는 긴 전통을 지녔다.[22] 여기에서 허구Fiktion란 전적으로 지어낸 것이 아니라 단순화와 이상화, 추상화, 모형화를 통해 생산한, 때때로 의도적으로 자연과 어긋나는 자연 묘사와 진실의 혼합물이다.

(온건한 형태의) **과학철학적 허구주의**wissenschafts-theoretischer Fiktionalismus에 따르면, 모든 자연과학 이론은 다소 의도적으로 받아들인 절반의 진실들, 알려지지 않은 거짓들, 거짓이 아닌 것들, 그리고 진실들, 정확한 측정들의 혼합물이다. 그런데 중요한 것은 우리가 이 요소들을 깔끔하게 분리할 수 없다는 점이다. 따라서 모든 자연과학 이론은 반증 가능하다. 왜냐하면 모든 자연과학 이론은 어느 측면에선가 거짓이기 때문이다.

철학자 한스 파이힝거는 저서 『마치 처럼의 철학*Die Philosophie*

des Als Ob』에서 칸트의 관념론적 인식론에 기대어, 자연과학에서 역할을 하는 모든 항목과 관계(수, 힘, 기본 입자, 인과관계, 공간 시간 등)는 무한히 복잡한 (우리의 감각이 자극될 때 그 결과로 발생하는) 실재 경험의 단순화된, 필연적으로 왜곡된 그림을 그리기 위해 인간 정신이 구성한 허구라는 **극단적인 허구주의적** 주장을 제시했다.[23]

하지만 이 결론으로 이어질 법한 논증은 붕괴한다. 왜냐하면 우리의 자연과학 이론 세우기는 우리가 하나의 세계상을 창조할 때 토대로 삼는 감각적 자극들의 홍수에 기초한 구성이라는 견해 자체가 우리가 이미 자연과학적 앎에 도달했음을 전제하기 때문이다. 생각해 보라. 자신이 아무튼 감각적 자극들을 수용하고 이어서 모형화, 곧 복잡성 감축을 통해 그 자극들을 이해할 수 있게 만든다는 것을 도대체 파이힝거는 어떻게 알까? 파이힝거 자신의 견해에 따르면, 이것도 허구, 곧 실재 왜곡일 터이다. 우리 자신이 자극들을 수용하는 동물이라는 견해 자체도 앎 주장이고, 파이힝거에 따르면, 이 앎 주장은 허구이며 따라서 실재와 들어맞지 않는다. 결론적으로 파이힝거의 허구주의적 주장은 자기 적용에서 무너져 버리는 허술한 생각이다.

우리에게 가용한 것은 실은 우리의 감각 데이터 혹은 경험뿐이며 이를 기반으로 우리가 다소 안정적인 자연과학적 세계상을 제작할 수 있다는 견해는 인식론과 과학철학에서 이미 몇십 년 전부터 옹호할 수 없으며 극복된 것으로 여겨진다. 왜냐하면 그 견해는 이른바 **인식론적 토대주의**에, 곧 단박에 주어진, 더는 의심할 수 없는 기초적이며 의식적인 경험과 감각 데이터의 층이 있다는 견해를 바탕으로 하기 때문이다. 이 견해는 늦어도 미국 철학자 윌프리드 셀라스의 영향력이 큰 저서 『경험주의와 심리철학*Empiricism and the Philosophy of Mind*』이래로 반박되었다고 간주된다.[24] 셀라스가 보여 주었듯이, 우리의 인식 장치는 낱낱의 원자적 감각 인상들을 하나의 맥락 안에 넣어 서로 구별되게 해야만 그것들을 처리할 수 있다. 요컨대 여기에서도 인식 전체를 고립된 단순한 부분들(원자들)로 환원하지 않고 우리가 구별할 수 있는 부분들은 이미 연결되어 있다고 간주하는 부분론적 논증이 결정적인 역할을 한다.

우리 논의의 맥락에 맞게 해설하면 이러하다. 자연적 실재를 파악하려 할 때 출발점으로 삼아야 할, 인간 인식의 토대 층은 없다. 왜냐하면 그런 모든 층에 이미 자연이 끼어들어 있으며, 자연은 그-자체임의 측면에서 우리에게 항상 부분적으로 폐쇄되어 있기 때문이다.

그럼에도 반증주의와 온건한 허구주의는 부분적으로 옳다. 왜냐하면 이 견해들은 제각각 자연과학적 인식 형성의 한 측면을 서술하기 때문이다. 자연과학은 기초적인 수준에서 이런저런 양을 무시하거나 소수점 아래 어딘가에서 반올림하거나 실은 범위를 가질 수밖에 없는 무언가를 수학적 점으로 간주함으로써 이상화를 실행한다. 이것은 (일부 수학자와 물리학자가 비난하는 대로) 허술한 일 처리가 아니라 실용주의다. 왜냐하면 수학적으로 엄밀히 따지면 중요하지만 무시할 수 있는 양들이 어떤 것들인지 알아야만 자연 현상을 설명할 수 있기 때문이다. 파이힝거의 견해도 완전히 틀린 것은 아니다. 그의 견해가 일깨우듯이, (근대 자연과학에 필수적인) 미분은, 0은 아니지만 0에 무한히 가까운 제수로 나눗셈을 하는 묘수에 기반을 둔다. 근대 자연과학에 필수적인 이 수학적 기법은 실로 천재적이지만, 이 기법의 바탕에 깔린 생각들이 실제로 자연에 (자연에는 0이 절대로 없는데) 들어맞는지는 별개의 문제다.

간단히 요약하자. 복잡한 건물과도 같은 근대 자연과학의 어떤 요소들이 자연적 실재와 들어맞고 어떤 요소들이 실은 인간 정신의 (일부는 진실이고 일부는 거짓인) 산물인지 우리는 완전히 알지 못한다. 자연과학과 그것의 논리적-수학적 방법들과 기반들을 온전히 굽어볼 수 있는 사람은 아무도 없다. 이것은 결함이 아니라 인정해야 할 과학철학적 사실이며, 이 사실 덕분에 우리는 성공적으로 자연과학을 할 수 있다.

자연과학적 인식의 한계

근대 지식 사회의 감탄스러운 지적, 기술적 성취들에도 불구하고 우리는 우리가 무엇을 모르는지 완전히 알지 못한다. 하지만 이는 우리가 아는 바다. 요컨대 우리는 자연과학적 인식에 한계가 있음을 안다.

자연과학적 인식의 한계는 가변적이다. 그 한계는 우리가 자연에서 발견하는 다른 것들과 마찬가지로 고정되어 있지 않다. 우리는 시도와 오류를 통해 우리가 여태 몰랐던 것이 무엇인지를 끊임없이 경험하면서 우리의 견해를 점진적으로 개선한다. 그리고 이 점진적 과정 전체를 한눈에 굽어볼 수 있는 사람은 아무도 없다. 요컨대 우리의 무지에 대한 우리의 무지는 자연과학적 인식의 가변적일지언정 극복할 수 없는 한계다.

자연과학적 인식에 가변적, 역동적 한계가 있는 것은 자연이 그-자체임을 특징으로 지녔기 때문이다. 자연은 자기가 어떠한지를 우리에게 스스로 털어놓지 않는다. 따라서 우리는 우리가 파악한 대로의 자연이 그 자체인 대로의 자연이라는 확신을 결코 품을 수 없다.

하지만 이를 유념해야 하는데, 이 사실로부터 자연과학적 연구는 어둠 속에서 더듬기라는 결론이 나오는 것은 아니다. 오히려 정반대다! 주어진 무지의 사례가 앎으로 대체되는 진보가 일어날 때, 우리는 자연의 특정한 부분이 그 자체로 어떠한지 경험한다. 우리가 항상 옛 오류를 새 오류로 대체하는 것은 전혀 아니다. 자연을 연구할 때 우리는 우리 자신이 연구에 집어넣은 바를 말하자면 방정식에서 빼내야 하며, 이 작업은 많은 경우에 가능하다. 우리가 자연을 변화시켜야만 탐구하고 인식할 수 있다는 점은 우리가 자연을 그 자체인 대로 인식할 수 없음을 의미하지 않는다.

따라서 우리의 기본 개념들을 다시 한번 조정해야 한다. 혹은 생각의 나선을 조금 더 연장해야 한다. 몇 페이지 앞에서 나는 자연과 우주를 구별했다. 그 구별을 철회하려는 것은 아니니 안심하라. 자연은 자연과학적 연구의 표적 시스템인 반면, 우주는 수학적으로 측정된 자연 영역이다. 이 영역은 지금까지 우리에게 어느 정도 알려져 있다.[25]

하지만 이제 내딛는 한걸음은 이것인데, 우주는 자연의 한 부분, 정확히 말하면, 우리가 수학적으로 측정할 수 있는 부분이다. 요컨대 자연과 우주는 완전히 별개인 의미장들이 아니라 역동적으로 얽혀 있다. 내가 이 이론적 언어로 표현하려는 바는 다음과 같은 사정이다. 자연과학적 연구는 연구자들에 의해, 연구자들의 뇌 기능과 실험을 수단으로 삼아 이루어지는데, 연구자들 자체도 자연의 일부다.

자연과학은 자연을 외부에서 관찰하지 않는다. 미국의 논리학자, 과학철학자, 철학자 윌러드 밴 오먼 콰인이 자신의 주저 『단어와 대상Word and Object』의 막바지에서 하는 말마따나, 자연 인식의 〈우주로의 망명kosmisches Exil〉[26]은 없다. 우리는 오로지 자연의 일부로서만 자연을 관찰할 수 있다. 이런 의미에서는 정신도 자연에 속한다. 또한 거꾸로 자연은 정신에 속한다. 자연과 정신은 서로를 포함한다. 정신과 자연의 부분-전체 관계는 물질적 구성 관계로 간주될 수 없다. 정신이 자연의 일부인 것은, 달이 태양계의 일부인 것과는 다른 방식이다. 또 자연이 정신의 일부인 것도, $E=mc^2$(질량과 에너지의 등가성을 표현하는, 대중문화에서 근대 물리학의 성취를 대표하는 아인슈타인의 유명한 공식)이라는 생각이 정신의 일부인 것과는 다른 방식이다.

우주가 자연의 일부라는 것에 담긴 또 하나의 의미는,

가용한 기술과 장치로 다룰 수 있는 자연의 영역만을 자연과학적으로 측정할 수 있다는 것이다. 그러므로 생물학자 겸 철학자 스콧 길버트, 잰 샙, 알프레드 토버의 다음과 같은 단언은 옳다. 〈우리는 우리의 기술이 허용하는 자연의 부분만 지각한다. 따라서 자연에 관한 우리의 이론도 우리의 기술이 관찰할 수 있게 해주는 바에 의해 강하게 제한된다.〉[27]

이 모든 것은 당연히 물리학뿐 아니라 생명과학에도 적용된다. 우리의 뇌를 포함한 신경계를 관찰할 수 있는 것은, 근대적 뇌 영상화에 쓰이는 기술을 비롯한 관찰 기술들이 살아 있는 뇌를 중대한 개입 없이 관찰하는 것을 허용하기 때문이다. 인간 뇌에서 벌어지는 일을 기능적 자기공명영상법(fMRI)으로 모형화하는 뇌 스캐너는 뉴런 활동을 멀찌감치 떨어져서 측정한다. 오늘날 복잡한 뉴런 활동을 개별 뉴런의 수준에서 시간적으로 또 공간적으로 1:1 축척은 고사하고 그에 가까운 축척으로라도 연구할 수 있는 사람은 아무도 없다. 뇌 영상화 기술들이 생산하는 뇌 모형은 1:1 복사본이 아니다.

하지만 신경과학은 계속 발전하고 있으며, 그 결과로 새로운 기술들이 개발되고 있다. 중기적으로 양자 센서가 개발되어 자기장 측정을 통해 뉴런 활동을 더 정확히 파악할 수 있게 될 전망이 뚜렷해지고 있으며, 그렇게 되면 신경과학 지식이 대폭 진보할 수 있을 것이다.[28] 하지만 우리는 뇌를 신경과학적으로 완벽하게 측정하는 수준이나 우리의 정신 상태 중 다수를 뉴런 과정들과 짝지을 수 있는 수준에서 멀리 떨어져 있다. 어쩌면 상관성을 나타내는 뉴런 패턴과 정신 상태가 (이를테면 두 개의 동전이 아니라) 같은 동전의 양면일 수도 있을 것이다. 만일 그렇다면, 그 상관성으로부터 그 상관관계의 한쪽 항이 다른 쪽 항의 원인이라는 결론을 도출할 수 없다는, 철학적으로 중대한 문제에 답할 수 있을까? 그럴 수 있는 수준에서 우리가 한참 멀리 떨어져 있다는 점은 따로 말할 필요도 없다.

요점은 이것이다. 오늘날 우리는 자연과학적 근거들에만 의지해서는 정신 상태(예컨대 의식)와 뉴런 활동의 관계를 묻는 질문에 답할 수 없다. 이는 필요한 기술이 확보되지 않았기 때문이 아니다. 정신 상태들과 뉴런 과정들이 다양한 방식으로 연결되어 있는 것은 맞지만, 전자와 후자는 범주적으로 별개다. 따라서 우리는 기껏해야 양자의 상관성만 발견할 수 있고, 그 상관성으로부터는 이를테면 뇌 상태가 정신 상태를 일으킨다는 결론을 도출할 수 없다(만약에 도출할 수 있다면, 뇌 상태와 정신 상태는 서로 별개인 두 영역에 속하면서도 한쪽 — 뇌 상태 — 이 다른 쪽 — 정신 상태 — 을 일으킨다는 뜻인데, 이는 터무니없다).

매우 성가시며 완전히 제거되는 일은 아마도 영영 없을 또 다른 자연과학적 인식의 한계는 다양한 의미장들의 연결망 형성의 복잡성에서 유래한다. 이를 (유감스럽게도) 이제 우리 모두에게 상당히 익숙해진 삶의 현실인 감염병 대유행에 비추어 더없이 구체적으로 상상할 수 있다. 감염병 대유행은 한편으로 전염병학적으로 정의되는 사건이다. 감염병 대유행이 발생했는지 여부는 미생물학적 병원체(박테리아와 바이러스)가 전 세계 인구에 얼마나 퍼져 있는가에 의해 결정된다. 이 층에서는 박테리아와 바이러스, 그리고 이들의 확산을 연구하는 의학적 과학들이 필요하다. 다른 한편으로 감염병 대유행은 당연히 우리가 자각하는 병증들을 유발할 때만 문제가 된다. 그 병증들은 우리의 면역계가 특정한 항원에 능숙하게 대처하지 못하는 것에서, 즉 집단 면역을 보장하는 방어 메커니즘이 확립되지 않은 것에서 비롯된다. 바이러스학, 전염병학, 세균학, 면역학, 세포생물학, 유전학 등의 임무는 이 실재 층에서의 지식을 발전시키는 것이다.

그런데 우리 인간에게 위험한 바이러스는 침입하는 세포들에만 작용하는 것이 아니라 기관Organ(器官)들도 감염시키며 이를 통해 우리의 신체 전체에 악영향을 미친다. 그런데 우리의 신체는 의학적 과학들의 의미장에 속한 대상에 그치지 않는다. 인간의 신체는 사회적 의미장, 경제적 의미장, 정치적 의미장, 정신적 의미장, 성적(性的) 의미장에도, 한마디로 문화적 의미장들에도 속한다. 인간의 신체는 항상 또한 사회적으로 규정된 방식으로 경험되며, 그렇기 때문에 철학에서는 의학적으로 연구할 수 있는 **신체** Körper와 경험할 수 있는 **몸**Leib을 구별한다.

신체는 삼인칭 관점에서 정의된다. 의사가 진찰하는 것이 바로 신체다. 반면에 **몸**은 일인칭 관점에서 경험된다. 몸은 자기를 항상 특정한 방식으로 느끼며, 다른 생물들의 몸도 마찬가지인 것이 틀림없다. 신체와 몸은 서로 다른 의미장들에 속해 있지만 서로 다른, 완전히 구별되는 세계들에 속해 있지는 않다. 오히려 신체와 몸은 연결되어 있다.

우리가 감염병 대유행에 사회적으로 대처하는 방식은 감염병 대유행의 경과를 변화시킨다. 감염병 대유행에 대한 사회적 반응과 감염병 대유행의 의학적 기반은 물론 동일하지 않지만 상호 독립적으로 이해될 수 없다. 순전히 의학적인 것만은 아닌 사실로서의 감염병 대유행에 대한 극단적 반응 하나는 최대한 포괄적인 봉쇄Lockdown, 곧 접촉

제한 및 금지를 통한 사회관계 해체다. 그런데 최대한 포괄적인 봉쇄의 심리사회적, 경제적, 정치적 효과는 전염병학, 바이러스학, 면역학의 관점에서 파악될 수 없다. 그렇기 때문에 봉쇄 조치가 코로나 대유행의 경과에 미친 영향은 아직 덜 파악되었다. 왜냐하면 그 영향은 사회적 접촉이 실제로 감소하는 것에 국한되지 않고, 휴교와 사회적 고립으로 인해 아이들이 피해를 입는 것, 기업들이 파산하는 것, 국가의 간섭으로부터 우리를 보호해야 할 기본권이 때때로 심각하게 침해되는 것도 포함하기 때문이다. 게다가 봉쇄 조치가 일으킨 또 다른 결과는 사회적 집단이 봉쇄에 반발하거나 심지어 모든 대유행 억제책에 반발하여 마스크를 착용하지 않고 대규모 시위와 모임을 감행하여, 접촉 제한 조치에도 불구하고 감염이 은밀히 확산하는 것이었다. 간단히 말해서, 감염병 대유행은 사회적 결과들을 유발한다. 새로운 병원성 바이러스의 발견은 (세계보건기구를 비롯한) 제도들에 영향을 미치고, 그 제도들은 다시 사회에 영향을 미치며, 사회는 그 바이러스의 확산에 영향을 미친다. 이것은 전염병학만 가지고는 파악할 수 없는 복잡한 순환 과정이다.

이 같은 영향들의 순환은 자연과학 분과들을 모두 동원해도 제대로 연구할 수 없다. 왜냐하면 우리가 감염병 대유행에 어떻게 대처하는가, 우리의 개인적 위험과 집단적 위험을 어떻게 평가하는가, 우리의 정치적 입장이 어떠한가 등도 감염병 대유행을 구성하는 요소들이기 때문이다. 감염병 대유행을 자연과학적으로만 연구하고 오직 자연과학적 사실들에만 의지하여 정치적 결정을 내리는 것은 장기적으로 오히려 대유행을 심화할 수 있는 심각한 오류다. 수많은 국경 봉쇄와 외출 금지가 인류 전체의 심리적 건강과 지정학적 상황에 미치는 영향을 바이러스학은 모르며, 자연과학 분과들 전체도 모른다. 자연과학적 연구와 보건 시스템에 자금을 제공하려면 국제 정치가 충분히 잘 작동해야 하고, 국제 정치는 지정학적 상황에 의존하는데 말이다.

바이러스가 신체에 미치는 부정적 영향과 인간 동물들의 이동 데이터만 고찰하고, 대유행이 정치와 사회와 개인적 심리에 미치는 영향을 무시한다면, 우리는 현상을 제대로 다루지 못하게 된다. 물론 조류 인플루엔자의 경우는 사정이 다르다. 왜냐하면 새들은 조류 인플루엔자의 확산에 맞서 의학적으로 계획되고 정치적으로 관철되는 조치들에 반응하지 않기 때문이다. 반면에 인간들은 새도 아니고 돼지도 아닌 정신적 생물로서 자신들의 건강을 연구 대상으로 삼을 수 있으며 그런 식으로 자신들의 사회 구조에 개입할 수 있다.

다름: 생태학적 윤리를 향하여

일반적으로 윤리학은 철학의 한 분야로서 도덕적 사실들을 다룬다. 도덕적 사실이란, 〈우리가 (단지 인간인 한에서) 무엇을 하거나 하지 말아야 마땅한가〉라는 질문에 대한 참인 대답이다.[29] 간단한 도덕적 사실의 예로, 유치원에 폭탄을 던지지 말아야 마땅하다, 넘어져 타인의 도움 없이 일어날 수 없는 사람을 도와야 마땅하다, 등이 있다. 도덕적 사실에 대한 인식은 일차적으로 인간 유래적이다. 즉 지금까지 가장 잘 알려진, 윤리적 인식의 원천은 인간이다. 윤리학이 **인간 유래적**이라는 것은 윤리학이 **인간 중심적**이라는 것을 자동으로 의미하지 않는다. 인간은 윤리학을 하고 다른 생물들이 알아채지 못하는 도덕적 사실들을 인식하고 존중할 수 있다는 것으로부터 우리에게 지구를 정복할 권리가 있다는 결론은 도출되지 않는다(우리는 지구를 정복할 능력조차 없다). 하지만 다른 생물들은 윤리학을 하지 않으며 따라서 도덕적 사실들을 체계적이지 않은 방식으로만, 그러니까 말하자면 본능적으로만 인식한다는 결론은 도출된다.

좋든 싫든 우리가 짊어진 책임의 범위는 타인들에 대한 책임을 훨씬 능가한다. 부분적으로 잔인한 공장식 축산과 다른 생물들의 터전에 대한 파괴적 착취는 현재 실행되는 형태로는 명백히 도덕적으로 배척해야 하며 악하기까지 하다. 이것들 역시 도덕적 사실들이다. 우리는 다르게 행동할 수 있다. 거위를 억지로 먹여 살찌우거나 암탉을 처참한 환경에서 강제하여 알을 낳게 해야만 우리의 생존이 보장되는 것은 전혀 아니다.

이와 관련해 분명히 해두어야 할 점은 이것인데, 대략 200여 년 전부터 지구를 괴롭혀 온 터보Turbo 자본주의, 번아웃 자본주의, 야수 자본주의의 바탕에 깔려 있는 것은 윤리학에 의해 제한되지 않고 마구 성장한 자연과학적-기술적 연구와 그것의 경제적 응용이다.

이 대목에서 우리는 근대 윤리학의 중요한 전통 하나와 마주친다. 그 전통은 한나 아렌트, 한스 요나스, 에마뉘엘 레비나스, 모리스 메를로퐁티, 자크 데리다의 선구적인 연구와 연결되어 있다. 이 철학자들은 근본적 타자성radikale Alterität, 곧 근본적 다름Andersheit이 윤리학의 근본 원리라고 지적했다.

근본적 타자성이란, 우리 각자 안의 타자와 밖의 타자들(타인들, 자연, 다른 생물들, 유일신, 신들 등)은 우리가 전혀 모르는 차원들을 보유한다는 점에서 우리와 다르다는 것을 의미한다. 만약에 타인들과 타자가 우리에게 열린 책이고 완전히 인식 가능하다

면, 그들은 정말로 다르지 않고 예측 가능할 터이다.

근본적 타자성은, 도덕적 행위는 이타적이라는 통념, 곧 우리가 타인의 이익을 위해 우리 자신의 이익을 포기하면서 하는 행위가 도덕적 행위라는 통념보다 훨씬 더 많은 것을 의미한다. 근본적 타자성은, 누군가 혹은 무언가가 무엇을 통해 우리와 다른지 우리가 이미 안다는 것을 전제하지 않는 다름의 개념에 기반을 둔다.

타자는 우리를 늘 긍정적이거나 부정적인 방식으로 놀라게 한다. 우리는 누구나 타자에 관해 착각하거나 타자에게 실망한 적이 있다. 우리가 타인에게 몹시 실망할 때, 우리 눈앞에 드리웠던 베일이 걷힌다. 착각Täuschung이 해소되고, 우리는 실망한다enttäuscht. 그럴 때 우리는 불현듯 타자의 다름을, 또 타자의 다름은 우리가 예상한 다름과 달랐음을 깨닫는다. 당연한 말이지만, 다름은 실망의 원천이기만 한 것이 아니라 경탄, 사랑, 경외, 환대의 원천이기도 하다.

모든 윤리학의 출발점은 다름에 대한 존중, 바꿔 말해 우리가 도덕적 책임을 지고 마주하는 생물들은 우리의 예상과 다를 수 있고 바로 그렇기 때문에 우리의 존중을 받을 자격이 있음을 인정하는 차이 정치Differenzpolitik다. 타자성과 동물성, 다름과 동물임은 서로 연결되어 있으며, 우리 자연관의 방향을 수정하는 작업의 출발점을 이룬다. 그작업은 인류의 자기 절멸이 우려되는 이 시대에 과거 어느 때보다 더 절실히 필요하다. 우리 자신의 동물임은 우리에게 낯설다. 그렇기 때문에 우리는 우리 자신의 동물임을 다른 생물들에 투사한다. 그리고 바로 그 순간에 우리는 다른 생물들의 다름을 놓친다. 이 같은 사정은 우리가 다른 생물들을 대하는 태도를 수정하기 위한 단서가 되어야 마땅하고, 따라서 우리가 모두 함께 살기 위한 단서가 되어야 마땅하다.

우리가 우리와 상호작용하는 타인들을, 우리의 예상 및 평가와 그들의 예상 및 평가가 완벽하게 일치할 정도로 정확히 꿰뚫어 보고 익히 아는 것은 절대로 불가능하다는 점은 인간 사회 형성의 본성에 내재하는 사정이다. 그렇기 때문에 이해관계의 충돌과 다소 광범위한 의견의 불일치가 없는 사회는 없다.[30] 타인들뿐 아니라 우리 자신도 당연히 마찬가지다. 왜냐하면 우리는 우리 자신도 완전히 꿰뚫어 볼 수 없으며 따라서 우리 자신의 타자이기 때문이다. 이런 연유로 다수의 사람 사이의 관계를 규제하는 윤리학만 있는 것이 아니라 우리가 우리 자신을 상대하는 방식에 관한 윤리학도 있다. 우리는 인간성을 공유한 타인들에게만 책임이 있는 것이 아니라 우리 자신에게도 책임이 있다.

우리는 타인들을 꿰뚫어 볼 수 없고 따라서 완전히 통제할 수도 없으므로, 우리의 사회적 투사가 사회적 투사라는 점을 알아채기 위해 애쓰는 것은 윤리학의 본질적인 부분이다. **사회적 투사**란 개인이나 집단이 다른 (실제로 존재하거나 심지어 완전히 상상된) 특정한 집단의 다름에 관해 품는 견해다. 이때 전자는 그 견해에 자신의 자화상을 투입하여 후자를 평가하기 위한 기준으로 삼는다. 그러면서 전자는 후자의 입장을 진지하게 받아들이지 않고 자신에게 익숙한 무언가로 환원한다. 우리는 이런 사회적 투사를 일상에서 익히 안다.

예컨대 어떤 함부르크 여자는 뮌헨 남자들이 함부르크 여자들보다 더 보수적이라고 여긴다. 그녀가 뮌헨 남자를 만나면, 그 견해가 그녀의 예상을 지배한다. 그 견해, 곧 선입견은 얼마나 강하냐에 따라 이런저런 방식으로 표출될 것이다. 뮌헨 남자들로 이루어진 타 집단은, 그 함부르크 여자가 스스로 속해 있다고 느끼는 집단을 기준으로 평가된다. 그럴 때 그녀는, 일부 함부르크 여자들이 일부 뮌헨 남자들보다 덜 보수적이라는 것(이는 쉽게 입증할 수 있는 진실인데)은 모든 함부르크 여자가 진보적이라는 것을 함축하지 않는다는 점을 간과하는 것이다. 쉽게 말해서, 일부 함부르크 여자들보다 덜 보수적인 뮌헨 남자들도 있다. 더 나아가 함부르크 안에도 서로 다른 정치적, 사회적 입장들이 얼마든지 많다. 당장 알스터강의 서안과 동안의 차이나 하르부르크 구역과 아임스뷔텔 구역의 차이를 생각해 보라. 또한 이 모든 구역을 얼마든지 세분할 수 있으며, 이런 식으로 우리는 내가 든 예의 바탕에 깔린 선입견들을 허물 수 있을 것이다. 내가 그 예를 지어낸 것은 우리의 생각이 얼마나 쉽게 사회적 투사에 휘둘릴 수 있는지를 보여 주기 위해서다.

그런데 모든 사회적 투사가 위험하며 배척해야 할 선입견인 것은 아니다. 특히 영향력이 크며 내재적 폭력성과 위험 때문에 많이 논의되는 사회적 투사들은 민족주의, 인종주의, 외국인 혐오, 그리고 인간의 성적 자기규정에 대한 다양한 폄하적 태도다. 하지만 병적이며 타자에 대한 폭력을 유발하는 사회적 투사들의 스펙트럼은 훨씬 더 폭넓다. 예컨대 코로나 대유행 기간에 우리는 다양한 형태의 **위생주의**Hygienismus, 곧 타인들을 잠재적 감염자 집단으로, 또 대유행의 원인으로 환원하는 태도를 목격했다(중국인을 필두로 아동, 청소년, 국외 여행에서 돌아온 사람, 변종 바이러스가 실제로 발생했거나 발생했다고 추정되는 지역에서 온 외국인, 백신 접종을 강요하는 사람, 백신을 접종받지 않은 사람, 심지어 추가 접종까지 성실히 받은 사람에 이르기까지 다양하게 지목된 희생양들을 생각해 보라).

일반적으로 사회적 상황은 **전형**Stereotype을 만들어 내는데, 전형이란 타인들이 어떻게 다른가에 대한 단순하며 궁극적으로 틀린 설명이다.[31] 전형은 특히 우리가 이해할 수 없다고 느끼는 타인들의 행동을 재단하려 할 때 동원된다. 그럴 때 우리는 타인들을《전형적인》남자, 여자, 바이에른 사람, 청소년, 신자유주의자, 채식주의자 등으로 분류하고 경험함으로써 그들의 근본적 다름을 우리가 이해할 만한 무언가의 탓으로 돌린다. 구체적인 수준에서 우리의 설명이 실패로 돌아갈 때 우리는 추상적인 전형들의 요새로 도피한다. 이런 행태가 사회적 영향력을 발휘하면, 사회적 투사가 발생하고, 그 투사가 법규에 녹아들거나 폭력적으로 표출될 경우, 그 투사는 (대게 소수 집단에 속한) 타인을 위협할 수 있다. 일주일이 멀다 하고 (때로는 더 신속하게) 바뀌면서도 어처구니없이 세부적이었던 많은 코로나 방역 조치는 간과되거나 구조적으로 차별당하는 집단들(이를테면 많은 아동, 또는 오미크론 변종이 발견된 후 몇 주 동안 유럽연합 입국이 금지된 남아프리카공화국 사람들)에게 해로운 결과를 전혀 뜻밖에 유발하곤 했다. 물론 그 조치들은 생명을 구하고 보건 시스템의 부담을 줄인다는 도덕적으로 옳은 의도에 따른 것이었지만 말이다.

　　이 책의 1장에서 나는 동물 개념은 중대하며 이른바《동물들》에게 대단히 해로운 사회적 투사의 면모를 지녔다는 점을 설명했다. 의식하지 못하는 방식으로 우리는 자연에 대한, 우리 안의《동물》에 대한 우리의 선입견을 다른 생물들에 투사한다. 동물들이 우리와 얼마나 가깝거나 먼가를 기준으로 우리가 동물들을 평가하는 한에서, 동물들의 다름은 마땅히 받아야 할 존중을 받지 못한다. 그리하여 당장 지금 우리는 우리 자신이 바이러스나 감염병 대유행을 무찌를 수 있다고 믿으면서 그 믿음에 귀가 멀어, 〈바이러스는 생물권에서 가장 풍부한 존재들〉[32]이라는, 표준적인 바이러스학 교과서의 차분하고 옳은 진술을 듣지 못한다. 바이러스를 어느 정도 막아 낼 수는 있지만 무찌를 수는 없다. 명백히 생물로 분류되는 박테리아는 더 말할 것도 없다(바이러스가 생물인지에 대해서는 논란이 있다. 왜냐하면 바이러스는 물질대사를 하지 않으며 독자적으로 증식할 수도 없기 때문이다). 〈평균적인 사람의 신체는 약 10조 개의 세포로 이루어졌는데, 사람의 신체에 사는 박테리아는 그보다 10배, 바이러스 입자는 최대 100배 많다.〉[33]

　　우리 인간을 미미한 부분으로 포함한 생물권은 우리에게 더없이 낯설며 앞으로도 그러할 것이다. 우리가 아는 구역은, 자연에서 자연과학적으로 연구하고 설명할 수 있는 부분인 우주의 일부다. 자연 전체를 자연과학적으로 연구하고 설명하고 인식할 수 있는 것은 아니다.

우리의 사회적 상상력이 만들어 내는 해로운 군더더기를 식별하고 제거하기 위해 타인들에 관한 우리의 사회적 견해에 혹시 투사의 면모가 있는지 검사할 수 있고 검사해야 마땅한 것과 마찬가지로, 우리는 자연과학적 모형이 띨 수 있는 투사의 면모도 유념해야 한다. 자연과학적 모형이 그것의 표적 시스템과 100퍼센트 일치하는 경우는 절대로 없다. 오히려 자연과학적 모형은 늘 모종의 방식으로 자연을 왜곡하고 단순화한다. 우리가 자연과학적 연구의 한계를 인정한다면, 이 왜곡과 단순화 자체는 문제가 아니다. 우리의 자연 모형은 〈코스모스 안에서 인간의 위치〉(철학자 막스 셸러의 표현)에 관한 우리의 견해를 의식적이거나 무의식적인 방식으로 항상 반영한다.

이 한계를 인정한다는 것은 자연을 근본적인 다름의 원천으로 간주하고 오로지 인간의 잣대로만 평가하지 않는다는 것을 의미한다. 자연의 근본적 다름은, 자연이 〈단적으로 갈라놓는 경계선〉[34] 너머에 있음을 뜻하지 않는다. 자연은 철저히 그 자체이지 않다. 바꿔 말해 자연은 완전히 인식 불가능하지 않다. 하지만 필시 자연은 우리가 가장 확실한 근거를 갖추고 제기하는 앎 주장마저도 물거품으로 만들 능력이 있다. 구체적으로 풀어 말하면, 우리는 자연에 관해 모종의 방식으로 항상 오류를 범하며 우리의 모든 오류를 영영 완전히 제거할 수 없다. 당장 오늘날 우주론 연구 덕분에 우리는 우주의 95퍼센트가 암흑 물질과 암흑 에너지로 이루어졌다는 믿음을 매우 강력한 근거를 가지고 품을 수 있다. 암흑 물질과 암흑 에너지는 직접 측정할 수 없기 때문에 암흑이라고 불린다. 그렇다면 우리는 측정 가능한 우주의 95퍼센트를 직접 측정할 수 없음을 아는 셈이다. 이는 우리가 매우 강력한 물리학적 근거를 가지고 믿는 바의 귀결이다.

코로나 대유행 기간에 우리는 자연과학 지식의 한계를 일상에서 실감했다. 이런저런 변종 바이러스에 관한 견해가 거의 날마다 수정되어야 했으며, 비교적 실행하기 쉬운 조치들로 집단 면역에 도달할 수 있다는 우리의 오랜 생각도 수정되어야 했다. 독일이 코로나 대유행 종식의 출발점이 될 수 있다는 주장이 제기되었지만, 그 주장은 터무니없는 착각이요 뿌리 깊은 오만의 표현이었다.

자연은 말하자면 〈저 바깥에〉 있지 않다. 자연은 우리가 문화와 문명과 기술의 도움으로 결별한 야생이 아니다. 근대 인류가 자연으로부터 소외되었으며 생태 위기를 극복하기 위해 자연으로 돌아가는 길을 시급히 발견해야 한다는 생각도 옳지 않다. 이 생각은 바람의 표현일 따름이다. 우리 행성에서 우리가 거주하는 구역 안에는 인간의 영향이 미치지 않은 〈야생의 자연〉이 없다. 이런 관점에서 보면 우리는 이미 수천 년 전에 자연으로부터 멀어졌다.

더 정확히 말하면, 우리가 존재한 이래로 우리는 자연으로부터 멀어졌다. 그러나 실제로 자연은 우리가 바라는 정도보다 훨씬 더 가까이 있다. 우리가 있는 곳이라면 어디에나 자연도 있다. 그렇기 때문에 우리는 누구나 이런저런 방식으로 우리 자신에 관해, 또 우리의 삶이 펼쳐지는 무대인 의미장들에 관해 착각한다.

새로운 계몽의 생태학적 윤리학을 떠받치는 토대는, 설령 우리가 삶을 통제하기 위한 노력을 계속해서 온 힘을 다해 이어간다 하더라도, 절대로 자연을 지배하고 길들일 수 없다는 깨달음이다. 자연은 끝내 통제할 수 없다. 왜냐하면 자연은 우리에게 당장 나타나는 모습과 모종의 방식으로 늘 다르기 때문이다.

복잡성 부족, 복잡성, 복잡성 초과

이 대목에서 새로운 계몽은 돌이켜 보면 틀렸으며 지나치게 단순한 18세기 계몽주의자들의 구원의 약속과 결별한다. 그 시절의 계몽주의자들은 모든 자연 현상을 원리적으로 예견할 수 있게 해주는 보편적인 수학적 언어를 개발할 수 있다고 생각했다. 이 구원의 약속을 대표하는 것은, 큰 영향력을 발휘한 수학자이자 물리학자이자 천문학자이며 (라플라스가 군관학교의 시험관이었을 때 그와 인연을 맺은) 나폴레옹 정권의 내무 장관까지 잠시 역임한 피에르

시몽 마르키스 드 라플라스의 유명한 사고실험이다. 저서 『확률에 관한 철학적 시론』의 많이 인용되는 한 대목에서 라플라스는 이렇게 말한다.

> 따라서 우리는 우주의 현재 상태를 앞선 상태의 결과이자 뒤따를 상태의 원인으로 간주해야 한다. 만약에 어떤 포괄적인 지성이 있어서 주어진 순간에 자연을 움직이는 모든 힘과 자연을 이루는 모든 존재의 상대적 위치를 알뿐더러 그 데이터를 충분히 분석할 수 있다면, 그런 지성은 가장 큰 물체들뿐 아니라 가장 작은 원자들의 운동도 동일한 공식으로 표현할 터이다. 그런 지성에게는 불확실한 것이 없을 터이다. 그런 지성은 미래와 과거를 한눈에 볼 터이다.[35]

그 후 계속 발전한 근대 물리학(특히 상대성 이론과 양자 이론) 덕분에 우리는 라플라스가 상상한 지성이 자연에 존재할 수 없음을 안다. 자연 현상에 대한 엄밀한 결정론적 예측 가능성에는 물리학적 한계가 있다. 그 한계는 우리가 아는 우주의 가장 작은 구역에도 있고 우리가 인식할 수 있는 우주론적 전체 시스템으로서의 우주의 가장 큰 규모에도 있다. 라플라스는 궁극적으로 이를 간과했는데, 우리는 오직 내부 관점에서만 자연을 연구할 수 있다. 따라서 자연은 어떤 지성의 눈앞에도 환히 놓여 있을 수 없다. 그 지성의 눈도 자연의 일부라면 그 눈앞에 자연 전체가 환히 놓여 있을 수 없을 터이며, 만약에 그《눈》이 자연 바깥에 있다면 자연의 데이터가 어떻게 그 눈에 도달할 수 있겠는가?

하지만 라플라스가 덧붙이는 말, 곧 〈인간 정신은 [……] 천문학에서 달성한 완전성을 통해 그런 지성의 윤곽을 희미하게나마 그려 냈다〉라는 말은 부분적으로 옳다.[36]

진실을 추구할 때 인간 정신의 모든 노력이 향하는 목표는 방금 언급한 지성에 끊임없이 접근하는 것이지만, 그럼에도 인간 정신은 그 지성으로부터 무한히 멀리 떨어진 채로 머무를 것이다. 인간 종족에게 고유한 이 노력이 인간을 동물들보다 위로 격상한다. 그리고 이 노력에서 얼마나 나아갔는지가 민족들과 시대들을 구별하게 만들고 민족들과 시대들의 참된 명성을 정당화한다.[37]

이 격앙된 선언에서 방금 언급한 사고실험의 문제점이 드러난다. 그 사고실험은 인간 지성에 대한 비정합적 과대평가를 함축한다. 우리가 〈세계의 과거 상태와 미래 상태를〉[38](원문은 〈세계 시스템 le système du monde〉을) 환히 보는 완전한 지성에 접근하려는 끊임없는 노력에도 불구하고 그런 지성으로부터 무한히 멀리 떨어진 채로 머무른다면, 라플라스는 대체 어떻게 이 사정을 알까? 어떻게 그는 우리의 지성보다 무한히 더 완전한 지성과 우리의 지성을 비교하고 둘 사이의 거리를 가늠할 수 있을까?

또 하나 눈에 띄는 것은, 스스로 추구하는 완전성으로부터 무한히 멀리 떨어진 우리의 빈약한 지성에서 라플라스가 하필이면 동물들을 능가하는 우월성을 보고 그 지성이 이뤄 낸 과학적 진보를 기준으로 민족들과 시대들을 평가한다는 점이다. 그러나 정말로 그 진보의 목표가 무한히 멀리 떨어져 있고 앞으로도 그럴 것이라면, 대체 왜 우리가 다른 동물들이나 수학적 천문학에 덜 기여한 다른 민족들보다 더 우월하다는 것일까? 우리가 무한에 더 접근하더라도 무한은 여전히 무한히 멀리 떨어져 있다. 따라서 대단히 위대하다고들 하는 민족들이 내디딘 작은 걸음은 미미하기 그지없으며 라플라스의 인식적 오만을 정당화할 수 없다. 오늘날의 탈식민주의적 관점에서 보면, 바로 라플라스 자신이 복무한 프랑스 제국에 정복되어 학대당한 〈민족들〉에 대한 그의 끔찍한 선입견을 이 대목에서 쉽게 알아챌 수 있다.

라플라스가 상상하는 것은 기껏해야 정도 차이일 뿐

이며 고작 비유를 통해 표현되는 우월성이다. 누가 이 우월과 열등을 규정할까? 근대 과학을 연구하기 위한 특별한 (수학자이자 물리학자이자 천문학자인 라플라스가 풍부하게 갖췄던) 지성을 위해서는 우월성이 필수적이라는 말일까? 제비가 이 말을 듣는다면, 〈유럽〉 제비건 〈아프리카〉 제비건 상관없이, 온화한 미소를 지으며 이렇게 대꾸하지 않을까? 〈너희는 수학은 잘할 수 있을지 몰라도 내비게이션이 없으면 좁은 도시 안에서도 길을 잃잖아. 반면에 나는 한 대륙에서 다른 대륙으로 날아가면서도 길을 잃지 않아. 나는 이 능력을 지성이라고 부르거든!〉

요컨대 라플라스는 이 대목에서 인간에 관해 상당히 비정합적인 환상을 펼치면서 그 환상을 기준으로 동물들과 다른 민족들 및 시대들의 가치를 평가한다. 이것은 1장에서 설명한 투사 주장의 전형적인 사례다.

라플라스가 그리는 자연과학적 세계상은 복잡성이 부족하다. 그 세계상은 지식 획득 시스템과 그 시스템의 표적 시스템(여기에서는 자연)의 얽힘을 간과한다. 〈복잡함〉을 뜻하는 독일어 komplex는 라틴어 cum과 plicare에서 유래했으며 글자 그대로의 의미는 〈함께 얽혀 있음〉이다. 복잡성 연구자 디르크 브로크만의 정의에 따르면, 〈복잡한 시스템〉이란,

다양한 요소들이 서로 얽혀 이룬 시스템이다. 이때 그 요소들이 형성한 구조는 개별 요소들에서는 인식되지 않을 수 있는데, 이는 예컨대 바느질 코에서는 스웨터를 알아볼 수 없는 것과 마찬가지다. 〈복잡함 komplex〉은 시스템이나 현상의 내적 구조가 띤 속성이며 따라서 객관적인 기준에 따른 규정이다. 반면에 〈난해함komplіziert〉은 항상 관찰자의 파악 능력과 관련이 있다. 즉 〈난해함〉은 주관적이다. 현상들은 대단히 복잡하면서도 난해하지 않을 수 있다.[39]

브로크만에 따르면, 복잡성 연구는 〈창발적emergent 행동〉, 곧 개별 요소들을 탐구해서는 알아낼 수 없는 구조를 띤 행동을 연구한다.[40] 이런 의미의 창발적 행동이 실제로 (〈객관적으로〉) 있다면, 라플라스가 상상한 지성은 그 행동을 인식하지 못한다. 왜냐하면 그 지성은 개별 요소들의 위치만 알기 때문이다. 자연이 복잡한 현상들을 포함한다면, 자연을 정확히 예측하는 것은 불가능하다. 물론 복잡성 연구는 대단한 진보를 이뤄 내는 중이고, 브로크만의 주목할 만한 저서는 그 진보를 알려 주지만 말이다.

그러나 자연의 복잡성을 인정함으로써 우리의 자연과학적 모형들을 확장하는 것만으로는 불충분하다. 물론 이것은 옳은 방향으로 나아가는 중대한 걸음이지만 말이다. 브로크만이 옳게 지적하듯이, (브로크만의 결정적 기여로 로베르트 코흐 연구소에서 수학적으로 연구되고 모형화된) 코로나 대유행과 같은 전체 시스템을 다룰 때 맞닥뜨리는, 진정으로 어려운 과제는 정신과학과 사회과학의 지식을 고려하는 것이다. 생물학적 과정들과 사회적 과정들은 서로 관련되어 있다. 왜냐하면 우리는 사회적 동물이기 때문이다. 그리고 그 관련성은 생물학적 차원으로 환원되지 않는다. 자연 현상들이 복잡한 것은 오로지 객관적 이유들 때문만이 아니다. 주관성도 부분적으로 자연에 속한다. 왜냐하면 우리는 정신적 생물로서 신체화되어 있기 (즉 동물들이기) 때문이다. 정신적, 사회적 과정들도 자연 현상에 속하며 복잡한 방식으로 자연 현상과 관련되어 있다. 따라서 자연에는 복잡성이 부족한 개별 요소들과 복잡한 시스템들만 있는 것이 아니라 복잡성을 초과하는 실재 층도 있다.

자연의 **복잡성 초과**Überkomplexität는 정신과 자연이 서로 얽혀 있으면서도kom-plex 범주적으로 구별된다는(즉 동일하지 않다는) 점에서 유래한다. 이 같은 복잡성 초과 때문에, 우리가 인간으로서의 우리 자신에서 보아 익히 아는 정신과 자연의 얽힘을 포괄적으로 연구할 수 있는 단일한 과학적 관점은 없다.

───────────

우리는 자연을 연구하고 인식할 수도 있고 정신을 연구하고 인식할 수도 있으므로, 자연과 정신을 짜 맞춰 단일한 정합적 그림을 그릴 수 있는 날은 영영 오지 않으리라는 점을 인정해야 한다. 우리는 정신과 자연의 얽힘을 다양한 과학적 관점에서 연구할 수 있지만, 모든 자연-정신 현상들을 단일한 이론 언어로(일반화된 신다윈주의의 언어로건, 일반화된 구조주의적 기호 이론의 언어로건) 서술하는 포괄적 과학 분야를 개발할 수는 없다. 왜냐하면 자연-정신 관계를 서술하는 보편적 이론 언어를 개발하려는 모든 시도는 불가피하게 자연과 정신 중 어느 한쪽을 패러다임으로 삼고 그쪽을 기준으로 다른 쪽을 규정하기 마련이기 때문이다. 그러나 정신을 자연으로 환원할 수도 없고, 자연을 정신으로 환원할 수도 없다.[41]

호모 사피엔스: 소크라테스의 지혜

인간은 지혜에 이를 능력이 있다. 그래서 칼 폰 린네는 인간을 호모 사피엔스라고 명명했다. 우리가 지혜에 이를 능력을 갖췄다는 것은, 학문과 기술을 통해 우리의 생존 조건을 통제하고 개선할 수 있다는 것에 국한되지 않는다.

만약에 그렇게 국한된다면, 자연을 도구로 간주하는 태도가 귀결될 터인데, 테오도어 아도르노와 막스 호르크하이머는 획기적인 공동 저서 『계몽의 변증법*Dialektik der Aufklärung*』에서 그런 태도를 자연 파괴의 원인으로 옳게 지적한 바 있다.[42] 이미 몇 번 언급했지만 마치 주문처럼 되뇌어야 할 핵심 문장은 이것이다. 도덕적 통찰과 분리된 자연과학적-기술적 진보는 근대에 지구의 황폐화를 초래한다. 따라서 환경 파괴를 막기 위해 필요한 것은 더 많은 과학과 기술이 아니라 무엇보다도 먼저 우리의 유한성과 한계를 염두에 둔 근본적인 사고의 전환이다.

칼 폰 린네가 인간을 호모 사피엔스로 정의하면서 염두에 둔 지혜 개념은 델포이 신전의 신탁으로 거슬러 올라간다. 플라톤에 따르면, 그 신탁은 철학자의 원조라고 할 만한 소크라테스를 〈모든 인간을 통틀어 가장 지혜로운 자〉로 지목했다.[43] 소크라테스는 이른바 『소크라테스의 변명』에서 그 신탁에 관해 이야기한다. 이 작품은 새로운 가짜 신들을 도입함으로써 신성을 모독하고 젊은이들을 그릇된 길로 이끈 죄로 소크라테스에게 사형을 선고한 아테네 법정에서 그가 내놓은 변론이다.

그 변론에서 소크라테스는 〈나는 내가 아무것도 모른다는 것을 안다〉라는 문장을 인류의 문화적 기억에 새겨진 격언으로 남긴다. 바로 이 같은 자신의 무지에 대한 앎이 그의 지혜다. 이 지혜는 언뜻 역설처럼 들리지만, 더 자세히 살펴보면 역설이 해소된다. 소크라테스의 격언은 모순이 아니다. 그가 그리스어로 한 말을 다음과 같이 모순 없게 번역할 수 있다.

소크라테스의 지혜 격언: ⟨나는 내가 아무것도 모름을 의식하게 되었다emautôi synêidê oudén epistamenôi.⟩[44]

소크라테스는 자신의 자기의식을 쉬네이데나이syneidenai라는 동사로 표현하는데, 이 동사의 뜻은 ⟨함께 알다mitwissen⟩이다. 이 함께 앎은 에피스테메epistêmê 곧 과학적 앎과 구별된다. 동사 쉬네이데나이에서 훗날 명사 쉬네이데시스syneidêsis가 나왔고, 이 명사는 라틴어 con-scientia(양심 Gewissen)로 번역되었다. 장황한 설명이지만, 요점은 이러하다. 소크라테스는 전문 지식과 구별되는 자기 인식으로서의 양심을 발견한 인물이다. 그가 깨달은 양심의 지혜는, 관찰자 관점에서는 선(善)(곧, 우리가 도덕적 이유에서 해야 마땅한 것)에 대한 인식에 도달할 수 없다는 것이다. 쉬운 말로 풀면 이러하다. 사람들이 선을 행하지 않는다면, 선은 없다.

사람들은 선을 행하면서 선을 알아챈다. 선은 우리의 실제 행위와 결부되어 있다. 그렇기 때문에 윤리학은 실천적 학문, 우리가 무엇을 하거나 하지 말아야 마땅한지를 다루기만 하는 것이 아니라 학문으로서의 실행에서도 이 기준에 부합해야 마땅한 학문이다. 이처럼 학문 시스템 자체에서 이미 드러나듯이, 우리가 할 수 있는 모든 것이 해야 마땅한 것은 아니다. 윤리학은 반대파의 반론이 아니다. 윤리학은 과학들의 곁이나 외부에 있지 않다. 윤리학은 하나의 목소리, 누구나 양심의 목소리로서 익히 아는 목소리다.

도덕적 양심은 도덕적 사실에 관한 오류 불가능한 인식의 원천이 아니다. 우리의 삶에서 도덕적 양심이 절대적으로 확실하게 발언하는 일은 거의 없다. 오히려 도덕적 양심은 우리가 착각하는 것일 수도 있음을 상기시킴으로써 우리를 방해하고 교란한다. 하이델베르크에서 활동한 철학자 한스게오르크 가다머의 표현을 변형하여 말하면, 양심은 타인들이 옳을 수도 있음을 유념하게 만든다.[45]

하지만 양심은 엄연한 앎의 원천이다. 왜냐하면 양심은 지나치게 확고할 때가 많은 우리의 판단과 선입견을 교란하기 때문이다. 이는 소크라테스가 전문 지식에 관한 근본적 질문으로 전문가들의 짜증을 유발하여 아테네 민주주의의 절차를 교란한 것과 마찬가지다. 전문가들은 소크라테스의 질문에 답할 수 없었다. 그렇게 소크라테스는, 전문 지식으로 자연과 사회를 장악하려 하는 인간적 오만의 약점을 집요하게 파고들었다.

소크라테스는 『소크라테스의 변명』에서 다이모니온, 곧 내면의 목소리를 증인으로 내세운다. 그는 그 목소리를 신적인 것으로 간주한다. 물론 그가 양심을 신의 목소리로 간주한다는 뜻은 아니다. 오히려 그는 내면의 목소리를, 우리 인간에게 방향을 일러 주는, 하나의 견해에 불과할 수 없는 무언가로 여긴다. 지혜란 자신의 양심은 오류를 범할 수 없는 목소리라는 착각에 빠지지 않으면서 자신의 양심을 따르기로 하는 것이다. 관건은 타인들이 옳을 가능성을 열어 놓음으로써 실재를 여러 관점에서 고찰하는 것이다. 오직 그런 방식으로만 우리는 자연과 정신의 복잡성을 파악할 수 있다. 우리는 지혜를 실천함으로써만 그 복잡성에 접근할 수 있다. 우리가 그 복잡성을 통제하고 장악하는 것은 영영 불가능하다.

견해, 앎, 선의 이데아

이로써 플라톤 이래로 철학을 소피스트의 달변과 차별화해 온 특징의 주춧돌이 놓였다. 잘 알려져 있듯이 철학을 뜻하는 그리스어 필로소피아는 지혜에 대한 사랑을 의미한다. 플라톤은 필로소피아를 소피스트의 달변과 구별하는데, 후자는 정치 연설가가 뜨거운 논쟁의 열기 속에서 적절한 논증이나 뻔히 틀린 논증을 통해 승리를 거머쥐게 해주는 기술이다. 이런 맥락에서 우리는 견해doxa와 앎epistêmê이 개념적으로 다르다는 통찰을 플라톤 혹은 소크라테스(이들 중 누가 플라톤의 사상에 어떻게 기여했는지 식별하는 것은 역사학적으로 어려운 과제다)에게서 얻었다.

견해란 참이거나 거짓일 수 있는 의견이다. 우리는 무수한 주제에 관해 무수한 견해를 가지고 있다. 사회적 생물로서 우리는 견해를 교환하고 견해를 중심으로 뭉쳐 집단을 이룬다. 견해를 갖기는 진실로 여기기Fürwahrhalten 혹은 믿기Glauben의 한 유형이다. 견해는 강할 수도 있고 약할 수도 있다. 어떤 견해들은 쉽게 철회되지만, 다른 견해들은 뿌리가 확고히 박혀 있다. 공적인 논쟁의 주제는 우리의 정치적 공동체에 관한 것일 때가 많다. 공화국을 뜻하는 독일어 Republik의 어원은 라틴어 res publica이며, 이 라틴어는 모든 사람과 관련이 있는 사안을 뜻한다. 모든 사람과 관련이 있는 사안을 앞에 두고 우리가 무엇을 하려 하고 해야 마땅한지 논의하려면 견해들을 제기하고 비교하고 평가하는 작업이 필수적이다.

하지만 모든 견해가 동등하게 좋은 것은 아니다. 우리는 다양한 기준에 따라 견해들을 평가할 수 있다. 공적인 논쟁에서는 강한 견해들이 세력을 얻는데, 견해의 강도는 사회학적으로, 언론학적으로, 경제학적으로, 법학적으로, 정치학적으로 측정될 수 있다. 그런데 견해들이 형성하는 역장Kräftefeld(힘들이 작동하는 공간)은 비합리적인 구조물에 불과해서 그 안에서는 결국 가장 강한 견해들이 관철되는가 하면, 전혀 그렇지 않다. 민주주의 법치 국가에서는 요란하게 내세워지는 견해를 다양한 관점에서 검토하여 그 세력을 감소시키고 사람들이 소수 의견을 경청하게 만들려는 목적으로 많은 방안이 개발되었다. 그런 방안의 예로 다원주의적 미디어 지형과 입지가 탄탄한 정치적 반대파(야당)를 들 수 있다. 공적인 견해들이 원활하게 논의되는 공간을 위해서는, 견해들의 역장 안에서 아무도 굽어볼 수 없는 조정 메커니즘이 작동하는 것과 견해들의 경쟁에서 우위를 차지하고 심지어 장기적으로 우위를 유지하는 간단한 길이 존재하지 않는 것이 필수적이다.

　　견해들의 공간이 따르는 규칙들은 다차원적이며 복잡하다. 예컨대 정부는 유권자들의 견해를 조사한다. 이는 국민이 원하는 바가 무엇인지, 또 소수 견해들과 대비되는 다수 의지를 어떻게 규정할지에 관한 결론을 그 조사로부터 도출하기 위해서다. 그런데 이 견해 조사는 다시금 국민의 견해 형성에 영향을 미치고, 그 결과로 국민은 다시 적극적으로 조사에 응하거나 다른 방식으로 목소리를 낸다.

사회적 구조들은 일련의 규범 시스템들을 기준으로 평가된다. 일반적으로 **규범성**Normativität이란, 우리의 생각과 행위(엄밀히 말하면, 생각도 행위의 한 형태다)가 옳은 것과 옳지 않은 것으로 분류된다는 사정을 뜻한다. 옳은 행위란, 기대로서 암묵적으로 존재하거나 공식적인 규칙으로서 명시적으로 존재하는 규범에 부합하는 행위다.[46] 규범의 예로 놀이 규칙을 들 수 있다. 보드 게임 「카탄의 정착자들」*을 하는 사람은, 물물교환으로 어떤 자원을 입수할 수 있는지, 어떻게 자원을 모아 새로운 거주지를 건설하는지 등을 조만간 깨닫게 된다. 이것들은 게임 설명서에 들어 있는 내용이지만, 플레이어는 놀이를 하면서 이것들을 다시 배워야 한다. 일찍이 아리스토텔레스가 통찰한 대로, 〈우리가 배운 다음에 무엇을 실행해야 하는지를 우리는 실행하면서 배운다〉.[47] 플레이어의 행마가 옳은지 여부는, 그 행마가 플레이어의 마음에 드는지 여부와 상관없이, 규칙들 자체에 의해 결정된다. 요컨대 「카탄의 정착자들」을 하는 플레이어는 규범적인 행위를 하는 것이다. 우리가 하는 많은 행위가 규범적이지만, 모든 행위가 규범적인 것은 당연히 아니다. 어떻게 빈둥거려야 하는가, 혹은 멍하니 창밖을 바라보는 행위를 어떻게 하는 것이 최선

* Die Siedler von Catan. 독일에서 큰 인기를 누리는 전략 보드 게임.

인가에 대해서는 규범이 없다. 이처럼 인간의 모든 행위가 규범적인 것은 아니지만, 인간이 하는 많은 행위는 확실히 규범적이다.

규범성은 사회적 현상이다. 당신이 규범에 부합하게 행위하는지 지켜보는 타인들이 없다면, 당신은 당신 자신에게 규범을 부과할 수 없다. 심지어 타인들에게 은폐된, 사적이며 내밀한 맥락 안의 행위에서도 당신은 오로지 사회적 실행들이 있기 때문에 존립하는 규칙들을 따른다. 바꿔 말하면, 인간이 하는 규범적 행위는 반드시 타인들도 하는 행위다.[48]

다시 소크라테스와 플라톤으로 돌아가자. 이제 우리의 철학적 숙고가 도달한 지점에서 다음과 같은 질문이 제기되는데, 이것은 플라톤 혹은 소크라테스의 근원적인 질문이다. 모든 견해와 모든 사회적 실천을 옳은 것과 그른 것 — 그 견해와 실천이 행위자의 마음에 드는지 여부와 전혀 상관없이 — 으로 나누는 규범이 존재할까? 그런 규범이 존재한다면, 설령 사회 전체가 특정 행위들에 관해 만장일치의 견해를 가졌다 하더라도, 그 견해와 상관없이 그 사회의 행위와 생각을 옳은 것과 그른 것으로 나누는 평가 잣대가 존재할 터이다. 예컨대 러시아 국민의 80퍼센트 이상이 푸틴의 우크라이나 침공을 옳은 행위로 여긴다면, 이는 사회의 압도적 다수가 오류를 범하는 사례일 터이다. 이 사례에서 평가 잣대는 사회가 암묵적이거나 명시적으로 부과한 평가 지침을 초월한다. 이런 규범성을 **초월적 규범성**transzendente Normativität이라고 부르자.

윤리학이 다루는 것이 바로 그런 초월적 규범성이다. 즉 어떤 사회적 견해를 통해서도, 어떤 법정, 정부, 제도를 통해서도, 한마디로 인간이 실행하고 생각할 수 있는 그 어떤 것을 통해서도 없앨 수 없는 규범성이다. 플라톤이 이 규범성에 부여한 명칭이 바로 **선(좋음)의 이데아**Idee des Guten이며, 플라톤의 철학 전체는, 우리의 마음에 들건 말건, 선의 이데아가 인간 사회에 빛을 비추고 그 빛이 인간 사회를 평가한다는 것을 보여 주는 논증이라고 할 수 있다.[49] 그렇기 때문에 플라톤은 선의 이데아를 태양에 빗대기도 한다. 태양이 없으면 아무것도 볼 수 없고 인식할 수 없을 터이며, 당연히 삶도 없을 터이다.

규범성은 다양한 의미장 안으로 가지를 뻗는다. 법적 규범성은 스포츠나 보드 게임의 규범성과 다르게 작동한다. 논리적-수학적 규범성은 연인 관계의 규범성과 다르게, 정당 정치적 규범성은 연정 협상에 관한 언론 보도의 규범성과 다르게, 예술 작품을 평가할 때의 미학적 규범성은 유치원 생활에서의 규범성과 다르게 작동한다. 사회를 생각하는 방법 하나는 사회를 상호작용하는 다양한 규범성장들Normativitätsfelder로 간주하며 분석하는 것이다.

윤리학이 체계적인 학문 분야로서 존재한 이래로(즉 소크라테스와 플라톤 이래로), 윤리학의 토대는 초월적 규범성에 대한 인정, 곧 사회 전체의 상황과 그 안에서 작동하는 규범적 힘들의 복잡한 장을 초월하는 규범성에 대한 인정이다.

그 인정이 구체적으로 의미하는 바는, 어떤 사회적 합의를 통해서도 바꿀 수 없는 무조건적 규범들 혹은 가치들이 있다는 것이다. 그런 규범 혹은 가치의 예를 쉽게 발견할 수 있다. 성폭행, 아동 성추행, 유독성 물질을 바다에 버리기, 인신매매, 대량 학살, 인간이나 기타 생물에 대한 잔인한 가학 행위, 반유대주의를 비롯한 다양한 인종주의는 도덕적으로 배척해야 하는(곧 악한) 반면, 최대한 공정한 자원 분배, 사람들과 기타 생물들의 자기실현을 북돋기 위한 우호적 배려, 자신을 위험에 빠뜨리지 않는 한에서 타인의 생명을 구하기는 도덕적으로 명령된다(곧 선하다). 설령 우리가 직관적으로 근본적인 악으로 간주하는 어떤 행위를 모든 인간이 합의하여 수용할 만하고 심지어 바람직한 행위로 판정하더라도, 이 경우에는 모든 인간이 착각하는 것이며 객관적 오류를 범하는 것이다. 예컨대 안전한 삶을 바라며 유럽으로 들어올 방법이 인신매매나 밀입국밖에 없는 사람이 많더라도, 인신매매와 밀입국 조직의 활동은 도덕적으로 배척해야 한다. 밀입국 시스템이 비도덕적이라는 것으로부터 도출되는 결론은, 그러니 유럽으로 들어오는 사람이 감소하거나 없어져야 한다는 것이 아니라 오히려, 도덕적으로 옹호할 수 있는 방식으로 사람들의 유럽 이주를 받아들일 길을 모색하는 것과 특히 아프리카에 사는 사람들과 눈높이를 맞춰 협조할 수 있도록 가치중심의 이민 정책을 마련할 길을 모색하는 것이 우리의 도덕적 의무라는 것이다. 물론 이 도덕적 의무는 부분적으로 이행되고 있으며 모든 정당한 아프리카 정책의 한 부분이지만, 이 정도로는 명백히 불충분하다는 점을 지중해와 유럽연합의 다른 경계 지역에서 날마다 벌어지는 비극을 통해 알 수 있다. 그러나 현재 그 비극에 관한 뉴스는 대폭 감소했다. 왜냐하면 코로나 대유행을 맞아 유럽 자신의 보건 문제들이 불거졌을뿐더러 우크라이나에서 벌어지는 끔찍한 전쟁에 사람들의 관심이 쏠려 있기 때문이다. 유럽의 아프리카 정책은 거대한 도덕적 실패를 증언하며 긴급히 수정될 필요가 있다. 양심적이고 진지한 개인이라면 누구나, 부유한 서방 세계가 새로운 변종 바이러스들에 맞서 자기네는 계속 추가 접종을 하면서 아프리카 대륙에는 백신과 노하우를 (특허를 핑계 삼아) 제공하지 않는 것에 반대할 것이다. 혹은 유럽이 에너지와 천연자원이 빠듯하다고 걱정하는 동안 몇몇 아프리카 국가에서는 우크라이나 전쟁으로 곡물 수입이 끊겨 벌써 심각한 식량난이 발생하고 있는 것에 반대할 것이다.

소크라테스의 양심이 표현하는 바는, 사람들이 초월적 규범성의 빛 앞에서, 선의 이데아 앞에서 자신을 개방할 수 있다는 것이다. 소크라테스와 플라톤은 양심을 〈신적인〉 것으로 여겼다. 왜냐하면 양심은 사람들의 견해를 초월하고 수정하기 때문이다. 양심은 모든 자의Willkür(恣意)를 넘어선 곳에, 따라서 국가적 자의도 넘어선 곳에 있다. 독일 기본법은 인간 존엄에 대한 책무를 명기함으로써 이 사정을 모사한다. 20세기에 세계사가 경험한 (여기 독일에서는 나치의 공포 정치와 인류에 대한 범죄를 통해 극단적으로 벌어진) 만행들을 고려할 때, 독일 기본법은, 사회적 역장들을 넘어선 곳에 위치한 규범성이 우리가 무조건 인정해야 마땅한 무언가로서 그 역장들에 영향을 미친다는 점을 인정하는 적절한 방식의 하나다.

윤리학은 단지 견해에 기초를 두는 것이 아니라 앎에 기초를 둔다. 견해 품기와 달리 알기의 핵심은, 우리의 진실로 여기기로부터 독립적으로 존립하는 사실들을 파악하기 위한 노력이다. 코로나 바이러스의 분자생물학적 구조, 지구의 가속도, 주어진 미분방정식의 해, 병원의 병상 가동률은 모두 사실의 예다. 우리의 견해만으로 이 사실들을 바꿀 수는 없다. 우리의 마음에 들건 말건, 2019년 말 이래로 우리를 긴장하게 만드는 코로나 바이러스는 한마디로 너무 위험하기 때문에, 우리는 그 바이러스를 무시하고 과거처럼 계속 살 수 없다. 또 우리의 마음에 들건 말건, 두 벡터의 외적의 방향은 그 벡터들이 속한 평면에 대해 수직이다.

무언가를 알더라도 그 무언가가 절대적으로 확실하다는 느낌을 반드시 갖는 것은 아니다. 사람들은 많은 것을 알면서도 그것들을 안다는 것을 알지 못할 수 있다. 앎 혹은 학문과 기타 진실로 여기기 형태들 사이의 범주적 차이는 오히려, 우리가 앎을 정당화(플라톤의 어법으로는 로고스)와 연결한다는 점에 있다. 플라톤에 따르면, 앎이란 로고스(곧 방법적으로 정교한 정당화)에 의해 구속된 참인 견해다. 그렇다면 앎 주장을 제기하는 사람은, 자신이 안다고 믿는 바를 (오늘날의 철학 용어로 말하면) 근거들의 공간 안에서 보증하고 반론들에 맞서 방어할 수 있다고 주장하는 것이다.[50]

따라서 근거들을 교환하는 활동은 견해들의 싸움에 불과하지 않다. 왜냐하면 그 교환을 통해 도달하려는 목표는, 그 교환 활동으로부터 독립적으로 존립하는 진실 혹은 사실이기 때문이다. 그러므로 다수의 규범성들 안에 내장된 사회적 실천들이 있어야만 과학이 존재한다는 것은 맞지만, 과학은 그 실천들과 동일하지 않다. 그 사회적 실천들은 과학 안에서 진실의 발견에 종사한다.

과학들은 요구하는 바가 많은 앎 개념을 토대로 삼는 한에서 인식적으로 겸손하다. 그 개념에 따르면, 앎 주장을 제기하는 것은 자신이 착각하고 있을 가능성에 대해 열린 태도를 취한다는 것을 의미한다. 양심의 초월적인 목소리는 철학자가 증거로 내세울 수 있는 무오류의 계시가 아니다. 그렇기 때문에 철학은 예언이나 무오류의 계시와 구별되며, 따라서 (역학과 광학이 물리학의 하위 분야인 것처럼 철학의 하위 분야인) 윤리학도 마찬가지다.

양심이 있다는 것, 그리고 양심은 우리 자신이 그릇된 길 위에 있을 수도 있음을 지적하기 위해 발언하는 내면의 목소리임을 우리가 안다는 것은 우리가 소크라테스 덕분에 얻은 깨달음이다. 이 내면의 목소리가 우리에게 속삭이는 말이 충분히 명확해서 우리는 그 말을 이행하기만 하면 되는 경우는 드물다. 여담이지만, 만약에 내면의 목소리가 그런 식으로 발언한다면, 우리는 도덕적 판단을 내릴 때 자유롭지 않을 터이다. 양심의 목소리가 형성되는 과정은 항상 내면의 변증법을 일으키기 마련이다. 그렇지 않다면 양심은 도덕적 본능에 불과할 터이다. 그러므로 우리는 양심을 극도로 조심스럽게 다뤄야 하며, 양심의 목소리를, 우리가 처한 상황을 매우 신중하게 숙고할 계기로 삼아야 한다. 이때 숙고는 타인들의 말을 기꺼이 경청하는 것을 전제한다. 우리는 양심을 지녔기 때문에, 본능적으로 선하게 행위할 수 있고 따라서 도덕적 사실들을 파악하지만 도덕적 진보에 기여하지는 못하는 다른 생물들과 구별된다.

하지만 타인들에 대한 개방성은 근본적인 악이 행해지는 지점에서 한계에 도달한다. 그렇기 때문에 제대로 돌아가는 사회에서는 사회가 윤리학적 숙고를 거쳐 그 개방성의 한계를 보여 주는 규범적 모퉁잇돌들을 놓고 그것들을 통합하여 도덕적 진보를 이뤄 내는 것이 중요하다. 사람들은 근본적으로 동등하게 존엄하다는 통찰, 여성들(그리고 남녀 역할에 관한 단순한 통념에 들어맞지 않는 다양한 성적 자기규정을 가진 사람들)이 어떤 중요한 측면에서든지 사회적 자기규정의 권리를 행사하지 못하는 일은 없어야 한다는 통찰, 인종주의적 생각과 행위는 배척해야 한다는 통찰, 아동은 선거권이 없더라도 권리들을 보유하고 국가가 그 권리들을 존중해야 한다는 통찰(여담인데, 아동에게 선거권이 없다는 점은 우리의 민주주의가 가진 중대한 도덕적 결함이다) 등을 망각하고 퇴보하지 말아야 한다.

간단히 요약하자. 한편으로 우리가 윤리학적 앎 주장들을 제기하는 것을 허용하면서 다른 한편으로 그 앎 주장들이 실패할 수 있음을(즉 우리가 윤리학적 질문들 앞에서 오류를 범할 수 있음을) 인정하는 그런 윤리학이 필요하다. 바꿔 말해, 우리는 무지도 윤리학적으로 다룰 수 있어야 한다. 복잡한 행위 상황에서는 많은 도덕적 사실이 단박에 명백하지는 않은데, 무지를 윤리학적으로 다루는 능력은 그런 상황에서 결정적으로 중요하다.

도덕적 사실들과 윤리적 사실들이 있음을 거듭 강조함

윤리학은 앎 주장을 제기하므로 반대 근거들에 대해 열린 태도를 취해야 한다. 그러나 이 열린 태도는 한계를 지녔다. 윤리학의 아래쪽 한계가 없다면 과학으로서의 윤리학은 존재할 수 없을 텐데, 그 아래쪽 한계는, 우리의 견해를 초월한 도덕적 사실들이 아무튼 있다는 전제다. 이 전제는 내가 즉석에서 무턱대고 내뱉는 형이상학적 견해가 아닌데, 이를 더 잘 이해하려면 무릇 사실이란 무엇인지 명확히 밝히는 작업이 유용할 수 있을 것이다.

일반적으로 **사실**이란 유의미한 질문에 대한 참인 대답이다.[51] 예컨대 〈2022년 4월 8일에 파리는 프랑스의 수도였을까요?〉라는 질문에 대한 참인 대답은 〈예〉다. 따라서 〈2022년 4월 8일 파리는 프랑스의 수도였다〉라는 것은 사실이다. 우리가 아직까지 질문으로 언급할 수 없는 사실들도 당연히 있다. 인간의 언어들을 총동원하더라도 사실들의 영역을 남김없이 다룰 수는 없다. 사실들은 우리가 언어를 통해서나 기타 방식으로 포괄적으로 모사할 수 있는 총체를 이루지 않는다. 셰익스피어의 『햄릿』1막 5장에 나오는 유명한 대사에서 주인공 햄릿이 호레이쇼에게 말하듯이 〈하늘과 땅에는 너희가 학교에서 배워 꿈꾸는 것보다 더 많은 것이 있다〉. 대답할 수 있는 질문들보다 무한정 더 많은 사실들이 있다는 것은 **존재론적 사실실재론** ontologischer Tatsachenrealismus의 주장이다. 이 주장을 달리 표현하면 이러하다. 사실들의 영역은 우리가 언어로 표현할 수 있는 것들의 범위를 무한정 넘어선다.

도덕적 사실이란 윤리학적 질문에 대한 참인 대답이다. 윤리학적 질문은 우리의 행위를 다룬다. 윤리학적 질문은, 우리가 오직 인간인 한에서 무엇을 하거나 하지 말아야 마땅한지 묻는다. 도덕적 사실은 명령의 성격을 띤다. 즉 무언가(행위나 부작위)를 지시한다. 그런데 도덕적 사실은 오직 실제로 앞에 놓인 행위 맥락 안에만 존재한다. 무엇을 하거나 하지 말아야 마땅한가는, 행위 맥락과 관련이 있고 따라서 아쉽게도 많은 경우에 간단히 대답할 수 없는 질문이다.

개별 사례에서 무엇이 도덕적 사실인지 알려 주는 보편적 규칙을 어떻게 정식화할 수 있을지에 관해 많은 제안이 윤리학의 역사에서 등장했다. 그런 제안의 잘 알려진 예로 칸트의 정언명령, 황금률(〈사람들이 너에게 하기를 네가 원하지 않는 바를 너도 타인에게 하지 마라〉), 행위가 타인들에게 미치는 영향을 계산하여 어떤 선택지가 최대 효용 혹은 최소 피해를 일으키는지 알아내라는 공리주의 원칙을 들 수 있다.

하지만 이 규칙들은 기껏해야 윤리적 방향 설정을 위한 첫걸음에 불과하다. 물론 이 규칙들은 윤리적 숙고의 중요한 부분에서 가이드라인의 구실을 할 수 있다. 그러나 정언명령이나 황금률, 공리주의적 계산으로부터, 감염병 확산을 막기 위한 봉쇄를 얼마나 오래 지속해야 마땅한가, 코로나 대유행 중에 송년회에서 얼마나 많은 사람을 만나도 되는가, 채식주의자가 되어야 하는가, 원자력 발전소 신축은 인간으로 인한 기후 변화가 인류 전체에 끼치는 폐해를 억제하는 방안으로서 풍력 발전보다 더 우월한가 등에 대한 대답은 도출되지 않는다.

우리의 일상은 특수한 도덕적 질문들로 가득 차 있다. 동료와의 갈등을 어떻게 해결할 것인가? 사랑하는 사람이 중대한 병에 걸린 상황에 어떻게 대처할 것인가? 자식들에게 언제 어떻게 성교육을 할 것인가? 어떤 채용 제안을 받아들일 것인가? 그리고 그 선택은 타인들과의 관계에 어떤 영향을 미칠까? 코로나 대유행은 우리가 일상에서 도덕적으로 중요한 결정을 얼마나 많이 내리는지 또렷이 자각하게 해주었다. 하지만 그렇다고 우리가 현재의 대유행 상황에서 경우에 따라 극도로 복잡한 질문들에 대해 간단하고 포괄적인 도덕적 대답을 내놓을 수 있게 된 것은 전혀 아니다. 기후 변화와 관련해서도 마찬가지다. 또한 철저한 소비 사회의 병증들을 치유하고 더 인간적이며 따라서 윤리학적으로 더 사려 깊은 공동체를 이룩하기 위해 불가피한 사회경제적 전환을 윤리학적으로 적절하게 설계하는 일과 관련해서도 똑같은 이야기를 할 수 있다. 우크라이나 침공이라는 심각한 퇴행이 예증하듯이, 도덕적 진보는 저절로 일어나지 않는다. 물론 끔찍한 비극을 겪는 우크라이나를 최대한 지원하기 위해 인류의 다수가 그 전쟁에 반대하고 있긴 하지만 말이다.

윤리학을 남김없이 완전히 서술하거나 하나의 포괄적인 규칙으로 환원할 수는 없는데, 이는 우리의 실제 행위가 복잡하기 때문이다.

이 대목에서 또 다른 구별을 도입할 필요가 있다. 일반적으로 사실들은 우리가 그것들을 적절히 명명하고 파악하고 인식하는지 여부와 상관없이 존립할 수 있다. 바로 이것이 사실실재론의 핵심이다. 그런데 도덕적 사실들은 그것들에 대한 우리의 판정과 근본적으로 다를 수 없다는 특수성을 지녔다. 코로나 대유행을 종식하기 위해 모든 코로나 감염자를 죽여야 마땅하다는 것은 합리적으로 생각할 때 도덕적 사실일 수 없다. 그런 절멸 조치는 전염병학적으로 실행할 가치가 있더라도(또한 전염병에 걸린 다른 생물들에 대해서는 도덕적 논란에도 불구하고 실행되지만) 명백히 도덕적으로 배척해야 하고 심지어 악하다. 그렇기 때문에 다행히도 아무도 그런 조치를 고려하지 않는다. 도덕적 사실은 원리적으로 인식될 수 있다. 그것들은 우리를 향해 있다. 우리가 원리적으로 인식할 수 없는 도덕적 사실은 있을 수 없다. 이런 점에서 도덕적 사실은 예컨대 물리학적 사실과 구별된다. 많은 물리학적 질문은 영원히 또 원리적으로 대답될 수 없다. 왜냐하면 우리 우주에 인과적 흔적을 남기지 않으며 따라서 우리로서는 영영 인식할 수 없는 우주들이 얼마든지 있을 수 있기 때문이다. 그런 우주들에서 유효한 자연법칙은 우리가 아는 자연법칙과 상당히 다르거나 심지어 근본적으로 다를 수 있다.

반면에 전혀 다른 도덕적 법칙이 유효한 우주들, 예컨대 최대한 많은 사람을 이유 없이 괴롭히라는 것이 도덕적 명령인 우주들이 있을 수 있다는 생각은 터무니없다. 도덕적 사실들이 인간으로서의 우리를 향해 있다면, 우리가 이제껏 도덕적으로 명백하다고 여겨 온 모든 것과 근본적으로 다른 도덕적 질서는 있을 수 없다. 선의 이데아는 어떤 주어진 사회적 구조로도 환원될 수 없다는 의미에서 초월적이다.

그러므로 내가 여기에서 제안하는 도덕적 사실실재론 버전은 **인식적 도덕적 실재론**과, 즉 우리가 도덕적 실재를 인식할 수 있으며 이미 어느 정도 옳게 인식해 왔다는 주장과 짝을 이룬다. 우리가 도덕적 사실들을 인식하고 사회적-실천적으로 유효화할 수 있게 해주는 도덕적 이성의 빛은 인류 역사에서 어느 때엔가 켜졌다. 정확히 언제 어디에서 어떻게 켜졌는지 우리는 모르지만, 고인류학의 다른 주제들에서와 마찬가지로 여기에서도 곧장 떠오르는 추측은 아프리카 대륙에서 도덕적 이성의 빛이 켜지기 시작했다는 것이다. 그도 그럴 것이, 잘 기록된 최초의 고도 문화는 고대 중국과 더불어 이집트에, 따라서 아프리카 문화권에 있었다. 그 고도 문화는 인간의 생각과 행위의 모든 분야에서 최고의 성취에 도달했다(유감스럽게도 노예제, 착취, 전제적 통치에서도 그러했다. 이것들은 〈유럽적인〉 발명품이 전혀 아니다). 물론 윤리학을 위해 정착자들의 고도 문화나 문서가 필요한 것은 아니지만, 전승된 기록이 없는 인간 집단들의 도덕적 수준을 파악하기는 어렵다는 점도 부인할 수 없는 사실이다(물론 우리보다 더 평등하고 몇몇 측면에서는 도덕적으로 더 진보하기까지 한 비정착 인간 집단들이 오늘날 존재한다는 것도 사실이다.

지금 나는 독자 중에 그런 집단들에 속한 사람은 없다고 전제하고서 〈우리〉라는 표현을 사용하는 것이다).

다양한 도덕적 우주들은 없다. 도덕적 사실은 스스로 자신을 알리는 성질을 지녔다. 도덕적 사실들은 발언한다. 그 발언은 양심의 형태로, 혹은 우리의 인생 경험의 틀 안에서 이루어진다.

인식 가능한 사실 및 인식 불가능한 사실과 구별하여 인식된 사실을 **팩트**fact라고 부를 수 있다. 우리가 코로나 대유행이나 기후 변화를 팩트라고 부를 때, 팩트가 의미하는 바는 우리가 아는 무언가, 혹은 우리가 충분한 인식적 근거를 갖추고 안다고 주장할 수 있는 무언가다. 예컨대 가용한 백신이 공동체의 질병 부담을 줄일 수 있다는 것은 팩트다. 바이러스는 스파이크 단백질을 통해 우리의 세포와 결합하여 증식함으로써 심각하거나 치명적인 질병을 일으킬 수 있다는 것도 팩트다. 기후 변화에 관해서도 많은 팩트가 있다. 예컨대 과다한 탄소 배출과 지속 불가능한 경제 형태인 소비 및 터보 자본주의가 기후 변화를 촉진한다는 것은 매우 널리 알려진 팩트다.

동일한 의미에서의 도덕적 팩트, 곧 인식된 도덕적 사실도 있다. 도덕적 팩트의 예로 근친상간 금지와 탐욕에서 비롯된 도둑질의 금지가 있고, 긍정적인 팩트의 예로는 자신이 위태로워지지 않는 한에서 물에 빠진 사람을 구하라는 명령을 들 수 있다. 도덕적 팩트들의 목록은 얼마든지 확장될 수 있다. 우리는 누구나 어느 정도 숙고된 도덕적 인식을 방대하게 지녔다. 난해하지 않을 때가 드물기로 유명한 칸트조차도 〈심지어 가장 저속한 인간에서도 인간의 이성은 도덕적인 측면에서 대단히 옳고 정교한 수준에 쉽게 도달할 수 있다〉[52]고 강조한다. 그렇기 때문에 칸트는 자신의 윤리학을, 사람들이 철학적 뒷받침 없이도 보유한 도덕적 인식의 포괄적인 원리를 찾아내는 프로젝트로 간주한다.

내가 이 말을 하는 것은 칸트의 윤리학에 찬성하기 위해서가 아니다. 칸트와 달리 나는 하나의 최고 원리로부터 도덕적 사실들을 도출할 수 있다고 믿지 않는다. 하지만 칸트가 실천적 인식을 (〈통상적으로 앎에 관한 것이라기보다 행위와 부작위에 관한 것〉인[53]) 〈지혜〉라고 부르면서 윤리학적 인식의 선(先)이론적 원천으로 지목하는 것은 내가 보기에 전적으로 옳다. 일상에서 윤리학적 숙고와 행위를 훈련해 온 긴 역사 덕분에 오늘날 우리는 어떤 도덕적 사실들이 성립하는지에 관해 과거보다 훨씬 더 많이 안다.

윤리학도 진보한다. 도덕적 진보가 존재한다.

여성이 참정권을 가져야 마땅하다는 것을 오늘날 민주주의 법치 국가들에서는 아무도 진지하게 의심하지 않는다는 점은 도덕적 진보의 한 예다. 심리적 폭력에 대한 감수성의 향상도 마찬가지다. 이 도덕적 진보의 결과로 우리는 온라인 비방, 성적인 괴롭힘, 다양한 일상적 차별을 꼼꼼히 감시함으로써 서로를 대하는 방식을 도덕적으로 개선하고 있다. 하지만 도덕적 퇴보도 있으며, 따라서 역사가 단순히 진보하기만 하는 것은 아니다. 오히려 역사는 다양한 실 가닥들로 이루어진 복잡한 직물과 유사하다. 도덕적 퇴보의 예로 기쁘게도 일단 과거가 된 미국의 트럼프 정권을 들 수 있다. 거침없는 산업화를 주도하는 힘들이 환경 파괴를 일으켜 우리를 궁지에 몰아넣는 것도 도덕적 퇴보의 대표적 사례다. 이런 측면에서 오늘날 산업 국가들에서 사는 우리는 고대 그리스인보다 도덕적으로 더 퇴행적이다. 물론 후자는 (노예 제도를 비롯한) 다른 측면들에서 도덕적 오류를 범했지만 말이다. 현재 우크라이나에서 끔찍한 공격 전쟁이 벌어지고 있다는 점도 커다란 도덕적 퇴보의 사례다. 그 전쟁을 주도하는 파렴치한 독재자는 수십 년 전부터 의문의 여지 없이 명백하게 도덕적 진보들을 무위로 되돌리고 있다. 이처럼 단 하나의 일방적인 진보의 역사는 없으며, 그 끝에 도덕적이라고 자부하는 이른바

〈서양〉이 위치한 역사는 더더욱 없다. 따라서 우리의 조상들이 (그리고 소비 자본주의에 아직 물들지 않은 생활 방식으로 살아가는 많은 사람이) 수천 년 동안 지구 위에서 지속 가능하게 살 수 있게 해준 토착적인 앎을 우리 모두가 진지하게 받아들여야 한다는 통찰이 서서히 확산하는 것은 전적으로 옳다(또한 도덕적으로 진보적이다). 토착적인 앎은 중요한 지혜의 원천이다. 물론 우리가 〈토착민〉으로 분류하는 인간 집단들이 자동으로 모든 면에서 도덕적으로 옳다는 뜻은 아니다. 그런 인간 집단은 없다.

무지

한 개인이 자신의 관점에서 아는 바를 **주관적인 앎**이라고 칭할 수 있다. 우리는 누구나 주관적인 앎을 보유하고 있는데, 이는 간단히 누구나 자신의 개인적 관점을 지녔기 때문이다. 일인칭 관점에서의 앎이 존재한다. 예컨대 지금 내 느낌이 어떠한지에 대한 나의 앎이 일인칭 관점에서의 앎이다. 이런 일인칭 관점에서의 앎을 인류의 객관적인 앎, 곧 우리가 교과서와 안내서, 단어 사전과 백과사전에서 찾아볼 수 있는 앎과 구별할 수 있다. **객관적인 앎**은 누군가가 이런저런 방식으로 확인했기 때문에 모두에게 알려질 수 있는 팩트들로 이루어져 있다. 객관적인 앎은 전달 가능한데, 그 앎을 전달받는 개인이 겪는 주관적 상태들은 그 전달이 이루어지는 방식에서 어떤 역할도 하지 않는다. 우리는 함부르크가 뮌헨보다 북쪽에 있다는 것을 언젠가 배웠다. 우리는 그것을 안다. 그것을 배울 때 당사자는 이런저런 것을 느끼고 타인들은 품지 않는 상상을 함부르크와 뮌헨에 관해 품는다. 하지만 이 사정은, 함부르크가 뮌헨보다 북쪽에 있다는 팩트에 어떤 영향도 미치지 않는다. 이런 한에서 객관적인 앎은 (인식론과 의식 철학 Philosophie des Bewusstseins에서 사용하는 용어로 말하면) 삼인칭 관점에서의 앎이다.

객관적인 앎의 예로, 〈아무도 전지적이지 않으며 인류 전체도 마찬가지다〉라는 것을 들 수 있다. 우리가 객관적으로 아는 바와 모르는 바를 모조리 보여 주는 완벽한 인식론적 지도를 제작하려는 시도는 반드시 실패한다.[54]

우리는 앎과 실재를 절대로 완전히 일치시킬 수 없다. 여기에서 말하는 실재, 곧 알려질 수 있는 것들의 영역은 우리가 지금 현실적으로 (주관적으로, 그리고 객관적으로) 알 수 있는 것들의 범위를 능가하며, 어느 정도로 능가하는지는 알 수 없다. 이것이 **인식론적 실재론의 근본 주장**이다.

그러므로 실재론자라는 것은 — 일부 사람들의 생각과 달리 — 인간의 인식 가능성에 관한 순박한 낙관론을 옹호한다는 것을 의미하지 않는다. 오히려 실재론자라는 것은, 알려질 수 있는 모든 것을 우리가 아는 상황은 원리적으로 벌어질 수 없으므로 앎과 실재는 어떤 경우에도 완전히 일치할 수 없음을 인정한다는 것을 의미한다. 우리의 앎은 파편들을 이어 붙인 조각보와 같으며 앞으로도 그러할 것이다.

하지만 목욕물과 함께 아기도 쏟아버리자는 얘기는 아니다. 우리가 모든 것을 알 수는 없다는 말은 우리가 아는 바가 없거나 거의 없다는 뜻이 전혀 아니다. 우리는 첫째, 우리가 모든 것을 알지는 못함을 알며, 둘째, 그밖에도 꽤 많은 것을 안다. 우리는 지식 사회, 곧 앎의 사회에서 사는데, 지식 사회에서는 역설적이게도 앎으로 인해 새로운 무지의 가능성들이 창출될 수 있다. 우리의 감탄스러운 기술적인 앎에 기초하여 우리는 기계들을 제작하여 인터넷에 연결했으며, 인터넷은 우리를 역설적인 상황으로 이끌었다. 즉 인터넷은 가짜 뉴스, 틀린 정보, 교묘한 조작으로 많은 사람을 오도하며 거짓을 믿게 만든다. 당장 미국에서 골수 창조론자들과 진화생물학자들이 벌이는 논쟁을 생각해 보라. 진화생물학자들은 태초에 신이 모든 생물을 창조했다고 전제하지 않아도(독일어에서 Kreatur — 글자 그대로의 뜻은 창조된 놈 — 는 비인간《동물》을 가리키는 명칭으로 사용될 수 있는데, 이 어법은 창조론을 연상시킨다) 생물들의 형태를 생물학적으로 설명할 수 있음을 안

다. 골수 창조론은 널리 퍼진 그릇된 믿음이다. 오늘날 그
믿음은 이른바 인포데믹infodemic(정보 전염병)으로서 인터
넷의 〈거짓말 기계들lie machines〉(옥스퍼드 대학교의 인터
넷 연구자 필립 하워드의 용어)을 통해 급속히 확산하고 있
다.[55]

우리 인간은 아는 바를 모른다고 믿을 수 있으며, 이
는 주목할 만한 인간학적 사실이다. 우리는 실제로
아는 바보다 덜 안다고 믿을 수 있다. 왜냐하면 객관
적인 앎이 특별히 강한 설득력을 반드시 동반하는
것은 아니기 때문이다.

가짜 뉴스, 디지털 선전과 조작, 딥페이크(예컨대 현실에
서 전혀 벌어지지 않은 일을 디지털 기술로 보여 주는 사진
과 동영상), 소셜 네트워크 등을 배경으로 삼아 인식론에
서는 인식적 악습을 다루는 논의의 장이 새롭게 열렸다.
인식적 악습의 예로 과다한 뉴스 소비와 소셜 미디어 사용
이 꼽힌다.[56] 예컨대 이제는 진지한 고급 미디어들도 온라
인으로 (흔히 유료 콘텐츠로 이어지는 링크와 더불어) 제
공하는 정치 분야의 실시간 자막 뉴스를 일일이 읽는 사람

은 모순적이거나 감정을 교란하는 정보에 짓눌려 틀림없이 금세 혼란에 빠질 것이다.

우리의 기술적인 앎은 역설적이게도 새로운 형태의 무지를 가능케 하며, 그 무지는 때때로 사회를 위태롭게 만든다. 더 나아가 우리 자신이 자연과학과 기술 덕분에 대체로 꾸준히 진보하는지 여부를 우리는 전혀 모른다는 점을 유념해야 한다. 예컨대 자연은 생명 없는 원료들의 집합이고 우리는 소비 욕구를 채우기 위해 그 원료들을 임의로 활용할 수 있다는 그릇된 생각을 계속 고수하는데, 여기에 어떤 진보적인 면모가 있다는 말인가? 이 그릇된 생각의 출처는 그릇된 자연철학이며, 그 자연철학의 모범은 자연을 거대한 기계(이 기계 안에서는 인간의 활동을 제외한 모든 일이 정신이나 의식 없이 벌어진다)로 간주하는 근대 초기의 자연관이다. 이런 자연철학은, 어떤 생물들이 의식과 지능을 지녔는지 우리가 모른다는 이유만으로도 벌써 틀렸다. 박테리아도 의식이 있을까? 박테리아 집단은 지능이 있을까? 지능을 생물의 문제 해결 능력으로, 심지어 환경에 적응하는 능력으로 간주하면, 단세포 동물들은 인간보다 지능이 우월하다. 또 어느 정도의 신경학적 복잡성이 의식의 전제 조건이라면, 의식을 갖기 위해 필요한 신경학적 복잡성의 최저한도는 어디일까? 그 복잡성이 정확히 어떤 수준 이상이어야 의식을 가질 수 있을까? 곤충들도 의식이 있을까, 아니면 일부 조류와 포유류만 의식이 있을까? 우리가 식물들과 숲들의 연결망에서 뇌의 복잡성에 견줄 만한 복잡한 연결을 발견한다는 점을 고려할 때, 식물들과 숲들도 의식이 있을까? 그리하여 우리는 1장에서 보았던 인간 중심적 세계상을 되새기게 된다. 동물과 비교할 때 식물은 우리로부터 더 멀리 떨어져 있는 듯하다. 그래서 우리는 식물이 지능이 더 낮다고, 심지어 가치가 더 낮다고 여긴다. 하지만 우리가 브로콜리와 (오늘날 멕시코 외에도 여러 지역에서 식재료로 쓰이는) 곤충을 먹을 때 곤충보다 브로콜리에게 고통을 덜 준다는 것을 우리가 어떻게 알까? 식물을 꼭 《동물》과 비교하여 평가하는 것도 필시 당연시할 일은 아닐 터이다. 또한 인간이 오직 대뇌피질과 연관된 의식만 유일하게 지녔다는 것을 우리가 어떻게 알까? 위와 장에 있는 신경계는 뇌의 뉴런 활동에 영향을 미친다. 어쩌면 그 신경계도 나름의 의식과 지능을 보유하고 있지 않을까? 그렇다면 식생활에 관한 전혀 다른 형태의 윤리학이 필요하지 않을까?

우리는 우리의 삼인칭적 객관적 앎과 일인칭적 주관적 앎을 조화시킬 수 있는 수준에서 멀리 떨어져 있다. 이 조화를 이뤄 내는 것은 불가능하다고 여기는 이들도 많다. 왜냐하면 자연과학적 언어(수학적 모형화와 실험적 검증의 언어)는 실재의 주관적 측면을 파악하는 데 적합하지 않기 때문이라는 것이다.

　자연의 내면Innenseite 때문에 우리가 자연을 완전히 파악하는 것은 불가능하다고 주장한 가장 유명한 인물 중 하나는 생리학자 에밀 하인리히 뒤부아레몽이다. 그는 1872년 8월 14일 라이프치히에서 〈자연 인식의 한계에 관하여〉라는 강의를 했는데, 그 강의는 지금도 해당 주제에 관한 논의의 모범으로 여겨진다. 그 강의에서 등장하는 아래와 같은 유명한 대목은 여전히 시의성이 높다.

　　탄소 원자, 수소 원자, 질소 원자, 산소 원자 등이 현재 어디에 있고 어떻게 움직이는지, 과거에 어디에 있었고 어떻게 움직였는지, 미래에 어디에 있고 어떻게 움직일지는 그 원자들에게 아무래도 상관없는 사안일 것이다. 그렇지 않다는 것은 도무지 또 영원히 이해할 수 없는 일이다. 그런데 어떻게 그런 원자들의 협동에서 의식이 발생할 수 있는지 전혀 통찰할 수 없다.[57]

물리학, 화학, 생화학, 신경과학의 삼인칭적 객관적 앎을 통해 〈물질적 조건에 기초하여 정신적 과정을 파악하는 것〉[58]은 원리적으로 불가능하다. 또한 뒤부아레몽에 따르면, 우리가 우주 안에서 발견하는 물질적-에너지적 구조들과 힘들을 물리학이 발견하는 사실들보다 더 근본적이고 명확한 기초 원리들에 따라 설명하는 것도 불가능하다. 물리학은 어딘가에서 그냥 엄연한 사실들에 도달한다. 즉 측정 결과들이 그냥 이러하다는 것에 도달한다. 물리학적 실재가 어떠한가 하는 사정을, 그 사정을 더 잘 이해할 수 있게 해주는 모종의 원리로부터 도출할 수는 없다. 왜 그런가 하면, 우리는 물리학적 실재만, 즉 우리의 측정 장치들 — 우리의 물리학적 측정 장치들과 감각 기관들 — 로 접근할 수 있는 실재만 알 수 있기 때문에 벌써 그러하다. 더구나 오늘날 우리는 그 실재 영역, 곧 우주가 다양한 방식으로 제한되어 있음을 1870년대 사람들보다 훨씬 더 정확히 안다. 자연과학이 완전한 세계상에 접근하고 있다는 견해는 논리적, 철학적 이유에서, 또한 자연과학적 이유에서도 전혀 옹호될 수 없다.

우리는 거대한 물질적-에너지적 시스템 안에 있으며 실제로 벌어지는 모든 일을 그 시스템의 상태 변화에 기초하여 설명할 수 있다고 여기는 통상적인 (여전히 널리 퍼져 있는) 자연과학적 세계상은 궁극적으로 터무니없는 억측이요 옹호할 수 없는 인식적 오민이다. 이 오만이 근대에 우리를 자기 절멸의 위

험에 빠뜨렸다.

무지의 윤리학

자연은 최고의 존중을 우리에게 요구한다. 우리의 장치들, 모형들, 이론들을 개선함으로써 우리가 자연을 더 잘 연구하면 할수록, 자연의 복잡성은 우리가 이제껏 상상할 수 있는 모든 것을 능가한다는 점이 더 명확해진다. 하지만 〈우리 바깥에만〉 자연이 존재하는가 하면, 전혀 그렇지 않다. 자연은 자연과학적 인식이나 감각적 관찰의 대상일 뿐 아니라 〈우리 안에도〉 있다. 왜냐하면 우리는 동물이기 때문이다. 동물로서의 우리는 정신과 물질이 만나 하나로 융합하는 장소인데, 우리는 정신과 물질의 그러한 통일을 제대로 이해하지 못한다. 우리 안에서 이루어지는 정신과 물질의 통일을 제대로 이해하기 위해서는, 우리 자신을 마침내 인간으로서 이해하는 것을 목표로 다양한 형태의 지식들이 대규모로 협동할 필요가 있을 터이며, 그 협동의 전제 조건은, 자연과학과 기술과학, 정신과학, 사회과학이 공통의 질문들을 탐구하면서, 결국에는 모든 앎을 인식적 특권을 지닌 어떤 층으로(그 층이 수학적으로 정식화된 앎이건, 역사 안에 자리 잡은 주체들의 질적으로 접근 가능한, 정신과학이 탐구하는 경험이건 간에) 환원할 수 있다고 믿는 오류에 빠지지 않는 것일 터이다.

〈대학교와 학술적 지식은 사회의 진보와 어떤 관계를 맺어야 하는가〉라는 질문을 제기한 빌헬름 폰 훔볼트와 당대의 많은 사상가는, 〈인간이란 누구 혹은 무엇인가〉라는 문제를 중심으로 인간의 지식을 종합하려 애썼다. 당대에 이 주제에 관해 저술되고 생각된 많은 것은 당연히 되살릴 가망 없이 구식이다. 그럼에도 1800년경 많은 대학교가 신설될 때 기반으로 삼은 이른바 훔볼트적인 교양 Bildung의 이상은 원리적으로 옳다. 왜냐하면 오늘날 우리가 알다시피, 근대에 인류를 전례 없는 위기로 몰아넣는 자연 현상들과 사회 현상들은, 오직 그 현상들의 환원 불가능한 복잡성과 얽힘을 우리가 인정할 때만 해결될 가망이 있기 때문이다. 따라서 필요한 것은 복잡성을 단순성으로 환원하는 과학이 아니라 그런 과학의 정반대다. 과학들의 목표는 복잡성을 적절히 파악하는 것, 바꿔 말해 의미장들의 포함 관계 연쇄(한 의미장 안에 다른 의미장이 들어 있고, 그 의미장 안에 또 다른 의미장이 들어 있는 식으로 포함 관계가 이어지는 것)를 적절히 파악하는 것이어야 한다. 그 복잡성은 인간의 삶에서 자기 인식에 도달하는데, 이 자기 인식은 우리가 앎의 한계들을 존중하는 것을 결정적인 요소로 포함한다.

그렇다고 무지의 윤리학이 미신이나 〈대안적 팩트

들〉을 옹호하는 것은 아니다. 오히려 무지의 윤리학의 출발점은 우리가 동물로서의 인간을 벗어날 수 없음을 인정하는 것이다. 우리는 다치기 쉽고 유한하고 제한된, 하지만 이 같은 지위를 의식할 수 있는 생물이며 변함없이 그러할 것이다. 우리의 신체화 덕분에, 곧 우리가 동물이라는 사정 덕분에 우리는 자연에 대한 감각적 경험과 예술, 성생활뿐 아니라 풍부한 느낌의 삶도 보유하고 있다. 우리는 살아 있는 내내 느낌의 삶을 일구고 누릴 수 있다. 우리가 정신의 층에서 자연을 의식할 때, 자연은 놀라운 형태의 자기 인식에 부분적으로 도달한다.

윤리학도 그 자기 인식의 한 부분이다. 왜냐하면 우리 자신이 어떤 가치관을 지녔는지, 또 어떤 가치관들이 옳거나 그른지를 우리는 윤리학에서 의식적이고 명시적인 방식으로 진술하기 때문이다.

우리가 오늘날에야 비로소 불확실한 시대에 사는 것은 아니다. 살기란 불확실한 시대에 살기이기 마련이다. 왜냐하면 모든 개별적인 삶은, 또한 아마도 우주 안에서의 모든 삶은 언젠가 끝에 도달할 것이기 때문이다. 오늘날 우리가 아는 한에서, 삶은 단종된 모델과 같다. 늦어도 우리 은하의 한 귀퉁이에 있는

우리 태양이 꺼질 때 삶은 종말에 이를 것이다. 삶은 위험이며, 우리는 모두 종국에 모든 것을 잃는다.

무지의 윤리학은, 우리가 자연과학적-기술적(특히 의학적) 진보를 통해 지상에 일종의 건강 낙원을 이룩하고 영원한 삶을 누릴 수 있으리라는 그릇된 환상을 극복하는 것을 포함한다. 물론 의학의 진보는 환영할 만하다. 하지만 그 진보는 윤리학적 숙고 안에 내장되어야 하고 따라서 도덕적 진보라는 조건에 속박되어야 한다.

무지의 윤리학의 출발점은 **인식적 겸손**, 곧 자연에 관한 우리의 앎 주장과 우리의 구체적 가치관 및 윤리적 판단은 오류를 범하기 쉽고 수정될 필요가 있음을 앎이다. 이 같은 인식적 겸손의 기반은 우리에게 항상 낯선 놈으로 머무르는 타자에 대한 존중이다.

요컨대 무지의 윤리학은 앎을 기반으로 삼는다. 무지의 윤리학은 나름의 앎 주장들을 제기하며, 그 앎 주장들은 인

식론과 과학철학, 자연철학, 철학적 윤리학에서 도출된다. 거듭 말하지만, 일반적으로 윤리학은 철학의 한 분야다. 윤리학은 신학에 속한다거나 사회적 합의에 달려 있다는 믿음은 오류다. 윤리학은 그 자체로 세속적이며 인본주의적이다. 윤리학은 자기가 동물이 아니고자 하는 동물임을 깨달을 수 있는 〈인간〉이라는 정신적 생물의 자기 인식에서 나온다.

철학의 앎 주장들은 다른 앎 주장들로부터 동떨어져 고립되어 있거나 심지어 다른 앎 주장들보다 고귀하지 않다. 오히려 철학은 오직 다른 과학들과 끊임없이 대화할 때만 제구실을 한다. 그럴 때 우리는 우리 자신의 인간성을 더 잘 알기 위해 철학의 고유한 방법들을 사용할 수 있다. 우리 자신의 인간성을 더 잘 알기 위한 노력은 순전히 이론적인 앎의 추구냐 하면, 전혀 그렇지 않다. 아프리카, 인도, 중국, 그리스 등에서 우리가 정확히 모르는 전사(前史)를 거쳐 철학이 발생한 이래로, 인간성에 대한 앎은 선의 이데아의 윤곽을 알아채는 것을 포함했다. 우리 인간은 선의 이데아를 지키는 파수꾼이다. 이것이 우리의 도덕적 사명이요 삶의 의미다. 우리가 이 사명을 받아들여 우리 종의 이름에, 지혜를 성취할 수 있는 우리의 능력에 걸맞게 되기를 바란다.

감사의 말

이 책이 완성되기까지 많은 사람과 기관의 도움이 있었다. 맨 먼저 2021년부터 2022년까지 연구비를 제공하여 이 책의 집필을 지원한 함부르크 새로운 연구소The New Institute in Hamburg에 감사한다. 그곳에서 나는 이 책의 주요 주장 일부를 「가치의 토대와 가치」 프로그램에서, 또한 기타 연구원 및 동료와 토론할 기회를 가졌다. 특히 고마운 분들을 알파벳순으로 열거하면, 하랄트 아트만슈파허, 게오르크 디츠, 조지 엘리스, 크리스토프 고트샬크, 크리스토프 호른, 안나 카츠만, 빌헬름 크룰, 안나 루이자 리폴트, 코린 펠뤼숑, 데니스 스노워, 잉고 벤즈케를 꼽을 수 있다. 나는 이들과 이 프로젝트의 다양한 측면에 관해 깊은 대화를 나눌 수 있었다. 새로운 연구소의 설립자 에르크 리크머스에게 특별히 감사한다. 이 책에 담긴 의욕과 생각의 많은 부분은 인간의 조건을 진지하게 고려하는 사회적, 경제적 전환을 위한 리크머스의 열정적인 노력에서 유래했다.

지난 몇 년 동안 다니엘 켈만과의 지속적인 의견 교환이 지적으로 또 개인적으로 나를 매우 풍부하게 만들었다. 일찍이 2019년 가을에 다니엘은, 우리가 생태 위기의 도덕적 부담을 항상 미래 세대의 관점에서 고찰하고 우리의 정신적 생물로서의 자기 파악을 우리의 미래관에 비추어 평가해야 한다는 점을 나에게 일러 주었다. 현재에 규범적으로 바람직한 진로를 선택하기 위해서 우리는 상상된 미래 시점에서 우리 자신을 돌아보아야 한다. 즉 현재를 다루는 철학과 윤리학은 현재보다 앞서 있어야 한다. 다니엘의 지적들은 그의 탁월한 문학적 상상력을 뚜렷이 반영하는데, 그 상상력은 일부 경제적 담론의 발목을 잡는 통상적인 종말론적 사고방식을 훨씬 능가한다. (실은 피할 수 있는) 종말이 도래해야 비로소 미래가 온다는 전제 없이, 탈종말론적으로 생각할 필요가 있다. 그런 관점을 채택할 때 현실적이면서 또한 유토피아적인 상상 세계가 열린다는 점을 나는 율리 체와의 유익한 대화를 통해 확신하게 되었다.

나의 직장인 본 대학교에, 특히 본 대학교 총장 미하엘 호흐 교수에게, 연구 학기를 허락하여 이 책을 위한 연구에 전념하게 해준 것뿐 아니라 이 책의 주요 개념인 인간의 동물임을 다양한 규모에서 고찰하게 해준 것에 대해 감사한다. 미하엘 호흐가 오래전부터 나에게 말해 주는 바에 따르면, 우리는 미생물을 훨씬 더 진지하게 고려해야 한다. 왜냐하면 미생물은 생명 진화의 본질적 동력이기 때문이다. 이것은 어느새 10년 동안 이어진 우리의 만남에서 호흐가 나에게 가르쳐 준 바다. 코로나 대유행이 한창인 지금도 미생물의 엄청난 중요성을 의심하는 사람이 있다면, 그는 지난 몇 년 동안 다른 행성에 있었던 것이 틀림없다.

본 대학교의 생명과학자 동료들에게, 다양한 주제 — 바이러스학부터 신경생물학을 거쳐 생명의 발생을 위한 우주론적 기틀 조건에 이르기까지 — 에 관해 토론해 준 것에 대해 감사한다. 나는 생명과학자가 아니기 때문에 본 대학교라는 훌륭한 환경의 도움으로 비로소 현재의 생물학 지식을 고려하면서 나의 철학적 견해를 발전시킬 수 있었다. 그럼에도 이 책에 들어 있을 수 있는 모든 오해와 생명과학적 오류는 오로지 나의 책임이다. 특히 고마운 분들을 다시 한번 알파벳순으로 열거하면, 하인츠 베크, 발데마르 콜라누스, 울프게 마이스너, 요아힘 슐체, 헨드리크 슈트리크, 크리스티아네 보펜, 안드레아스 치머를 꼽을 수 있다. 본 대학교의 초분과적 분위기 덕분에 나는 다양한 기회에 (최근에는 과학 및 사상 센터에서 열린 한 심층적인 심포지엄에서) 이들과 의견을 교환할 수 있었다.

그밖에도 게르트 슈코벨에게, 자연과학과 철학의 인

터페이스에 놓인 주제들에 관해, 또 전환의 윤리학과 관련된 질문들에 관해 여러 차례 충실하게 대화해 준 것에 대해 감사한다. 우리의 대화는 항상 복잡성이라는 문제를 중심으로 전개되었는데, 그 문제는 슈코벨이 숙고하는 중심 주제다.

늘 그렇듯이, 나의 인식론 및 근현대 철학 담당 교수직을 둘러싼 팀에 감사한다. 이 책의 원고가 작성되는 과정에서 우리 팀이 내용을 비판하고 논평하고 수정해 주었다. 그런 활발하고 명민하며 지적으로 충실한 맥락이 없었다면, 이 책은 완성될 수 없었을 터이다. 이와 관련해서도 마찬가지인데, 혹시 있을 수 있는 오류들은 오직 나의 책임이다. 구체적으로 필리프 볼렌, 알렉스 잉글랜더, 샬롯 고브리, 세르지오 제노베시, 졸리네 크레치머, 라일라 마무토비치, 라우라 미힐러, 옌스 로메치, 얀 포스홀츠에게 감사한다.

최근에 특별히 유익했던 경험은 2021년 11월 카세레스와 마드리드에 위치한 타티아나 페레스 데 구스만 엘 부에노 재단Fundación Tatiana Pérez de Guzmán el Bueno의 한적한 건물에서 철학과 의식, 삶, 생명과학에 관해 벌인 열정적인 토론이었다. 매슈 코브, 토머스 푹스, 알바 노에, 게오르크 노르토프에게, 이 책에 담긴 숙고의 신경철학적 심층 구조에 관해 조언해 준 것에 대해 감사한다. 그 재단의 후한 대접과, 연구 윤리를 중시하는 새로운 신경철학의 기틀을 마련하겠다는 진취적인 생각은 모두의 모범이 될 만하다.

이와 관련해 후안 에세키엘 모랄레스에게, 그랑 카나리아에서의 잊지 못할 문화 간 만남을 가능케 해준 것에 대해 감사한다. 이미 여러 해 전부터 그가 나에게 확언해 온 바에 따르면, 생명은 거대하며 대체로 보이지 않는 조직이며 〈그랑데 세르grande ser〉(커다란 존재)라고 불릴 만하다.

이 책과 내 삶의 깊은 곳에 어떤 가치 있는 것이 있다면, 그것은 모두 나의 가족 덕분이다. 이는 거의 자명한 사실이지만 여기에서 가족에 대한 인사와 더불어 명시적으로 강조해 둔다. 생각은 홀로일 때가 아니라 함께일 때 이루어지며, 함께인 이들은 때때로 글쓰기는 오직 저자가 골방에 틀어박혔을 때만 성사된다는 점을 참을성 있게 견뎌내야 한다. 가족 여러분, 여러분의 지원, 나에게 중요한 모든 것인 그 지원에 대해, 또 여러분이 노크, 웃음, 쿵쿵거리는 발소리로, 요컨대 진짜 삶으로 글쓰기를 계속 방해해 준 것에 대해 감사합니다.

마지막으로 늘 그렇듯이 울슈타인 출판사의 교양서 팀장 율리카 예니케에게 감사한다. 그녀는 이 책이 만들어지는 과정의 여러 단계에서 원고를 읽고 논평해 주었으며, 더 나아가 생명이라는 주제와 윤리학, 정치, 동물임의 상관성이라는 주제는 그녀 자신이 숙고하고 있는 화두이기도 해서 이 책을 위한 영감을 제공했다. 마찬가지로 우타 뢰에나우버의 훌륭한 교정에 대해서도 당연히 감사한다. 그녀는 마지막 단계에서 원고를 다듬어 주었다.

용어 설명

강한 인류 원리starkes anthropisches Prinzip: 이 원리에 따르면, 우주는 필연적으로 인간 같은 인식하는 생물에서 이루어지는 자기 인식을 향해 나아간다.

객관적인 앎objektives Wissen: 누군가가 이런저런 방식으로 확인했기 때문에 모두에게 알려질 수 있는 팩트들로 이루어진 앎.

결핍동물학privative Zoologie(결핍에 해당하는 라틴어 privare = 빼앗다)(펠뤼숑이 고안한 용어): 비인간 동물들과 우리 자신을 동일한 의미에서 동물로 간주하면서도, 우리를 다른 동물들로부터 구별되게 만드는 무언가(과학, 이성, 도덕, 언어, 수학 등)가 다른 동물들에게는 없기 때문에, 다른 동물들에게 결함이 있다고 보는 이론.

과학주의Szientismus: 결국 언젠가는 전지(全知)에 도달할 단일한 과학이 있으며, 그 과학은 실험과 합리적 이론과 전문 지식을 통해 사회경제적으로 우위를 점하고 결국 인류를 모든 해악으로부터 해방할 것이라는 그릇된 견해.

과학철학적 허구주의wissenschaftstheoretischer Fiktionalismus: 모든 자연과학 이론은 허구라는, 즉 다소 의도적으로 받아들인 절반의 진실들, 알려지지 않은 거짓들, 거짓이 아닌 것들, 그리고 진실들, 정확한 측정들의 혼합물이라는 견해.

규범성Normativität: 우리의 생각과 행위가 옳은 것과 옳지 않은 것으로 분류된다는 사정.

그 자체임An-sich-Sein(자연의): 자연의 그 자체임이란 자연은 우리가 자연을 발견하는 대로 그러하다는 것, 하지만 자연은 우리에게 적합하도록 설계되어 있지도 않고 우리가 자연을 지각하고 자연과학 이론의 형태로 파악한다는 점에 어떤 다른 방식으로도 관심을 두지 않는다는 것을 뜻한다.

그-자체이며-자기를-마주함An-und-für-sich-Sein: 그-자체이며-자기를-마주함이란 동물로서의 인간에서 나타나는 자연과 정신의 얽힘이다. 그-자체이며-자기를-마주한 정신적 삶은 한편으로 자기를 드러내고(자기를 마주함), 다른 한편으로 그 삶의 자연적 기반 때문에 완전히 인식될 수 없다(그 자체임).

극단적인 허구주의적 주장fiktionalistische Extremthese: 자연과학에서 역할을 하는 모든 항목과 관계(수, 힘, 기본 입자, 인과관계, 공간 시간 등)는 무한히 복잡하며 카오스적인 (우리의 감각이 자극될 때 그 결과로 발생하는) 실재 경험의 단순화된, 필연적으로 왜곡된 그림을 그리기 위해 인간 정신이 구성한 허구들이라는 주장.

근대적 허무주의moderner Nihilismus: 자연 그 자체는 어떤 의미도 없다는 주장. 근대적 허무주의에 따르면, 자연은 단지 물질적-에너지적 전체 구조일 따름이며, 자연 안에서 언젠가 발생한 생물들이 자기네 환경을 평가하는데, 이것이 모든 가치의 기원이다.

근본적 자율radikale Autonomie: 근본적 자율의 핵심은, 우리는 누구이며 누구이고자 하는가에 관한 견해에 비추어 자신의 삶을 꾸려 가는 인간의 능력을 가치 원천으로 인정하는 것, 그리하여 우리의 개인적 자율을 항상 타인들의 자율을 기준으로 평가하는 것이다. 이로써 자율은 자율 자신의 기준이 된다. 왜냐하면 자율을 기준으로 자율이 평가되기 때문이다.

근본적 타자성radikale Alterität: 근본적 타자성이란, 우리 안의 타자와 타자들(타인들, 자연, 다른 생물들, 유일신, 신들 등)은 우리가 전혀 모르는 차원들을 보유함을 통해 우리와 다르다는 것을 의미한다. 만약에 타인들과 타자가 우리에게 열린 책이고 완전히 인식 가능하다면, 그들은 정말로 다르지 않고 예측 가능할 터이다.

기계주의Mechanismus: 사고방식으로서 기계주의의 핵심은 특정한 방식으로 배열되고 연결된 요소들(예컨대 세포들)로 이루어진 시스템을 그것의 부분들 사이의 최대한 단순한 상호작용에 기초하여 이해하는 것이다. 기계주의에 따르면, 개별 부분들의 총합은 상호작용하는 그 부분들일 따름이다.

기관Organ: 진화 과정을 통해 발생한 장치(예컨대 우리의 감각 기관인 눈, 귀, 피부 등). 기관은 자기에게 배정된 층의, 부분적으로 자기로부터 독립적인 실재를 파악한다.

까마귀 역설Rabenparadoxon: 우리가 오랫동안 검은 까마귀만 관찰했다면, 우리는 〈모든 까마귀는 검다〉라고 진술할 수 있다. 이 진술은 까마귀가 다른 색을 가진 경우를 배제한다. 이로써 우리는 아주 단순한 이론을 세운 셈이다. 이 이론은 누군가가 우리에게 검지 않은 까마귀를 보여 줌을 통해 반증된다. 즉 폐기된다. 뒤집어 말하면, 모든 까마귀는 검다, 는 아무리 좋은 관찰들이 연속되어도 확증되지 않으며 항상(검지 않은 까마귀가 아직 발견되지 않은 한에서만) 잠정적으로 타당할 따름이다.

논리학Logik: 철학의 기초 분야이며 이성적으로 생각하기 자체를 대상으로 삼는다. 논리학이 다루는 질문은, 〈어떻게 생각하는 것이 옳게(이성적으로) 생각하는 것인가〉이다. 논리학을 실행하는 방식은 생각하기를 생각하기다.

데리다의 동물철학적 통찰Derridas tierphilosophische Einsicht: 우리의 혼란스러운 동물 개념에 대응하는 놈은 실은 없다.

데카르트적 이원주의Cartesischer Dualismus: 자연 안에 두 개의 실체, 곧 두 가지 사물 유형이 있는데, 한 유형은 펼쳐져 있는 물체들, 다른 유형은 비물질적인 영혼들, 곧 생각하는 실체들이며, 이 두 유형은 모종의 방식으로 상호작용한다는, 르네 데카르트에게서 유래한 견해.

도덕적 사실moralische Tatsache: 윤리학적 질문에 대한 참인 대답.

도덕적 실재론moralischer Realismus: 단지 인간인 한에서 우리가 무엇을 하거나 하지 말아야 하는가에 관해 객관적으로 옳은 믿음들이 있다는 견해.

동물원 이론Zootheorie: 동물원에서 그렇게 하듯이 우리가 마주치는 생물들을 우리의 재량과 범주에 따라 우리 안에 가둔다는 생각. 동물학적 분류도 그런 사두기의 하나냐.

동물주의Animalismus: 인간은 특정한 종의 동물이라는 주장. 그 종의 명칭은 호모 사피엔스다. 더 평범한 언어로 표현하면, 동물주의에 따르면, 우리는 인간이라는 이름의 동물, 철저히 동물이다.

동일성 함정Identitätsfalle: 정신은 —— 우리가 아는 한에서 —— 오로지 특정한 자연적, 유기적 조건이 충족될 때만 등장한다는 것으로부터 그 조건이 정신을 위한 필요조건일 뿐 아니라 충분조건이기도 하다는, 정신은 그 조건과 동일하다는 결론을 도출하는 추론 오류.

로크주의Lockeanismus: 다양한 시간 간격에 걸친 인격체의 통일성은 인격체가 자기를 동일한 통일체로 간주하는 것에 있다는 교설.

마크로풀로스 사고실험Makropulos-Gedankenexperiment: 〈이승에서의 죽지 않는 삶은 유의미할까, 오히려 그런 삶은 당사자에게 비극이 아닐까〉라는 질문을 탐구하는 사고실험.

몸Leib: 몸은 (신체와 달리) 일인칭 관점에서, 곧 주관적으로 경험되는 우리의 유기체다.

반증주의Falsifikationismus: 자연과학적 진술의 진실성은 절대로 직접 증명될 수 없고 단지 자연과학적 진술의 거짓 아님만 직접 증명될 수 있다고 말하는 과학철학.

번식적 격리라는 기준Kriterium der reproduktiven Isolation: 동일한 종의 구성원들끼리만 번식할 수 있다는 점을 통해 종의 통일성을 설명하는 것은 번식적 격리라는 기준을 통해 설명하는 것이다.

범주 오류Kategorienfehler: 한 영역에서 타당한 생각과 사실을 그것들이 동일한 방식으로 타당하지 않은 다른 영역 안으로 옮겨 놓는 오류.

보편주의Universalismus: 우리가 도덕적인 이유에서 무엇을 하거나 하지 말아야 마땅한지가 모든 인간에게 유효하다는, 즉 문화를 초월하며, 저마다 다른 맥락 안에 있는 모든 인간에 의해 인식될 수 있다는 견해.

복잡성 초과Überkomplexität: 정신과 자연은 서로 얽혀 있으면서도

kom-plex 범주적으로 구별되며 따라서 복잡성을 초과한다.

복잡성Komplexität: 우리가 한 시스템을 부분 시스템들로 분해함으로써 분석하고 설명하면 그 시스템이 해체되거나 변화한다는 사정. 따라서 복잡한 시스템은 절대로 완전히 분석되거나 설명될 수 없다. 그렇기 때문에 복잡한 시스템의 행동을 예측하는 것은 궁극적으로 불가능하다.

뵈켄푀르데 격언Böckenförde-Diktum: 〈세속화된 자유주의 국가는 스스로 보증할 수 없는 전제에 의지하여 생명을 유지한다.〉

부분론Mereologie: 전체와 그 부분들을 다루는 이론.

불연속성 주장Diskontinuitätsthese: 인간은 여러 특징을 통해 다른 동물들과 원리적으로 구별된다.

비물질주의Immaterialismus: 우리가 생각하는 비물질적 실체를 보유하고 있다는 주장.

사실Tatsache: 유의미한 질문에 대한 참인 대답.

사회적 자유soziale Freiheit: 우리는 타인들의 자율과 협력함으로써 우리의 자율을 확장할 수 있다. 자유는 혼자서 할 수 없는 바를 타인들과 함께 하는 것이다.

사회적 투사soziale Projektion: 개인이나 집단이 특정한 (실제로 존재하거나 심지어 완전히 상상된) 개인이나 집단에 관해 품은 견해. 이때 진자는 그 견해에 자신의 자화성을 투입하여 후자를 평가하기 위한 기준으로 삼는다.

사회학주의Soziologismus: 사회학은 가치가 개입된 사회적 실재를 항상 가치중립적으로 서술할 수 있으며, 객관적 가치는 실은 없고 주체들의 가치 설정만 있다는 주장.

삶의 의미Sinn des Lebens: 원조 계몽과 종교들의 견해에 따르면, 삶의 의미는, 우리가 함께 인류 운명 공동체로서 되도록 모든 사람이 좋은 삶을 살 수 있게 하고자 노력하는 것에 있다.

삼인칭 관점Standpunkt der dritten Person: 우리가 자연과학 연구와 사회과학 연구의 대상들에 관한 객관적 지식에 도달할 때 채택하는 관점. 누구나 이 관점을 채택할 수 있다.

생기론Vitalismus: 우리가 유기체로 분류하는 생물은 부분들의 총합그 이상인 전체라는 주장.

생물학적 상대성 이론biologische Relativität: 유기체 안에서 어떤 부분이 어떤 전체에 영향을 미치는지, 또 그 역방향의 영향 관계가 어떻게 형성되는지는 어떤 기관의 관점에서 보느냐에 따라 달라진다. 한 기관의 관점에서 그 기관의 주변은, 우리가우리를 둘러싼 실재를 비(非)자아 혹은 외부 세계로 경험할때와 똑같이, 환경이다.

생물학적 연속성biologische Kontinuität: 생애의 다양한 기간에 걸친 인격체의 연속성을 보증한다고 여겨지는 유기체의 생물학적통일성.

생물학주의Biologismus: 온갖 사회적, 정치적, 문화적, 제도적 특징을 띤 인간 삶의 의미를(따라서 또한 우리의 사회적 자유를), 우리는 동물이며 그 동물의 삶꼴은 생물학적으로 완전히 규명될 수 있다는 사정으로 환원할 수 있다는 주장.

생존꼴Überlebensform: 생명과학이 성공적으로, 흔히 인류의 복지를위해 연구하는 유기적 생명.

생태 중심주의Ökozentrismus: 환경이야말로 인간이 긴급히 행동에나서야 하는 진정한 이유이며 심지어 우리 사회가 완전히바뀌어야 하는 이유라는 견해.

생태학Ökologie: 생태학은 생물들과 그것들의 인과적 주변을 함께고려하면서 생물들의 시스템 적응 및 생산의 과정을 연구한다. 생태학은 환경과학들의 사고방식이다.

선(좋음)의 이데아Idee des Guten: 행위자의 평가와 상관없이 인간의 행위에 평가하는 빛을 비추는 무언가가 있다는 견해. 선(좋음)의 이데아는 우리가 실재를 가치를 매길 수 있는 것으로서 경험하는 이유다.

소크라테스의 지혜 격언Weisheitsspruch des Sokrates: 〈나는 내가 아무것도 모름을 의식하게 되었다emautôi synêidê oudén epistamenôi.〉

스스로-짓기Autopoiese: 살아 있는 시스템의 자기 생산 및 보존.

신다윈주의Neo-Darwinismus: 그레고어 멘델의 대물림 이론과 (유전자의 존재를 마침내 입증한) 근대 유전학의 종합, 곧 다윈주의 플러스 유전학.

신실재론Neuer Realismus: 우리의 실재 경험, 정신, 주관성도 우리가 우리로부터 독립적이라고 정당하게 간주하는 것들과 동등하게 실재에 속한다는 견해. 신실재론에 따르면, 모범적인 객관성에 도달하기 위해 주관성을 떨쳐 내야 하는 것은 아니다. 주관성은 우리가 객관적 실재로 간주하는 바와 똑같이 실재한다.

신실존주의의 주요 주장Hauptthese des Neo-Existenzialismus: 인간은 자화상을 그려야만 비로소 누군가이며, 그런 한에서 인간은 자유롭다.

신체Körper: 신체는 (몸Leib과 달리) 과학적인 삼인칭 관점 앞에 대상으로서 나타나는 우리의 유기체다.

실존적 자기규정existenzielle Selbstbestimmung: 우리가 우리의 인간상과 관련지어 품는, 인간으로서 우리의 핵심을 정의하는 우리 자신에 관한 견해.

실존적 초월existenzielle Transzendenz: 우리의 자기규정은 그 자기규정을 능가하는, 또한 그 자기규정이 그 안에 내장되어 있는 무언가로부터 의미를 얻는다는 사정.

심리적 연속성psychologische Kontinuität(=로크주의): 심리적 연속성에 의해 인격체의 시간적 동일성이 확보된다면, 내가 과거의 나와 동일한 것은 나의 현재 자기와 과거 자기 사이에 정신적 연결이 있기 때문이다.

아낙시만드로스의 격언Spruch des Anaximander: 〈필연에 따라 존재자들의 소멸도 그것들이 기원한 곳을 향해 진행된다. 왜냐하면 시간의 질서로 인해 존재자들은 서로를 정당하게 대우해야 하고 부당함을 서로에게 배상해야 하기 때문이다.〉

약한 인류 원리schwaches anthropisches Prinzip: 모든 물리학적, 우주론적 양들은 동등한 확률로 어떤 값이라도 가질 수 있지 않다. 오히려 그 양들이 가질 수 있는 값은, 탄소에 기반을 둔 생명이 발생할 수 있는 장소들이 있다는 조건과 우주의 나이가 충분히 많아서 그런 생명의 발생이 이미 일어났다는 조건에 의해 제한된다.

양생 이론Amphibientheorie: 양생 이론에 따르면, 인간은 두 개의 삶 꼴을 지녔다[그리스어 amphi-bios = 양(兩)-생(生)] 한편으로 우리는 다른 모든 동물들과 마찬가지로 동물이며, 다른 한편으로 우리는 더 높은 이성의 삶을 산다.

양생에 맞선 반론Einwand der zwei Leben: 인간이 정신과 자연으로 이루어졌다면, 인간은 두 개의 삶, 곧 호모 사피엔스라는 동물 종의 개별 사례의 삶과 자신의 신체와 완전히 동일할 때가 절대로 없는 생각하는 자의 삶을 한꺼번에 산다. 양생에 맞선 반론은 이 견해를 문제로 간주한다.

언어적 전환linguistische Wende: 언어적 전환의 취지는 다음과 같다.

모든 생각하기는 결국 언어로 표현하기, 혹은 기호를 다루기다. 그러므로 언어학은 생각하기를 다루는 이론이자 철학의 방법이다.

연속성 주장Kontinuitätsthese: 연속성 주장에 따르면, 인간은 첫째, 다른 모든 동물이 동물인 것과 동일한 의미에서 동물이며, 둘째, 우리를 다른 동물들로부터 원리적으로 떼어 놓는다고들 하는 모든 특징은 궁극적으로 동물계의 다른 곳에서도 단지 다른 형태로 관찰될 수 있다. 따라서 인간과 기타 동물 종들이 아무튼 구별된다면 원리적으로 구별되는 것이 아니라 정도 차이로 구별된다.

우주Universum: 우리가 수학적-물리학적 모형들을 통해 파악하는 의미장.

울프의 사랑 주장Wolfs Liebesthese: 우리가 무언가 혹은 누군가를 사랑할 수 있다는 것이야말로 우리가 삶 속에서 발견하는 의미라는 주장.

위생주의Hygienismus: 사람들을 건강하다고 분류할 동물들과 병들었다고 분류할 동물들로 환원하는 태도.

유기체Organismus: 기관들로 이루어진 복잡한 시스템. 기관들과 다소 구별되는 이 시스템 전체는 기관들이 어떻게 발달하는지에 부분적으로 영향을 미친다.

윤리학Ethik: 〈우리가 단지 인간인 한에서 무엇을 하거나 하지 말아야 마땅한가〉라는 질문을 다루는 철학 분야.

인간동물학Anthrozoologie: 인간을 동물로 간주하는 한에서의 인간의 자기 탐구가 학문 분야로 자리 잡은 것.

인간상Menschenbild: 인간의 자기규정, 곧 인간임이란 무엇인가에 관한 구체적 견해.

인간학Anthropologie: 인간의 자기 탐구, 곧 인간의 인간 자신에 대한 탐구가 학문 분야로 자리 잡은 것.

인간학적 이원주의anthropologischer Dualismus: 인간은 두 성분으로, 곧 동물적이며 비이성적인 부분과 특유하게 인간적이며 대개 가치가 더 높다고 여겨지는 부분으로 이루어졌다는 주장.

인간학적 주요 주장(첫 번째)anthropologische Hauptthese, erste: 우리의 동물 개념은 항상 인간을 고려하면서 구상되기 마련이며, 동물계를 탐구할 때 우리는 인간을 출발점으로 삼는다. 따라서 우리는 우리가 느끼기에 동물적인 것을 의식적 혹은 무의식적으로 우리 안의 자연에서 끌어내 다소 무비판적으로 다른 생물들에 투사한다. 그러므로 관건은, 〈인간과 동물은 어떤 관계일까〉라는 질문이 아니라, 〈인간은 동물로서의 자신을 어떻게 규정할까〉라는 질문이다.

인간학적 주요 주장(두 번째)anthropologische Hauptthese, zweite: 인간은 동물이 아니고자 하는 동물이다. 인간은 한편으로 자신의 〈동물성〉을 확인하며, 다른 한편으로 그 동물성을 떨쳐 내면서 다른 동물들과 자신을 구별할 때 근거로 삼는 자신의 부분과 자신을 동일시하려 애쓴다.

인간학적 주요 주장(세 번째)anthropologische Hauptthese, dritte: 인간은 우리가 익히 아는 유일한 동물이다. 반면에 다른 생물들은 우리에게 더없이 낯설며 실은 인간의 잣대에 따라 동물로 규정되어서는 안 된다.

인간학적 차이anthropologische Differenz: 인간학적 차이란, 인간이 어떻게 또 어떤 점에서 다른 생물들과 구별되는가, 하는 것이다.

인격체Person: 특정한 권리와 의무를 가진 자기. 인격체는 사회적,

도덕적 관계들을 통해 정의되며, 유기체로서의 동물이 환경의 압력에 맞서 자기를 보존하기 위해 의지하는 물질적-에너지적 자기 보존 과정들의 구조 그 이상이다.

인격체의 시간적 동일성 문제Problem der zeitlichen personalen Identität: 예컨대 〈내가 과거의 나와 (동일하다면) 어떤 측면에서 동일한가〉라는 질문에 대뜸 대답할 수 없다는 문제.

인류세Anthropozän: 인간이 결정적인 지질학적 요인이 된 지질 시대의 명칭. 전 세계에서 감지되는 기후 변화에 인간이 중대하게 기여하고 있다는 점은 인류세가 도래했음을 보여 주는 대표적인 정황이다.

인본주의Humanismus: 우리가 무엇을 하거나 하지 말아야 마땅한가에 관한 숙고로서의 윤리학은 인간 유래적이지만(즉 인간의 삶꼴에서 유래하지만) 인간 중심적이지는 않다는(오로지 인간에만 초점을 맞추지 않는다는) 주장. 윤리학의 출발점은 인간이라는 주장.

인식론적 실재론의 근본 주장Grundthese des erkenntnistheoretischen Realismus: 앎과 실재를 절대로 완전히 일치시킬 수 없다. 여기에서 말하는 실재, 곧 알려질 수 있는 것들의 영역은 우리가 지금 현실적으로 (주관적으로, 그리고 객관적으로) 알 수 있는 것들의 범위를 능가하며, 어느 성도로 능가하는지는 알 수 없다.

인식론적 토대주의erkenntnistheoretischer Fundamentalismus: 단박에 주어진, 더는 의심할 수 없는 기초적이며 의식적인 경험과 감각 데이터의 층이 있다는 견해(늦어도 미국 철학자 윌프리드 셀라스의 영향력이 큰 저서 이래로 반박되었다고 여겨진다).

인식적 겸손epistemische Bescheidenheit: 무지의 윤리학의 출발점은 인

식적 겸손, 곧 자연에 관한 우리의 앎 주장과 우리의 구체적
가치관 및 윤리적 판단은 오류를 범하기 쉽고 수정될 필요
가 있음을 알기.

인식적 도덕적 실재론epistemischer moralischer Realismus: 우리가 도덕적
실재를 인식할 수 있으며 이미 어느 정도 옳게 인식해 왔다
는 주장.

인식적으로 객관적임epistemisch objektiv: 무언가가(주관적 상태도 포
함해서) 인식적으로 객관적이라 함은, 그 무언가에 관해 참
이거나 거짓일 수 있는 견해를 품을 수 있다는 것이다.

일인칭 관점(주관성)Standpunkt der ersten Person(Subjektivität): 우리가 우
리 자신에 관해 무언가를 알 때 채택하는 관점. 우리는 일인
칭 관점을 주관적으로 경험할 수만 있다.

자기를-마주함(정신의)Für-sich-Sein(des Geistes): 정신의 자기를-마주
함이란, 정신은 이런저런 방식으로 정신 자신과 관계 맺음
(정신 자신을 마주함)으로써만 존재한다는 것을 뜻한다. 정
신의 존재는 항상 알아차려진다. 정신은 정신 자신을 알아
챔으로써만 존재한다.

자연Natur: 자연과학적 연구의 표적 시스템. 대표적으로 물리학,
화학, 생물학의 표적 시스템.

자연주의Naturalismus: 인간을 자연 현상으로, 곧 (그 안에서 복잡성
이 높거나 낮은 시스템들이 상호작용하는) 거대한 물질적-
에너지적 시스템의 한 요소로 간주함으로써 세계 혹은 실재
전체를 남김없이 설명하고 통제할 수 있다는 교설.

자유주의적 다원주의의 근본이념Grundidee des liberalen Pluralismus: 우
리의 덧없는 삶의 목표이자 의미는 사회적 자유의 재량 공
간을 마련하여 모든 인간 각각이 삶의 의미를(그 의미가 각

각의 개인에게 무엇이건 간에) 발견할 수 있게 해주는 것
이다.

자율Autonomie: 생물이, 대표적으로 인간이 지닌, 자기 자신에게 법
칙을 부여하는 능력. 즉 스스로 인정해야만 유효한 잣대에
따라 의도적으로 자신의 행위를 평가하는 능력.

전형Stereotyp: 타인들이 어떻게 다른가에 대한 단순하며 궁극적으
로 틀린 설명.

정신Geist: 나는 누구 혹은 무엇인가에 관한 견해에 비추어 자신의
삶을 꾸려 가는 능력.

존재론적 사실실재론ontologischer Tatsachenrealismus: 사실들의 영역은
우리가 언어로 표현할 수 있는 것들의 영역을 무한정 넘어
선다는 견해.

존재적으로 주관적임ontisch subjektiv: 오직 주관적 상태(느낌, 견해,
감각 인상 등)가 관여해야만 어떤 사실이 존립한다면, 그 사
실은 존재적으로 주관적이다.

존재적임ontisch: 존재와 관련됨(그리스어 to on = 존재). 인식적임
epistemisch, 곧 우리의 앎 주장과 관련됨과 대비됨.

종 분화 문제Problem der Speziation: 어떻게 종들이 형성되는가 하는
문제.

종주의적 선입견speziesistisches Vorurteil: 한 종이 다른 한 종이나 모든
종에 대해 품는, 자기 종은 고유한 속성들 때문에 능력이 제
한된 다른 종들보다 훨씬 우월하다는 (특히 인간들 사이에
서 널리 퍼져 있는) 선입견.

종차spezifische Differenz: 한 종을 동일한 유에 속한 다른 모든 종과 구
별되게 만드는 무언가.

좋은(선한) 삶gutes Leben: 좋은 삶의 핵심은 우리가 우리 자신을 더

높은 보편적 도덕성을 발휘할 능력을 갖춘 생물로 파악하
고 목적들의 나라에 속한 책임 있는 행위자로 만드는 것에
있다.

주관적인 앎subjektives Wissen: 개인이 자신의 관점에서 아는 바.

창조론Kreationismus: 모든 생명 과정은 신에 의해 모종의 방식으로
직접 유발되고 조종되며, 따라서 근대 진화생물학은 틀린
전제들을 기초로 삼는다는 주장.

철학적 인간학philosophische Anthropologie: 〈인간은 누구 혹은 무엇인
가〉라는 질문을 다루는 학문 분야. 이 같은 인간학의 주요
질문에 대한 모든 구체적인 대답 각각은 하나의 인간상을
제공한다.

첨예한 반실재론(코스가드의)scharfer Anti-Realismus nach Korsgaard: 도덕
적 잣대란 우리 모두가 준수되기를 바랄 수 있는 행동 표준
일 따름이다. 어떤 행동이 도덕적으로 옳기 때문에 모두가
그 행동에 찬성할 수 있는 것이 아니다. 오히려 모두가 어떤
행동에 찬성할 수 있기 때문에 그 행동이 도덕적으로 옳은
것이다.

초월적 규범성transzendente Normativität: 초월적 규범성이 존재한다면,
설령 사회 전체가 특정 행위에 관해 만장일치의 견해를 가
졌다 하더라도, 그 견해와 상관없이 그 사회의 행위와 생각
을 옳은 것과 그른 것으로 나누는 평가 잣대가 존재한다. 이
평가 잣대는 사회가 암묵적이거나 명시적으로 부과한 평가
지침을 초월한다.

초인본주의Transhumanismus: 아마도 기술을 통해 창출될 더 높은 수
준의 삶꼴을 위해 인간을 극복해야 한다는 견해.

총체주의Holismus: 전체(그리스어 holon)에 관한 이론. 이 책에서

는, 전체로서의 유기체가 유기체의 부분들에 영향을 미친다
는 견해.

탈인본주의Posthumanismus: 인간과 자연 사이의 모든 차이는 인간을
환경으로부터 떼어 내 직접적이거나 간접적인 방식으로 창
조의 정점으로 간주하는 낡은 사고방식에서 유래했으며 결
국 해소되었다는 견해.

테크놀로기Technologie: 기술, 자연과학, 경제를 대하는 태도.

투사 구조Projektionsstruktur: 먼저 인간이 자신의 동물성을 확인하고
자신이 다른 동물들과 공유한 특징들을 조사한다. 이로부터
한낱 동물(무릇 동물)의 개념이 발생한다. 다음 단계에서 그
동물임이 다시 인간 자신에게 적용되고, 결과적으로 그 동
물임이 문화와 문명을 통해 길들여지거나, 인간 자신이 그
동물임과 규범적으로 동일시된다.

투사 주장Projektionsthese: 우리는 동물에 관한 인간적인 너무나 인간
적인 견해를 기반으로 통일된 동물계에 관한 생각들을 지어
낸다. 그 견해는 대체로 인간이 자신의 〈동물성〉과 맺는 껄
끄러운 관계의 간접적 표현이다.

팩트Faktum: 인식된 사실.

해결주의Solutionismus: 기술이 모든 문제를 순식간에 해결할 수 있
으며, 우리는 필요에 따라 추가로 엄청난 자금을 기술에 투
자하기만 하면 된다는 견해.

현상학Phänomenologie: 현상학은 실재가 우리에게 나타나는 방식을
탐구한다.

형이상학적 과학주의metaphysischer Szientismus: 오로지 우리의 주관성
을 떨쳐 내고 조사와 측정 데이터와 수학적 모형의 형태로
세계상을 구성하여 실재를 그 자체대로 파악해야만 객관성

에 도달할 수 있다는 교설.

환경Umwelt: 그 안에서 한 삶꼴이 여러 세대에 걸쳐 자기를 재생산
   할 수 있는 그런 의미장.

환원주의Reduktionismus: 전체를 그것의 부분들로 되돌리기.

주

들어가는 말

1   이 〈들어가는 말〉의 첫 부분은 『새로운 취리히 신문 *Neuen Zürcher*
     Zeitung』 2021년 9월 7일자에 초기 버전으로 처음 발표되었다.
     근대Moderne개념, 그리고 현재의 복잡한 위기 상황을 〈후기 근대〉의
     상황으로 규정하는 것에 관해서는 Andeas Reckwitz/Hartmut Rosa:
     Spätmoderne in der Krise. Was leistet die Gesellschaftstheorie? Berlin
     2021 참조.

2   특히 Corine Pelluchon: *Das Zeitalter des Lebendigen. Eine neue*
     Philosophie der Aufklärung. Darmstadt 2021 참조.

3   여기에서는 남성과 여성을 아울러 Vordenker: innen (선도적
     사상가들)이라고 적었지만 이하에서 나는 이런 성별 중립적 표현을
     일관되게 고수하지는 않았다. 하지만 이 선택은 성별이나 기타
     요인으로 인해 사람들이 당하는 다양한 차별을 해소하기 위해 그런
     표현을 사용하는 것이 어느 정도까지 윤리적으로 명령되는가에
     관한 의견 표명이 전혀 아니다. 때때로 내가 일반적인 남성형 명사를
     선택한 것은 문법적인 이유 때문이며, 이런 관행적 선택을 타인들이나
     심지어 〈독일어〉에 무리하게 요구하려는 의도를 함축하지 않는다.
     예를 들 때를 비롯한 일부 대목에서는 비교적 최근에 등장한 성별
     중립적 표현을 사용했는데, 이는 일반적인 남성형(때로는 여성형)
     명사의 사용으로 인한 불균형을 해소함으로써 특정 활동, 직업 등을
     암묵적이거나 심지어 명시적으로 〈남성적〉이거나 〈여성적〉인 것으로

분류하는 고정관념에 반발하기 위해서다. 중요한 예로 철학자 일반을 가리키는 남성형 명사〈Philosoph〉를 들 수 있다. 철학자는 너무 오랫동안《남성》과 연결되어 왔다.

4   이 책에서 겹화살표(《》)는 해당 표현으로부터의 거리 두기를 나타낸다. 예컨대 내가《남성적》,《여성적》,《동물》,《사회》라고 쓸 때, 나는 사람들이 그런 표현을 듣고 통상적으로 상상하는 것이《저 바깥에》,《실제로》있다는 견해로부터 거리를 둔다.

5   굵은 글씨(볼드)로 표기된 문구들은 이 책이 펼치는 논의의 핵심 요소들이다. 그 문구들의 의미 혹은 정의를 용어 설명에서 찾아볼 수 있다.

6   예컨대 Steven Pinker: *Rationality. What It Is. Why It Seems Scarce. Why It Matters.* London/New York 2021 참조.

7   Daniel Kahneman: *Schnelles Denken, langsames Denken.* München 2012. 또한 같은 저자/Olivier Sibony/Cass R. Sunstein: *Noise. Was unsere Entscheidungen verzerrt - und wie wir sie verbessern können.* München 2021.

8   Lorraine Daston/Peter Galison: *Objektivität.* Berlin 2017.

9   Tyson Yunkaporta: *Sand Talk. Das Wissen der Aborigines und die Krisen der modernen Welt.* Berlin 2021 참조. Bayo Akomolafe: *These Wilds Beyond Our Fences. Letters to my Daughter on Humanities Search for Home.* Berkeley 2017에 담긴 유사한 생각들도 참조.

10   Markus Gabriel: *Ich ist nicht Gehirn. Philosophie des Geistes für das 21. Jahrhundert.* Berlin 2015, 또한 같은 저자: *Neo-Existentialismus. Mit Beiträgen von Jocelyn Benoist, Andrea Kern, Jocelyn Maclure und Charles Taylor,* Freiburg/München 2020 참조.

11   이 책에서 위아래에 겹줄을 그어 강조한 대목은 핵심적인 부분이다.

12   이 사실은 Andreas Reckwitz/Hartmut Rosa: *Spätmoderne in der Krise. Was leistet die Gesellschaftstheorie.* Berlin 2021에서 캐나다 철학자 찰스 테일러의 인간학을 실마리로 삼은 논증으로부터 도출되는데, 저자들은 이 사실을 기반으로 사회 이론의 규범적 기틀을 마련함으로써 사회학주의를 피한다. 사회학주의란, 사회학은 가치가

개입된 사회적 실재를 항상 가치중립적 서술할 수 있으며 그럼으로써 객관적 가치는 실은 없고 주체들의 가치 설정만 있음을 밝혀낸다는 주장이다. 〈나는 이 두 가지 현상, 곧 해석되어야 한다는 것과 해석은 평가를 함축한다는 것을 역사화에서 배제하여 보편적이라고 선언하고자 한다. 행위하는 인간은 언제 어디에서나 자기를 해석하는 자이며, 강한 가치평가를 포함한 지도에 의지하여 방향을 잡는 자다.〉(278면)

13 Donella Meadows/Dennis Meadows/Jørgen Randers u. a.: *Die Grenzen des Wachstums. Bericht des Club of Rome zur Lage der Menschheit*. Stuttgart 1972.

14 펠뤼숑이 프랑스어로 쓴 원서의 제목은 *Les Lumières à l'âge du vivant*. 최근에 나온 독일어판은 Corine Pelluchon: *Das Zeitalter des Lebendigen. Eine neue Philosophie der Aufklärung*. Darmstadt 2021.

15 Yunkaporta: *Sand Talk*. 113면.

1장 우리, 그리고 다른 동물들

1 Aristoteles: *Politik*. Hamburg 1943, 4면.

2 Eric Kandel: *Das Zeitalter der Erkenntnis. Die Erforschung des Unbewussten in Kunst, Geist und Gehirn von der Wiener Moderne bis heute*. München 2012(한국어판 『통찰의 시대』) 참조.

3 프로이트의 논문 「Eine Schwierigkeit der Psychoanalyse」, in *Imago. Zeitschrift für Anwendung der Psychoanalyse auf die Geisteswissenschaften*(1917). 6면 이하에 많이 인용된 다음과 같은 대목이 나온다. 〈정신분석은 자아를 깨우치려 했다. 그러나 성(性)적 충동의 작동을 완전히 길들일 수 없다는 깨우침과 심리적 과정들 그 자체는 무의식적이며 자아는 오로지 불완전하고 믿음직하지 않은 지각을 통해서만 그 과정들에 접근할 수 있다는 깨우침은, **자아는 자기 집의 주인이 아니라는** 주장과 같다. 이 깨우침들을 종합하면 자기애에 대한 세 번째 모욕이 되는데, 나는 그 모욕을 심리적 모욕이라고 부르고자 한다. 그러므로 자아가 정신분석에 호의적이지 않고 정신분석에 대한 믿음을 완강히 거부하는 것은 놀라운 일이 아니다.〉

4   같은 곳, 4면. 〈우리가 모두 알듯이, 반세기 남짓 전에 이루어진 찰스
     다윈과 그의 동료들 및 선배들의 연구는 이 같은 인간의 오만에
     종지부를 찍었다. 인간은 동물들과 다르거나 동물들보다 더 낫지 않다.
     인간도 동물의 계열에서 발생했으며 일부 종들과는 더 가깝고 다른
     종들과는 더 먼 친척이다.〉

5   프로이트는 여러 저술에서 다양한 측면에 주목하며 인간과 동물을
     구별한다. 물론 그는 다른 한편으로 우리도 동물에 불과하다고
     주장하지만 말이다. 예컨대 『문명 속의 불만 *Das Unbehagen in
     der Kultur*』에는 이런 대목이 나온다. 〈지금은 우리가 이 문명의
     본질에 관심을 기울일 때다. 이 문명이 행복을 위해 어떤 가치를
     지녔는지 의문이 제기되고 있다. 우리는 탐구를 통해 무언가를
     경험하기도 전에 이 문명의 본질을 간단히 표현하는 공식을
     요구하지 않을 것이다. 요컨대 되풀이해서 이렇게 말하는 것으로
     충분한데,《문명Kultur》이라는 단어는, 우리의 삶을 우리의 동물적인
     조상들로부터 멀리 떼어놓는, 자연으로부터 인간을 보호하고 인간들
     사이의 관계를 규제한다는 두 가지 목적에 종사하는, 성취들과
     제도들의 총합을 가리킨다.〉Sigmund Freud: Studienausgabe, Band
     IX, *Fragen der Gesellschaft. Ursprünge der Religion*, Frankfurt/M.
     1974, 220면

6   이 동물철학적 주제를 다루는 비교적 최근의 연구들은 마르쿠스
     빌트에 의해 이루어졌다. 특히 Markus Wild(er verzeihe mir den
     Hinweis: nomen est omen). Vgl. insbesondere Markus Wild:
     *Die anthropologische Differenz. Der Geist der Tiere in der frühen
     Neuzeit bei Montaigne, Descartes und Hume*. Berlin/New York
     2006, 그리고 같은 저자의 입문서 *Tierphilosophie zur Einführung*,
     Hamburg 2008, 같은 저자와 Herwig Grimm의 공동 저서 *Tierethik
     zur Einführung*, Hamburg 2016 참조.

7   Simone de Beauvoir: *Das andere Geschlecht. Sitten und Sexus der
     Frau*. Hamburg 1968, 265면 참조. 〈인간은 여자로 태어나는 것이
     아니라 여자로 된다.〉

8   우리의 동물임은 우리의 신체Körper가 있음과 동일하지 않다는

점을 유념하라. 우리의 신체가 있다는 기본적인 생물학적 팩트는
다른 많은 의학적 팩트와 마찬가지로 우리가 우리 자신을 무엇으로
간주하느냐로부터 대체로 독립적이다.

9   Aristoteles: *Politik*. Hamburg 1943, 4면

10 Markus Gabriel: *Moralischer Fortschritt in dunklen Zeiten*. Berlin
    2020, 같은 저자/Gert Scobel: *Zwischen Gut und Bose. Philosophie
    der radikalen Mitte*. Hamburg 2021.

11 Barry Schwartz: *Warum wir arbeiten*. Frankfurt/M. 2016, 20면
    이하

12 Markus Gabriel: *Ich ist nicht Gehirn. Philosophie des Geistes fur das
    21. Jahrhundert*. Berlin 2017.

13 Aristoteles: *Metaphysik. Schriften zur ersten Philosophie*. Stuttgart
    1970, 304면.

14 예컨대 *Taschenlehrbuch Zoologie*. Hrsg. von Katharina Munk,
    unter Mitarbeit von Hartmut Böhm, Jutta Heidelbach, Christian
    Hölscher u. a., Stuttgart/New York 2010, 5면.

15 Daniel C. Dennett: *Darwins gefährliches Erbe. Die Evolution und
    der Sinn des Lebens*. Hamburg 1997, 55면.

16 같은 곳, 56면

17 〈무엇을 기준으로 종을 정의할 수 있는가〉라는 생물철학적 질문에
    관한 논의를 보려면, 예컨대 Marc Ereshefsky (Hrsg.): *The Units of
    Evolution. Essays on the Nature of Species*. Cambridge, MA. 1992
    참조.

18 Joachim Bauer: *Das empathische Gen. Humanität, das Gute und die
    Bestimmung des Menschen*. Freiburg/Basel/Wien 2021 참조.

19 이에 관한 광범위한 연구를 조망하려면 Beate Kortendiek/Birgit
    Riegraf/Katja Sabisch (Hrsg.): *Handbuch Interdisziplinäre
    Geschlechterforschung*. Wiesbaden 2019 참조. 또 다른 맥락에서는
    성별과 더불어 성별과 겹치는 다른 구별 특징들도 고려되면서
    간구획성Intersektionalität이 거론되는데, 그 맥락을 보려면 Katrin Meyer:
    Theorien der Intersektionalitat zur Einfuhrung. Hamburg 2017

참조.

20 이 견해를 옹호하는 주요 인물은 대니얼 데닛이다. Daniel C. Dennett: *Darwins gefährliches Erbe. Die Evolution und der Sinn des Lebens*. Hamburg 1997 참조.

21 Charles Darwin: *Die Abstammung des Menschen*, Stuttgart 1982, 75면.

22 다윈이 인용하는 구절의 출처와 내용은 다음과 같다. Immanuel Kant: *Kritik der praktischen Vernunft*. Stuttgart 1998, 139면 이하(초판 154면): ⟨의무여! 너, 숭고하고 위대한 이름이여. 너는 사람들이 좋아하는 것을 가지고 아부하지 않고 복종을 요구하며, 그러면서도 자연적인 거리낌과 경악을 일으키는 것을 가지고 위협하지 않고 단지 법칙을 세운다. 그 법칙은 저절로 마음에 진입하고, 심지어 의지를 거스르면서까지 (비록 늘 준수되지는 않더라도) 존중받는다. 모든 애착은 설령 은밀히 그 법칙에 대항하더라도 그 법칙 앞에서 침묵한다. 너에게 걸맞은 기원은 무엇이며, 너의 고귀한 유래의 뿌리를 어디에서 발견할 것인가?⟩

23 Darwin, *Die Abstammung des Menschen*, 77면

24 같은 곳, 85면.

25 Dirk Brockmann: *Im Wald vor lauter Baümen. Unsere komplexe Welt besser verstehen*. München 2021, 190면.

26 같은 곳.

27 다음 출처의 연구를 보라. https://theshiftproject.org/wp-content/uploads/2019/07/2019-02.pdf, hier ein wenig kritische Diskussion https://www.br.de/wissen/netflix-klimaschaedlich-planetb-streamen-oekologischer-fussabdruck-berechnung-100.html. 내가 전문적으로 알지 못하는 에너지에 관한 세부 사항이 어떠하건 간에, 디지털화가 지구 온난화에 상당한 정도로 기여한다는 점과 그 기여를 얕잡아보지 말아야 한다는 점은 확실하다.

28 다음 문헌의 사변적 접근법 참조. Bruno Latour: *Kampf um Gaia. Acht Vorträge über das neue Klimaregime*. Berlin 2017, 특히 네 번째 강의. 이 책의 본문에서 펼치는 생각들과, 인간 개념뿐 아니라

자연 개념도 떨쳐 내려는 라투르의 시도 사이에 있는 많은 차이점을 여기에서 일일이 열거하는 것은 과도한 작업일 것이다. 그러나 나는 다음 대목에서 라투르의 추론 오류를 확인할 수 있다고 본다. 〈자연은 적어도 세 개의 개념으로 이루어진 복합체 안의 한 요소일 따름이다. 그 복합체는 자연의 맞짝인 문화도 포함하고, 이 양자의 특징들을 규정하는 놈도 포함한다. 그러므로 자연은 없다. 적어도 고유한 영역으로서의 자연은 없고, 단지 단일한 개념을 통해 정의된 한 쌍의 절반으로서의 자연만 있다.〉(같은 곳, 40면 또한 245면, 380면 참조). 여기에서 라투르가 구성주의를 계승한다는 점을 다시 한번 확인할 수 있다. 그는 우리로부터 독립적인 자연의 존재를 부정한다. 왜냐하면 그는 오직 문화 개념과 대비될 때만 자연 개념이 무언가에 적용된다고 여기기 때문이다. 이것은, 우리가 우리로부터 독립적인 숲을 상상하지 않고는 그런 숲을 상상할 수 없다는 것으로부터 우리의 상상으로부터 독립적인 숲은 없다는 결론을 도출하는 추론 오류와 같은 유형의 추론 오류다. 우리는 우리로부터 독립적인 숲을 얼마든지 상상할 수 있으며, 이는 대단한 일이 아니다. 만약에 자연 전체가 어떤 심층적인 의미에서 문화와의 대비에 의존한다는 것이 라투르가 보여 주려는 바라면, 라투르는 더 많은 논증을 제시해야 한다.

29   어느새 방대해진 관련 논의를 조망하려면 Stefano Mancuso: *Die Pflanzen und ihre Rechte. Eine Charta zur Erhaltung unserer Natur.* Stuttgart 2021, 같은 저자/Alessandra Viola: *Die Intelligenz der Pflanzen.* Munchen 2015. 또한 읽을 가치가 있으며 모두에게 사랑받는 페터 볼레벤Peter Wohlleben의 저서들, 특히 *Das geheime Leben der Baume. Was sie fuhlen, wie sie kommunizieren - die Entdeckung einer verborgenen Welt.* München 2015 참조. 생명의 존재론을 깊이 있게 다루는 또 다른 문헌으로 Merlin Sheldrake: *Verwobenes Leben. Wie Pilze unsere Welt formen und unsere Zukunft beeinflussen.* Berlin 2020 참조. 대기의 형성에 가장 큰 영향을 미치는 것은 박테리아를 비롯한 미생물일 수 있으며, 이는 제임스 러브록의 유명한 (다만, 명칭이 좋지 않은) 〈가이아 가설〉이 주장하는 바다. 예컨대 *Unsere Erde wird überleben. Gaia: Eine optimistische Ökologie.* München

1982(영어 원서는 *Gaia - a new look at life on Earth*, 1979), 또한
더 걱정스러운 내용을 담은 문헌으로 *Gaias Rache. Warum die Erde
sich wehrt.* Berlin 2017 참조. 포스트모던 과학사회학자 브뤼노
라투르는 러브록을 탈근대의 갈릴레오 갈릴레이로 추앙하기까지
한다. 러브록에 의해 새로운 시대와 기후 체제가 시작되었다면서
말이다. Bruno Latour: *Kampf um Gaia. Acht Vorträge über das
neue Klimaregime.* Berlin 2017 참조. 여기에서 이 견해들을 상세히
검토하고 비판하는 것은 과도한 일일 것이다. 나는 독자의 방향 설정을
돕기 위해 이 문헌을 소개한다.

30   Gilles Deleuze/Félix Guattari: *Rhizom.* Berlin 1977.

31   예컨대 플라톤의 대화편 『소피스테스』에 나오는 다음과 같은 유명한
      대목 참조. 〈원, 세상에, 절대적인 존재자가 정말로 운동도 없고
      생명도 없고 영혼도 없으며 통찰도 없다고, 그러니까 살아 있지도
      않고 생각하지도 않으며 이성 없이 꼼짝도 않고 한사코 멈춰 있다고
      믿으란 말이야?〉(Platon: *Sämtliche Dialoge.* Band VI, Hamburg
      1998, 89면) 〈이데아들의 연결망Verflechtung der Ideen〉(인터넷)이라는
      표현은 같은 곳, 112면에 (〈개념들의 상호 연결Verbindung der Begriffe
      miteinander〉이라는 나쁜 번역으로) 등장한다.

32   따라서 우리의 자연상과 동물상은 위계적으로 조직된 우리 사회를
      반영하기 마련이다. 이런 연유로 이미 다윈의 시대에, 영국의 진화론은
      본질적으로 근대 산업 국가의 사회경제적 관계를 동물계에 적용한
      결과가 아닌가 하는 점을 놓고 논쟁이 벌어졌다. 이 질문에 관한
      프리드리히 엥겔스의 논의 참조. 엥겔스는 이 질문에 부정으로 답하고
      다윈의 〈생존 투쟁〉 이론을 긍정적으로 수용했다는 점을 유념하라.
      이른바 〈반뒤링론Anti-Dühring〉(Friedrich Engels: *Herrn Eugen
      Dührings Umwälzung der Wissenschaft.* Stuttgart 1894) 참조.

33   진화심리학의 기반을 비판적으로 논하는 문헌으로 George
      Ellis/Mark Solms: *Beyond Evolutionary Psychology. How and Why
      Neuropsychological Modules Arise.* Cambridge 2017 참조.

34   고전으로 자리 잡은 Lynn White, Jr.: 「The Historical Roots of
      Our Ecological Crisis」, in *Science* 155/3767(1967년 3월 10일)

1203~1207면 참조. 기독교 자체가 환경 파괴의 원인은 아니라는 점을 화이트도 인정한다(현재의 교황이 기뻐할 만한 일인데, 심지어 화이트는 성 프란체스코를 찬양하기까지 한다). 그가 지목하는 원인은 기독교 전통과 과학적-기술적 자연 착취가 결합한 농업 혁명이다. 부분적으로 기독교의 영향을 받은 고대 후기의 종교적-철학적 유파인 현실 도피적 영지주의Gnostizismus를 〈생태 위기의 종교적 기원〉으로 보며 그 근거들을 제시하는 문헌으로 Bruno Latour: *Kampf um Gaia*, 357면 이하 참조. 나는 이 기원론이 옳지 않다고 본다. 왜냐하면 자연 파괴를 옹호하는 윤리학은 어떤 특정한 종교적-우주론적 세계관으로부터도 도출되지 않기 때문이다. 이 문제를 제쳐 두더라도, 화이트에 따르면 1850년경에야 본격적으로 시작되는 생태 위기는 영지주의 및 중세 기독교로부터 역사적으로 너무 멀리 떨어져 있어서 (예컨대 산업화된 세속적 근대가 아니라) 이것들을 그 원인으로 지목하는 것은 부적절하다.

35 Max Scheler: *Die Stellung des Menschen im Kosmos*. Berlin 1928.

36 Matthew Cobb: *The Idea of the Brain. A History*. London 2020, 그리고 Jessica Riskin: *The Restless Clock. A History of the Centuries-Long Argument over What Makes Living Things Tick*. Chicago/London 2016 참조.

37 https://www.global-solutions-initiative.org/recoupling-dashboard/. 우리가 2020년 2월 이래로 함부르크 새로운 연구소에서 이 주제들을 놓고 벌여 온 많은 토론에 대하여 데니스 스노워에게 감사한다.

38 https://www.srf.ch/news/abstimmungen-13-februar-2022/nein-zurprimaten-initiative-eine-interessante-philosophische-frage-mehrnicht.

39 인용된 문구들의 출처는 *Taschenlehrbuch Zoologie*, 3면 이하. 동물 개념과 근대 생물학 사이의 관계, 그리고 의식과 생명의 관련성을 다루는 최신 문헌으로 Peter Godfrey-Smith: *Metazoa. Animal Life and the Birth of the Mind*. New York 2021 참조. 이 책을 알려 준 Jocelyn Maclure에게 감사한다. 나는 1장를 쓴 뒤에야 이 책을

입수했기 때문에 이 책의 내용을 나의 논의에 반영할 수 없었다. 여기에서 고드프리스미스와 나의 결정적인 차이만 밝혀두고자 한다. 고드프리스미스는 생물학적 유물론과 일원주의를 명시적으로 옹호한다. 그의 견해에 따르면, 모든 현상은—따라서 다양한 수준의 정신의 삶도—이음매 없이 매끄럽게 자연에 속한다. 그는 우리를 동물계에 집어넣음으로써 우리의 정신과 동물임 사이의 간극을 메우려 하는데, 나는 본문에서 이 행마에 맞서 근본적인 반론들을 제시한다. 이를 비롯한 근본적인 차이들에도 불구하고, 고드프리스미스는 우리 대다수가 순박한 동물 개념을 버리고 메타조아 개념을 채택하는 동물학적 전환을 일상에서 아직 이뤄내지 못했다는 점이 우리의 고루한 동물관에 결정적인 영향을 미친다는 점을 강조한다.

40　생명은 본질적으로 열역학 제2법칙과(엔트로피라는 주제와) 관련이 있다는, 오늘날 널리 알려진 견해의 출처는 위대한 물리학자 슈뢰딩거가 쓴 다음 문헌이다. Erwin Schrödinger: *Was ist Leben? Die lebende Zelle mit den Augen des Physikers betrachtet*. München 1989.

41　Olaf Fritsche: *Biologie für Einsteiger. Prinzipien des Lebens verstehen*. 2., neu bearbeitete Auflage, Berlin/Heidelberg 2015, 3면.

42　같은 곳. 살아있다고 간주되지 않는 시스템들의 속성들과 예들.

43　생명 게임을 직접 해볼 가치가 있다. 많은 온라인 플랫폼이 생명 게임을 제공한다. 예컨대 https://beltoforion.de/de/game_of_life/를 방문하라.

44　Max Tegmark: *Leben 3.0. Mensch sein im Zeitalter Künstlicher Intelligenz*. Berlin 2017 참조.

45　Markus Gabriel: *Der Sinn des Denkens*. Berlin 2018 참조.

46　Michael Thompson: *Leben und Handeln. Grundstrukturen der Praxis und des praktischen Denkens*. Berlin 2011 참조.

47　Jacques Derrida: *Das Tier, das ich also bin*. Wien 2010, 31면 이하. 심리학적 관점에서 본, 다른 동물들과 인간 사이의 간극에 관해서는 Thomas Suddendorf: *Der Unterschied. Was den Menschen zum Menschen macht*. Berlin 2014 참조.

48 나는 나의 주장이 아르놀트 겔렌의 유명한 주장과 정반대라는 점을
   안다. 겔렌은 동물들과 비교할 때 인간은 〈결함 있는 존재〉라고
   주장했다.

49 Gabriel: *Der Sinn des Denkens*, 17면 참조.

50 Johann Wolfgang von Goethe: *Faust. Der Tragödie erster Teil*.
   Ditzingen 2014, 10면

51 이 구분은 이탈리아 철학자 조르조 아감벤의 정치 이론에서 중요한
   역할을 한다. 그는 많이 논의된 저서 *Homo Sacer. Die souveräne
   Macht und das nackte Leben*, Frankfurt/M. 2002의 첫머리에서
   이 구분을 도입한다. 아감벤의 해석에 따르면, 오직 비오스만 인간의
   사회적, 정치적 삶꼴을 가리킨다. 반면에 조에 개념에서는 훗날
   벌거벗은 생명이라는 개념이 발생했다. 국가적 구조들은 벌거벗은
   생명을 조종하고 통제하고 굴복시켜 길들여야 한다. 이 생각은
   실제로 근대 국가 철학에서, 특히 토머스 홉스의 『리바이어던』에서
   전면에 등장하는데, 아감벤은 이 생각을 인간은 정치적 동물이라는
   아리스토텔레스의 인간에 대한 부분적인 정의에서 도출한다. 인간은
   동물로서 일단 많은 동물 사이의 한 동물에 불과하지만, 정치가
   ─근대에는 특히 국가가─ 인간을 다른 동물들로부터 구별한다.
   그리하여 인간의 동물임이 탈인간화된다. 동물 개념과 정치적 주권의
   관계에 대해서는 Jacques Derrida: *Das Tier und der Souveran I.
   Seminar 2001-2002*. Wien 2015 참조. 하지만 그리스어 개념들에
   대한 이 해석들은 애당초 가치 평가를 포함한다는 점을 주목해야 한다.
   그 가치 평가는 특히 아감벤의 해석에서 명시적으로 이루어진다. 이
   해석들이 보여 주려는 바는 국가가 벌거벗은 생명을 주로 굴복시키고
   통제하며 따라서 부당하게 제한한다는 것인데, 이 생각은, 전체주의로
   변질하여 극단적일 경우 인간을 비인간화하는 생명 정치만 있는 것이
   아니라 사람들이 기꺼이 받아들이는 근대적 보건 및 안보 시스템도
   있다는 점을 간과한다. 이 대목에서 사람들은 미셸 푸코, 아감벤,
   데리다 등의 사상가들이 제시한 비판적 통찰을 대개 과장하면서,
   국가의 생명 정치에 대한 자발적 수용 역시 실은 조용하고 거의
   보이지 않는 권력 전략의 표현이라는 이야기를 지어낸다. 그 전략의

배후에는 명시적인 의도들이 아니라 익명의 구조들이 숨어 있다면서 말이다. 예컨대 편파적이며 거의 종말론적인 한병철의 진단을 담은 Byung-Chul Han, *Psychopolitik. Neoliberalismus und die neuen Machttechniken*. Frankfurt/M. 2014(한국어판『심리정치: 신자유주의의 통치술』), 그리고 현재 코로나 대유행 기간의 보건 정치에 관한 조르조 아감벤의 때때로 기이한 논의를 담은 Giorgio Agamben: *An welchem Punkt stehen wir? Die Epidemie als Politik*. Wien 2021 참조. 근대 의학이 인간의 신체를 벌거벗은 생명 시스템으로 (삼인칭 관점에서) 고찰할 수 있다는 것은 옳다. 그러나 이로부터 그런 고찰은 절대로 바람직하지 않다는 결론은 나오지 않는다. 나는 아리스토텔레스의 치과 의사보다 나의 치과 의사에게 치료받는 편이 확실히 더 좋다. 생명 정치에 대한 비판적 분석은 생명 정치를 종말론적 추측의 지평 안에서 고찰하지 말아야 한다. 왜냐하면 그렇게 고찰하면 중요한 세부 사항들을 간과하게 되고, 모든 생명 정치를 노골적이거나 위장된 굴복 전략으로 간주하게 되는데, 이는 전혀 옳지 않다. 아동에게 홍역 예방접종을 하여 생명을 구하는 소아과 의사는 아무도 굴복시키지 않으며 도리어 자유를 가능케 한다. 코로나 대유행에 맞선 세부적 대책들이 옳았느냐 하는 것은 별도로 논할 사안이지만, 내가 〈바이러스학적 명령〉이라고 명명한 바는 타당하다. 바이러스학적 명령이란, 통제되지 않은 감염 확산의 파괴적 귀결들을 막기 위해 윤리적으로 옹호할 수 있는 일이라면 무엇이든지 해야 한다는 것이다.

52 Moses Mendelssohn: *Phädon oder über die Unsterblichkeit der Seele*. Berlin/Stettin 1767.

53 양생 이론은 매우 기이한 형태를 띨 수 있다. 예컨대 데릭 파핏은 〈목 아래의 신체는 우리의 본질적인 부분이 아니다〉라고 믿는다(Derek Parfit: 「We Are Not Human Beings」, in Stephan Blatti/Paulf. Snowdon [Hrsg.]: *Animalism. New Essays on Persons, Animals, and Identity*. Oxford 2016, 31~49면. 인용문은 40면). 왜냐하면 파핏에 따르면, 우리는 오직 우리 신체의 한 부분과만 동일하며, 궁극적으로는 오직 우리 정신의 한 부분과만 동일하기 때문이다. 그 정신의 부분은

우리 각자를 하나로 묶는 기억이다.

54 이 반론을 담은 문헌으로 예컨대 John McDowell, 「Reductionism and the First Person」, in J. Dancy (Hrsg.): *Reading Parfit*, Oxford 1997, 230~250면 참조.

55 예컨대 동물들의 침묵에 대한 철학적 입장의 광범위한 역사를 다룬 Élisabeth de Fontenay: *Le silence des bêtes. La philosophie à l'épreuve de l'animalité*. Paris 1999 참조.

56 Derrida: *Das Tier, das ich also bin*, 71면.

57 같은 곳, 97면.

58 같은 곳, 56면.

59 같은 곳, 강조는 원문.

60 이런 의미의 〈동물주의〉를 역시 동물철학에서 널리 쓰이는 또 다른 의미의 〈동물주의〉와 혼동하지 말아야 한다. 코린 펠뤼숑은 후자를 이렇게 설명한다. 《〈동물주의〉란 생활 방식과 집단적 활동을 통해 동물들의 권익을 보호하고자 하는 철학적, 사회적, 문화적, 정치적 운동을 가리키는 명칭이다.》(Corine Pelluchon: *Manifest für die Tiere*. München 2020, 70면)

61 Stephan Blatti/Paul F. Snowdon (Hrsg.): *Animalism. New Essays on Persons, Animals, and Identity*. Oxford 2016, 2쪽. 원문은 이러하다. 〈the claim that we, each of us, are identical to, are one and the same things as, an animal of a certain kind. That kind is what is called *Homo sapiens*. Putting it less technically, each of us is a human animal. According to this proposal we can say that at various places there is both an animal and one of us, and those things are in fact the same thing.〉

62 Eric T. Olson: *What Are We? A Study in Personal Ontology*. Oxford 2007, 23면 이하. 원문은 이러하다. 〈What sort of things might we be? Let us begin our study of answers to this question with the view that we are animals: biological organisms, members of the primate species Homo sapiens. This has a certain immediate attraction. We seem to be animals. When you eat or sleep or talk, a human

animal eats, sleeps, or talks. When you look in a mirror, an animal looks back at you. Most ordinary people suppose that we are animals. […] But things are not so simple. […] the appearance that we are animals may owe merely to our relating in some intimate way to animals—to our having animal bodies, if you like—rather than to our actually being animals. The weight of authority is overwhelmingly opposed to our being animals. Almost every major figure in the history of Western philosophy denied it, from Plato and Augustine to Descartes, Leibniz, Locke, Berkeley, Hume, and Kant. (Aristotle and his followers are an important exception.) The view is no more popular in non-Western philosophy, and most of those writing about personal identity today either deny outright that we are animals or say things that are incompatible with it.⟩

63   데릭 파핏의 고전적인 저서 Derek Parfit: *Reasons and Persons*. New York 1986 참조. 이 책은 순간이동부터 뇌 이식까지, 온갖 과학 허구 사고실험들로 가득 차 있다.

64   Gabriel: *Der Sinn des Denkens*, 249~253면 참조.

65   John Locke: *Ein Versuch über den menschlichen Verstand*. Berlin 1872, 280면.

66   Parfit: 「We Are Not Human Beings」, 41면. 원문은 이러하다. ⟨When Cruzan's cerebrum died, her parents came to believe, Cruzan the person departed from her body, though the human animal continued to exist with its heart beating and its lungs breathing until, after the feeding tube was removed, the heart stopped and the animal was at peace.⟩

67   인격체를 둘러싼 주제들에 관한 논의는 Dieter Sturma: *Philosophie der Person. Die Selbstverhaltnisse von Subjektivitat und Moralitat*. Paderborn/Munchen/Wien/Zurich 1997, 그리고 Michael Quante: *Person*. Berlin/New York 2007 참조.

68   Denis Noble: *The Music of Life. Biology beyond the Genome*. New York 2006, 그리고 같은 저자, *Dance to the Tune of Life. Biological*

Relativity. Cambridge 2017.

69   따라서 복잡성은 최소한 **인식적**으로 실재하며 어쩌면 **존재적**으로도
     실재한다. 대다수 경우에 우리는 인식적으로 실재하는 복잡성과
     존재적으로 실재하는 복잡성을 구별할 수 없다. 왜냐하면 우리는
     모든 복잡한 시스템을 복잡한 시스템으로서 이해해야 하기 때문이다.
     따라서 복잡성이 인식적으로 실재하건 존재적으로 실재하건 간에,
     복잡한 시스템을 이해하는 일은 까다로운 과제다.

70   René Descartes: *Discours de la méthode pour bien conduire sa raison
     et chercher la verité dans les sciences/Von der Methode des richtigen
     Vernunftgebrauchs und der wissenschaftlichen Forschung*. Hamburg
     1990, 93면.

71   같은 곳. 한마디 보태면, 이 인용문뿐 아니라 데카르트의 많은
     저술에서 알 수 있듯이, 데카르트는 정신과 신체를 나누는 근대적
     이원주의자가 아니다. 즉 각각의 정신적 상태에 신경학적 상태가
     대응한다는 것, 따라서 신체와 영혼은 밀접한 관련이 있지만 그럼에도
     별개라는 것은 데카르트의 견해가 아니다. 만약에 데카르트가
     이원주의자라면, 그는 비물질적 실체(그 유명한 생각하는 놈res
     cogitans)가 특정한 방식으로, 이를테면 송과샘에 영향을 미침으로써,
     우리 신체와 상호작용한다고 주장했을 터이다. 통상적으로 사람들은
     이것이 데카르트의 견해라고 여기지만, 데카르트의 저술에서는
     이런 형태의 형이상학적 이원주의도 발견할 수 없다. 데카르트가
     말하는 생각하기 활동은 생각하기intelligere뿐 아니라 느끼기sentire,
     상상하기imaginari, 의지하기velle도 포함한다. 그런데 이 모든
     활동은 정신과 신체가 상호작용할 때만 존재한다. 요컨대 데카르트는
     생각하는 자를 비물질적 차원으로 환원하지 않는다. 주체와 객체의
     근대적 분열을 이해하기 위해 철학적으로 중요한 이 역사적 통찰을
     나는 옌스 로메치에게서 얻었다. Jens Rometsch: *Freiheit zur
     Wahrheit. Grundlagen der Erkenntnis am Beispiel von Descartes und
     Locke*. Frankfurt / M. 2018 참조.

72   Julien Offray de La Mettrie: *L'Homme Machine/Der Mensch eine
     Maschine*. Französisch/Deutsch. Stuttgart 2001.

73 Hans Driesch: *Die Maschine und der Organismus*. Leipzig 1953,
특히 69~72면 참조.

74 같은 곳, 71면.

75 같은 곳.

76 같은 곳, 70면.

77 Jane Bennett: *Lebhafte Materie. Eine politische Ökologie der Dinge*.
Berlin 2020.

78 베르그송은 아인슈타인과 흥미로운 논쟁을 벌이기도 했다.
아인슈타인에 맞서 베르그송은 우리의 시간 경험을 물리학적
시간으로 환원할 수 없다고 주장했다. 아인슈타인은 상대성 이론의
틀 안에서 물리학적 시간에 관한 획기적인 깨달음들을 제시했지만
말이다. 이 논쟁의 역사적 맥락을 서술하는 유익한 문헌으로 Jimena
Canales: *The Physicist and the Philosopher. Einstein, Bergson, and the
Debate That Changed Our Understanding of Time*. Princeton 2016
참조.

79 Jan Voosholz/Markus Gabriel (Hrsg.): *Top-Down Causation and
Emergence*. Cham 2021.

80 이 주제에 관해서는 Joachim Bauer: *Das empathische Gen.
Humanität, das Gute und die Bestimmung des Menschen*. Freiburg
2021 참조.

81 Christine M. Korsgaard: *Tiere wie wir. Warum wir moralische
Pflichten gegenüber Tieren haben*. München 2021. 영어 원서의
제목이 독일어로 번역되면서 확연한 의미 변화가 일어났다는 점을
주목하라. 원서의 제목에서는 동물들이 아니라 〈다른 동물들〉이
인간과 맞세워진다. 원서는 *Fellow Creatures. Our Obgliations to the
Other Animals*, Oxford 2018.

82 Corine Pelluchon: *Das Zeitalter des Lebendigen. Eine neue
Philosophie der Aufklärung*. Darmstadt 2021, 80면. 인용된 문구는
독일어 번역자의 표현과 다르다.

83 Korsgaard: *Tiere wie wir*, 25면.

84 같은 곳.

85 같은 곳, 45면.

86 같은 곳, 37면.

87 같은 곳, 75면.

88 같은 곳.

89 같은 곳.

90 같은 곳, 76면.

91 같은 곳, 48~55면.

92 같은 곳, 164면. 코스가드는 자신의 반실재론을 뒷받침하기 위해
    하버드 대학교 동료 토머스 스캔런의 접근법을 언급한다. 실제로
    스캔런은 Thomas M. Scanlon, *What We Owe to Each other*.
    Cambridge, MA./London 1998에서 유사한 생각을 제시한다. 하지만
    다른 많은 학자와 마찬가지로 스캔런은, 모든 도덕적 진실(윤리학적
    질문에 대한 대답)을 인간적 합의를 위한 구성 규칙의 표현으로
    간주할 때 발생하는 터무니없는 귀결을 피하기 위해 실재론적 전환을
    실행했다. 같은 저자, *Being Realistic about Reasons*. New York 2014
    참조.

93 Bruno Latour: *Das Parlament der Dinge*. Frankfurt/M. 2010.

94 Élisabeth de Fontenay: *Le silence des bêtes. La philosophie à l'épreuve
    de l'animalité*. Paris 1998.

95 Alice Crary: *Inside Ethics. On the Demands of Moral Thought*.
    Cambridge, MA./London 2016, 2면.

96 Crary: *Inside Ethics*, 11면. 원문은 이러하다. 〈an enormously widely
    accepted metaphysical worldview on which the real fabric of the
    world is in itself bereft of moral value.〉

97 Crary: *Inside Ethics*, 88면 이하. 원문은 이러하다. 〈The world is
    filled with things that are endowed with objective moral values,
    human beings and animals. Hence we are right to take at face value
    a natural understanding of moral judgments as world-guided
    assessments of appropriate responsiveness to these values.〉

98 Jakob Johann von Uexküll: *Umwelt und Innenwelt der Tiere*.
    Berlin/Heidelberg 2014, 19면.

99 Markus Gabriel: *Moralischer Fortschritt in dunklen Zeiten*. Berlin 2020, 그리고 경제학적 관점에서 유사한 주장을 펴는 문헌으로 Katharina Lima de Miranda/Dennis J. Snower: 「Recoupling Economic and Social Prosperity」, in *Global Perspectives* (2020) 1(1): 11867. 참조.

100 Lorraine Daston/Peter Galison: *Objektivität*. Frankfurt/M. 2017.

101 Hans Blumenberg: *Wirklichkeiten, in denen wir leben*. Stuttgart 1981. 참조.

102 Markus Gabriel (Hrsg.): *Der Neue Realismus*. Berlin 2019, 8~16면 참조.

103 Crary: *Inside Ethics*, 200면. 원문은 이러하다. 〈we 《widen》 our view of the objective realm so that it encompasses morally significant things.〉

104 Pelluchon: *Das Zeitalter des Lebendigen*. 19면 이하.

105 상세한 논의는 Gabriel, *Moralischer Fortschritt in dunklen Zeiten*, 그리고 Markus Gabriel/Takahiro Nakajima: *Towards a New Enlightenment*. Tokio 2020(일본어), Markus Gabriel/Gert Scobel: *Zwischen Gut und Böse*. 참조.

106 성장의 한계를 지적하는 대표적인 문헌으로 당연히 로마 클럽의 유명한 보고서 Dennis L. Meadows u. a.: *Die Grenzen des Wachstums. Bericht des Club of Rome zur Lage der Menschheit*. Stuttgart 1972 참조.

107 Theodor W. Adorno/Max Horkheimer: *Dialektik der Aufklärung. Philosophische Fragmente*. Frankfurt/M. 1969 참조.

108 Pelluchon: *Das Zeitalter des Lebendigen*. 98면.

109 같은 곳, 99면.

110 http://www.tagesspiegel.de/politik/angela-merkel-im-wortlaut-wennwir-nicht-gerade-aus-stein-sind/14576252.html.

111 하지만 이 통념은 역사적으로 옳지 않다. 〈계몽Aufklärung〉이라는 표현과 우리가 계몽시대라고 부르는 시기는 17세기와 18세기에 유럽의 다양한 맥락에서 발생했다. 더구나 계몽의 이상은 그보다 훨씬

더 오래되었으며 다양한 곳에서 제각각 다르게 출현했다. 예컨대 인도 경제학자 아마르티아 센이 거듭 옳게 지적하듯이, 인도에서는 16세기 아크바르 1세 시대에 종교적 다원주의를 위해 종교의 자유가 도입되었다. 센은 이를 결정적인 계몽의 한 걸음으로 본다. Amartya Sen: *The Argumentative Indian. Writings on Indian History, Culture and Identity*. London 2005 참조. 흔히 〈유럽적〉이라고 여겨지는 계몽의 다양한 측면에 대한 세밀한 고찰은 Jonathan I. Israel: *Radical Enlightenment. Philosophy and the Making of Modernity 1650-1750*. Oxford 2002 참조.

112 칸트의 인종주의를 보려면 Immanuel Kant:「Von den verschiedenen Rassen der Menschen」, in ders.: *Werke in sechs Bänden*. Band VI, Darmstadt 1964, 11~30면 참조. 칸트가 인종주의자였는가, 하는 것은 문제가 아니다(그는 확실히 인종주의자였다). 문제는 칸트의 인종주의가 그의 실천 철학 및 이성 이론과 어떻게 들어맞는가, 바꿔 말해 그의 합리성 이론이 인종주의적인가, 인종주의적이라면 얼마나 그러한가, 하는 것이다. 하지만 이 문제는 별도로 다뤄져야 한다.

113 Immanuel Kant: *Logik, Physische Geographie, Pädagogik*. Berlin 1968, 25면.

114 Sophokles: *Antigone*. Stuttgart 2016, 19면 이하.

115 Bruno Latour: *Kampf um Gaia*. Frankfurt/M. 2017.

116 Hans Jonas: *Das Prinzip Verantwortung. Versuch einer Ethik für die technologische Zivilisation*. Frankfurt/M. 1979.

117 Markus Gabriel. *Ich ist nicht Gehirn. Philosophie des Geistes für das 21. Jahrhundert*. Berlin 2017, 같은 저자, *Neo-Existenzialismus*.

118 같은 주장을 펴는 최신 문헌으로 Christian List: *Warum der freie Wille existiert*. Darmstadt 2021 참조.

119 논리적-수학적으로 정교하게 발전한 학문 분야로서의 부분론에 관심이 있는 독자에게는 Aaron J. Cotnoir/Achille Varzi: *Mereology*. Oxford 2021을 추천한다. 본문에서 논의되는 맥락에 관해서는 Markus Gabriel/Graham Priest: *Everything and Nothing*. Cambridge 2022 참조.

120 Gottlob Frege:「Der Gedanke. Eine logische Untersuchung」, in
     Beiträge zur Philosophie des Deutschen Idealismus 2 (1918~1919),
     59면 이하.

121 Eugene Wigner:「The Unreasonable Effectiveness of Mathematics
     in the Natural Sciences」, in *Communications on Pure and Applied
     Mathematics* 13 (1960), 1~14면.

122 또한 David Deutsch: *The Beginning of Infinity. Explanations That
     Transform the World*. London 2011 참조.

123 Ludwig Wittgenstein: *Philosophische Untersuchungen*. Oxford
     1953, 496면.

2장 삶과 생존의 의미

1   Arthur Schopenhauer: *Die Welt als Wille und Vorstellung*. Zweiter
     Band, welcher die Ergänzungen zu den vier Büchern des ersten
     Bandes enthält. Erster Teilband. Werke in 10 Bänden, Zürcher
     Ausgabe, Band III. Zürich 1977, 9면.

2   비교적 최근에 생태학적 연결망들과 관련하여 종 다양성을 추정한
     결과를 보려면 Dirk Brockmann: *Im Wald vor lauter Bäumen. Unsere
     komplexe Welt besser verstehen*. München 2021, 131~134면 참조.

3   조르조 아감벤처럼 모든 보건 정책을 국가가 개인의 자기규정에
     개입하는 방식으로 간주함으로써 생명 정치 개념을 축약하지 말아야
     할 것이다. 이 축약에 기초하여 아감벤은 코로나 대유행 억제를 위한
     정치적 조치들을 편파적으로 해석하는 시대 진단을 내놓았다. Giorgio
     Agamben: *An welchem Punkt stehen wir? Die Pandemie als Politik*.
     Wien 2021 참조. 기본적으로 모든 비상사태가 종결될 수 없다고
     여긴다는 점에서 아감벤의 진단은 과장되어 있다. 그리하여 그는
     보건이 위태로운 상황이 실제로 있으며 그 자신이 중시하는 사회적
     자유를 지키려면 그 상황에 생명 정치적으로 대처할 수밖에 없다는
     간단한 사정을 받아들이기 위한 이론적 공간을 확보하지 못한다. 물론
     코로나 대유행을 억제하기 위해 내려진 모든 조치가 적절했다거나

윤리적으로 옹호할 만했다고 주장하려는 것은 아니다.

4   Markus Gabriel: *Ich ist nicht Gehirn. Philosophie des Geistes für das 21. Jahrhundert.* Berlin 2017.

5   Francis Fukuyama: *Liberalism and its Discontents.* London 2022.

6   예컨대 Charles Taylor: *Ein säkulares Zeitalter.* Frankfurt/M.2009, 그리고 Markus Gabriel: *Warum es die Welt nicht gibt.* Berlin 2013, 5장 참조.

7   Markus Gabriel/Gert Scobel: *Zwischen Gut und Böse*에 실린 대화 참조.

8   Daniel Kahneman/Olivier Sibony/Cass R. Sunstein: *Noise. Was unsere Entscheidungen verzerrt - und wie wir sie verbessern können.* München 2021.

9   마투라나가 말년에 쓴 작품으로 Humberto Maturana/Ximena Dávila Yañéz: *El árbol del vivir.* Santiago de Chile 2016 참조.

10   Brian Greene: *Bis zum Ende der Zeit. Der Mensch, das Universum und unsere Suche nach dem Sinn des Lebens.* München 2020, 3~5장에 나오는 추측들 참조.

11   https://www.uni-bonn.de/de/universitaet/presse-kommunikation/presseservice/archiv-pressemitteilung en/2012/317-2012.

12   https://www.scientificamerican.com /article/hoylestate-primordial-nucleus-behind-elements-life/. 참조. 바탕에 깔린 전문적인 논증을 보려면 http://collaborations.fz-juelich.de/ikp/cgswhp/cgswhp18/program/talks/20.08/Session2/Ulf_Meissner_lifepp4.pdf. 참조. 물리학자 존 배로John D. Barrow와 프랭크 티플러Frank J. Tipler는 공동 저서 *The Anthropic Cosmological Principle*, New York/Oxford 1986, 15면에서 약한 인류 원리를 이렇게 정의한다. 〈모든 물리량과 우주론적 양의 관찰된 값은 동등한 확률로 어떤 값이든지 될 수 있는 것이 아니라, 탄소에 기초한 생명이 진화할 수 있는 장소들이 존재한다는 조건과 그 진화가 이미 일어나기에 충분할 만큼 우주가 오래되었다는 조건에 의해 제약된다.〉

13 같은 곳.〈거듭 강조하는데, 이 진술은 추측이나 논란거리가 전혀
아니다. 이 진술은, 우리가 식별할 수 있는 우주의 속성들은 그것들이
우리 자신의 진화 및 현존과 일관되어야 한다는 사실에 의해 자기-
선택된다self-selected는 사실을 말할 따름이다. WAP(약한 인류 원리)가
탄소에 기초하지 않은 생명이 관찰될 가능성을 반드시 제약하지는
않겠지만, 우리의 관찰들은 우리의 매우 특수한 본성에 의해
제약된다.〉

14 예컨대 Josef M. Gaßner/Jörn Müller: *Können wir die Welt
verstehen? Meilensteine der Physik von Aristoteles zur Stringtheorie.*
Frankfurt/M. 2019 참조.

15 Michael Thompson: *Leben und Handeln. Grundstrukturen der
Praxis und des praktischen Denkens.* Berlin 2011 참조. 깊이 있는
논의를 원하는 독자에게는 Karen Ng: *Hegel's Concept of Life. Self-
Consciousness, Freedom, Logic.* New York 2020, 그리고 Thomas
Khurana: *Das Leben der Freiheit. Form und Wirklichkeit der
Autonomie.* Berlin 2017을 권한다.

16 Aristoteles: *Metaphysik. Schriften zur ersten Philosophie.* Stuttgart
1970, 314면.

17 아마도 일부 독자는 이 모든 것을 시스템 이론에서 배웠을 텐데,
시스템 이론은 원래 생명과학에서 유래했으며 독일에서는 특히
니클라스 루만에 의해 사회학에 적용되었다. 하지만 루만이
의지하는 이른바 산티아고 학파의 유명한 생물학자들(특히 움베르토
마투라나와 프란시스코 바렐라)은 그 적용에 전혀 동의하지 않았다.
내가 2018년 초 산티아고에서 마투라나와 만났을 때, 그는 이 사정을
상세히 설명해 주었다. 한편 말년의 마투라나는 생명과 인식을
연결하는 것에 머물지 않고 훨씬 더 멀리 나아가, 생명은 세포보다
훨씬 더 낮은 단계에서, 즉 산티아고 학파가 세포와 관련하여 연구한
〈스스로-짓기〉보다 더 낮은 단계에서 시작된다는 견해를 제시했다.
마투라나가 말년에 쓴 작품으로 Humberto Maturana/Ximena
Dávila: *El árbol del vivir*, Santiago 2015 참조.

18 Erwin Schrödinger: *Was ist Leben? Die lebende Zelle mit den Augen*

des Physikers betrachtet. München 1989(최초 강의는 1943년 더블린에서 이루어졌다).

19   Robert B. Brandom: *Im Geiste des Vertrauens. Eine Lektüre der* ⟨*Phänomenologie des Geistes*⟩. Berlin 2021.

20   Hans Jonas: *Das Prinzip Leben. Ansätze zu einer philosophischen Biologie*. Frankfurt/M. 1997.

21   입문 수준의 논의는 Markus Gabriel: *Warum es die Welt nicht gibt*. Berlin 2013, 더 높은 수준의 논의는 같은 저자, *Sinn und Existenz. Eine realistische Ontologie*. Berlin 2016, 그리고 같은 저자, *Fiktionen*. Berlin 2020 참조.

22   어쩌면 이 대목에서 일부 독자는 일차 성질(일차적인 질, 물리학적 성질, 곧 수학 공식으로 탐구할 수 있는 성질)과 이차 성질(이차적인 질, 우리의 의식에 의존하며 따라서 현재로서는 물리학적으로 파악할 수 없는 성질)의 구분을 생각할 것이다. 이 구분은 근대 초기의 사상 전통에서(특히 갈릴레오 갈릴레이의 사상에서, 더 나중에는 존 로크와 데이비드 흄의 경험주의적 인식론에서) 중요한 역할을 했다. 일부 사람들은 그 전통이 모든 감각적 질(예컨대 색깔)을 수학적 양적 구조(빛의 파장)로 환원하려 했다는 식으로 그 전통을 이해하지만, 이것이 명백한 오해라는 점은 일차 성질도 **질**로 불렸다는 사실에서 벌써 드러난다! ⟨질은 모종의 이유에서 수학적으로 서술될 수 없지 않은가⟩라는 질문을 여기에서 파고드는 것은 과도한 일일 터이다. 현재 나의 견해는 질도 수학적으로 서술될 수 있다는 것인데, 나는 이 주제를 다른 곳에서 다룰 것이다. 요컨대 수학이 질적 개념들을 포함할 수 있다고 믿을 근거가 충분히 있다. 물론 그렇다고 해서 모든 의미장들을 물리학적으로 설명할 수 있는 과정들과 구조들로 환원하는 물리학주의가 옳다는 것은 전혀 아니다.

23   생물막 연구를 나에게 알려 준 필리프 볼렌에게 감사한다. 예컨대 Hans-Curt Flemming/Jost Wingender/Ulrich Szewzyk u. a.: 「Biofilms: an emergent form of bacterial life」, in *Nature Review Microbiology* 14, 563~575면 (2016) 참조.

24   Robert B. Brandom: *Expressive Vernunft. Begründung,*

Repräsentation und diskursive Festlegung. Darmstadt 2000.

25 헤겔의 『법철학 강요*Grundlinien der Philosophie des Rechts oder Naturrecht und Staatswissenschaft im Grundrisse*』189~208면 참조. 여기에서 헤겔은 당대에 세력을 얻었던 경제학 이론을, 특히 애덤 스미스, 장바티스트 세, 데이비드 리카도를 비판한다. 그는 이 경제학자들이 인간임을 편파적으로 이해한다고 비난한다. 그들에 따르면, 인간은 자연의 필연에 의해 지배되는 동물이며, 자연의 필연은 기껏해야 자원 분배를 통해 경제적으로 제어될 수 있다. 이처럼 이미 19세기 초에 헤겔은, 국가는 결국 물질적 자원 분배 시스템에 불과하며 따라서 경제 장치에 불과하다는 견해를 비판한다. 이와 관련하여 사회철학자 리자 헤어초크의 연구들, Lisa Herzog: *Die Erfindung des Marktes. Smith, Hegel und die Politische Philosophie*. Darmstadt 2020, 또한 같은 저자, *Das System zurückerobern. Moralische Verantwortung, Arbeitsteilung und die Rolle von Organisationen in der Gesellschaft*. Darmstadt 2021 참조.

26 이른바 사회존재론 분야에 속하는 이 주제들을 깊이 있게 공부하려는 독자는 Stephan Zimmermann: *Vorgängige Gemeinsamkeit. Zur Ontologie des Sozialen*. Freiburg i. Br. 2021 참조. 치머만의 흥미로운 주장에 따르면, 어떤 유형의 행위(예컨대 산책하기나 생선구이 요리하기)는 참여하는 행위자들 사이에 아무런 접촉이 없더라도 사회적이다. 만약에 외톨이 로빈슨 크루소 두 명이 각자 독립적으로 어떤 새로운 실행을 개발한다면, 치머만에 따르면 그 실행도 사회적일 터이다. 치머만이 보기에 사회적인 것과 관련한 관건은 실제로 등장하는 패턴, 일반적으로 행위자들의 정신적 상태가 비본질적으로만 관여된 패턴이다. 내가 보기에 이 견해는 옳지 않다. 왜냐하면 사회적인 것의 모범적 형태들은 암묵적, 명시적 행위 조율을 통해 발생하기 때문이다. 이 논제를 본격적으로 다루려면 상세한 철학적 논증이 필요하기 때문에, 여기에서 나는 이렇게 논제를 지적한 것으로 만족하고자 한다.

27 상세한 논의는 Gabriel: *Fiktionen*, 12~17면 참조. 이 문헌은 본문에서 펼치는 생각의 기반을 이룬다.

28 2021년 11월 2일에 취약한 인간을 주제로 강연회를 개최한 뵈링거 잉겔하임 재단에 감사한다. 그 자리에서 저명한 면역학자 토마스 뵘은 우리 면역계의 개별성을 상세히 설명했는데, 여기에서 나는 그 설명에 의지한다.

29 오늘날의 철학에서 삶꼴 개념은 대개 루트비히 비트겐슈타인의 『철학적 탐구』와 관련지어 논의된다. 유감스럽게도 비트겐슈타인은 이 개념을 충분히 명확하게 설명하지 않기 때문에, 그가 상정하는 인간의 〈자연사Naturgeschichte〉가 삶꼴의 사회성과 어떻게 연결되는지 알 수 없다. 우리 시대에 맞는, 사회철학에 기반을 둔 삶꼴 개념을 제시하는(그러면서 삶의 자연과학적 차원, 곧 동물로서의 인간은 중심적으로 다루지 않는) 문헌으로 Rahel Jaeggi: *Kritik von Lebensformen*. Berlin 2013 참조.

30 Johann Gottlieb Fichte: *Grundlage des Naturrechts nach Prinzipien der Wissenschaftslehre*. Hamburg 1960, 39면.

31 Karel Čapek: *Die Sache Makropulos*. Dramen. Berlin 1976, 그리고 Bernard Williams: 「The Makropulos Case. Reflections on the Tedium of Immortality」, in ders.: *Problems of the Self. Philosophical Papers 1956~1972*. Cambridge 1973, 82~100면.

32 Martin Hägglund: *This Life. Secular Faith and Spiritual Freedom*. New York 2019.

33 Martin Heidegger: *Sein und Zeit*. Tübingen 2006, 234면 참조.

34 Jean-Paul Sartre: *Geschlossene Gesellschaft*. Hamburg 1991, 51면.

35 Susan Wolf: *Meaning in Life and Why It Matters*. Princeton 2010.참조. 영어권 철학 기관들 바깥의 방대한 세계적 논의를 아예 무시한다는 점에서 영어권의 논의는 편파적이지만, 그 논의를 조망하려면 스탠퍼드 철학 백과사전의 〈The Meaning of Life〉 항목 참조. 그 항목의 저자는 남아프리카공화국의 철학자 타데우스 메츠Thaddeusz Metz다. https://plato.stanford.edu/entries/life-meaning/.

36 Lisa Herzog: *Freiheit gehört nicht nur den Reichen. Plädoyer für einen zeitgemäßen Liberalismus*. München 2014; Ute Frevert:

Kapitalismus, Märkte und Moral. München 2020.

37 Wolf: *Meaning in Life*, 8면 이하. 원문은 이러하다.〈According to
    the conception of meaningfulness I wish to propose, meaning
    arises from loving objects worthy of love and engaging with them
    in a positive way. [⋯]《Love》is at least partly subjective, involving
    attitudes and feelings. In insisting that the requisite object must
    be《worthy of love》however, this conception of meaning invokes
    an objective standard. [⋯] according to my conception, meaning
    arises when subjective attraction meets objective attractiveness.
    Essentially, the idea is that a person's life can be meaningful only
    if she cares fairly deeply about some thing or things, only if she
    is gripped, excited, interested, engaged, or as I earlier put it, if she
    loves something—as opposed to being bored by or alienated from
    most or all that she does.〉

38 이 구별의 원래 출처는 John R. Searle: *Wie wir die soziale Welt
    machen. Die Struktur der menschlichen Zivilisation*. Berlin
    2012, 35면 이하다. 인식론적 실재 개념과 관련하여 이 구별을 더
    발전시키는 문헌으로 Markus Gabriel: *Der Sinn des Denkens*. Berlin
    2018, 또한 같은 저자/Malte D. Krüger: *Was ist die Wirklichkeit?
    Neuer Realismus und Hermeneutische Theologie*. Tübingen 2018
    참조.

39 Susan Wolf:「Moral Saints」, in *The Journal of Philosophy* 79/8
    (1982), 419~439면.

40 Rudolf Carnap:「Überwindung der Metaphysik durch logische
    Analyse der Sprache」, in *Erkenntnis* 2 (1931), 219~241면.

41 Ludwig Wittgenstein: *Logisch-philosophische Abhandlung. Tractatus
    logic-philosophicus*. Frankfurt/M. 1989, 176면.

42 같은 곳.

43 같은 곳, 178면.

44 이 주제들을 다루는 고전으로 Dougals R. Hofstadter: *Gödel, Escher,
    Bach. Ein endloses geflochtenes Band*. Stuttgart 1985, 또한 같은 저자,

Ich bin eine seltsame Schleife. Stuttgart 2008 참조.

45   Scarlett Thomas: *Troposphere*. Reinbek bei Hamburg 2008,
      26~31면 참조.

46   Terry Eagleton: *Der Sinn des Lebens*. Berlin 2008, 46면 이하.

47   Evgeny Morozov: *To Save Everything, Click Here. Technology,
      Solutionism, and the Urge to Fix Problems that Don't Exist*. New
      York 2013.

48   Cornelius Castoriadis: *Gesellschaft als imaginäre Institution.
      Entwurf einer politischen Philosophie*. Frankfurt am Main 1990,
      252면.

49   Immanuel Kant: *Grundlegung zur Metaphysik der Sitten*.
      Frankfurt/M. 1977, 41면.

50   〈삶의 계획을 세우기〉라는 실존주의적 개념을 최초로 숙고한 인물은
      아마도 하인리히 폰 클라이스트일 것이다. 그가 1799년 5월에 울리케
      폰 클라이스트*에게 보낸 유명한 편지를 참조하라. 출처: Heinrich
      von Kleist: *Sämtliche Briefe* Stuttgart 1999, 특히 38면 이하.
      〈생각하는 자유로운 인간은 우연이 그를 떠밀어 보낸 자리에 머무르지
      않습니다. 혹은 머무른다면, 이유들 때문에, 더 나은 쪽을 선택했기
      때문에 머무릅니다. 인간은 운명을 딛고 일어설 수 있다고, 운명을
      이끄는 것도 진정한 의미에서 가능하다고 느낍니다. 그는 어떤 행복이
      자신에게 최고의 행복인지를 자신의 이성에 따라 규정하며, 자신의
      삶의 계획을 세우고, 확실히 정한 원칙들에 따라 온 힘을 다하여
      자신의 목표들을 추구합니다.〉

51   이는 뮌헨에서 활동하는 철학자 악셀 후터가 읽을 가치가 매우 높은
      다음 저서에서 보여준 바다. Axel Hutter, *Narrative Ontologie*,
      Tübingen 2017.

52   Immanuel Kant: *Idee zu einer allgemeinen Geschichte in
      weltbürgerlicher Absicht*. Werkausgabe Band 11, hrsg. von Wilhelm
      Weischedel. Frankfurt/M. 1977, 37면.

* 하인리히 폰 클라이스트의 이복 누나이다.

53 Georg Wilhelm Friedrich Hegel: *Grundlinien der Philosophie des Rechts oder Naturrecht und Staatswissenschaft im Grundrisse*. Frankfurt/M. 1989, 79면.

54 같은 곳, 83면.

55 Frevert: *Kapitalismus, Märkte und Moral*. Wien/Salzburg 2019 참조.

56 마굴리스의 접근법을 조망하려면 Lynn Margulis: *Der symbiotische Planet oder Wie die Evolution wirklich verlief*. Frankfurt/M. 2018 참조.

57 Dirk Brockmann: *Im Wald vor lauter Baümen. Unsere komplexe Welt besser verstehen*. München 2021, 210면.

58 Ernst-Wolfgang Böckenförde: *Recht, Staat, Freiheit*. Frankfurt/M. 2013, 112면.

59 Immanuel Kant: *Kritik der praktischen Vernunft*. Hamburg 1952, 149면. 〈따라서 도덕은 어떻게 우리가 행복해지는가에 관한 가르침이 아니라 어떻게 우리가 행복할 자격을 갖춰야 하는가에 관한 가르침이다.〉

60 같은 곳, 25면.

61 같은 곳, 4면.

62 Kant: *Grundlegung*, 19면.

63 같은 곳, 20면.

64 Friedrich Nietzsche: *Die Geburt der Tragödie. Unzeitgemäße Betrachtungen I-IV Nachgelassene Schriften 1870-1873*, hrsg. von Giorgio Colli/Mazzino Montinari. München 1988, 875면 이하.

65 Thomas Nagel: *Was bedeutet das alles? Eine ganz kurze Einfuhrung in die Philosophie*. Stuttgart 1990, 그리고 같은 저자, *Letzte Fragen*. Darmstadt 1996 참조.

66 Thomas Nagel: 「What Is It Like to Be a Bat?」, in *The Philosophical Review* 83/4 (1974), 435~450면.

67 Nagel: *Was bedeutet das alles?*, 10장 「Der Sinn des Lebens」, 80~84면.

68　Nagel: *Letzte Fragen*, 30면.

69　Karl Jaspers: *Von der Wahrheit*. München 1947, 또한 Nagel: *Letzte Fragen*, 35면 참조. 〈이런 식으로 자신의 삶에 의미를 부여하고자 하는 사람은 통상적으로 더 큰 전체 안에서의 역할 혹은 기능을 떠올릴 것이다. 그는 사회나 국가에, 혁명이나 역사의 진로에, 학문의 진보에, 혹은 종교와 신의 영광에 복무하면서 자기실현을 추구한다.〉

70　Nagel: *Letzte Fragen*, 35면.

71　같은 곳, 41면.

72　Markus Gabriel: *Ich ist nicht Gehirn. Philosophie des Geistes für das 21. Jahrhundert*. Berlin 2017; 같은 저자, *Fiktionen*. Berlin 2020; 같은 저자, *Neo-Existenzialismus*. Freiburg/München 2020.

73　Markus Gabriel: *Moralischer Fortschritt in dunklen Zeiten. Universale Werte für das 21. Jahrhundert*. Berlin 2020, 329~342면 참조.

74　의미 안에서 일어나는 정신과 자연의 얽힘을 형이상학과 물리학의 관점에서 인상적으로 논하는 최신 문헌으로 Harald Atmanspacher/ Dean Rickles: *Dual-Aspect Monism and the Deep Structure of Meaning*. London/New York 2022 참조. 하랄트 아트만슈파허는 2021년 2월에 그가 과학 및 사상 센터를 방문한 동안, 또 2021년 6월에 내가 스위스 발렌 호수에 머무르는 동안 양자역학과 의미장 존재론, 심리학, 그리고 삶의 의미가 서로 어떻게 관련되어 있는지에 관한 선구적인 대화를 나와 나눴다. 그에게 감사한다.

75　Hermann Diels/Walther Kranz (Hrsg.): Die Fragmente der Vorsokratiker. Griechisch und Deutsch. Band 1. Berlin 1961, 89쪽(DK 12 B 1). 수천 년 동안 다양하게 번역되고 해석된 원문은 이러하다. 〈ἐξ ὧν δὲ ἡ γένεσις ἐστι τοῖς οὖσι, καὶ τὴν φθορὰν εἰς ταῦτα γίνεσθαι κατὰ τὸ χρεών. διδόναι γὰρ αὐτὰ δίκην καὶ τίσιν ἀλλήλοις τῆς ἀδικίας κατὰ τὴν τοῦ χρόνου τάξιν.〉

76　바로 이것을 의심하면서 범심론을, 즉 실재하는 모든 것이 정신적이거나 최소한 원초-정신적proto-psychisch이라는 견해를 숙고하는 노선이 얼마 전부터 유행하고 있기는 하다. 예컨대 Annaka

Harris: *Conscious. A Brief Guide to the Fundamental Mystery of the Mind.* New York 2019, 또한 Philip Goff: *Galileo's Error. Foundations for a New Science of Consciousness.* New York 2019 참조.

77 Markus Gabriel: *Die Erkenntnis der Welt. Eine Einführung in die Erkenntnistheorie.* Freiburg im Breisgau 2016, 그리고 더 깊은 논의는 Graham Priest: *Beyond the Limits of Thought.* Oxford/New York 2002, 또한 Markus Gabriel/Graham Priest: *Everything and Nothing.* Cambridge 2022 참조.

78 Friedrich Schiller:「Die Freundschaft」, *Schillers Werke in fünf Bänden. Erster Band. Gedichte. Prosaschriften.* Weimar 1958, 107면.

79 Gabriel: *Moralischer Fortschritt in dunklen Zeiten*, 334면 이하.*

80 Georg Franck: *Ökonomie der Aufmerksamkeit. Ein Entwurf.* München 1998, 또한 같은 저자, *Mentaler Kapitalismus. Eine politische Okonomie des Geistes.* München 2005 참조.

3장 무지의 윤리학을 향하여

1 Max Weber: *Wissenschaft als Beruf*, Stuttgart 2006, 18면.

2 새로운 연구소의 입장문Positionspapier 참조. Markus Gabriel/Christoph Horn/Anna Katsman/Wilhelm Krull/Anna Luisa Lippold/Corine Pelluchon/Ingo Venzke: *Towards a New Enlightenment - Contextualizing the Humanities and Social Sciences in View of Nested Crises.* Discussion Paper No. 2, Hamburg 2022.

3 많이 논의된 플레크의 주저, Ludwik Fleck: *Entstehung und Entwicklung einer wissenschaftlichen Tatsache. Einführung in die Lehre vom Denkstil und Denkkollektiv.* Frankfurt/M. 1980 참조.

4 Wolfram Hogrebe: *Echo des Nichtwissens.* Berlin 2006.

5 다양한 과학 분야에서 밝혀졌으며 확실한 것으로 여겨지는 이 사실을 철학적으로 다양하게 해석할 수 있다. 나는 실재가 너무 풍부해서

* 한국어판 『어두운 시대에도 도덕은 진보한다』, 502면.

총괄적인 이론 하나로 파악될 수 없다는 점을 상세히 논증해 왔다. 나는, 〈세계는 존재하지 않는다〉라는 구호로 그 점을 표현한다. 우리 논의의 맥락에서 이 구호가 뜻하는 바는, 우리가 파악하고 인식하는 생물들로서 속한 총괄적인 실재는 절대로 존재할 수 없다는 것이다. Markus Gabriel: *Warum es die Welt nicht gibt*. Berlin 2013, 또한 전문적 세부 사항에 관한 논의를 보려면 Markus Gabriel/Graham Priest: *Everything and Nothing*. Cambridge 2022 참조.

6   전문적인 내용을 일부 포함한 세부 사항을 보려면 스탠퍼드 철학 백과사전의 〈Causation and Manipulability〉 항목 참조. 이 항목을 쓴 제임스 우드워드는 대표적인 개입주의 옹호자 중 하나이며, 이 항목에서 관련 내용을 성공적으로 조망한다. https:// plato.stanford.edu/entries/causation-mani/.

7   Christoph Möllers: *Die Möglichkeiten der Normen. Über eine Praxis jenseits von Moralität und Kausalität*. Berlin 2015. 사회과학적 모형의 사회존재론적 한계에 관해서는 Markus Gabriel: *Fiktionen*. Berlin 2020, 501~545면 참조.

8   같은 취지의 주장을 담은 문헌으로 예컨대 Holm Tetens: *Gott denken. Versuch über rationale Theologie*. Stuttgart 2015, Mark Johnston: *Saving God. Religion after Idolatry*. Princeton 2009, 또한 같은 저자, *Surviving Death*. Princeton 2010 참조.

9   Markus Gabriel: 「Der blinde Fleck der Komplexität —Die Wissenschaften in der Krise」, in Jakob Augstein (Hrsg.): *Follow the Science - aber wohin? Wissenschaft, Macht und Demokratie im Zeitalter der Krisen*. Berlin 2022(근간) 참조.

10 특히 Denis Noble: *Dance to the Tune of Life. Biological Relativity*. Cambridge 2017, 또한 더 먼저 나온 문헌으로 같은 저자, 「The Logic of Life. The Public Perception of Science and its Threat to the Values of Society」, in *Science and Public Policy* 20/3 (1993), 187~192면, 그리고 같은 저자, *The Music of Life. Biology Beyond Genes*. New York/Oxford 2006 참조.

11 엄밀히 말하면, 이 진술은 약간 틀렸다. 왜냐하면 우리의 생각은

논리적-수학적 법칙성과 같은 구조들도 파악하기 때문이다. 현재의 논의에서 이 사정은, 추상적인 시스템들, 즉 가변적이지 않으며 물질적-에너지적이지 않은 시스템들을 파악하는 과정을 감각적 지각으로 간주하기 위한 근거로서 충분하다. Markus Gabriel: *Der Sinn des Denkens*. Berlin 2018 참조. 하지만 논리적-수학적 구조들이 자연의 변화를 기틀 조건을 통해 제한하고 따라서 아직 최종적으로 밝혀지지 않은 의미에서 인과적으로 자연 안에 내장되어 있다면, 그 구조들은 자연의 부분인지 불명확하거나 적어도 가변적인 자연의 부분은 아니며, 그런 한에서 방금 언급한 약간의 오류는 본문의 논의를 위해 중요하지 않다. 이 문제를 둘러싼 논의를 보려면 Markus Gabriel/Jan Voosholz (Hrsg.): *Top-Down Causation and Emergence*. Cham 2021, 또한 조지 엘리스의 저서 George Ellis: *How Can Physics Underlie the Mind. Top-Down Causation in the Human Context*. Berlin/Heidelberg 2016 참조. 후자의 책은 전자의 논문집이 만들어지는 계기가 되었다.

12 Uexküll: *Umwelt und Innenwelt der Tiere*, 113면 이하. 윅스퀼의 생태학적 사고의 토대는 〈동물이 자신의 주변에 적응하는 것anpassen〉과 〈자신의 환경에 엄청나게 정교하게 녹아들어 가는 것einpassen〉의 구별이다(같은 저자, 「Wie sehen wir die Natur und wie sieht sie sich selber?」, in *Die Naturwissenschaften* 10/12 [1922], 265~271면, 인용된 문구들은 268면). 윅스퀼은 단지 앞에 놓여 있는 주변과 자신의 고유한 환경 개념을 구별하며, 이 구별에 기초하여 당대의 다윈주의에 반발한다는 점을 유념하라. 아래 대목에서 그는 생태학적 사고에 의지하여 다윈주의를 명시적으로 배척한다. 〈대조적으로, 모든 생물의 정교하기 그지없는 기관들을 무의미하게 돌아다니는 입자들의 우연한 충돌로 환원하고자 하는 **다윈주의**의 가르침은 초보적인 아마추어의 과대망상처럼 보인다.〉(271면)

13 예컨대 Josef M. Gaßner/Jörn Müller: *Können wir die Welt verstehen? Meilensteine der Physik von Aristoteles zur Stringtheorie*. Frankfurt/M. 2019. 당연히 그 역사를 전혀 다르게, 즉 근대 물리학이 고전적인 자연철학을 반박했다고 간주하지 않으면서

서술할 수도 있다. 예컨대 앞 문헌과 반대되는 취지의 Ed Dellian: *Die Rehabilitierung des Galileo Galilei oder Kritik der Kantischen Vernunft.* Sankt Augustin 2007 참조. 또한 델리안의 갈릴레오 갈릴레이 번역서 Galileo Galilei: *Discorsi. Unterredungen und mathematische Beweisführungen zu zwei neuen Wissensgebieten.* Übersetzt und herausgegeben von Ed Dellian, Hamburg 2015, 특히 델리안이 써서 이 번역서에 삽입한 〈들어가는 말〉 참조.

14   과학철학계의 이른바 스탠퍼드 학파 대다수는 물리학적인 통합 과학은 있을 수 없다고 주장한다. 예컨대 Nancy Cartwright: *How the Laws of Physics Lie.* New York 1983; 같은 저자, *The Dappled World. A Study of the Boundaries of Science.* Cambridge 1999; 같은 저자, *A Philosopher Looks at Science.* (근간) 참조. 또한 Peter L. Galison/David J. Stump (Hrsg.): *The Disunity of Science. Boundaries, Contexts, and Power.* Stanford 1996에 실린 논문들 참조.

15   Jakob Johann von Uexküll: 「Wie sehen wir die Natur und wie sieht die Natur sich selber? Schluß」, in *Naturwissenschaften* 10/14 (1922), 316~322면, 인용문은 321면.

16   Hermann Diels/Walther Kranz (Hrsg.): *Die Fragmente der Vorsokratiker.* Berlin 1960, Band 1, 178면.

17   예컨대 헤겔의 『엔치클로페디』에 나오는 발현 개념에 대한 설명 참조. *Enzyklopädie der philosophischen Wissenschaften im Grundrisse, Dritter Teil: Die Philosophie des Geistes.* Frankfurt/M. 1970, 201면 (413면) 〈빛이 자신과 자신의 타자인 어둠의 발현이며 오직 이 타자를 드러냄을 통해서만 자신을 드러낼 수 있는 것과 마찬가지로, 나도 오직 나의 타자가 나로부터 독립적인 놈의 모습으로 드러나는 한에서만 자신에게 드러난다.〉

18   이 대목에서, 〈정신과 자연의 얽힘을 어떻게 이해할 것인가〉라는 질문이 당연히 제기된다. 그 얽힘은 자연과 정신을 매개하는 제3자일까? 만일 그렇다면, 이 제3자는 양쪽 끝점 각각과 얽혀 있을 테고, 그러면 끝점 각각과 제3자를 매개하는 제4자, 제5자에 관한 후속 문제들이 발생하지 않을까? 오늘날의 정신철학과 물리학의

눈높이에서 포괄적인 얽힘 이론을 시도하는 문헌으로 Harald Atmanspacher/Dean Rickles: *Dual-Aspect Monism and the Deep Structure of Meaning*. New York 2022 참조.

19 Karl Popper: *Vermutungen und Widerlegungen. Das Wachstum der wissenschaftlichen Erkenntnis*. Tübingen 1995. Gaßner/Müller: *Können wir die Welt verstehen?*, 18~25면 참조.

20 Gaßner/Müller: *Können wir die Welt verstehen?*, 19면. 이런 형태의 반증주의는 과학철학에서 반박되었다고 여겨진다는 점을 유념하라. 이에 관한 입문적 논의는 Tim Lewens: *The Meaning of Science*. London 2015 참조. 우리는 인식적으로 모형들에 구속되어 있으며 유감스럽게도 그것들과 실재를 절대로 비교할 수 없다는 견해를 반박하는 문헌으로 Gabriel: *Der Sinn des Denkens*, 224~227면, 또한 258~261면 참조.

21 Helen Beebee/Huw Price (Hrsg.): *Making a Difference. Essays on the Philosophy of Causation*. Oxford 2017.

22 과학철학적 허구주의를 조망하려면 Bradley Armour-Garb/ Frederick Kroon (Hrsg.): *Fictionalism in Philosophy*. Oxford 2020 참조.

23 Hans Vaihinger: *Die Philosophie des Als Ob. System der theoretischen, praktischen und religiösen Fiktionen der Menschheit auf Grund eines idealistischen Positivismus*. Leipzig 1922. 이에 맞서 실재론적 허구 이론을 펼치는 문헌으로 Gabriel: *Fiktionen*. 참조.

24 Wilfrid Sellars: *Der Empirismus und die Philosophie des Geistes*. Paderborn 1999.

25 하지만 우리는 우리가 그-자체인 자연에 관하여 모르는 모든 것을 알지도 못하고, 우주를 측정하는 우리의 수학적 방법들이 얼마나 광범위하게 유효한지도 모른다. 관심 있는 독자를 위해 약간 전문적인 사실을 지적하자면, 모든 미분방정식을 푸는 해석적 방법은 오늘날 없다. 미분방정식 풀이는 수학의 연구 분야이며, 이 분야는 미분방정식이 중요한 역할을 하는 자연과학에 영향을 미친다. 따라서 이런 이유만으로도, 미분방정식들로 이루어진 논리적 공간

전체를 한눈에 굽어볼 수 있는 사람은 아무도 없으며, 따라서 수학 전체를 한눈에 굽어보면서 수학적 우주 전체가 어떠한지 서술할 수 있는 사람도 없다(수학 전체를 굽어보는 것은 어차피 메타수학적 불완전성 정리들 때문에 불가능할 성싶지만). 그런데 물리학적 우주가 실현하는 수학적 구조들은 수학적 우주의 부분집합이므로(수학이 연구하는 모든 대상이 물리학적 의미를 갖는 것은 아니다), 실제로 수학적으로 측정된 물리학적 우주가 수학적으로 충분히 서술되어 있어서 결국 우리가 물리학적으로 측정 가능한 우주 전체를 서술할 수 있는지 우리는 모른다. 이런 이유들과 (끈 이론을 비롯한 몇몇 이론을 현재로서는 실험으로 검증할 수 없고 어쩌면 원리적으로도 그러하다는 점을 비롯한) 기타 이유들 때문에, 우리가 아는 한에서 물리학은 우주 전체를 서술하는 총괄적인 이론의 수준에 턱없이 못 미친다. 하지만 그렇다고 물리학의 성취들이 빛바래는 것은 아니다.

26 Willard Van Orman Quine: *Wort und Gegenstand*. Stuttgart 1980, 474면.

27 Scott F. Gilbert/Jan Sapp/Alfred I. Tauber: 「A Symbiotic View of Life. We Have Never Been Individuals」, in *The Quarterly Review of Biology* 87/4 (2012), 325~341면, 인용문은 326면 원문은 이러하다. 〈We perceive only that part of nature that our technologies permit and, so too, our theories about nature are highly constrained by what our technologies enable us to observe.〉

28 기술의 진보와 신경과학의 진보가 어떻게 연계되어 있는지 설명해 준, 본 대학교의 신경과학자 동료들인 하인츠 베크와 안드레아스 치머에게 감사한다.

29 가나 철학자 마틴 오데이 아제이는 이와 매우 유사한 접근법을 논문 Martin Odei Ajei in 「An African philosophical perspective on barriers to the current discourse on sustainability」에서 채택한다. 이 논문은 2021년 12월 15일 함부르크 새로운 연구소에서 열린 강연회에서 발표되었다.

30 같은 견해를 제시하는 최신 문헌으로 Jürgen Habermas: 「Überlegungen und Hypothesen zu einem erneuten

Strukturwandel der politischen Öffentlichkeit」, in Martin
Seeliger/Sebastian Savignani (Hrsg.): *Ein neuer Strukturwandel der
Öffentlichkeit? Leviathan, Berliner Zeitschrift fur Sozialwissenschaft.*
Sonderband 37/2021, Baden-Baden 2021, 470~500면 참조.
현재 하버마스는 〈합의〉를 〈배경〉으로 간주하면서, 그 배경 앞에 놓인
〈민주주의적 과정 전체는〉〈진실을 기준으로 삼아 합리적으로 수용할
수 있는 결정들을 추구하는 시민들에 의해 항상 다시 발생하는〉〈의견
불일치들의 홍수로 이루어져 있다〉고 말한다. 하버마스에 따르면, 〈이
같은 공론장 안에서의 지속적인 의견 불일치의 역동은 정당들의 경쟁
및 정부와 야당의 대립에 반영될 뿐 아니라 전문가들의 견해 차이에도
반영된다〉.(478면)

31 더 자세한 논의는 Markus Gabriel: *Moralischer Fortschritt in dunklen
    Zeiten. Universale Werte fur das 21. Jahrhundert.* Berlin 2020, 3장
    참조.

32 Jane Flint/Vincent R. Racaniello/Glenn F. Rall/Anna Marie
    Skalka/Lynn W. Enquist: *Principles of Virology.* Washington, D.C.
    2015, 4면. 원문은 이러하다. 〈Viruses are the most abundant entities
    in the biosphere.〉

33 같은 곳, 4면. 원문은 이러하다. 〈The average human body contains
    approximately 10^{13} cells, but these are outnumbered 10-fold by
    bacteria and as much as 100-fold by virus particles.〉

34 Georg Wilhelm Friedrich Hegel: *Phänomenologie des Geistes.*
    Frankfurt am Main 1970, 68면.

35 Des Grafen Laplace *Philosophischer Versuch uber
    Wahrscheinlichkeiten.* Nach der dritten Pariser Auflage übersetzt
    von Friedrich Wilhelm Tönnies. Heidelberg, 1819, 3면 이하.

36 같은 곳, 4면.

37 같은 곳.

38 같은 곳.

39 Dirk Brockmann: *Im Wald vor lauter Bäumen. Unsere komplexe
    Welt besser verstehen.* München 2021, 24면.

40 같은 곳, 28면.

41 정신과 자연의 얽힘을 제3의 중립적 요소로 도입한다는 발상은, 그
제3자가 부분적으로만 인식 가능한 한에서, 통일된 이론 언어로
귀결되지 못하며, 따라서 정신과 자연의 얽힘의 복잡성을 모사하는
이론을 충분히 특정된(이를테면 수학적인) 형태로 구성할 수는 없다.
Atmanspacher/Rickles: *Dual-Aspect Monism*. 참조. 아트만슈파허와
리클스가 구성한 이론은 정신과 자연(혹은 심리적인 것과 물리적인
것)을 정신도 아니고 자연도 아닌 중립적 실재의 측면들로 간주한다.
하지만 이 행마는 이제껏 대답되지 않은 다음과 같은 질문을 유발한다.
어떻게 하면 정신도 아니고 자연도 아닌 그 제3자를 다루는 이론을
명확히 제시하면서도 암묵적으로나 명시적으로 다시 처음 상황으로
돌아가 정신-자연 관계를 편파적으로 자연을 중심으로 규정하거나
편파적으로 정신을 중심으로 규정하지 않을 수 있을까? 이제껏 가장
야심 있는 시도, 즉 두 개의 계열 — 자연에서 나오는 계열과 정신에서
나오는 계열 — 을 명시적으로 제시하고 그 계열들에서 차이 없음
지점Indifferenzpunkt으로서의 중립적 제3자의 발현을 알아채는 시도는
프리드리히 빌헬름 요제프 셸링의 자연철학에서 이루어졌다. 그러나
셸링의 자연철학은 비고전적 근대 물리학의 성취들과 (셸링의
중요한 기여로 이루어진) 생물학의 근대 과학으로의 발전 이전에
만들어졌기 때문에, 오늘날의 조건 아래에서 셸링의 자연철학적
발상을 어느 정도까지 견지할 수 있을지 불분명하다. 또한 설령 중립적
제3자를 다루는 이론을 모든 과학적 기준에 맞게 구성할 수 있더라도,
그 이론이 환원주의적이지 않으며 모든 의미장을 하나의 총괄적
의미장으로(이런 의미장은 있을 수 없다) 환원하지 않는다는 점이
입증되어야 할 터이다. 하지만 이 대목에서 부분론적 사정이 다시금
복잡해진다. Gabriel/Priest: *Everything and Nothing*. 참조.

42 〈동물계 착취〉의 인간학적 전제들에 대한 호르크하이머와
아도르노의 분석은 Max Horkheimer/Theodor W. Adorno:
Dialektik der Aufklärung. Philosophische Fragmente. Darmstadt
1997, 283~292면 참조. 이 분석은 이 책의 1장에서 제시한 투사
주장의 한 변형을 포함하고 있다. 그러나 호르크하이머와 아도르노는

동물에게서 이성을 박탈하고 〈가장 강한 동물조차도 무한히 어리석다〉(284면)라고까지 주장함으로써 동물과 동물 영혼에 관한 나름의 신화를 스스로 지어낸다. 보다시피 인간이 동물과 맺는 관계는 인간의 사회적 관계를 반영한다는 그들의 통찰은 전적으로 옳다.

43 Platon: *Apologie des Sokrates*, in Platon: *Sämtliche Dialoge*. Band I, Hamburg 1998, 29~32면.

44 같은 곳, 32면. 오토 아펠트는 이 인용문을 이렇게 번역한다. 〈Daß ich selbst nämlich so gut wie nichts wisse, das war mir völlig klar(나 자신이 거의 아무것도 모른다는 점은 나에게 전적으로 명백했다).〉 그리스어 원문의 출처는 (이른바 슈테파노스 넘버로) 22c9-d1.

45 Thomas Sturm: 「《Rituale sind wichtig》. Hans-Georg Gadamer über Chancen und Grenzen der Philosophie」, in *Der Spiegel* 8/2000.

46 규범성을 다루는 철학적 문헌과 사회과학적 문헌은 방대하다. 중요한 문헌으로 법학자 겸 법철학자 크리스토프 묄러스의 저서 Christoph Möllers, *Möglichkeit der Normen. Über eine Praxis jenseits von Moralität und Kausalität*, Berlin 2018을 꼽을 수 있다.

47 Aristoteles: *Nikomachische Ethik*. Hamburg 1985, 26면 이하.

48 슈테판 치머만의 저서 Stephan Zimmermann, *Vorgangige Gemeinsamkeit. Zur Ontologie des Sozialen*, Freiburg im Breisgau 2021에서 보여 주듯이, 실제로 이 진술은 전혀 사회적이지 않다고 여길 만한 행위들에 대해서도 타당하다.

49 Platon: *Politeia. Der Staat*. Darmstadt 1990, 529면 이하.

50 이에 관한, 두 가지 관점에서의 입문적 논의를 보려면 Markus Gabriel: *Die Erkenntnis der Welt. Eine Einführung in die Erkenntnistheorie*. Freiburg im Breisgau 2012, 또한 Elke Brendel: *Wissen*. Berlin 2013 참조.

51 이 대목에서 사실에 관한 철학적 이론을 얼마든지 깊이 파고들 수 있겠지만, 우리의 논의를 위해서는 그럴 필요가 없다. 특히 필연적으로 성립하는 사실들과 모든 경우에 참인 진술들이 있는가,

거꾸로 〈필연적으로 성립하지 않는 사실들과 어떤 경우에도 참이
아닌 진술들이 있는가〉라는 질문을 놓고 토론할 수 있을 것이다.
이런 질문들을 다루는 사실존재론Tatsachenontologie은 광범위한 이론
철학 분야다. 사실존재론의 몇몇 측면을 조망하려면 스탠퍼드 철학
백과사전의 〈facts〉 항목을 참조하라. https://plato.stanford.edu/
entries/facts/.

52 Immanuel Kant: *Grundlegung zur Metaphysik der Sitten*. Hamburg
    2016, 8면.

53 같은 곳, 25면.

54 그렇기 때문에 우리는 앎의 경계선을 명확히 그을 수 없으며, 이를
    언어철학, 논리학, 수학에서 철학적 인식론과 과학철학의 방법으로
    보여 줄 수 있다. 예컨대 논리학자 그레이엄 프리스트는 Graham
    Priest, *Beyond the Limits of Thought*, Cambridge 1995에서 이를
    보여 주는 논증을 상세히 제시했다. 또한 Gabriel: *Die Erkenntnis der
    Welt*, 4장 참조. 추가로 세부 사항을 원하는 독자는 Gabriel/Priest:
    Everything and Nothing. 참조.

55 Philip N. Howard: *Lie Machines. How to Save Democracy from
    Troll Armies, Deceitful Robots, Junk News Operations and Political
    Operatives*. Yale 2020.

56 예컨대 콰심 카삼의 중요한 저술들 Quassim Cassam: *Vices of the
    Mind*. Oxford 2019; 같은 저자, *Conspiracy Theories*. Cambridge
    2019; 또한 논문집 같은 저자/Ian James Kidd/Heather Battaly
    (Hrsg.): *Vice Epistemology*. London/New York 2020 참조.

57 Emil Heinrich du Bois-Reymond: *Über die Grenzen des
    Naturerkennens*. Leipzig 1872, 26면.

58 같은 곳, 29면.

옮긴이의 말
인간이라는 화두를 붙들고

때로는 화두로 붙은 질문의 크기가 철학적 논의의 깊이와 무게를 가늠하게 해준다. 바로 이 책이 전형적인 사례다. 책의 제목으로 내세운 〈인간은 동물이다〉라는 명제가 진실의 전부이고 논의의 종착점이라면, 이 책의 바탕에 어떤 커다란 질문이 놓여있으리라고 짐작하기는 어려울 것이다. 그러나 부제로 덧붙은 〈왜 우리는 자연과 어긋나는가〉라는 질문이 우리를 더할 나위 없이 깊은 철학으로 초대한다. 이 질문 자체도 크지만, 책의 제목과 부제를 함께 고려할 때, 저자인 마르쿠스 가브리엘이 이 책에서 파고드는 화두는 결국 〈인간이란 누구 혹은 무엇인가?〉라는 거대한 질문이다. 칸트는 바로 이 질문을 대중을 향한 철학의 궁극적 질문으로 간주했다. 애당초 소크라테스를 철학으로 이끈 것도 이 질문이라고 할 만하다. 철학자의 원조로 꼽히는 그는 그 자신을 알고자 했다. 〈인간이란 누구 혹은 무엇인가?〉라는 질문에 답하고자 했던 것이다.

그러므로 이 책이 한편으로는 대중적인 내용을 폭넓게 담아 꽤 친근하게 다가오면서도 다른 한편으로는 상당히 까다로울뿐더러 종종 갈팡질팡하는 것처럼 느껴지는 것은 놀라운 일이 아니다. 책의 제목과 부제의 관계에서 엿보이는 어긋남, 엇갈림, 일종의 불협화음이 본문 내내 다양한 형태로 변주된다. 늘 양쪽 면이 등장한다. 한쪽 면만 이야기하고 매듭지으면 간단하고 명쾌하겠는데, 곧이어 반대쪽 면이 등장하여 이야기를 복잡하게 만든다. 예컨대 인간은 자연과학과 사회과학의 탐구 대상으로서 분명히 동물이라는 진술에 이어 인간은 동물에 불과하지 않다는 진술이 이어진다. 우리 인간은 동물로서 자연의 일부지만, 또한 정신적 생물로서 자연에 완전히 들어맞지 않는다고 한다. 성미가 급한 독자라면 투덜거릴 만하다. 대체 무슨 얘기를 하려는 거야? 인간은 동물이라는 거야, 아니라는 거야? 어느 쪽인지 확실히 해줘야 할 것 아니야!

그런 독자는 차분함을 되찾고 기본으로 돌아가 철학하기를 훈련할 필요가 있다. 어떤 의미에서, 철학하기란 어느 한쪽으로 몰아 매듭지을 수 없는 문제 곁에 하염없이 머무르기다. 당신은 〈인간이란 누구 혹은 무엇인가?〉라는 질문에 명쾌하게 답할 수 있겠는가? 1장의 제사로 인용된 셀링의 말에 따르면, 인간은 〈모든 철학이 온갖 곳에서 맞닥뜨리는 뚜렷한 문제〉다. 인간이 얼마나 오묘하고 난해한 존재인지는 굳이 철학자에게 묻지 않아도 누구나 아는 바다. 이 책의 화두를 명쾌한 답으로 환원할 길은 없으므로, 저자가 말하자면 변증법적으로 휘청거리며 논의를 이어가는 것은 어쩌면 매우 적절하고 지극히 당연하다.

〈인간이란 무엇인가〉라는 질문 앞에서 우리 시대의 사람들이 흔히 취하는 태도는 〈인간은 동물이다〉라고 단언하고 논의를 매듭짓는 것이다. 이른바 〈과학〉의 권위가 그런 태도를 부추긴다. 아니, 정확히 말하면, 어설프게 주워들은 과학에 대한 맹목적 신앙이 그런 태도를 부추긴다. 1장에서 저자는 〈동물〉 개념이 생물학적으로 불분명하다고 지적하는데, 대다수 독자는 그 대목에서 고개를 갸웃거릴 듯하다. 왜냐하면 우리 대부분은 교과서 수준의 생물 분류만 알지, 분류학과 유전학의 전문적인 논의를 모르기 때문이다. 그러나 저자의 지적은 엄연히 타당하다. 더 나아가 수많은 생물 개체를 뭉뚱그려 가리키는 〈동물〉이라는 개념이 어떻게 유래했는지에 관한 저자의 철학적 진단에 귀를 기울일 필요가 있다. 가브리엘에 따르면, 우리 인간은 우리 안에서 모종의 특징을 발견하고, 그 특징을 동물성으로 규정하면서 외부의 비(非)인간 생물에 투사한다. 그리하여 비인간 생물이 동물로 된다.

이 진단에서 보듯이 저자가 시도하는 바는 우리의 〈동물상〉, 곧 동물이란 무엇인가에 관한 견해를 바로잡는 것이다. 이 시도는 〈자연상〉과 〈인간상〉을 교정하는 작업과 뗄 수 없게 얽혀 있으며 결국 인간상의 재정립이라는 이 책의 중심 과제로 귀착한다. 〈인간은 동물이다〉라는 제목만 보고 저자를, 자연과학을 철학의 스승으로 삼아야 한다고 주장하는 자연주의자로 오해하는 독자도 있을지 모르겠지만, 저자 가브리엘은 이미 여러 저서에서 공언한 대로 인본주의자다. 그의 관심은 결국 인간에게 집중된다. 특히, 인간은 왜 동물에 불과하지 않는지, 왜 자연에 완전히 들어맞지 않는지에 집중된다. 바로 이 부분이 2장의 주제다. 1장의 목표가 동물상의 재정립이라면, 2장의 목표는 인간상의 재정립이다.

가브리엘의 인간상은 도덕을 핵심으로 삼는다는 점에서 칸트의 인간상을 강하게 연상시킨다. 가브리엘이 보기에 〈인간은 동물이 아니고자 하는 동물이다〉. 어쩌면 이 역설적인 문장이 인간이라는 수수께끼를 요약해 준다고 할 만한데, 이 문장에 담긴 오묘한 불협화음으로부터 가브리엘이 끌어내는 교훈은 무지의 윤리학, 그리고 인간의 도덕적 사명이다. 후자는 2장에서 삶의 의미와 관련하여 논의되고, 전자는 주로 3장에서 서술된다.

저자가 특히 우리 시대에 절실히 필요하다고 보는 무지의 윤리학은 〈우리는 우리 자신이 많은 것을 모름을 안다는 점을 인정하는 것〉을 출발점으로 삼는다. 무지의 윤리학을 실천하기란 무지를 자각하고 인정하기다. 이 대목에서도 과학에 대한 신앙을 경계하지 않을 수 없다. 어설픈 과학 지식에 매몰되면 무지의 윤리학에서 멀어지기 십상이다. 어쩌면 그렇게 과학에 대한 신앙에 빠지는 것이 인간이라는 문제 앞에서 하염없이 고민하는 것보다 더 편하고 경제적으로 이로울지도 모른다.

그러나 진실 앞에 겸손해야 마땅하다. 일각에서는 범용인공지능AGI을 만들고 인간 정신을 디지털화하고 머지않아 호모 데우스에 도달하겠다는 호언장담이 요란하지만, 우리는 가장 단순한 생명조차도 완전히 이해하지 못했다. 지금, 생명의 기원을 명확히 아는 사람, 생명을 만들어낼 수 있는 사람, 인간의 자궁 바깥에서 태아를 신생아로 키울 수 있는 사람은 아무도 없다. 무지의 윤리학은 〈우리 안팎의 자연이 우리에게 근본적으로 낯설고 앞으로도 낯설 것임을 인정〉하라고 가르친다.

우리 시대의 주목할 만한 철학자 마르쿠스 가브리엘은 아리스토텔레스, 칸트, 셸링, 헤겔 같은 철학사의 거장들을 연상시킬 때가 많은데, 특히 도덕을 논할 때 그는 칸트의 색채를 넘어 플라톤의 색채까지 띤다. 우리의 도덕적 사명이야말로 우리의 삶의 의미라고 가브리엘은 단언한다. 우리의 삶의 의미는 우리가 도덕적으로 끝없이 진보하는 것에 있다는 말이다. 이런 권선징악적인 교훈은 대중

철학자에게나 어울리고 가브리엘 같은 전문적인 철학자에게는 어울리지 않는다는 느낌도 들 법하지만, 가브리엘은 단호하게 선언한다. 〈우리 인간은 선의 이데아를 지키는 파수꾼이다.〉

어떻게 우리 인간의 자기 규정이 동물 개념을 낳는지, 인간과 동물이 어떤 관계인지, 왜 인간은 자연과 정신이 만나는 지점이요, 존재와 당위가 만나는 지점인지 등에 관한 가브리엘의 논의를 내가 나서서 해설하는 것은 부적절하다. 이는 나의 역량이 부족해서이기도 하지만, 가브리엘의 논의가 워낙 훌륭해서이기도 하다. 그의 새로운 동물상, 자연상, 인간상이 무지의 윤리학과 어떻게 연결되고 인간의 도덕적 사명과 어떻게 연결되는지에 관해서도 마찬가지다. 이 모든 논의를 꼼꼼히 읽고 숙고하면 철학이 무척 흥미진진한 분야라는 점을 실감하게 될 것이다.

가브리엘은 전문 철학자로서 놀랄 만큼 박식하고 정교한 것에 그치지 않고 기꺼이 우리 시대를 논하고 넓은 세상과 대화하려 한다. 그렇게 대중을 향해 발언하는 가브리엘의 면모, 그러면서도 더없이 깊은 철학적 숙고로 우리를 이끄는 가브리엘의 면모를 이 책에서 여실히 볼 수 있다. 이제껏 내가 번역한 가브리엘의 책 중에서 대중성과 시의성이 가장 높은 것이 『어두운 시대에도 도덕은 진보한다』였다면, 대중성과 더불어 학문적 깊이까지 갖추고

철학의 중심을 탐사한다는 점에서 일반인에게 가장 유익할 만한 것은 이 책이다. 천상 인간이어서, 〈인간이란 무엇인가?〉라는 철학의 궁극적 질문을 종종 화두로 붙들게 되는 모든 이에게 권한다.

인명 찾아보기

옮긴이 **전대호** 서울대학교 물리학과를 나와 동 대학원 철학과에서 박사 과정을 수료했고, 독일 쾰른 대학교에서 철학을 공부했다. 1993년 조선일보 신춘문예 시 부문에 당선되어 등단했으며, 현재는 철학 및 과학 분야의 전문 번역가로 활동 중이다. 철학 저서로『철학은 뿔이다』,『정신현상학 강독(1·2)』이 있고, 시집으로『내가 열린 만큼 너른 바다』,『지천명의 시간』,『가끔 중세를 꿈꾼다』,『성찰』 등이 있다. 옮긴 책으로는『어두운 시대에도 도덕은 진보한다』,『허구의 철학』,『생각이란 무엇인가』,『나는 뇌가 아니다』,『신은 주사위 놀이를 하지 않는다』,『유물론』,『더 브레인』,『인터스텔라의 과학』,『로지코믹스』,『위대한 설계』외 다수 있다.

인간은 동물이다

발행일   **2025년 12월 25일 초판 1쇄**

지은이   **마르쿠스 가브리엘**
옮긴이   **전대호**
발행인   **홍예빈**
발행처   **주식회사 열린책들**

경기도 파주시 문발로 253 파주출판도시
전화 031-955-4000 팩스 031-955-4004
홈페이지 www.openbooks.co.kr 이메일 humanity@openbooks.co.kr